한국 전통시대의 토목문명

"이 저서는 2010년도 대한민국 교육부와 한국학중앙연구원(한국학진흥사업단)을 통해
한국학 특정분야 기획연구(한국과학문명사) 사업의 지원을 받아 수행된 연구임."(AKS-2010-AMZ-2101)

한국 전통시대의 토목문명

초판 1쇄	2019년 11월 29일		
초판 3쇄	2021년 12월 29일		
지은이	권오영 외		
출판책임	박성규	펴낸이	이정원
편집주간	선우미정	펴낸곳	도서출판 들녘
편집	이동하·이수연·김혜민	등록일자	1987년 12월 12일
디자인	김정호	등록번호	10-156
마케팅	전병우	주소	경기도 파주시 회동길 198
경영지원	김은주·나수정	전화	031-955-7374 (대표)
제작관리	구법모		031-955-7376 (편집)
물류관리	엄철용	팩스	031-955-7393
		이메일	dulnyouk@dulnyouk.co.kr
		홈페이지	www.dulnyouk.co.kr
ISBN	979-11-5925-486-4 (94910)	CIP	2019047443
	979-11-5925-113-9 (세트)		

이 도서의 국립중앙도서관 출판예정도서목록(CIP)은 서지정보유통지원시스템 홈페이지(http://seoji.nl.go.kr)와
국가자료공동목록시스템(http://www.nl.go.kr/kolisnet)에서 이용하실 수 있습니다.

한국의 과학과 문명 014

한국 전통시대의 토목문명

권오영·심광주·홍보식·성정용·이영철·조윤재·배병선·곽동석 지음

들녘

권오영 權伍榮

서울대학교 국사학과를 졸업하고 같은 과에서 석사학위와 박사학위를 받았다. 국립중앙박물관 학예연구사, 동아대학교와 한신대학교 교수를 거쳐 현재 서울대학교 교수로 재직 중이다. 삼국시대의 사회 구조, 고분과 취락, 유라시아 교섭사 등을 연구 대상으로 삼고 있다.

심광주 沈光注

한양대학교 사학과를 졸업하고 같은 과에서 석사학위를, 상명대학교에서 박사학위를 받았다. 토지주택박물관(Land & Housing Museum: LH박물관) 관장을 거쳐 현재 전문위원으로 재직 중이다. 한국의 고-중세 성곽의 축성법에 대한 연구에 집중하여 성곽의 축성 주체와 시기별 특징을 체계적으로 정립하는 것을 연구의 목표로 삼고 있다.

홍보식 洪潽植

부산대학교 사학과를 졸업하고 같은 과에서 석사학위와 박사학위를 받았다. 부산 복천박물관 관장을 거쳐 현재 공주대학교 교수로 재직 중이다. 삼국시대 고고학, 특히 신라와 가야의 고분 축조 공정, 토기를 주요 연구 대상으로 삼고 있다.

성정용 成正鏞

서울대학교 고고미술사학과를 졸업하고 같은 과에서 석사학위와 박사학위를 받았다. 충남대학교 박물관 학예연구사를 거쳐 현재 충북대학교 교수로 재직 중이다. 삼국시대 고고학, 특히 고분, 마구, 수리관개시설, 기와 등을 주요 연구 분야로 삼고 있다.

이영철 李暎澈

목포대학교 사학과를 졸업하고 경북대학교에서 석사, 목포대학교에서 박사학위를 받았다. 호남문화재연구원 연구실장을 거쳐 현재 대한문화재연구원 원장으로 재직 중이다. 삼국시대, 특히 영산강 유역의 고분, 취락, 토기, 그리고 한일 교섭사에 대한 연구를 진행 중이다.

조윤재 趙胤宰

고려대학교 경영학과를 졸업하고 중국 남경대학에서 석사, 북경대학에서 박사학위를 받았다. 인제대학교 교수를 거쳐 현재 고려대학교 교수 겸 문화유산융합연구소 소장을 맡고 있다. 중국의 위진남북조시대를 연구의 출발로 삼아, 최근에는 중국 남조와 백제의 문화 교섭에 대한 연구를 추진 중이다.

배병선 裵秉宣

서울대학교 건축학과를 졸업하고 같은 과에서 석사학위와 박사학위를 받았다. 군산대학교와 한국전통문화대학교 교수를 거쳐 국립부여문화재연구소장을 역임하였고 현재 국립강화문화재연구소 소장으로 재직 중이다. 한국의 전통 건축물을 주요 연구 대상으로 삼고 있다.

곽동석 郭東錫

부산대학교 사학과를 졸업하고 한국학중앙연구원에서 석사, 일본 와세다대학에서 박사학위를 받았다. 국립전주박물관장, 국립중앙박물관 학예연구실장을 거쳐 현재 동양대학교 교수로 재직 중이다. 한국의 불교미술을 주요 연구 대상으로 삼고 있다.

〈한국의 과학과 문명〉 총서

기획편집위원회
연구책임자_ 신동원
전근대팀장_ 전용훈
근현대팀장_ 김근배
전 임 교 수_ 문만용
　　　　　　　김태호
　　　　　　　전종욱
전임연구원_ 신미영

일러두기

■ 이 책의 '장'과 '절'을 집필한 각 필자들의 이름은 '차례'에만 표기하고 해당 본문에서는 별도로
   표기하지 않았다.

■ 명사의 붙여쓰기는 이 책의 키워드를 이루는 단어는 붙여쓰기를 원칙으로 했지만, 경우에 따라서는
   가독성을 위해 띄어쓰기를 했다.

■ 주석은 각 장별로 미주로 한다.

■ 인용 도판은 최대한 소장처와 출처를 밝히고 저작권자의 허락을 얻었으나 일부 저작권자를 찾지
   못하여 게재 허가를 받지 못한 도판에 대해서는 확인되는 대로 통상 기준에 따른 허가 절차를
   밟기로 한다.

〈한국의 과학과 문명〉 총서를 펴내며

우리나라는 현재 세계 최고 수준의 메모리 반도체, 스마트폰, 디스플레이, 철강, 선박, 자동차 생산국으로서 과학기술 분야의 경이적인 발전으로 세계의 주목을 받고 있다. 그것을 가능케 한 요인의 하나가 한국이 오랜 기간 견지해온 우수한 과학기술 문화와 역사 속에 있다고 우리는 생각한다.

문명이 시작된 이래 한국은 항상 높은 수준을 굳건히 지켜온 동아시아 문명권의 일원으로서 그 위치를 잃은 적이 없었다. 우리는 한국이 이룩한 과학기술 문화와 역사의 총체를 '한국의 과학문명'이라 부르려 한다. 금속활자·고려청자 등으로 대표되는 한국 과학문명의 창조성은 천문학·기상학·수학·지리학·의학·양생술·농학·박물학 등 과학 분야를 비롯하여 금속제련·방직·염색·도자·활자·인쇄·종이·기계·화약·선박·건축 등 기술 분야에서도 다양하게 분명히 드러난다.

우리는 이런 내용을 종합하는 〈한국의 과학과 문명〉 총서를 발간하고자 한다. 이 총서의 제목은 중국의 과학문명에 대한 새로운 인식의 지평을 연 조지프 니덤(Joseph Needham)의 『중국의 과학과 문명』을 염두에 두고 만들었다. 그러나 니덤이 전근대에 국한한 반면 우리는 전근대와 근현대를 망라하여 한국 과학문명의 총체적 가치와 의미를 온전히 담은 총서의 발간을 목표로 한다. 나아가 한국의 과학과 문명이 지닌 보편적 가치를 세계에 발신하고자 한다. 지금까지 한국은 세계 과학문명의 일원으로 정당한 가치를 인정받지 못한 채, 중국의 아류로 인식되어왔다. 이 총서에서는 한국 과학문명이 지닌 보편성과 독자성을 함께 추적하여 그것이 독자적인 과학문명이자 세계 과학문명의 당당한 일원임을 입증하고자 한다. 우리는 이 총서에서 근현대 한국 과학기술 발전의 역사와 구조를 밝힐 것이며, 이로써 인류의 과학기술 발전사를 새로이 해명하는 데에 기여할 것이다.

이 총서에서는 한국의 과학문명이 역사적으로 독자적인 가치와 의미를 상실하지 않았던 생명력에 주목한다. 이를 위해 전근대 시기에는 중국 중심의 세계 질서 아래서도 한국의 과학문명이 독자성을 유지하면서 발전을 지속한 동력을 탐구한다. 근현대 시기에는 강대국 중심 세계체제의 강력한 흡인력 아래서도 한국의 과학기술이 놀라운 발전과 성장을 이룩한 요인을 탐구한다.

우리는 이 총서에서 국수적인 민족주의나 근대 지상주의를 동시에 경계하며, 과거와 현재가 대화하고 내부와 외부가 부단히 교류하는 가운데 형성되고 발전되어온 열린 과학문명사를 기술하고자 한다. 이 총서를 계기로 한국 과학문명에 대한 관심과 이해가 더욱 깊어지기를 기대한다.

마지막으로 〈한국의 과학과 문명〉 총서의 발간은 교육부와 한국학중앙연구원 한국학진흥사업단의 지원에 크게 힘입었음을 밝히며 이에 감사를 표한다.

〈한국의 과학과 문명〉 총서 기획편집위원회

우리 사회에서 토목이란 단어가 지닌 의미는 다중적이다. 1960년대 이후 국가 주도 개발 사업이 치열하게 전개되면서 토목사업은 대한민국의 성장 동력 중 하나였고 지금도 마찬가지이다. 토목사업의 순항과 부진이 우리 경제에 직접적인 영향을 끼치는 상황을 체감하면서 언제부턴가 대한민국을 토건공화국이라고 자조하는 경우도 생겨났다. 토목사업의 순기능보다는, 연착륙하지 못하고 넘어지지 않으려고 끊임없이 자전거의 페달을 밟아야 하는 숙명, 그 결과 환경과 문화재를 파괴하는 부정적인 이미지가 더하여졌다.

지역사회에서는 부패한 권력과 결탁한 일부 기업가를 토건족이라고 부르게 되었다. 막대한 인원, 장비와 재원이 투입되는 토목공사의 추진 과정에서 불법, 비법적인 행위가 종종 발생하였고 그 결과 부정적인 이미지가 생긴 것이다.

이렇듯 토건공화국, 토건족이라는 부정적 평가도 존재하지만, 토지를 개변하여 인간에게 혜택을 베푸는 토목 행위야말로 자연적 상태의 인간이 비로소 인간다운 모습을 갖추게 만든 위대한 발견이다. 심지어 구석기시대의 사람들도 비록 규모는 작고 간헐적이었지만 토지에 인공을 가하면서 생활하였다. 세계 4대 문명권을 포함하여 고대 문명이 발전한 지역은 단 한 군데도 예외 없이 토목문명이 고도로 발전한 곳이다. 인류 문명의 가장 뚜렷한 가시적 증거는 거대한 토목, 건축물이라고 해도 과언이 아니다.

현대에도 거대한 토목, 건축물은 관광 상품의 주요 대상이다. 유네스코 세계문화유산의 항목을 보더라도 압도적 다수가 토목, 건축물임을 쉽게 알 수 있다. 국내에서도 학생들의 수학여행, 일반인의 관광에서 중요 대상은 역시 토목, 건축물이다. 각급 역사 교과서를 펼치더라도 사진으로 소개된 수많은 토목, 건축물을 볼 수 있다. 경주의 거대한 왕릉, 서울의 한양 도성, 김제의 벽골제는 모두 토목구조물에 속한다.

고분과 성, 제방 등으로 대표되는 토목구조물은 길게는 2,000년 전에, 짧게는 100년 전에 축조된 후 수백~수천 년에 이르는 자연적, 인공적 파괴를 이겨내고 지금 우리 앞에 서 있다. 장기간 멸실되지 않고 버텨온 비밀은 당대 최고의 과학기술에 있다. 구조물의 설계를 담당하고 시공을 주도한 당시의 과학자, 기술자들은 유럽의 레오나르도 다빈치 못지않은 천재들이었다. 자연과학적 원리에 기초하고 현대 기술에 비교해도 뒤지지 않는 다양한 토목기술을 국가적 차원에서 쏟아부은 결과 거대한 덩치를 지금까지 유지할 수 있었던 것이다.

오래된 토목구조물은 분명히 한국 전통시대 과학문명사 연구에서 중요한 대상이다. 그렇지만 현실에서의 대접은 그렇지 못하였다. 마치 현대 사회에서 토목사업의 순기능보다 역기능이 강조된 억울함이 학계에서도 반복되는 듯하다. 수많은 사학과 답사의 현장에서 산성의 과학기술적 원리와 토목공학적 배경을 들어본 적이 있는가? 유능한 문화유산 관광해설사의 입에서 감동적인 역사 스토리는 흘러나와도 구조물의 과학기술에 대한 이야기는 들을 수 없다. 고고학적 발굴조사 과정에서 수많은 토목구조물이 조사되고 해체되지만, 자연과학자와 공학자의 도움을 받기 시작한 것은 극히 최근의 일이다.

이런 문제점들을 현장에서 피부로 느끼던 8명의 연구자가 의기투합하여 한국 전통시대의 유적을 토목고고학의 입장에서 연구하기로 작정한 것이 이 연구의 시작이었다. 8명의 전공 분야는 고고학, 미술사, 건축학, 역사학 등으로 나뉘지만, 연구 분야의 공집합은 고분과 수리시설, 성 등 거대 토목구조물이었다.

처음에는 삼국시대만을 대상으로 연구를 진행하였다. 그 까닭은 연구 성과의 질과 양에서 시대적 편차가 너무 심하기 때문이다. 삼국시대에 축조된 토목구조물에 대한 고고학적, 건축학적 조사와 연구는 제법 진행되었지만, 고려시대 이후의 구조물에 대한 연구는 너무도 부족하였다. 수리관개시설의 경우 통일신라 이전에 축조된 구조물에 대한 관심은 최근 미미하나마 일어나고 있지만, 고려시대 이후에 대해서는 아직 연구의 대상도 되지 못한 형편이다. 왕릉을 비롯한 거대 무덤 역시 삼국시대에만 연구가 집중될 뿐, 통일신라시대부터 조선왕조에 걸친 장기간의 중세 분묘에 대한 연구, 특히 실물 자료를 대상으로 한 연구는 턱없이 부족하였다.

그 결과 삼국시대의 서술은 과다하고 통일신라, 고려, 조선의 서술은 부족하여 가분수와 같은 형국이 되고 말았다. 이러한 불균형성은 8인 연구자들의 연구 분야가 주로 삼국시대에 몰려 있기 때문이기도 하지만, 우리 학계의 현실을 반영하는 측면도 있다. 따라서 미흡하나마 현실을 그대로 보여준다는 의도로 조선시대까지를 연구의 대상으로 삼았다.

이렇듯 많은 한계를 안고 있는 만큼 이 연구물에 대한 많은 비판이 쏟아질 것으로 쉽게 예상된다. 그러나 한국 전통시대의 토목문명사라는 거대한 보석을 파기 위해서는 누군가가 마중물의 역할을 맡아야 한다는 절박한 심정에서 무리를 범하게 되었다. 아무쪼록 부족한 이 연구가 우리 학계의 분위기를 환기시켜서 토목문명사 연구의 새로운 디딤돌이 되기를 바랄 뿐이다. 참신한 문제의식과 최신 방법론으로 무장한 토목문명사 연구자의 새로운 등장과 약진을 기대해본다.

2019년 10월 깊어가는 가을밤에
필자들을 대표하여 권오영이 작성함.

차례

1장 머리말

2장 성곽과 도성

5장　맺음말 _권오영

머리말

한국의 토목문명

구약 창세기에 의하면 바빌로니아 사람들은 견고한 도시와 꼭대기가 하늘에 닿을 수 있는 탑을 쌓으려고 하였으나 결국 실패하였다. 그들은 하늘에 닿을 수 있는 건축물을 축조함으로써 자신들이 신과 대등한 존재임을 증명하려고 하였다. 이 이야기는 인공을 가하여 자연을 개변시킨 토목구조물이야말로 인간의 한계를 벗어나는 상징물로 인식되었음을 보여준다.

바벨탑의 실패 이후에도 인류는 토지 위와 아래에, 때로는 물 밑과 위에 거대한 구조물을 만드는 데에 몰두하였다. "광야에는 길을, 사막에는 물을"이라는 구약 이사야 43장의 구절은 이런 분위기를 잘 함축하고 있다. 고대문명의 물질적인 표상은 모두 이러한 노력의 산물이다. 거대한 신전, 왕의 궁전과 무덤, 도시를 감싼 성벽, 도시와 도시를 연결하는 도로망, 식수와 용수, 하수의 처리에 이용된 상하수도 시설 등 토목구조물 없는 고대문명은 상상할 수 없다. 따라서 고대의 토목구조물이야말로 인간을 동물과 구분하게 하고, 한편으로는 신과 대등해지려는 인간의 욕망을 반영한다.

　모든 거대 토목구조물은 중력이라고 하는 자연의 법칙을 극복하면서 만들어졌다. 지구에 발을 딛고 사는 인간의 숙명을 넘어서려는 노력의 산물인 것이다. 이를 위해서는 물리와 화학, 지구과학 등 자연과학에 대한 지식이 뒷받침되어야 하였다. 실제 시공에 임해서는 지반공학, 재료공학 등 다양한 공학적 지식이 발휘되었다. 거대 구조물의 시공과 자연과학, 공학적 지식의 발전과 축적은 상호 피드백 효과를 일으키며 발전을 거듭하였고, 이를 뒷받침한 것은 고대국가의 권력이었다. 거대 구조물의 축조 주체는 국가나 왕실이었으므로 권력의 강화와 고대국가의 발전 과정이 거대 구조물에 고스란히 새겨졌다.

　비록 규모가 작더라도 인간이 자신과 집단의 이익을 위하여 자연을 개조하는 과정은 크고 작은 다양한 형태의 토목건축 행위를 수반하였다. 심지어 구석기시대부터 인간은 자연 환경을 변경하는 행위를 비록 소규모일지라도 지속적으로 해왔다. 소수의 인원으로 이루어진 이동 생활을 끝내고 정착 생활이 시작된 신석기시대 이후 토목 활동이라 불릴 수 있는 행위는 가속화되었다. 마을을 이루기 위한 주변 정지, 가옥을 짓는 건축 행위, 어로와 농경 등의 생산 활동, 다양한 형태의 제의를 치르는 과정에서 크고 작은 토목 활동이 이루어졌다. 대규모 토목구조물의 등장을 통해서 거대한 권력의 출현을 엿볼 수 있을 뿐만 아니라, 대다수 피지배층의 노동의 결과로 나타나는 소규모 토목구조물을 통해서도 구체적인 삶의 모습을 엿볼 수 있다.

　한국사에서 구체적으로 확인되는 본격적인 토목 활동의 물적 증거는 청동기시대의 고인돌이다. 적게는 수십, 많게는 수백 명의 인원이 동원되어 축조한 청동기시대의 고인돌은 선사시대의 대표적인 토목구조물이라고 할 수 있다. 중국 동북 지방과 한반도 북부에 주로 분포하는 거대한 탁자식 고인돌은 물론이고, 남해안 일대에 집중 분포하는 묘역을 갖춘 구획식 고인돌은 대규모의 인력 동원과 토목공사를 수반하였음이 분명하다.

이후 철기문화가 시작되면서 한반도 중부 이남에서는 목관묘와 목곽묘가 주된 묘제로 사용되었다. 당시 무덤의 상부에 봉토가 존재하였음은 분명하지만 현재 남아 있는 경우는 거의 없다. 대형 목곽묘로 구성된 김해 대성동고분군은 금관가야의 초기 왕릉으로 추정되지만 봉토는 남아 있지 않다. 묘광 내부가 비어 있는 상태에서 목관, 목곽, 그리고 묘광 상부에 가구한 나무뚜껑[木蓋]이 썩어 봉토가 함몰되면서 붕괴되었기 때문인데, 궁극적으로는 봉토 축조기술의 미발달에서 기인한다.

5세기 이후에 축조된 고대(高大)한 봉토분이 1500년의 세월이 흘러도 그 위용을 자랑할 수 있는 배경에는 봉토, 분구 축조기술의 비약적인 진보가 있었다. 한 변, 혹은 직경이 10m가 넘는 거대한 고분은 전통시대 토목기술의 최고봉이라고 할 수 있다.

한국의 삼국시대를 규정짓는 가장 뚜렷한 요소 중의 하나는 고분의 축조이다. 고분(古墳)은 문자 그대로라면 옛[古] 무덤[墳]을 포괄적으로 가리키는 것이지만, 고고학에서는 일반적으로 특정 시기, 대략 삼국시대를 전후한 고대국가 성립 단계의 커다란 무덤으로서 "지배 권력의 표상이자 사회상을 반영하는 무덤"을 가리키는 용어로 사용한다. 삼국시대 사람들에게 고분은 단순한 시신의 매장 공간, 의례 공간이 아니라 지극히 정치적인 공간이었다. 거대한 고분의 축조는 죽은 자만을 위한 행위가 아니라 살아 있는 자들과 공동체의 유지에도 매우 중요한 행위였다.

삼국시대 고분은 겉보기에도 매우 크지만, 무덤 내부에 당시로서는 상상하기 어려운 막대한 재화를 묻은 경우가 많았고 심지어 고대 사회의 가장 소중한 자산인 사람이 순장되어 있는 경우도 있다. 고분을 만드는 데에는 당시 고대인들이 가진 가장 수준 높은 토목·건축 기술이 총동원되었다. 삼국시대 고분은 거대한 외형을 통한 과시뿐만 아니라 지배자에 대한 권력 집중도가 그만큼 심화되었음을 상징하는 것으로서, 막대한 부장품이 있는 최대급 고분은 곧 왕의 탄생을 알려주는 것이다. 또한 고분이 죽은 자를 매장하는 무덤의 의미를 뛰어넘어 한 집단의 결속을 다지기 위한 상징물의 역할도 담당했음을 알 수 있다.

삼국시대 고분은 각각의 고유한 형태와 제작기술을 지니고 있으면서도 과학기술 원리 측면에서는 많은 공통점을 지니고 있다. 우선 거대한 봉토를 축조하기 위해 토목공학적인 기술이 발휘되며 물리역학적인 과학 원리가 이용되었다.

매장주체부를 향하여 수직으로 가해지는 하중을 이겨내기 위해서는 매장주체부를 감싼 흙담이 필요하며 수혈식석곽이나 횡혈식석실, 횡구식석곽 모두 벽석의 각도와 천정의 구조, 규모 등이 중요한 변수가 된다. 층층이 쌓아올린 봉토가 수평 방향의 힘에 의해 붕괴되지 않도록 하기 위해서는 호석이 필요하며 토제 역시 이 부분에서도 중요한 역할을 한다. 고구려 대형 적석총에서는 내부의 적석부가 바깥으로 밀리지 않도록 장대석을 이용하여 지탱하는 경우가 자주 확인되는데 이것도 마찬가지 원리이다. 구획축조하는 과정에서 돌줄이나 흙덩어리 등을 이용하는 것도 봉토나 분구의 붕괴를 막기 위함이다.

횡혈식석실의 경우는 벽과 천장을 연결하는 과정에서 궁륭, 평천장, 볼트, 맞배식, 육각형 등 다양한 모습을 띠게 되는데 이러한 구조적 차이는 석재의 인장력을 최대한 끌어올리기 위한 노력의 결과이다.

이렇듯 역학적인 원리를 기초로 한 토목건축기술이 총동원된 삼국시대의 고분 축조는 전통과학문명의 총아라고 할 수 있다. 그러므로 고분에 담겨져 있는 과학기술 원리를 추출하여 교육, 연구함으로써 미래의 새로운 과학기술 개발에 이바지할 수 있을 것이다.

이러한 점을 인식하여 최근 고분 발굴 조사방법론에서 봉토, 분구에 대한 면밀한 조사가 본격화되었다. 그동안 "제거의 대상"으로 인식되어왔던 봉토, 분구가 드디어 고고학적 유구로서 인정받기 시작하였음을 의미한다. 이 과정에서 그동안 알지 못했던 많은 정보가 축적되고, 성토재의 변별, 축조 공정의 복원, 투입된 노동력의 추산 등이 이루어지면서 삼국시대 고분이 가지고 있는 진면목이 좀 더 분명하게 드러나고 있다.

이러한 조사방법론과 이에 기초한 연구가 자연과학이나 공학 분야와 긴밀히 연계되면서 그동안 인식하지 못하던 새로운 면모가 속속 드러나고 있다. 고분에서 추출된 새로운 지견은 고대의 거대 구조물이란 점에서 공통적인 성곽이나 제방에 그대로 응용될 수 있다.

삼국시대 고분의 거대한 봉토나 분구를 축조하고 그 내부에 석실을 구축하는 작업은 거리의 측량, 면적과 부피의 계산, 힘과 중력의 계산, 경사도 계산 등 토목공학과 기하학적 지식의 뒷받침 없이는 불가능한 일이었다. 따라서 거대한 고분을 축조하던 삼국시대에는 고도로 발달한 측량술과 토목기술이 보급되었을 것이다.

우리가 일반적으로 쓰는 '성곽'은 적군의 침입을 막기 위해 흙이나 돌 또는 벽돌 등의 재료를 이용해 높이 쌓아올린 담을 가리키는 말이다. 사전적인 의미는 성(城)과 곽(郭)의 합성어로서 안쪽[內]을 성, 바깥쪽[外]을 곽이라고 한다. 나라를 뜻하는 한자인 '국(國)'에도 성곽의 이미지가 담겨 있다. '국(國)'을 풀어쓰면 囗와 或으로 나뉘고 或은 다시 창[戈]과 口와 一로 나눌 수 있다. 즉, 그 의미는 나라 사방(囗)의 경계를 사람(口)이 창(戈), 즉 무기를 들고 지키는 모습이다. 여기에 다시 토지를 상징하는 一을 더하여 國이라는 뜻을 표현한 것이다. 하지만 고고학과 역사학에서의 성곽(城郭)이란 "군사적, 행정적인 목적으로 쌓은, 내부에 사람이 살기 위한 생활 공간을 가진 전통 구조물"이라고 할 수 있다.

특히 외부의 적대 세력으로부터 보호하기 위한 방어 수단은 사회 유지의 필수 조건이므로 강력한 화력을 지닌 대포와 비행기가 발명되기 이전까지는 나라가 있으면 반드시 성곽이 필요했다. 여기서 군사적이란 뜻은 성곽의 본래 목적이 외부의 적으로부터 내부를 지키기 위한 것임을 의미한다. 성이 울타리나 목장과 다른 부분이다. 행정적이란 성안의 사람들을 통치하기 위한 성격을 갖기도 한다는 것을 뜻한다. 특히 한 나라의 수도인 도성의 축조에는 외적의 방어와 동시에 왕의 거주 공간인 궁과 일반 백성들이 살고 있는 지역을 아울러 효율적으로 관리하기 위한 목적도 있었다. 성벽을 두른 성곽의 내부에는 사람들이 살 수 있는 공간, 즉 수용 공간 및 방어 기능을 수행할 수 있는 면적이 있어야 한다.

성곽은 방어시설이므로 외부의 공격에 대응하여 강력한 방어력을 갖추어야 한다. 성을 산 위에 만들 것인지 평지에 만들 것인지, 아니면 돌로 만들 것인지 흙으로 만들 것인지를 결정하는 것도 쉬운 일은 아니었다. 성의 축조에 소요되는 수많은 재료를 준비하고 작업 인원을 관리하며 먹여 살리는 일도 엄청난 경제력이 뒷받침되어야 한다. 하지만 이것 못지않게 중요한 것은 기술적인 뒷받침이었다. 산성은 급한 경사면과 계곡을 지나야 하고, 평지성은 저습한 연약 지반 위에 만들어지는 경우도 있다. 밑변의 길이가 수십 미터에 이르고 높이가 10미터가 넘는 성곽이야말로 고대 토목기술의 총아라고 할 수 있다. 흙이나 돌로 쌓은 성곽이 적의 공격을 이겨내면서 천년 넘게 버틸 수 있었던 비결은 성곽 축조에 동원된 전통 토목기술에 있다.

성곽이란 유적이 이렇듯 고대 과학기술의 높은 수준을 반영하고 있지만 현실적으로 일반인들이 성곽을 답사할 경우 이런 과학적인 부분에 대한 설명과 교육이 이루어지는 경우는 거의 없다. 성을 둘러싼 정치, 군사적 측면, 혹은 성과 관련된 민담이나 전설 등이 교육의 내용이 될 뿐, 공학과 과학에 대한 관심은 찾아보기 어려운 것이다. 성곽에 대한 토목공학적 관심이 필요한 이유가 여기에 있다.

우리나라의 역사 기록에는 성(城)이라는 단어가 자주 등장한다. 또 우리나라 지명에는 성으로 끝나는 지명이 많은데 이는 현재 성이 있거나 과거에 성이 있었던 곳이다. 현재 지정된 사적 중에서 가장 많은 수가 성곽이다. 삼국시대부터 우리나라는 성곽을 많이 축조하고 축조기술도 뛰어나서 '성곽의 나라'라고 불렸다. 거꾸로 말하면 성곽을 쌓아서 외부의 침입을 방어할 필요성이 그만큼 절박했다는 뜻이다. 오늘날까지 우리가 중국의 한 성(省)이나 일본의 영토, 혹은 다른 국가의 한 부분이 아니라 독립된 국가를 유지해온 이유 중 하나는 성곽을 이용하는 성곽 전술이 발달되어 외적을 물리친 결과라고 할 수 있다.

우리는 성곽의 형태와 규모를 통해 먼 옛날 그 지역을 둘러싼 세력의 규모를 파악할 수 있다. 축조하는 데 정교한 기술이 사용되지 않은 소규모의 성과 최고 수준의 축성기술이 사용된 대규모의 성을 비교하면 성을 쌓은 정치 세력의 권력 차이를 알 수 있다. 또한 성을 방어하는 세력이 있으면, 공격하는 세력도 있기 마련이다. 대규모의 철벽같은 성의 존재는 그 지역을 위협하는 세력의 규모가 대단히 컸음을 보여주는 증거이다. 따라서 성곽을 중심으로 공방을 펼쳤던 정치 세력의 발전 수준을 알려주고 당시의 정세를 이해하는 데 중요한 역할을 하는 문화유산이기도 하다.

이렇듯 공동체를 방어하는 기능을 지닌 성의 축조와 관리는 그 집단의 생존을 위해 중차대한 일이었다. 특히 삼국시대 이후 각종 성의 축조는 국가적 사업으로서 많은 노동력과 재화가 투입되었을 뿐만 아니라 당대 최고의 기술이 총동원되었다. 따라서 우리는 삼국시대 성의 축조기술을 연구함으로써 고대 과학기술의 진수를 만날 수 있게 된다.

우리나라 성곽의 시초는 분명하지는 않지만 청동기시대부터 비롯되었을 것이다. 청동기시대에는 벼농사가 본격화되면서 한곳에 정착하여 모여 사는 사람의 수가 많아졌다. 농경의 발달로 인한 잉여 생산물의 확대, 사유 재산과 계급의 발생은 사회를 긴장 상태에 빠지게 했고 마침내 집단 간의 분쟁이 일어나기 시작하였다.

B.C. 6~5세기 무렵부터 마을의 둘레에 구덩이[환호]를 파고 그 과정에서 나온 흙으로 얕은 둑[토루]을 쌓은 방어 취락이 나타났다. 흙으로 쌓은 둑에는 나무를 세워 방어력을 높이기도 하였는데 이를 목책이라고 한다. 환호와 토루, 목책은 외부 집단과 전쟁이 일어났을 때 우리 마을을 지켜주는 귀중한 시설이다. 환호와 목책, 토루의 존재는 당시 사회가 평화롭고 평등한 공동체 사회를 지나 불안정한 계급 사회로 변화하는 과정에 있었고, 이에 따라 서로 뺏고 뺏기는 전쟁이 벌어지고 있었음을 보여준다.

사회가 발전하고 분화되면서 마을의 규모는 점점 커지고 때로는 여러 마을이 힘을 합쳐 하나의 커다란 마을을 이루면서 큰 정치 세력이 등장한다. 가장 선진적인 집단은 중국의 동북 지방과 한반도 서북 지방을 무대로 성장하였던 고조선이었다. 고조선의 성에 대해서는 왕검성과 관련한 『사기(史記)』 조선열전의 기록이 있다. 이 기록에 의하면 한나라의 대군이 수륙 양 방면에서 고조선을 공격하자, 우거왕이 왕검성을 굳건히 지켜 1년 넘게 함락시키지 못했다고 한다. 견고한 성을 바탕으로 한 고조선의 방어 전술이 매우 뛰어났음을 보여주는 기록이다.

한편 서력 기원 이후 한반도 중부 이남에서는 70여 개에 달하는 작은 정치체들이 우후죽순처럼 성장하고 있었는데, 당시의 상황은 『삼국지(三國志)』 위서 동이전에 나타나 있다. 여기에는 성을 만들기 위해 젊은 사람들이 동원되어 힘을 쓰는 광경이 구체적으로 묘사되어 있어서 이 시기에 이미 대규모 축성 사업이 진행되었음을 알 수 있다.

삼국시대는 소규모 정치체가 확대되어 왕권이 강화되면서 중앙집권적인 체제를 갖춘 시기이다. 이 과정에서 크고 작은 전쟁이 많이 발생하였고 주변의 이민족들과 대규모 전쟁이 진행되었다. 역사서에 나타난 바로는 삼국시대에 무려 480여 회의 크고 작은 전쟁이 있었음을 알 수 있다. 이러한 상황에서 방어를 위한 성의 축조는 나라의 운명이 달린 절박한 공사였다. 『삼국사기(三國史記)』에 성을 쌓았다는 기록이 고구려 14, 신라 30, 백제 40차례가 나올 정도로 삼국 간의 군사 경쟁은 활발한 축성 사업으로 이어졌다. 성곽을 둘러싼 공방전이 치열하게 전개되었고 각국은 자국의 생존을 위해 당대 최고의 과학기술을 발휘하여 성곽을 축조하였다.

초기 삼국의 도성은 왕성을 쌓고 또 도성 주변에 산성을 갖추는 것이 보통이었다. 집안의 국내성이나 평양의 대성산성 그리고 여러 겹의 성벽을 갖추었던 장안성이 고구려 성곽의 대표적인 사례이며, 공주 공산성이나 부여의 부소산성과 나성 그리고 부여 외곽의 청산성, 청마산성 등이 백제 성곽의 좋은 예이다. 신라의 경주는 나성은 갖추지 않았지만 경주 외곽의 세 곳에 산성을 두었다.

삼국시대의 성곽은 입지 조건, 기능, 재료에 따라 다양하게 분류되는데 공통적으로 거대 성토 구조물을 축조하는 데에 필요한 공법이 총망라되어 있다. 이에 다양한 공법들을 추출하고 이러한 공법의 기초가 되는 물리학, 지구과학, 화학적 원리를 밝혀야 한다. 당시 이러한 기술을 보유한 전문가는 가문 대대로 지식과 기술을 전수받으며 활동하였을 것이다. 경주의 남산 신성비에 나오는 장척(匠尺), 문척(文尺), 면착상(面捉上), 석착상(石捉上), 석착인(石捉人), 소석착인(小石捉人), 작상인(作上人) 중 상당수가 이러한 기술자 집단으로 추정된다.

성곽과 제방 등 거대한 토목 사업에 발휘된 기술은 고분 축조기술과도 공통적이다. 고분의 형태가 반구, 혹은 육면체 등의 입방체인 데 비해 성 곽은 폭에 비해 길이가 긴 세장형 형태이기 때문에 횡방향에서 가해지는 압력에 상대적으로 더 취약할 수밖에 없다. 때로는 저습한 지점을 지나가 야만 할 때도 있었다.

따라서 판축이나 부엽공법 등의 기술이 추가되어야 했다. 특히 수백, 수천 톤의 물을 담고 있는 제방은 성곽의 제반 기술에 더하여 누수와 세 굴의 방지를 위한 기술을 추가로 필요로 하였다.

이처럼 성, 고분, 제방 등 거대한 외형을 갖춘 토목구조물의 축조에는 토목과 건축 분야에서 다양한 경험의 축적이 필요하며 수리와 물리역학 등 과학에 대한 지식도 필수적이다. 수직 방향의 중력에 대항하여 장기 간 외형을 유지하고, 안식각을 넘어서는 급경사면을 만들고 유지하기 위 해서 다양한 기술과 공법이 창안되고 활용되었다

바둑판처럼 구획된 계획도시인 도성에는 다양한 종류의 시설이 총집 결된다. 당연히 당대 최고의 기술이 모두 발휘된다. 측량기술과 토목기술 도 마찬가지다. 결국 도성이야말로 고대 토목과 건축기술의 총집결체라고 할 수 있다. 하지만 그동안 우리 학계에서의 도성제 연구는 도성이야말로 토목문명의 진수란 점을 망각한 채 진행되었다.

고대의 대규모 토목구조물 축조에 사용된 과학기술 원리에 대한 연구 는 역사와 과학기술이 만나는 지점에 서 있다. 이러한 접근을 통해 전통 시대 토목문명의 내용과 발달 과정, 그 배경과 영향을 종합적으로 파악 하게 되면 문헌과 유물을 통한 연구와 교육의 수준을 한 단계 끌어올리 는 효과가 있을 것이다. 전통시대 과학기술을 삶과 분리된 현상으로 보는 것이 아니라 인간 생활의 한 양식으로 인식하는 것도 필요하다.

과학의 합리주의적 정신이 전통시대 과학기술을 통해 어떤 유물, 유적

을 만들었으며 그 당시의 사회생활에 어떠한 변화를 일으켰는지 역사적 사례를 통해 알 수 있다. 역사적 상황과 현실 속에서 새로운 토목문명의 발전과 문제 해결이 구체적으로 어떻게 진행되었는지 생각함으로써 과학의 내용뿐만 아니라 이를 발명한 사람들의 삶의 단면을 살펴볼 수 있다.

거대 토목구조물의 축조 과정에서 무시할 수 없는 부분이 각종 재료의 마련이다. 돌과 흙, 물, 나무, 철물 등 다양한 재료가 소요되며, 주재료가 흙으로 구성된 성토 구조물의 경우에도 물성이 다른 다양한 종류의 흙이 이용되었을 것이다. 재료의 종류에 따라 축조기술과 공법이 좌우될 것이며 외형도 결정되는 만큼 성토 구조물의 조사 과정에서 재료에 대한 관찰과 해석이 치밀하게 이루어져야 할 것이다. 하지만 아쉽게도 현재 한국 고고학계에서 성토 재료에 대한 연구는 미흡하여 용어와 개념에 대한 정의도 이루어지지 않은 상태이다. 성토 구조물의 재료, 즉 흙으로 구성된 재료의 다양성에 주목하여 그 종류를 파악하고 분류 기준을 마련하게 되면 당시 토목기술의 깊은 지점에 도달할 수 있다.

근대적인 토목공학이 도입되기 이전의 전통적인 기술은 이미 삼국시대에 대부분 완성되었다고 보는 것이 옳다. 전통적인 과학문명은 근대화 이전의 기술을 토대로 삼고 있지만 그 근본 원리는 현재에도 그대로 활용되고 있으며 미래의 새로운 과학기술을 개발하는 데에도 중요한 역할을 할 것이다.

본 연구서는 선사시대 이래 토목문명이 어떻게 발전하여 현재에 이르렀는지 거시적인 관점에서 조망해보는 것을 목표로 삼았다. 이를 기초로 미래에는 어떤 모습을 띠게 될 것인지도 가늠할 수 있을 것이다. 그러나 현실은 녹록치 않았다. 각 시대별, 분야별 연구의 질적 수준과 분량이 엄청난 편차를 보이고 있기 때문이다. 삼국시대의 고분에 대한 고고학계의 연구는 매우 풍부한 반면, 고려시대 고분 연구는 매우 미흡하다. 조선시대의 경우에는 풍부한 문헌자료를 통한 상장의례가 상세히 연구된 반면 실제 왕릉의 구조적 측면에 대한 연구는 찾아보기 어렵다. 수리관개시설을 토목문명과 연관지어 연구하기 시작한 것은 극히 최근의 일로서 아직 연구 성과는 제대로 축적되지 못한 상황이다. 이러한 한계를 완전히 극복하지 못하였기 때문에 본서에서는 체계적이고 균형 잡힌 서술이 곤란한 경우가 자주 노출될 것이다. 특히 삼국시대의 양적 비중이 크고 반대로 고려와 조선시대의 비중이 축소된 점은 큰 한계임에 틀림없으나 이는 우리 학계의 연구 분야가 편중된 데에서 기인한다. 이런 문제점은 본서의 출간 이후 긴 시간을 갖고 부족한 부분을 채워나가는 수밖에 없을 것이다.

기술서와 기술자 집단

고대 한국의 기술자 및 기술자 집단에 대한 정보와 자료는 안타깝게도 매우 단편적이고 소략하여 구체성을 담보하기가 어려운 상황이다. 특히 기술서에 대한 정보와 자료는 전무한 형편이다. 이는 문헌 기록의 전승이 워낙 한정적이었고 기술에 대한 고대의 인식이 당해 사회에서 기록을 통해 이어질 대상이 아니었기 때문이라고 추정된다. 그나마 기술자 집단에 대한 서술과 표현은 적은 양이나마 부분적으로 보이고 있어 당시의 단편적인 정황을 어렴풋이 살펴볼 수는 있는 정도이지만 정작 이도 『삼국사기』 및 『삼국유사(三國遺事)』의 문헌 기록에서 보이는 일부 기술자의 명칭이나 공인 집단의 기술에 대부분을 의존해야 하는 사정이다. 하지만 그럼에도 불구하고 고대 한국의 기념비적인 건축물 및 토목 공정에서 주목할 만한 사실(史實)들은 기술사적인 측면에서 반드시 조명되어야 하는 성과라고 평가할 수 있다.

1. 기술서

고대 도성, 궁실, 사원 및 수리시설 등의 조영은 고도의 건축 토목기술과 면밀한 측량을 통한 공간의 분할과 활용에 대한 지식이 축적되어야만 가능하다. 이러한 기술의 구체성을 기록한 기술서는 당시 건축 토목의 일선 책임자에게는 필수불가결한 요소가 되었을 것이다.

1) 구장산술(九章算術)

동양 최고의 수학서에 해당하는 『구장산술』은 진·한시대의 산술서(算術書)를 계승해서 후한시대에 비로소 본모습을 갖추게 된 중국의 옛 산술서다. 이 책의 정확한 원저자와 기원은 알려져 있지 않지만 263년 삼국시대 위나라 유휘(劉徽)가 주석을 붙여 펴낸 것으로 전해진다. 전근대 중국 수학 전문 서적인 "산경십서(算經十書)" 중 가장 중요한 문헌으로 평가된다. 이 책을 통해 측량의 기술과 토목건축의 기술이 파급되었으며 특히 한국과 일본에 심대한 영향을 미쳤다.

삼국시대 유휘는 『구장산술』의 주석 작업을 하면서 "구장(九章)"[1]에 대한 의미를 찬술하기도 하였다. 기존 연구에 의하면 서한의 장창(張蒼) 및 경수창(耿壽昌)이 증보 작업을 진행하기도 했으며 동한 전기 최종적으로 완성된 것으로 추정한다. 또 『구장산술』의 내용에서 확인되는 관명(官名) 및 지명(地名)을 참고한다면 현재 전해지는 『구장산술』 판본의 조성 시기는 기원 1세기 하반 정도가 될 것으로 보인다.[2]

후세의 수학자들은 대부분 『구장산술』을 텍스트로 하여 수학에 대한 기초 학습과 연구를 진행하였으며 상당수의 학자들이 이에 대한 주석(註釋)을 달기도 하였다. 대표적으로 조위의 유휘(263), 당(唐)의 이순풍(李淳

風, 656) 등이 주석을 덧붙여서 이 두 사람의 주석본이 현재까지 전해지고 있다. 당송(唐宋) 시기에는 『구장산술』을 국가의 수학 교과서로 규정하였고 북송(北宋) 시기에 이르면 중앙정부에서 각인(刻印)을 주관하기도 하였다. 현재 전세본(傳世本) 중 가장 이른 시기의 판본은 북송본을 번각(飜刻)한 남송(南宋) 번각본(1213)이며 상해도서관(上海圖書館)에 소장되어 있다.[3]

영국의 과학사 권위자 조셉 니담(Joseph Needham)은 일찍이 『구장산술』에 대하여 "고대 중국의 수학서 중 가장 영향력이 큰 저술"이라고 평가한 바 있다.[4] 『구장산술』은 당시 사회의 수학 및 경제에 대해 치열하게 접근한 저술로서 특히 246개 항목의 산술 문제 중 약 190여 개의 문제가 실물 경제와 닿아 있는 응용문제다.

이를 간추려보면 첫째, 한대 사회의 생산력 문제에 관한 것이다. 둘째, 한대 사회의 기층 경제에 관한 내용이다. 셋째, 한대의 상업 교통에 관한 정황이다. 또 『속미(粟米)』, 『쇠분』, 『균수』, 『영부족(盈不足)』, 『방정(方程)』 등의 장절에서는 당시의 화폐 경제와 상품 가격에 대한 정황을 기록하고 있다. 이 외에도 실물 교역에서 거래되던 곡물의 종류, 식량 가공 제품의 거래 비율, 차량의 적재 능력, 사람·말·차의 일일 운행 가능 거리 등도 구체적으로 반영하고 있다. 이와 같이 『구장산술』의 자료적 가치로 말미암아 이에 대한 분석과 고찰을 통한 연구 성과도 상당량 축적되었는데, 주로 한대의 사회경제, 교통운수체계, 과세제도, 토목건축 등에 대한 주제가 대종을 이루고 있다. 『구장산술』은 문제의 내용과 성격에 따라 9개 장으로 크게 분류할 수 있다.

〈그림 1-1〉 『구장산술』 유휘 주석본

각 장은 1개 혹은 2개의 산술 문제를 제시하고 그 문제에 대한 해답을 열거하는 방식이다.

a. 방전장(方田章)은 주로 농경지의 면적에 대한 계량과 분수에 대한 계산을 기록하고 있으며 이는 세계에서 최초로 분수에 대한 체계적 서술을 시도한 사례이기도 하다.

b. 속미장(粟米章)은 주로 곡물 교역에 대한 계산 방법을 제시하고 있는데 상당수의 산술 문제가 비율에 대한 내용을 담고 있다.

c. 쇠분장(衰分章)은 분배 비율에 대한 계산법을 제시하고 있다.

d. 소광장(少廣章)은 평방과 입방을 예시하고 있어 면적과 체적에 대한 기본 개념을 담고 있다.

e. 상공장(商工章)은 주로 토방(土方), 석방(石方), 용공량(用工量) 등 토목 공정에 대한 산술 문제를 다루고 있어 체적에 대한 계산 방법이 핵심을 이루고 있다.

f. 균수장(均輸章)은 세수, 부역, 생산량에 대한 과세 비율 등 비교적 복잡한 비율 문제를 서술하였다.

g. 영부족장(盈不足章)은 쌍설법(雙設法)의 문제를 제시하고 있다.

h. 방정장(方程章)은 연립 일차방정식의 해법과 정수 및 부수의 가감법에 대한 내용이 주를 이루고 있다.

i. 구고장(勾股章)은 피타고라스의 정리(Pythagoras theorem, 勾股定理)를 다루고 있다.

특히 상공장의 내용은 전근대 토목건축에 수리적 근거를 제공하고 있기에 매우 주목할 만한 대목이다. 『구장산술』은 선진시대부터 축적되어 온 고대 수학의 성과를 집대성하여 새로운 수학체계를 수립했다는 점에 큰 의미를 부여할 수 있다. 『구장산술』의 영향은 중국의 후대 수학은 물론 16세기 서유럽의 삼분율법(三分律法)에도 미쳤으며 쌍설법의 경우 13세기 피보나치(Fibonacci)의 언급대로 아라비아에서 성행한 거란(契丹) 산술에 심대한 영향을 주기도 하였다.

중국의 수학 전적이 한반도로 유입된 시점은 한사군(漢四郡)의 성립 시기인 기원전 108년 전후로 추정하고 있다.[5] 기원전 108년에서 기원 273년까지 『허상산술』, 『두충산술』, 『주비산경(周髀算經)』, 『구장산술』 및 유휘주(劉徽注) 등이 한사군 영역에 유입되면서 고구려 및 주변 한계(韓系) 주민들에게도 중계되었을 것으로 보고 있다. 빈번한 전란의 발생으로 대량의 이민이 한반도로 행해졌으며 이 과정에서 수반되는 기술과 문화의 전이도 이전에 비해 더욱 증가되는 양상이 확인된다. 특히 『오행(五行)』, 『팔괘(八卦)』, 도량형제, 『산주(算籌)』 및 중국 고대 경전 등이 유입되었다.

한과 각축하며 성장한 고구려는 국가체제의 안정화를 위해 낙랑 및 한 문화의 선진 기술을 대량 흡수했는데 이는 고구려 와당에서 보이는 "보국건곤상필(保國乾坤相畢)", "팔괘(八卦)" 등의 명문에서 포착되고 있다. 또 「광개토왕비문」에서도 역법의 연월 및 수리 단위의 기록 중 『태초력(太初曆)』, 『주비산경』 등의 내용이 일부 확인되고 있다.

2) 『영조법식(營造法式)』

『영조법식』은 중국 송대 토목건축의 구성 요소를 계통화하고 호채(壕寨), 석작(石作), 대목장(大木匠), 소목장(小木匠), 조작(雕作), 선작(旋作), 거작(鋸作), 죽작(竹作), 와작(瓦作), 니작(泥作), 채화작(彩畫作), 전작(塼作) 및 요작(窯作) 등의 13작에 대한 정형적인 수량 변화를 제도화한 저술로, 송대 이전의 장작(匠作) 제도와 공정전장(工程典章)을 바탕으로 북송 토목건축의 실증적 경험을 결합하여 규범성, 비율성, 원칙성을 확립하였다. 이로써 국가는 물론 민간의 각종 건축 경험과 구현을 선도하는 기능을 수행하였다.[6] 『영조법식』은 희녕(熙寧) 연간(1068~1077)에 편수되기 시작하여 원부(元符) 3년(1100)에 완성되었고 숭녕(崇寧) 2년(1103)에 간행되었다. 장작감(將作監) 이계(李誠)가 절강(浙江) 공장(工匠) 유호(喩皓)의 『목경(木經)』을 바탕으로 편수하였으며 책이 간행된 후 북송 관방은 정식으로 『영조법식』을 반포하였다.

지은이 이계(李誠, ?-1110)는 북송 말기에 출생하여 송 철종(哲宗), 휘종(徽宗) 연간에 두 번이나 장작감(將作監)을 지내면서 당시 토목건축에 지대한 공적을 남긴 인물이다. 장작감은 궁전, 성곽, 교량, 저택, 방사(房舍), 구거(溝渠), 주거(舟車), 도로 등 토목 공정 전반을 관리·감독하는 직책이었다.

중국 역사상 송대는 건축이 가장 발달한 시기로서 한·당 시기에 비해 토목건축 공장의 사회적 신분이 한 단계 성장한 것으로 평가되고 있다. 공장의 관방 편제가 이전 시기보다 유연해졌을 뿐만 아니라 신분의 영속적인 보장도 이루어졌다.[7] 이는 『영조법식』에서 보이는 노동량에 대한 보수를 언급한 대목에서도 잘 나타나고 있다.[8]

『영조법식』은 총 4개 부분으로 나누어지는데 첫째, "명례(名例)"는 건축 용어에 대한 정의와 해석을 다루며, 둘째, "제도(制度)"로서 니작, 와작, 목작(木作), 조작 등의 13개 공정에 대한 임무와 기술적 수준을 정하였고, 셋째는 "공한료례(工限料例)"로서 시공 인원과 재료의 정액을 예시하고 있으며, 넷째, "도양(圖樣)"은 건축 양식과 각종 건축의 부속 구조물을 상세히 도면으로 표시해놓고 있다. 전체적인 내용은 현재의 시공서 및 건축 감리를 포괄한 법제적 성격을 갖추고 있다고 볼 수 있다. 그러나 『영조법식』 내용의 대부분은 건축 토목에 투입되는 국가 재정의 효율성을 언기 위한 목적에서 작성되었기에 건축물의 배치, 내부 구조의 설계, 규모와 형상 등에 관한 내용은 미미한 수준이다. 또 등급이 높은 국가의 공적 건축물을 대상으로 하고 있기에 일반 건축물에 대한 언급과 서술은 간략하여 보편성이 떨어진다.

한국 전근대 전통 건축에 대한 중국 건축의 영향과 파급은 일반적으로 인지되고 있는 사실이다. 특히 고려시대의 목조 건축에는 『영조법식』 대목작의 영향이 강하게 표출되고 있다. 국가의 공적 건축 규범에 관한 문헌이 전해지지 않아 『영조법식』의 건축 문화적 영향이 고려 사회에 어느 정도로 작용하였는지 구체적 사례를 적출하기는 쉽지 않으나 현존 고려시대 건축물의 건축 규범과 비교해보면 『영조법식』의 규범 및 제도와 부합하는 대목이 적지 않게 확인되고 있다.[9]

3) 『천공개물(天工開物)』

『천공개물(天工開物)』은 명대에 편찬된 과학서로 중국의 역대 생산기술과 농공업 생산력의 발전을 서술하고 있다. 『천공개물』의 저자인 송응성(宋應星)은 명대의 관리 가문에서 출생하여 28세에 향시를 통해 지방관원으로 발탁되나 중앙관직으로의 진출은 몇 번의 고배를 마시고 결국 좌절되었다. 47세에 강서성(江西省) 분의현(分宜縣) 교유(敎諭)에 올라 50세에 『천공개물』을 완성하였다. 『천공개물』에는 중앙관직으로의 진출이 좌절되자 과거를 포기하고 본격적인 "가식지문(家食之問)", 즉 과학기술을 다루는 실학에 매진함으로써 중국 역대의 과학기술 전적(典籍)을 탐독하고 방대한 관련 자료를 집성하였던 송응성 개인의 배경이 있다.[10]

당시 중국의 강남 지역을 중심으로 전통적 봉건주의가 서서히 해체되고 초기 자본주의적 사유가 수용되기 시작하였다. 송응성은 명대 자본주

〈그림 1-2〉 『천공개물』 삽도: "造瓦" 및 "塼瓦濟水轉銹窯"

의 맹아의 발상지인 강남 지역에서 출생하고 활동하였기에 이러한 지역적 풍토의 영향은 송응성의 학문과 그 지향점을 과학기술에 대한 본격적인 연구로 전환시키는 계기로 작용하였다.

『천공개물』은 전서(全書)가 총 18장으로 구성되어 있는데, 상·중·하권으로 나누고 123폭의 관련 삽도를 넣어 이해를 돕도록 하였으며 상권은 총 6장, 중권은 7장, 하권은 5장으로 배치하였다. 그 내용을 살펴보면 1장 농작물 및 일부 식물유(植物油) 원료의 생산, 2장 의복원료의 생산, 3장 염료제조, 4장 농작물원료의 가공, 5장 식염의 생산, 6장 당류의 제조, 7장 전·와·도·자기의 제조, 8장 금속기물의 주조, 9장 각종 차량·선박의 유형·구조·성능, 10장 금속기물의 단조, 11장 각종 광석의 정련, 12장 각종 유류(油類)의 제조, 13장 제지, 14장 각종 금속의 야련, 15장 무기·화약의 제조와 성능, 16장 안료의 제조, 17장 효모제의 제조, 18장 보석원료의 채취 등 다양하고 방대한 분량의 생산기술이 수록되었다. 이 외에

〈그림 1-3〉 『천공개물』 古今圖書集成本

도 송응성의 최초 집필 원고에는 천문기상, 악률(樂律) 등의 내용도 수록
되었으나 출판 과정에서 삭제되어 전해지지 않고 있다.

　『천공개물』은 명대 숭정(崇禎) 10년(1637)에 초간되었으나 청대 순치(順
治) 연간(年間) 복건성의 출판업자인 양소경(楊素卿)이 2판을 출간함으로
써 국외로 전파되기 시작하였다.[11] 1771년 일본의 관생당(菅生堂)에서 현
지 출간됨으로써 최초로 『천공개물』의 국외판본이 출현하였으며 그 후
18세기 판본의 『천공개물』은 조선에도 큰 영향을 주었다.[12] 『천공개물』은
18세기 유럽에도 전해지면서 반향을 일으켰는데, 19세기 초 프랑스의 중
국학 연구자인 줄리안(Stanislas Julian)이 책의 가치를 주목하여 내용의 일
부 장절을 프랑스어로 번역하여 출판하였으며 그 후 프랑스, 독일, 한국[13]
및 일본에서 지속적인 번역 작업이 이루어졌다.

2. 기술자 집단

1) 고구려

고구려의 토목·축조기술을 보여주는 대표적 사례는 성곽이다. 문헌 기록을 통하면 기원전 1세기경에 최초로 성곽이 축조된 것으로 알려져 있다. 고구려 성곽 중에서 비교적 발전된 모습으로 남아 있는 국내성은 그 시대 성곽 축조기술의 일면을 우리에게 보여준다. 국내성은 성곽의 높이가 약 6m에 달하고, 일정한 간격을 두고 적을 공격하는 데 편리하도록 성벽 밖에 돌출시켜 쌓아올린 특별한 시설인 치(雉)가 설치되었으며, 성벽 위에는 적을 공격할 때 몸을 숨겨 사격할 수 있도록 난간 같은 벽체인 여장(女墻)도 마련되어 있다. 성벽은 아래에 큰 석재를 쌓고 위로 올라감에 따라 견고하고 안정감을 갖도록 축조되었다. 이러한 축조 방법은 조선시대에 이르기까지 거의 그대로 계승되었다. 이렇듯 우리나라의 평지성이 산성을 배경으로 축조되는 경향이 강한 것은 군사적인 측면이 고려되었기 때문이다. 연개소문과 같은 군사 직책을 담당한 자가 축성 공정의 관리 감독을 맡기도 한 데서도 짐작할 수 있다.[14] 물론 참여한 개별 기술자도 군대의 편제에 포함되어 있던 인물들이었을 것이다. 이는 고대 중국의 상황과 유사하다.[15]

평양에 소재하는 청암리사지는 5세기 후반에 조영된 것으로 추정하고 있는데 그 가람 배치가 아스카데라와 매우 흡사하다. 따라서 일본 초기 사찰인 아스카데라의 가람 배치가 고구려의 청암리사지와 유사하여, 백제 사찰의 조영보다 이른 시기에 고구려의 장인이 개입된 것으로 보고 있다. 문헌 기록에서도 고구려의 기술을 전수받았을 것으로 짐작되는 대목이 보인다. 일본의 고대 개인 문집인 『부상략기(扶桑略記)』에는 추고(推古) 4년(596) 아스카데라에 고구려의 승려인 혜자와 백제의 승려인 혜총

2인이 거주하였고 추고 13년(605) 금당에 안치된 장육불의 설치에는 고구려의 금이 유입되어 사용되었다는 기록이 전하고 있다. 이는 백제의 영향뿐만 아니라 고구려의 기술 인력도 일본 초기 사찰 조영에 적극적으로 참여한 것을 보여준다.

2) 백제

3세기 후반부터 웅진기가 끝나는 6세기 초에 이르기까지의 토목건설 기술자 집단에 대한 구체적인 자료는 보이지 않고 있다. 다만 일본의 기록을 보면 백제로부터 문물을 전한 사람들이 두 부류로 나온다. 아직기, 왕인, 노리사치계 등과 같이 유교, 불교 등 신학문과 종교를 소개한 경우와 농업, 토목, 수공업 등의 기술을 전파한 경우이다.

백제의 토목 기술 및 기술자 집단에 대한 단서로는 다루왕 6년, 기루왕 40년 도전(稻田)의 조성과 농토를 보수하였다는 기사와 같은 비교적 이른 시기의 관련 기록이 있다.[16] 그러나 구체적인 기술 인력의 참여와 편성에 대한 언급은 누락되어 있다. 이후 진사왕 7년(391) "궁실을 중수하고 인공 산을 만들어 기이한 짐승과 나무들을 심고 길렀다."라는 기록에서 도성과 관련된 원지 조성의 토목건설 과정을 일부 기술하고 있다. 이후 한성기 말기인 개로왕 21년(475)에는 "증토축성(蒸土築城)"하고 도성 내부에 궁실과 누각, 사대 등을 조성하였으며, 욱리하(郁里河)에서 대규모 거석을 채취하여 곽을 만들어 부왕의 시골을 개장하였고, 강변을 따라 사성 동쪽에서 숭산 북쪽까지 제방에 수목을 식재하였다는 내용이 확인되고 있어 개로왕대에 대규모 토목공사가 이루어졌던 것으로 보인다. 그러나 이 대목에서도 구체적인 참여 인력과 기술자, 장사 등의 활동 내용을 적고 있지 않다. 한편 웅략(雄略) 7년(463) 백제의 기술자 집단이 왜의 야

마토 지역에 이주하여 정착한 기록이 『일본서기(日本書紀)』에 전해지고 있다.[17]

무령왕릉 축조에 사용된 벽돌 중에 '임진년작(壬辰年作)' 명문전과 송산리 6호분의 축조에 사용된 '양관와위사의(梁官瓦爲師矣)' 명문전에는 각각 '사(士)' 및 '사(師)'의 존재가 확인되고 있는데 이는 '박사(博士)'나 '와박사(瓦博士)'처럼 무덤 축조의 기술적 지휘를 총괄한 장작(匠作) 혹은 장사(匠師)의 참여를 반영하는 자료로 볼 수 있다.

백제는 538년 사비로 천도한 후 22부사의 중앙 관제를 편제하였다. 특히 그 내역 중 내관에 속한 사공부는 토목, 건축의 사안을 관장하였는데 일정 규모의 기술 인력을 두고 도성 및 주변부의 토목건축, 보수, 하거 정비 등의 업무를 수행하였을 것이다.

백제의 중요 사찰인 미륵사의 창건에 신라의 공인이 참여한 것으로 보이는데 기록에서는 이를 백공으로 표현하고 있다.[18] 아마도 여러 종류의 토목건축기술을 가진 기술자 집단이 신라에서 파견되어 사찰의 축조를 도운 것으로 추정된다.

백제인 공장의 기술은 고도로 발달하여 불교 사원의 건축과 그와 관련된 금속 주조 기술은 신라와 일본의 기술적 발전에 많은 영향을 끼쳤다. 백제의 명장으로 신라의 황룡사 축조에 핵심적인 역할을 한 아비지(阿非知)는 대표적인 토목건축기술자의 한 사람이었다. 황룡사 9층 목탑은 643년(선덕왕 12)에 자장의 건의로 황룡사에 세운 9층의 목탑을 말한다.[19] 김춘추의 아버지인 이간(伊干) 용춘(龍春)[또는 용수(龍樹)]이 공사를 감독했고, 백제에서 명장 아비지를 초빙하여 645년에 완성한 것으로 기록되었다.[20] 이웃 나라의 침략을 막는 상징적인 탑으로서 높이는 약 80m이고, 신라 삼보 중의 하나이다. 기록에서 보이는 용춘 혹은 용수, 아비지 등은 모두 각각 신라와 백제의 공관들이었을 가능성이 높다.

일본 최초의 불교 사원인 법흥사(法興寺)와 그 탑은 588년에 백제에서 초빙해 간 공장들에 의하여 세워진 것이었다. 『일본서기』 민달기(敏達紀) 6년조에는 백제가 조불공(造佛工)·조사공(造寺工) 등을 파견한 사실이 보이고 또 용명기(用明紀) 3년조에는 조사공·노반박사(鑪盤博士)·와박사·화사(畵士) 등의 파견이 보이고 있다. 이와 같이 백제로부터 조사공·조불공·와박사 등의 사원 건축·불상 제작의 전문가들이 빈번히 파견되었다는 것은 고대 일본의 사원 건축·불상 건립이 이들에 의해서 제작되고 지도되었음을 의미하는 것이다. 이는 바로 삼국의 건축과 예술의 직접적인 이식이요 그 영향의 결과라고 할 수 있다.

3) 신라

신라가 고대국가로 진입하기 이전 단계에 기술자 집단들은 국왕 혹은 중앙의 공적 편제에 예속되어 있었던 것으로 추정되는데 『삼국유사』 권1 기이2편의 탈해왕조에서 보이는 석탈해의 야장 설화는 그 단면을 보여주는 대목이다. 설화에서 석탈해는 자칭 야장이라고 표현되고 있는데, 이는 석씨 집단의 정치적 배경을 암시하는 기록으로 볼 수 있으나 이를 통해 장인의 존재가 어떠한 형태로 신라 사회에서 활동했는지에 대한 짐작도 가능하다.

당시 기술자 집단의 활동 경위를 비교적 구체적으로 반영하는 자료는 중고기 축성 및 축제 관련 금석문이다. 6세기 신라의 금석문인 「울진봉평비문(蔚珍鳳坪碑文)」, 「남산신성비문(南山新城碑文)」 등에서 '입석비인(立石碑人)', '작상인(作上人)'이라는 표기가 확인되고 있는데 이들은 비를 세우거나 성벽을 수축하는 데 동원된 기술 인력으로 추정된다. 또 '장척(匠尺)', '공척(工尺)' 등의 표기도 보이는데 이들은 장작법령을 시행하는 기술 관리였을 가능성이 높다. '입석비인'의 경우 왕경의 6부 출신으로 박사직의 신분을 가지고 있었다. 또 「영천청제비병진명(永川菁堤碑丙辰銘)」(536), 「무술오작비(戊戌塢作碑)」(578) 등의 기록에서는 비를 세운 일자와 공정, 제방 이름, 제방의 수리 배경, 공사 규모, 공사 기간, 동원 인원, 공정 관리체계 등이 확인되고 있다.[21]

신라의 대규모 건축, 토목공사에서는 백제와 고구려 장인의 역할이 컸던 것으로 판단된다. 특히 불교 사원의 건축에서 그러하다. 불교의 전래 과정에서 고구려 승려의 영향이 지대하였고 황룡사와 분황사의 1탑 3금당식 배치는 평양 청암리사지 등 전형적인 고구려 가람 배치의 변형이라 할 수 있다. 신라 후기에는 백제의 토목건축기술이 도입된다. 『삼국유사』의 황룡사구층탑조를 보면 백제 장인 아비지가 초빙되어 건립하였다는데, 이는 백제가 중국 남조와의 교류를 통해 고층 누각 축조기술을 발달시켜 기술적으로는 오히려 고구려보다 비교 우위에 있었기 때문일 것이다. 익산 미륵사의 9층 목탑과 석탑이 황룡사 9층탑의 완공 6년 전인 639년(백제 무왕 40)에 이미 완성되어 있었다는 사실은 두 사찰 사이의 기술적 연관성을 짐작케 한다.

신라에서는 역대 왕릉을 수즙하고 보수하는 공정이 활발하게 진행되었던 것으로 보인다. 역대의 왕릉에 대한 대대적인 보수와 정비는 관부의 전문적인 토목기술자가 동원되어 진행되었을 것이다.

신라의 중요 전략 중진이었던 삼년산성도 3년 동안 병졸 및 토목기술 인원들이 투입되어 완성되었다.[22] 경주 왕성의 토목건축 공정도 여러 사례가 확인되고 있는데 이들 공정에도 관부의 기술자 집단이 대거 참여했을 것으로 추정된다. 신궁의 건설[23], 제방의 수리[24], 사원의 축조[25] 등에는 대규모 인력이 투입되었을 것이며 기술 인력의 체계적 편제를 통한 대형 토목건축이 진행되었을 개연성을 충분히 짐작할 수 있다. 그런데 이러한 신라인의 영조 기술 중 수학적 측면의 발전에는 백제의 기술적 영향이 있었다는 사실이 주목된다. 현존하는 백제의 탑과 백제인에 의하여 세워진 일본의 축조물들에서 신라 석탑의 양식이나 기술적 계획에 선행하는 수법이 엿보이고 있는 것은, 백제 기술의 신라에의 영향에 대한 한 측면을 보여주는 것이라고 생각되기 때문이다.

통일전쟁이 치러지던 시기에는 중국 건축·토목문화의 영향도 상당히 컸던 것으로 여겨진다. 선덕여왕과 진덕여왕대를 거쳐 김춘추가 당에 들어가 당의 연호와 복식을 따르겠다는 약조를 한 후 당의 문물이 빠른 속도로 신라에 유입된 것으로 여겨진다. 경주 첨성대에 297㎜ 전후의 당 대척(大尺)을 영조척으로 사용한 것을 보면 당의 건축 기술과 제도가 신라에 많은 영향을 미쳤음을 알 수 있다.

삼국통일 직후 신라는 정치, 경제적 목적으로 대규모 조영 사업을 일으켰으며 이를 전담할 관청을 설치하고 공장과 기술자를 관리할 별도의 관서를 설치하였다. 경성주작전(京城周作典)은 도성의 건설과 수리를 전담하였고, 예작부는 궁중의 영선과 토목을 담당하였으며, 영창궁성전은 영창궁의 건축과 영선을 담당했던 부서이다. 그 외에도 사천왕사, 봉성사, 감은사, 봉덕사, 봉은사, 영묘사, 영흥사 등 국가의 중요 사원을 건축하고 관리한 성전(成典)이라는 상설 기구가 있었다. 공장부(工匠府)는 나중에 전사서로 바뀌었는데 건설 기술자를 관리하고 제사를 집전했던 부서였으며, 전읍서(典邑署)는 후에 전경부(典京府)로 개칭되었는데 건축 공장인 목척(木尺) 70인을 관장하였다고 한다.

통일 직후 각 관청에 소속된 건축 공장과 기술자들 가운데 상당수는 고구려와 백제 출신이었을 것으로 여겨진다. 682년(신문왕 2)에 창건된 경주 감은사는 성전사원이었는데 이 유적의 금당지와 공방지 등에서 통일 시기 이전의 부여나 익산 지역의 백제 건축에서 주로 사용된 지하층 구조와 내벽 구조를 가진 유구가 나타나 주목된다. 이는 백제 계통의 장인이 참여해 그들이 가지고 있던 건축기술을 발휘한 결과일 것이다. 「불국사창건연기」에는 742년(경덕왕 1) 재상 김대성이 창건한 경주 불국사의 무영탑과 석축 등을 당의 공장이 만들었다고 기록하고 있는데, 실제로는 백제 장인을 지칭한 것으로 여겨진다. 이와 같이 당시 신라 왕경에서 이루어진 대규모 공역에는 백제와 고구려의 장인 계층이 빈번하게 참여하였으리라 추정된다.

통일신라 건축문화의 수준을 잘 보여주는 자료가 『삼국사기』의 옥사(屋舍)조 기록이다. 우리나라 최초의 건축 법규라고도 할 수 있는데, 삼국 통일 이후 신분의 고저와 상관없이 화려하고 장대한 건물을 경쟁적으로 건립하면서 혼란스러웠던 당시 건축 상황에 대한 규제의 성격을 띤 것으로 추정된다. 경주 황룡사지 인근에서 발굴된 신라 왕경 유적에서 한 건물의 면적이 150㎡를 넘는 엄청난 규모의 유구가 발견된 사실은 당시 상황을 반영하고 있다. 이에 『삼국사기』 옥사조에서는 진골 이상의 왕족과 6두품 이하 4두품까지의 귀족을 대상으로 그 계층에서 사용할 수 없는 건축 형식, 규모와 장식의 종류, 구조, 재료 등이 상세히 기술되어 있다. 왕족 또는 귀족이 건축할 수 있는 실(室)의 길이와 너비를 규제하는 동시에 가구법(架構法)의 종류를 제한한 기록도 있다. 이러한 기록으로 미루어 신라의 목조 건축은 평면 계획과 가구법을 연관시켜 일정한 법식에 입각하여 만들었을 정도로 상당히 발달된 기술적 수준에 도달하였던 것으로 판단된다.

4) 고려

고려전기부터 상공(商工)은 말업으로 천시되었으나 상대적으로 상업에 비해 수공업에 대한 인식은 나은 편이었다. 수공업자들이 국가의 역을 담당하는 순기능을 인정한 것이다. 그러나 고려 말에 이르러 신분제가 붕괴되면서 공상(工商)노예가 관직에 진출하는 현상이 나타나자 신분제를 강화하기 위한 일환으로 정책적으로 수공업을 억누르는 억말론(抑末論)이 강화되기도 하였다.[26]

고려시대에 대규모 토목공사가 진행된 사례는 성과 왕릉의 조영이다. 이 중 왕릉의 조영과 관련된 기구에 대해서 알아보자. 왕이 죽게 되면 가장 먼저 만들어지는 기구가 도감이다. 고려에서 장례도감, 빈전도감, 혼전도감 등이 확인되지만 정연한 체계를 갖추게 되는 것은 공민왕 비이자 원나라 위왕(魏王)의 딸인 노국대장공주(魯國大長公主)의 장례에서부터이다. 이때 빈전(殯殿)도감, 국장(國葬)도감, 조묘(造墓)도감, 재(齋)도감 등 4개의 도감과 산소(山所), 영반법(靈飯法), 위의(威儀), 상유(喪帷), 이거(轜車), 제기(祭器), 상복(喪服), 반혼(返魂), 복완소조(服玩小造), 관곽(棺槨), 묘실(墓室), 포진(鋪陳), 진영(眞影) 등 13색이 운영되었다.[27] 이 중에서 조묘도감, 산소색, 관곽색과 묘실색, 포진색 등이 무덤의 직접적인 공사와 가장 밀접한 부서임을 알 수 있다.

5) 조선

고려와 마찬가지로 조선왕조에서도 수공업, 토목, 건축에 관련된 업무는 공조(工曹)의 몫이었다. 태종 5년도의 분장을 보면 산택(山澤), 공장(工匠), 토목(土木), 영선(營繕), 둔전(屯田), 염장(鹽場), 도야(陶冶)가 공조의 고유 업무였는데 3개의 속사(屬司)와 10개의 속아문(屬衙門)에 분담되어 있었다. 조영사(造營司)에서 궁실(宮室), 성지(城池), 공해(公廨), 옥우(屋宇), 토목, 공역(工役)을 맡았기 때문에 가장 광범위하게 토목 관련 업무를 맡았다. 산택사(山澤司)의 업무 중에서는 산택, 진량(津梁), 종식초목(種植草木), 가항(街巷), 제언(堤堰) 등이 토목과 관련되는데 특히 조경이나 수리관개 쪽으로 특화되었음을 알 수 있다. 그러나 『경국대전』 단계에 이르면 공조에서 토목, 둔전, 염장의 업무가 제외되면서 토목과 수리관개 업무는 조영사와 산택사에 집중되게 된다.[28]

조선왕조의 토목 관련 부서와 기술자에 대한 이해는 고려와 마찬가지로 성의 축조와 왕릉의 조영을 통해 알아보는 것이 효과적이다. 화성의 축조 공정을 상세히 기록한 『화성성역의궤』가 전자의 대표격이다. 후자와 관련해서는 왕과 왕비의 죽음과 매장의 전 과정을 기록한 『산릉도감의궤』를 들 수 있다. 모두 28종이 전해지는데 그중 정조의 장사를 기록한 『정조건릉산릉도감의궤』이 가장 상세하다. 이러한 자료를 통하여 조선시대의 대규모 토목공사의 절차, 자금 마련, 역인 징발, 자재와 도구, 기술, 공법 등에 대한 전체적인 모습을 조감할 수 있다.

고려와 마찬가지로 조선에서도 왕릉을 비롯한 국장을 담당하는 임시 기구는 도감(都監)이었다. 대한제국이 되면 주감(主監)으로 바뀌게 된다.[29] 도감은 왕의 죽음에 즈음하여 가장 먼저 설치되는 임시 기구이다. 태조의 국상을 치를 때는 빈전, 국장, 조묘, 재 등 4도감과 13색이 설치되어 고려시대의 제도가 답습되었다. 조선전기에는 예외 없이 고려의 흉례 관련 기구가 운영되었음을 확인할 수 있다. 이후 13색을 혁파하고 빈전, 산릉, 국장 등 3개의 도감으로서 상장을 주관토록 하는 논의가 이루어졌으나 실제로는 색이나 소로 대표되는 하위 부서의 활동은 없을 수 없었다.

3개의 도감 체제에서 국장에 관한 총괄은 국장도감에서 담당하지만, 왕릉의 조성을 직접 담당한 부서는 산릉도감이다. 정조의 국상에 즈음하여 산릉도감의 담당자는 제조, 도청, 낭청, 감조관으로 구성되었는데 도청이 총괄적인 업무를 처리하였으며 낭청 아래에 삼물소(三物所), 조성소(造

成所), 대부석소(大浮石所), 소부석소(小浮石所), 수석소(輪石所), 노야소(爐冶所), 보토소(補土所), 경낭청 등이 배치된 구조였다.

삼물소는 묘광을 파고 석물이 들어설 기초부를 마련하며 석회, 황토, 모래를 3:1:1의 비율로 혼합하여 다지는 임무를 맡았다. 옹가와 금정기의 설치와 철거도 삼물소의 임무이다.

노야소는 부석소에서 소요되는 철물을 비롯한 철제 기물 일체를 생산하였다. 번와소는 기와를 제작하였다. 노야소와 번와소에서 조달한 자재를 이용해서 조성소가 산릉 공역 시에 필요한 임시 건축물 및 제향과 왕릉 관리에 필요한 각종 건축물을 만들었다. 대부석소는 덩치가 큰 각종 석물을 만들기 위한 채석 및 조각을, 소부석소는 정자각이나 비각에 소요되는 비교적 작은 석물을 생산하였다. 수석소는 채석장에서 채석한 석재의 운반을 담당하였다.[30] 돌의 운반에는 크고 작은 썰매, 담기(擔機)[31]와 각종 수레가 이용되었다. 보토소는 좌청룡과 우백호, 안산 등 왕릉의 지기를 높이기 위해 흙을 북돋고 잔디를 심는 일을 맡았다.[32] 가래와 괭이, 쇠스랑 등을 이용하여 흙을 쌓고, 잔디를 입힐 때는 삭도, 나무몽둥이, 나무쇠스랑, 고무래 등을 사용하였다. 결국 왕릉 조성의 토목적인 기초는 보토소와 삼물소가 주역이었음을 알 수 있다.

조선의 대표적인 토목 전문가로는 단연 정조 연간에 활약한 조심태를 꼽을 수 있다. 그는 대대로 무인을 배출한 평양조씨 집안이고 수원을 근거지로 삼았다. 명필가이면서 명문장가인 그는 중앙의 군영 대장직을 역임하면서도 대규모 토목공사에서 능력을 발휘하였다. 정조 13년(1789) 사도세자의 묘소 이전이 결정되던 당일 수원부사에 임명되어 현륭원과 수원 신읍 조성 공사의 총책임을 맡게 된 것을 보면 이미 그전부터 정조가 그 능력을 인정하였음을 알 수 있다. 1790년에는 현륭원의 원찰인 용주사 건설을 담당하였다. 1791년 이후에는 훈련대장, 어영대장 등을 거치면서도 수원과 관련된 여러 사안에 적극 관여하였다. 1793년 화성 건설이 결정되자 실무 총책임자인 감동당상(監董堂上)에 임명되었고 곧바로 화성의 축성과 물의 관리 방안을 제시하였다. 1794년 화성 건설이 본격화되자 화성부유수에 임명되어 1797년까지 공사를 총괄적으로 진행하였다. 이 과정에서 황무지 개간, 수리시설인 만석거 축조, 만석거의 물을 이용한 시범 농장인 대유둔의 완성 등 여러 방면에서 활약하였다. 1798년에는 장용대장으로 부임하는데 화성 성역과 만석거 축조, 대유둔 조성 경험을 바탕으로 현륭원 인근의 만년제를 개축하였다. 그의 자제와 친족들도 화성 성역에 참여하거나 정조의 측근으로 활동하는 모습을 볼 수 있다.[33]

그는 현륭원을 옮기는 작업, 화성 축성, 용주사 조영, 만석거 축조와 만년제 개축 건축과 토목, 수리 등 다방면에 조예가 깊은 기술 관료였음을 알 수 있다. 융건릉의 조영에는 식목, 조경도 중요한 분야였는데[34] 여기에서는 장세환과 조윤식이 큰 활약을 펼치고 있다.

중국 고-중세의 기술자 집단

중국의 고대 기술자 집단과 기술서는 한반도에도 많은 영향을 끼쳤다. 상주시대에도 참고할 부분이 많으나 우선 주대 이후를 서술할 것이며 하한은 수·당 시기로 한다. 수와 당은 중국사에서는 중세에 해당되지만 한국의 삼국시대에 평행하는 시기이므로 이 시기까지 다루고자 한다.

1. 주 · 춘추전국시대

대표적 초기 문헌으로 『주례(周禮)』를 들 수 있다. 『주례』 고공기(考工記)의 기록을 보면 "사공(司空)"은 백공으로 표현되는 기술직 관리들을 감독 및 총괄하는 수장으로 도시 및 궁묘 건축을 비롯하여 도구, 용구 등의 제작에도 관여한 것으로 보인다. 이 중 토목건축의 영역에서는 "장인(匠人)"이라는 기술 관리가 도성, 성장, 운하 및 수거 등의 수축과 개착을 담당하였다. 그러나 그 외의 각급 공관의 직제와 역할 등에 대해서는 구체적 기재를 하지 않고 있다. 이 외에 『안자춘추(晏子春秋)』 내편(內篇) 관련 기록이 보이고[35] 또 "사공", "대장(大匠)" 등의 기술직 관리명도 보이는데 이는 고공기의 기재와 대체적으로 동일하다.

2. 진·한대

『후한서지주보(後漢書志注補)』 및 『문헌통고(文獻通考)』 등에서 한대 "사공"이 수리와 토목을 관장하며, 궁성과 성읍을 수축하고, 수거 (水渠)와 운하를 보수하고, 제방 및 관방을 건설하였다고 나온다. 한 경제(景帝) 연간에는 진대(秦代)의 직제를 이어받아 운용하던 "장작소부(將作少府)"의 직명을 "장작대장(將作大匠)"으로 개칭하고 "장작감"을 두어 관리하였다. 장작대장은 종묘, 궁실, 도성의 도로 등을 건설하고 보수하는 것 외에도 도성 내부 도로변에 가로수를 심는 녹화 작업도 담당했던 것으로 기록하고 있다. 그 하부에 다시 좌교서(左校署), 우교서(右校署), 중교서(中校署) 및 벽돌, 기와 등을 생산하는 견관서(甄官署), 목재를 주관하는 동원주장령(東園主章令)을 설치하기도 하였다.

동한 시기에는 토목 공정 관리체계가 관부가 주관하는 상서오조(尙書五曹) 중의 민조(民曹)와 궁실에서 직접 관장하는 장작대장으로 이분화되어 소속 기술 관리들을 감독하였다. 민조에서는 주로 건축물의 보수, 수축과 소금 유통에 대한 관리 및 수로, 도성의 원유(苑囿) 등을 담당하였으며 장작대장은 궁실의 업무만을 관장하였다. 한대 구체적인 성명과 직책이 전해지고 있는 기술자는 호관(胡寬), 양성연(陽城延), 구연(仇延) 등이 있다. 호관은 서한 시기 장인으로 궁전 건축 및 표식적 건물을 축조하였다.[36] 양성연은 원래 진(秦)의 군장(軍匠)으로 서한 시기에 장작소부를 맡아 장락궁과 미앙궁의 축조를 감독하였으며 장안성의 조성에도 주도적 역할을 하였고[37] 이후 오제후(梧齊侯)에 봉해졌다. 구연은 신망 시기 도장(都匠)으로 왕망구묘(王莽九廟)의 축조를 담당하였다.[38]

동한 시기 왕경(王景)은 당시 최고의 토목, 수리 전문가이면서 점복, 풍수, 술수에도 능하였다. 기원후 30년 이전에 태어나 85년 무렵에 사망한 것으로 전해지는데 자는 중통(仲通)이며 낙랑군 출신이다. 그 집안은 산동성의 낭야군(琅邪郡)에 거주하였는데 8대조인 왕중(王仲)은 도술을 좋아하고 천문기상에 밝았다고 하니 집안 내력이 과학기술과 긴밀함을 알 수 있다. 한 무제가 사망한 후 여후(呂后)가 정권을 잡고 있을 때, 유방의 손자들이 반란을 일으키고 이 와중에 왕중은 가족을 이끌고 위만조선으로 이주하였다. 가풍의 영향을 받아 왕경은 어려서부터 주역을 비롯하여 여러 책을 읽었는데 특히 천문과 기술 부류에 커다란 흥미를 가졌다. 58년 전후에 본토로 귀환하여 관리가 되었고, 이윽고 한의 명제는 그에게 수리관개 사업을 지시하였다. 69년에 변거(汴渠)와 황하의 제방을 크게 수리하였는데 병사 수십만을 이끌고 성공적으로 마쳐서 제방의 길이가 1,000리를 넘었다고 한다. 그다음 해에 제방이 완성되었는데 이후 다시는 붕괴하거나 누수될 걱정이 없어서 왕경의 이름이 유명해졌다. 83년에 여강태수가 되자 춘추시대에 손숙오(孫叔敖)가 처음 만든 작피(芍陂: 현재의 安徽省 安豊塘)를 수리하고 우경을 장려하여 토지를 크게 개간하였다. 여기에 더하여 양잠기술을 지역에 알려주어서 이 지역이 크게 부유해졌다.[39] 왕경에 대한 후세인들의 평가는 매우 높아서 그가 제방을 쌓은 황하는 약 800년 이상 크게 하로가 변하지 않고 넘쳐흐르는 횟수도 많지 않았다고 한다. 그가 작피를 수리할 때 발휘한 부엽공법은 한반도를 경유하여 일본열도로 전래되면서 동북아시아 토목기술의 교류와 공유에 큰 공헌을 하였다.

3. 위진남북조시대

위진남북조시대에는 상서기부(尚書起部)와 장작감으로 이분화된 공정 관리체계를 두었다. 장작대장은 관련 토목건축 사안의 유무에 따라 수시로 설치와 폐지를 반복하였다. 이 시기 대형 토목 공정에는 대부분 군공(軍工)이 투입되었고 그 통솔은 장군이 맡았다. 위진남북조시대의 토목건축 규모로 보아 일단의 전문 공관과 장사(匠師)들이 설계와 시행에 관여하였을 것으로 짐작된다.

문헌 기록에서 보이는 중요 토목 공정을 관장한 공관은 군대의 고관으로 남북조 공히 군공이 조영에 참가하였다. 개별 군공은 군대로 편제되어 있었으며 군관이 통솔하였다. 전문 공관 및 장인들에 대한 기록은 전무한 형편이며 이는 당시 토목건축에 종사했던 공장의 신분이 하급 관리 수준을 넘어서지 못했던 상황을 반영하고 있다. 그중 동진 시기 부분적으로 확인되는 개별 공관으로는 모안지(毛安之), 채주(蔡儔), 곽선명(郭善明), 이충(李沖) 등이 있다.

모안지는 진(晉) 효무제(孝武帝) 시기 장작대장을 역임하였다. 태원(太元) 3년(378), 당시 실력자였던 사안(謝安)은 건강성 궁실을 중수하기 위해 연일 6,000명의 인력을 투입하여 5개월 만에 완공하였다. 이 공정에서 모안지는 설계 및 공사 시행의 총책임자로 전체 공정을 지휘하였다.[40] 기록에 의하면 모안지의 신분은 군대의 지휘관으로 전문적인 기술 공관은 아니었던 것으로 추정된다.

채주는 남조 진(陳)의 소부경(少府卿)으로 원래 궁정기용(宮庭器用) 제작과 조달을 관장했으나 영정(永定) 2년(558) 진 무제(武帝)의 명으로 후경(侯景)의 난 이후 훼손된 태극전(太極殿)의 복구를 맡아 4개월 만에 완공하였다.

곽선명은 북위(北魏) 문성제(文成帝) 시기 평성궁(平城宮) 태화전(太和殿)의 축조를 총괄하였다.[41]

이충은 북위 시기 풍태후(馮太后)의 총애를 받아 중서령(中書令) 및 남부상서(南部尚書)를 역임하였다. 492년 장작대장을 겸직하여 평성 궁실의 개축을 지휘하였다.[42] 493년 북위가 낙양으로 천도하면서 당시의 장작대장 동작(董爵)과 낙양성 및 궁전의 설계와 축조 공사를 함께 지휘하였다.

4. 수 · 당대

중앙에 상서공부(尚書工部)와 장작감을 두고 국가의 대형 토목과 건축을 관장하였다.[43] 상서공부는 상서성(尚書省) 6부 중 하나로서 백공, 둔전, 산택 등의 관리를 주로 관장하였다. 아래에는 공부, 둔전(屯田), 우부(虞部), 수부(水部) 등의 사조(四曹)를 따로 두었고 주관 관직으로 낭중과 원외랑을 설치하였다. 이 중 공부낭중(工部郞

中)은 전반적인 토목건축 관련 업무와 도성 및 수계 시설, 공장의 관리를 담당하였다. 장작감은 궁정, 금원 및 도성 내부의 묘사, 교단, 왕부, 중앙 관서, 도로 교량 및 성문 등의 건축 공정의 구체적 시행과 보수를 담당하는 부서였다.[44] 아래에는 좌교서, 우교서, 견관서를 두어 목공, 토공, 전석(磚石) 재료의 제작 등을 각각 관리하였다. 즉, 이 시기에는 행정 부서인 상서공부와 구체적 시행을 진행하는 장작감이 공동으로 국가 토목건축을 계획하고 시공하였다.

1) 공관(工官)

수당시대 최고의 공관은 상서공부와 장작감의 관리자인 공부상서와 장작대장이었다. 그러나 중요한 국가 공정이 시행될 때에는 실무 경험이 풍부한 관부 외의 인물을 장작대장으로 임명하여 공사를 진행하기도 하였다. 대표적인 공관으로는 우문개(宇文愷), 하조(何稠), 염비(閻毗), 염립덕(閻立德), 염립본(閻立本) 등을 들 수 있다.

우문개는 선비족 출신으로 서위(西魏) 공제(恭帝) 2년에 출생하여 수(隋) 대업(大業) 8년에 사망하였다. 부친인 우문귀(宇文貴)가 북위의 구신이면서 훗날 북주(北周)의 공신이 된 배경으로 우문개는 성장 과정에서 북위, 북제(北齊), 북주 이래의 북방문화 전통과 전장(典章) 제도에 익숙하였다. 북주 대상(大象) 2년(580) 양견(楊堅)은 우문개를 장사중대부(匠師中大夫)로 발탁하여 성곽, 궁실의 축조 및 관리를 맡겼다. 수가 건국되자 무려 7개의 관직을 역임하면서 도성인 대흥성(大興城)의 중요 토목건축을 감독하였다. 589년 수가 남조 진을 멸망시킨 후, 우문개는 훼손된 건강성에 파견되어 남조

건축에 대한 실지 조사를 진행하였다. 대업 원년(605) 우문개가 지휘했던 동도 낙양성 축조에는 수 양제의 강남문화에 대한 흠모가 상당 부분 반영되었다.

하조는 남조 출신으로 북주가 강릉(江陵) 지역을 공략하자 그 형을 따라 장안으로 이주하였다. 이후 수 문제(文帝) 시기 관직에 발탁되었는데 고물(古物)과 전적에 대한 이해가 깊고 공예기술이 뛰어났다고 기록되어 있다. 페르시아 비단을 방제하고 유리와를 제작하여 명성을 떨쳤다. 인수(仁壽) 2년 우문개와 더불어 태릉(太陵: 수 문제 양견의 능묘) 조영 공정에 참여하였으며, 양제 즉위 후에는 태부소경(太府少卿)에 올라 황실에서 사용하는 의장거로(儀仗車輅: 마차와 수레 등 교통 도구)를 설계하고 제작하였다. 당이 건국되면서 다시 장작소장(將作少匠)에 발탁되어 주요 토목공사에서 핵심적인 역할을 하였다.

염비의 아들인 염립덕과 염립본 형제는 당대 중요 국가 공정에 지대한 공헌을 남긴 인물들이다. 염립덕은 당 무덕(武德) 연간에 태종의 진왕부(秦王府)로 초빙되었고, 후일 황제의 복식을 설계하고 제작하였다. 태종 정관(貞觀) 연간 초에는 장작소장에 올랐다. 635년 당 고조가 죽자 헌릉을 조영하는 임무를 맡아 공사를 진행하였고, 그 공을 인정받아 다시 장작대장에 임명되었다. 정관 13년(639) 당 태종의 고구려 정벌에 동원되어 교량, 도로 등의 토목 공정을 지휘하면서 공을 세우기도 하였다. 이후 태극궁의 북궐, 양성궁, 구성궁 신전, 취미궁, 옥화궁, 명당 등 대형 토목건축 공정을 지휘하였다. 656년 염립덕이 죽자 동생인 염립본이 장작대장의 직위를 이었고, 공부상서와 우상의 관직까지 올랐다. 역시 당 장안성 내의 중요 건축물 조영 및 토목 공정을 주도하였다. 염립본은 건축뿐 아니라 화가로도 명성이 높았다.[45] 염비를 비롯한 염씨 일가의 토목건축에 대한 식견은 당 초기의 건축문화를 대변한다.

2) 장사(匠師)

수·당시대 토목건축 공정에 투입되었던 기술자 집단을 장사라고 칭하였다.[46] 당시 소부감에 소속된 장사는 19,850명에 이르고 장작감에는 15,000명이 배속되어 있었다. 752년 이후에는 장작대장을 장작대감으로 개칭하고 소장을 소감으로 고쳐 불렀다. 토목건축에 단기간 복역하는 단번장(短蕃匠)은 12,744명을 두고 특수 기술을 가진 명자장(明資匠)은 260명을 두었다. 당의 조용조(租庸調) 제도는 장정이 1년에 20일을 노역에 참가하도록 정하고 있는데 만약 50일 동안 노역을 하게 되면 조용조의 전면 감면 혜택을 제도적으로 보장하였다. 이들 장사들을 단번장이라 불렀다. 명자장은 장작감에 소속되어 있던 중요 기술자들로서 국가 차원의 중요 토목건축 공정을 주도하였다. 관부 공장 중 목공의 수령은 "도료장(都料匠)"이라 따로 불리었다.[47]

2장

도성과
성곽

도성제와 도성 조영

1. 도성제

고대 동북아시아의 국가 형성 및 발전 과정을 가장 효과적으로 보여주는 것이 도성이다. 동북아시아에서 이러한 거대 도성이 최초로 발달한 곳은 중국이었다. 신석기시대 이후 이미 거대한 취락이 나타난 중국에서는 청동기시대를 지난 후, 최초의 왕조로 간주되는 하(夏)와 그 뒤를 이은 상(商) 왕조를 거치면서 체제를 갖춘 거대 도시, 즉 도성이 발전을 거듭하였다. 도성의 구성과 운영 원리를 도성제라고 부를 수 있는데 고대 중국의 도성제가 주변 지역으로 퍼져나가면서 다양한 형태의 도성이 등장하였다. 한국의 고대국가들도 중국 도성제의 직, 간접적인 영향을 받으면서 고대국가의 지배 구조를 정비해나갔다.

거대하고 화려한 도성의 외관은 강력한 국가의 존재를 가시적으로 표현하는 기능을 지녔기 때문에 삼국시대에 들어와 국가 지배 구조의 발전과 함께 도성제도 완숙되었다. 도성제의 발달은 정치제도사적으로는 집권적 국가의 출현, 왕권 강화를 의미한다. 재지적인 기반을 가진 귀족이 도성으로 집주하여 관료로 전환되는 것을 전제로 하기 때문이다. 아울러 이들이 거주할 공간을 확보하고 정주시키기 위한 도시 계획이 필요하게 된다. 경제사적으로는 도성의 조영에 소요되는 재화의 축적, 관료와 전문가가 집주하는 도시와 일반 취락의 분화를 의미하며 기술사적으로는 도성의 조영을 뒷받침할 수 있는 토목기술의 발달을 의미한다.

모든 고대국가들이 도성을 정비하고 발전시킨 이유는 많은 수의 주민이 거주하면서 중요한 행위가 대부분 이 안에서 이루어지기 때문이다. 그들이 필요로 하는 물자를 공급하기 위하여, 그리고 국가의 공적인 통치 행위를 전달하기 위하여 도로가 확충, 정비되었다. 거대 도시가 운영되기 위해서는 많은 수의 주민을 위한 식량과 상수의 공급, 그들이 남긴 하수의 처리, 수많은 죽음으로 인해 초래되는 장례와 무덤의 축조, 필수 물자의 생산과 유통이 효과적으로 진행되어야 한다. 중앙만이 아니라 지방에서도 거대 도시가 출현하지만 중앙의 거대 도시, 즉 도성은 인구와 규모는 물론이고 왕과 최고 귀족이 거주한다는 점에서 차원을 달리하게 된다.

국가와 왕권의 강력함을 가시적으로 표현하기 위해서는 도성을 거대하고 화려하게 꾸미는 것이 가장 효과적인 방법이었다. 더불어 왕릉과 지배자들의 거대한 무덤을 특별한 구역에 배치하고 일반 백성의 무덤과 차별성을 강조함으로써 지배 계급의 우월함, 지배 질서의 엄중함을 연출하고자 하였다.

그 결과 고대국가의 발전과 함께 도성제가 정비되면서 왕릉을 포함한 도성의 외관은 더욱 화려해졌다. 한국의 삼국시대도 마찬가지여서 고대국가가 발전하는 과정은 도성제의 변화에 고스란히 담겨져 있다.

고대국가가 발생하고 지배 구조가 발달하면서 귀족, 관료들은 왕의 거

〈그림 2-1〉 안학궁(좌)과 장안성(우)

처를 중심으로 모이게 되었다. 왕이 거주하는 공간, 즉 왕궁을 중심으로
귀족의 저택, 관청, 종교적 제의 공간이 정연하게 갖추어지고 주변에 많은
수의 백성들이 배치되면서 거대한 도시가 출현하였다. 도시에서는 정치
와 외교, 경제와 제의 등 중요한 활동이 이루어졌으며 교육, 상업, 수공업
생산 등의 행위도 활발히 이루어졌다. 이 도시에 거주하는 백성들은 농
업을 생업으로 삼는 지방민들과 달리 특권을 누리기도 하였다. 이러한 도
시는 왕도, 왕경, 도성, 국도, 경도 등 다양한 명칭으로 불리지만 본질은
하나였다.

고구려는 환인에서 집안, 다시 평양으로 천도하면서 각기 특색 있는 도
성을 남겼다. 이 도성의 변천을 정리하면 고구려 국가 발전의 양상을 고
스란히 파악할 수 있다. 고구려 멸망 당시의 평양성은 동북아시아 최대
의 도성 유적으로서 후대에도 그 흔적을 남겼다. 조선시대의 문인들이 기

자와 관련된 것으로 여겼던 바둑판 모양의 흔적은 고구려 평양성의 토지 구획의 결과이다.

백제는 서울 송파구 일대에서 건국된 후, 공주, 부여의 순서로 도성을 옮겼다. 한성기의 왕성은 풍납토성과 몽촌토성으로 추정되는데 아직 정연한 도성제는 출현하지 못한 단계이다. 475년 고구려의 공격에 의해 왕성이 함락된 후 공주로 천도하면서 웅진시대가 시작되었고 임시 도성인 웅진성이 출현하였다. 이때의 왕성은 현재의 공산성으로 여겨진다. 이후 임시 도성의 성격이 강한 공주를 버리고 부여에 새로운 개념의 계획도시를 설계하면서 신도시 사비도성의 시대가 시작되었다. 무왕대에 일시 익산을 새로운 도성으로 건설하기도 하였고 그 결과 익산 일대에 많은 유적이 남아 있다. 사비기의 부여, 익산의 도성제는 고대 일본 도성제에 많은 영향을 끼친 것으로 인정되고 있다.

신라는 고구려, 백제와 달리 줄곧 경주를 무대로 성장하였다. 따라서 경주의 지하에는 신라의 국가 출현기부터 멸망기까지 도성의 모습이 고스란히 남아 있다. 초기의 연구는 문헌에 의지한 추론에 불과하였으나 활발한 발굴 조사에 힘입어 신라의 도성, 즉 경주 왕경에 대한 연구가 본궤도에 오를 수 있었다.

발해는 문헌 자료의 부족으로 연구가 활성화되지 못했지만 길림성 화룡시 서고성[중경 현덕부]과 흑룡강성 영안시 상경성[상경 용천부] 등 도성 유적에 대한 조사가 체계적으로 진행되면서 많은 정보가 축적되었다. 특히 상경성은 당의 장안성에 버금갈 정도의 규모와 정비된 형태를 갖추었으며 중국식 도성제와 유사한 모습을 취하고 있다.

고대국가의 지배 구조를 상징하고 왕실의 존엄성을 과시하기 위한 도성에는 왕성과 관청, 왕릉과 귀족 무덤, 국가적 종교 시설을 중심으로 도로, 우물, 시장, 관영수공업 공방, 민가 등이 정연하게 들어서게 된다. 자연히 토목, 건축, 수리와 관련된 각종 기술이 발휘되어야 했다. 따라서 고대의 토목, 건축, 수리 기술은 도성에 오롯이 남아 있다고 해도 과언이 아니다.

백제 최초의 왕성, 풍납토성

풍납토성에 대한 본격적인 발굴 조사는 1997년부터 시작되었다. 성 내부의 동남부에 해당되는 현대리버빌아파트 부지에서 터파기 공사가 진행되는 현장에 잠입한 선문대학교 이형구 교수가 현재의 지표면보다 3~4m 아래에서 백제의 문화층이 고스란히 남아 있는 것을 발견하면서 상황은 급박하게 돌아갔다. 모두 파괴되어버린 것으로 예상하였던 풍납토성 내부의 유적은 지하 3~4m 아래에 고스란히 살아 있었던 것이다. 이후 발굴 조사가 진행되면서 한성기 도성제에 대한 기존의 연구는 대거 수정을 맞게 되었다. 그 이유는 풍납토성이 백제 도성제의 가장 핵심적인 유적임이 밝혀졌기 때문이다. 풍납토성에 대한 조사는 그 후 지속되어 동벽에 대한 절개 조사, 성 내부의 경당연립부지, 미래마을부지, 외환은행 합숙소 부지 등으로 확장되었으며 21세기에 들어와서는 동벽 바깥쪽 해자지구로 이어지고 있다.

풍납토성의 탁월성은 우선 성벽의 규모에 반영되어 있다. 전체 둘레가 3.5km, 기저부 폭이 40m, 높이가 12m를 능가하는 3~5세기 당시의 토성은 당시 한반도에는 존재하지 않았다. 인근의 몽촌토성, 경주의 월성, 대구의 달성, 청도의 이서국성, 평양의 낙랑토성 모두 풍납토성에 못 미친다. 중국 동북 지방과 일본 열도를 사정권에 넣어도 마찬가지이다. 고구려의 집안시기 왕성인 국내성도 둘레가 2,686m에 불과하다.

풍납토성이 축조되기 이전에 존재하였던 환호의 존재도 주목된다. 아직 전체 규모는 확인되지 않았지만 현재의 풍납 1, 2동에 걸쳐 넓게 확인되는 당시의 취락은 그 규모면에서 동시기 중부 지역의 여타 취락을 압도한다.

풍납토성 내부에서는 다양한 중요 시설이 발견되었다. 우선 경당지구 44호 건물이다. 이 건물은 연약한 지반을 파내고 그 내부를 다른 흙으로 채워 넣는 되파기기법, 평면 여(呂)자형의 구조, 주실을 구(溝)로 돌린 점, 구 내부에 목탄을 채운 점, 3개의 기둥이 하나의 세트를 이루는 점, 점토로 문턱을 만든 방식 등이 특이하다. 내부에서는 석제 구슬 1점, 심하게 불탄 철기 2점, 그리고 고온에 의해 피열 변형된 완 1점만 출토되었다. 전체적인 형태가 외부와의 격리를 의도한 종교적 기능을 의미하며, 유물이 빈약한 현상은 일본의 고분시대 신전(神殿)에서 찾아볼 수 있다.

그다음은 주변의 경당지구 206호 우물이다. 동서 10.5m, 남북 11m 정도의 방형 공간에서 약 3m 깊이로 연약한 구 지표층을 파내고 그 내부에 점성이 강한 토양과 사질토를 교호로 쌓아서 되메운 후 중앙에 우물을 만든 특이한 구조이다. 우물 내부에서는 200점이 넘는 완형 토기류가 의도적으로 매납되었다. 토기의 연대는 대개 400년을 전후한 시점으로 이해되는데 중앙산과 지방산이 혼재하고 일본 고분시대 전기의 하니와(埴輪)도 발견되었다.

우물을 보호하는 상부 구조의 존재 가능성, 고급 토기의 다량 매납, 토기의 풍부한 장식성 등을 고려할 때 식수나 용수를 얻기 위한 일상적인 우물이 아니라 특수한 기능을 지닌 우물로 판단된다.

풍납토성 내부의 서남부에 해당되는 미래마을에서는 총 5동의 지상 건물이 발견되었다. 고상식 무기단 초석 건물지(라-1호, 2호)는 적심석과 초석이 기둥을 받치고 주거 상면은 지상에 존재하는 형태로서 공주 공산성 내 추정 왕궁지의 제1, 2 건물지, 부여 관북리와 궁남지에서도 확인된다. 마-2호 건물지는 이 시기의 일반적인 주거지의 평면 형태인 "여(呂)"자형을 따르면서도 구 지표를 굴착 후 메꾸어 성토하고 그 위에 생활면을 둔 특이한 형태이다. 다-4호 건물은 할석으로 만든 기단과 문지도리석을 갖춘 지상 건물이다. 마-1호 건물은 초석이 지하에, 생활면은 지상에 둔 건물이다. 이상의 건물들은 대개 잔존 상태가 좋지 않아 완전한 복원은 어렵지만 한성기에 다양한 형태의 지상 건물들이 병존하였음을 보여준다.

미래마을 가-30호 주거지는 초대형 수혈 건물로서 주실과 출입부로 구성된 "여"자형 평면을 띠고 있다. 조사 공간의 문제로 인해 출입부가 조사되지 못하였는데 주실의 길이가 20.2m, 폭이 17.5m로 면적이 $338m^2$(약 102평)에 달한다. 넓은 면적에 어울릴 정도의 튼튼한 벽체가 필요한데, 내부에서 발견된 수많은 돌은 벽체의 일부로 판단된다. 한성기 주거지 중 100평이 넘는 예는 이것 외에 없다. 지방 중심 취락의 최대형 주거지는 대개 $60m^2$ 이하가 많으며 $100m^2$ 이상이면 초대형에 속한다. 이런 점에서 내부 면적이 $338m^2$의 미래마을 가-30호 주거지는 압도적인 규모임이 분명하다.

한편 미래마을에서는 동서 방향과 남북 방향이 교차한 상태의 포장도로가 발견되었다. 자갈로 노면을 다졌고 배수를 위한 측구를 갖추고 있다. 성 내부에서 발견되는 도로의 존재는 수레의 운행을 전제로 하며 수레는 화물 운송용, 탑승용 등을 고려할 수 있다. 도로를 통해 성 내부가 구획되며 구역별로 다른 형태의 활동이 이루어졌을 것이다. 최근 한성기 백제의 도로 유적이 곳곳에서 발견되었지만 잔자갈로 노면을 포장한 도로는 오로지 풍납토성과 몽촌토성에서만 발견되고 있다.

한편 경당지구에는 다양한 제사 관련 폐기장이 발견되었다. 101호 유구는 4기의 수혈이 약간의 시차를 두고 중복되면서 형성된 폐기장이다. 내부에서 3세기 후반~4세기 전반경에 해당되는 각종 토기류와 기와류, 오수전, "直"으로 보이는 문자를 음각한 전돌, 동물뼈 등이 출토되었다. 한성 1기에서도 가장 이른 단계의 토기 조합상을 보여주는데 문자 전돌은 백제의 문자 자료로서 가장 이른 단계의 것이다.

한편 9호 유구는 평면 장타원형의 수혈로서 길이 13.5m, 폭 5.2m, 최대 깊이 2.4m이다. 내부에서 많은 양의 토기류와 동물 유존체가 발견되었다. 소형의 제기류인 고배, 삼족기, 뚜껑 등의 비중이 매우 높은 점, 제기류의 일부분을 인위적으로 훼손한 흔적의 존재, 소와 말의 유체, 운모와 탄정, 복숭아 씨 등 중국의 신선 사상과 관련된 유물의 존재를 고려할 때 국가적인 차원의 제의에서 사용된 제기와 동물 희생을 폐기한 일종의 폐기장일 가능성이 매우 높다. "大夫"와 "井"자가 새겨진 토기가 발견된 사실도 이 유구가 일상적인 폐기장이 아닌 특수 용도임을 보여준다.

풍납토성에서 발견된 수많은 유물 중에서 이 유적이 백제 초기의 왕성임을 밝혀주는 것은 무엇일까? 우선 문자 자료의 존재이다. "王城", "在城" 등의 문자가 새겨지거나 쓰인 유물이 나오면 그 지역에 왕성이 있었을 가능성은 매우 높아진다. 아직 풍납토성에서 이런 문자 자료가 발견된 적은 없으나 경당 101호에서 출토된 문자 전돌, 경당 9호에서 출토된 문자 토기들은 주목하여야 한다.

두 번째, 출토된 유물의 위상이 매우 높을 경우이다. 일반 백성들이 사용하기 어려운 물건들, 예를 들면 최고급 기술로 제작된 물품이나 먼 외국에서 수입된 물품이 많이 출토될 경우 그곳이 정치적으로 중요한 지역임을 보여준다. 풍납토성에서는 일상적인 조리, 저장 용기 이외에 고배, 삼족기, 뚜껑, 흑색 마연된 각종 토기류, 기대 등의 출토 빈도가 일반 취락에 비해 월등히 높다. 미래마을에서는 가-1호 수혈 단일 유구에서만 5,000점의 기와가 출토되었으며 단일 건물지에서 47점에 달하는 와당이 발견되기도 하였다. 이는 기와를 올린 건물의 존재를 분명히 말해주는 증거이다. 수천 점의 기와가 출토되는 사실은 기와집의 존재, 그리고 그 안에 거주하는 지배층의 존재를 그대로 보여준다. 고대 사회에서 기와의 사용이 왕궁, 관청, 사원 및 특수 건물에 국한되었던 사정을 고려한다면, 기와의 출토량, 와당의 존재 유무를 기준으로 할 때 백제의 일반 취락과 풍납토성의 격차는 매우 크다.

세 번째, 외래 기성품의 존재이다. 국내의 다양한 지역에서 제작된 토기류가 집중된 경당 206호 어정, 중국산 시유 도기와 전문 도기가 다량 출토된 경당 196호 유구가 주목된다. 이 외에도 가야, 고구려, 왜에서 제작된 토기와 토제품, 1925년의 을축년 대홍수 당시에 발견된 진식대구의 심엽형 과판, 동경, 노기, 초두 등은 모두 외국에서 수입한 물품들이다.

이 밖에 상수관으로 추정되는 토관은 주거 밀집 지역의 상수도를 연상시킨다. 다양한 종류의 동물 유체, 특히 소와 말을 희생으로 사용한 제사의 존재는 일반 민간 차원에서는 생각하기 힘들다. 도미나 복어를 발효시켜 먹은 흔적 역시 일반 민간 차원에 어울리지 않는 고급문화이다.

이러한 양상을 종합적으로 고려할 때 풍납토성은 백제 한성기의 왕성이었을 가능성이 매우 높다. 남쪽에 위치한 몽촌토성은 구릉에 입지하여 방어에 좀 더 유리하기 때문에 이 두 성이 상호 보완적인 관계를 맺으며 백제의 도성인 한성을 구성하였던 것으로 이해할 수 있다.

2. 도성의 경관

삼국시대의 도성 경관에 대한 연구는 경주를 중심으로 이루어졌다. 일제 강점기에 접어들어 토지 조사 사업의 일환으로 경주 일대에 대한 측량이 실시되면서 후지타 모토하루(藤田元春)는 고대의 경주가 정연한 조방제의 모습을 갖춘 것으로 추정하였다. 일본의 후지와라쿄(藤原京)에 대한 연구를 기초로 삼아 경주의 읍성과 방형 구획[地割]의 존재를 추정한 것이다. 이를 더 발전시킨 후지시마 가이지로(藤島亥治郎)에 의해 왕경의 복원도가 제시되기에 이르렀다.[1]

국내 연구자의 연구는 1970년대에 이루어진 윤무병의 연구가 대표적이지만 아직 경주의 왕경 유적에 대한 본격적인 연구는 진행되지 못한 상태였기 때문에 그 구조에 대한 이해는 추정에 머물 수밖에 없었다. 따라서 수와 당의 장안성, 혹은 일본의 헤이죠쿄(平城京)를 모델로 삼아 이와 유사하게 남북 방향의 주작대로를 중심으로 바둑판 모양의 정연한 구획을 제시하였다. 그러나 1970년대 이후 황룡사지 및 그 주변, 국립경주박물관 내부, 인왕동 556번지, 동천동 7B/L, 서부동 19번지, 북문로 등지에 대한 발굴 조사가 본격화하면서 신라 도성의 경관에 대한 연구는 본궤도에 오르게 되었다.[2]

신라 왕경이 본격적으로 정비된 시점에 대하여 문헌을 중시하는 입장에서는 469년 경도(京都)의 방리(坊里) 명칭을 정하고 487년 관도(官道)를 수리하였다는 『삼국사기』 기사를 근거로 5세기 후반 이후 조방제 형태의 도시체제를 갖춘 것으로 보고 있으나[3] 실제적인 도시 계획은 553년 황룡사 창건이 중요한 계기가 된 것으로 보인다.[4] 고고학적인 발굴 조사에서 연약 지반의 매립과 격자형 도로가 6세기 후반 이후에야 확인되기 때문이다.

시내 한복판에 조영되던 고분이 산지로 이동하고[5] 사찰이 조성되면서 경관이 변화하였을 것이다. 흥륜사, 황룡사, 분황사, 영묘사, 영흥사 등의 불교 사원이 도성의 주요 지점과 외곽에 배치되면서 신라 왕경은 그 경관을 갖추기 시작하였다.[6]

본격적인 계획도시 건설은 6세기 중엽, 즉 황룡사 창건(553) 전후에 시작되었을 것으로 추정되는데, 이는 가야 지역에 대한 정벌이 마무리되면서 많은 인력의 강제 동원이 가능해진 상황과 연결하기도 한다.[7] 통일 사업이 완료된 후 안압지가 건설되고(674 혹은 679), "의봉사년개토(儀鳳四年皆土)"명 기와에서 나타나듯 679년 이후 경주 일대에서 대규모 건축, 토목 사업이 전개되었음을 알 수 있다. 새로운 계획도시의 후보인 달구벌로의 천도가 무산(689)된 후, 서시와 남시의 설치는 구 도시인 경주에서 시가지가 확장되고 있음을 보여주며[8] 이후 8세기까지 단계적으로 범위를 확대하였음[9]을 알 수 있다. 하지만 방리의 구체적인 내용, 크기와 형태, 배치 양상 등에 대해서는 많은 의문점이 남아 있는 상태였다.

신라 왕경 연구에서 획기적인 발견은 1987년부터 시작된 황룡사 동편 지구 S1W1유적(구황동왕경유적)이라고 할 수 있다. 사방이 도로로 둘러진 온전한 하나의 방이 발견된 것이다. 남북 길이 172.5m, 동서 폭 167.5m로서 거의 방형에 가까운 평면을 띠고 있으며 폭 5.5m의 도로가 돌아가고 있었다. 내부에는 18채의 가옥이 분포하며 하나의 가옥은 적게는 2동, 많게는 14동의 건물로 구성되어 있었는데 중복 관계를 고려한다면 한 시점에 3~4동의 건물이 하나의 가옥을 구성하였던 것으로 추정하고 있다.[10]

하지만 동천동 7B/L 유적의 발굴 조사 결과 구황동과는 다르게 동서 125m, 남북 160m 규모의 방이 확인되어 왕경 내부의 방이 균일하지 않음이 밝혀졌다. 현재까지의 조사 결과, 방향, 형태, 규모, 도로의 폭에서 차이를 보이는 다양한 방의 존재가 확인되었다.[11] 그 이유는 경주의 도시

계획이 신도시 위주가 아니라 구 도시에서 계속 확장하는 방식이었으므로 기존의 수로, 자연지형의 영향을 받았기 때문이다.[12]

한편 고구려의 도성에 대한 연구는 환인 지역에 위치한 왕성의 위치 문제, 오녀산성의 성격, 그리고 집안으로 이주한 시점, 국내성의 초축 시기 등에 초점이 맞추어졌을 뿐 도성의 경관과 축조 과정 및 기술에 대한 검토는 이루어지지 못한 실정이다.[13]

초기 고구려는 아직 도성제라고 부를 만한 시설을 갖추지 못한 것으로 보인다. 졸본기에는 본격적인 평지성을 갖추지 못한 채 토루나 목책 정도의 시설을 갖춘 평지의 거점과 산성을 기반으로 삼았던 것 같다. 그러나 구체적인 위치에 대해서는 아직 의견이 모아지지 않았다. 국내성기도 마찬가지여서 초기의 평지 거점과 산성으로 구성된 체제가 일정 시점이 경과한 후 국내성-환도산성 체제로 완성되었다.[14] 이러한 경관은 평양 천도 이후 중대한 변화를 겪는다. 도성제의 발달은 장기간에 걸친 순차적인 발전을 겪는 것이고 이 과정에서 왕성, 혹은 도성의 주변 경관이 변화하게 되는 것이다.

백제의 경우도 한성기 전 기간에 풍납토성과 몽촌토성의 이성(二城) 체제가 존재하였다고 보기보다는 본격적인 성을 갖추지 못한 단계도 상정하여야 하며 웅진기에 완비된 도성이 존재하였다고 보기 힘들다. 사비기 이후 도성의 조영이 마무리된 것으로 판단된다.

도성의 경관이 크게 변화하는 계기는 재지적인 기반을 지닌 귀족층이 관료화하면서 중앙, 즉 왕궁 가까이에 집주하는 사건일 것이다. 이들이 근무하게 될 관아와 가옥의 건설, 관료들을 교육시킬 교육 시설, 불교 사원의 건축, 많은 주민의 거주로 인한 시(市)의 형성과 물류를 원활하게 하기 위한 도로 정비, 식수 공급을 위한 우물과 상하수도망의 준비가 함께 어우러지면서 도성의 경관은 급변하였다.

도성의 정비와 함께 크고 작은 도로가 마련되는데 경주에서는 왕경 내부와 외부로 뻗어나가는 도로망이 정비되었다. 도로는 도성을 조영하기 전에 자재의 운송을 위하여 우선적으로 정비되었을 것이며 도성이 조영되는 과정, 조영된 후에도 계속 확충되었을 것이다.

경주 왕경에서 7km 정도 벗어난 건천읍 모량리 일대에서 도로, 적심 건물, 우물, 수혈, 연못, 제사 유구 등이 발견되어[15] 왕경이 확장되는 모습을 보여주었다. 뿐만 아니라 정연한 도로로 둘러싸인 한 변 길이 120m 정도의 구획이 발견되어 왕경 외곽에서 방리제가 실시되었음이 분명해졌다.

도성의 경관에 커다란 영향을 끼치는 것은 대규모 사원이다. 신라의 경우 문헌에 사찰의 이름이 남아 있는 것이 97개소, 지표 조사를 통해 경주 지역에서 발견된 사찰이 203개소였다. 그중 삼국시대에 창건된 것이 30개소, 통일신라 시기의 것이 167개소로 추정되고 있다. 가장 중요한 황룡사와 분황사를 왕경의 중심적 위치에 입지시키고 나머지 사원들을 왕경의 가장자리에 배치하는 양상은 정림사를 도성의 중심축에 배치하고 나머지 사원들을 그 주변에 배치한 백제 사비도성과 상통한다.[16] 이처럼 많은 사원이 도성 내에 계획적으로 배치되면서 도성의 경관은 엄청난 변화를 겪었을 것이다.

베일 벗는 사비도성

부여 관북리유적은 부여 시내에서는 북편에 위치한 해발 고도 106m 부소산 남쪽의 완만한 경사면에 위치하고 있다. 북쪽을 등지고 남쪽을 바라보는 전형적인 좌북조남(坐北朝南)의 형태를 취하고 있는데 이는 조위의 업성에서 처음 나타나며 한성기의 풍납토성에서도 확인된다.

관북리유적과 부소산성에 대한 발굴 조사는 1982년부터 지속적으로 진행되었다. 그 결과 사비기 도성제의 핵심 부분과 왕실, 관청의 면모가 드러나게 되었다. 현재까지 조사가 이루어진 지역이 왕궁의 핵심 지역은 아니고 후원과 왕궁의 정비에 따른 확장 구역으로 이해된다. 이 일대는 성토대지 조성을 기준으로 하여 하층[이른 시기]과 상층[늦은 시기]으로 나뉘는데. 하층은 6세기 2/4~3/4분기, 상층은 6세기 4/4분기~멸망기에 해당된다.

이곳에서도 대규모 토목공사가 실시되었다. 부소산 남쪽의 경사면을 깎아내고 계단식으로 넓은 대지를 만든 후 축대를 쌓아 무너짐을 방지하고 배수로를 내었다. 지대가 낮은 곳에는 막대한 양의 흙을 부어서 성토대지를 만들었다. 이러한 기술은 웅진기의 공산성 성안마을에서도 이미 확인되었으며 거슬러 올라가면 한성기의 몽촌토성 북문지 부근에서도 보인다.

발견된 유구는 대형 전각 건물, 도로, 수공업 공방, 저장 시설, 연못, 상하수도 시설이다. 특히 부소산성과 관북리 일대에서 총 7점이 발견된 수부(首府)라는 글자를 찍은 기와의 발견은 중요하다.

그 의미는 국가의 가장 중심적인 관청이란 의미이기 때문이다. 중요한 시설물과 유물을 하나씩 살펴보자.

우선 2004년도 국립부여문화재연구소의 발굴 조사 과정에서 발견된 대형 건물이다. 건물의 기단은 동서 길이 35m, 남북 너비 18.5m로서 평면은 장방형인데 대략 길이와 너비의 비율이 2:1을 이룬다. 남북 중심축선은 자북에 가깝다.

기단은 현재 60cm 정도만 남아 있는데 상하 이중 기단으로서 하단은 돌과 기와를 이용했고, 상단은 커다란 괴석을 이용한 돌 기단이다. 기둥을 받치는 주춧돌과 적심석 대신 흙다짐기초[토심] 위에 초석을 놓고 기둥을 세우는 구조이다. 흙다짐기초는 총 36개가 배치되어 있으며 동서 7칸, 남북 4칸에 중심부가 빈 통칸 구조였음을 알 수 있다.

전체적인 형태와 구조, 규모면에서 동일한 건물이 익산 왕궁리에서도 발견되어 사비기 최고 중요한 건물의 양상을 알 수 있다. 건물을 축조한 시기는 7세기 2/4분기 정도로 추정되어 백제 최말기에 해당된다. 『삼국사기』의 기록에 의할 때, 612년의 대홍수 이후 630년대에 사비 궁성이 중수되었고, 655년에는 태자궁을 매우 사치스럽고 화려하게 수리하였다는 기사가 있어서 이 건물이 이와 관련될 가능성이 높다.

출토된 토기들은 대부분 무덤 부장이나 제사에 사용하기 위한 것이 아니라 실제 생활에 필요한 배식기가 주류를 이룬다. 그 종류와 형태, 크기가 규격화된 점을 볼 때 왕실과 관청에서 공용으로 사용한 것으로 보인다. 검은 옻칠을 한 칠기의 용도도 마찬가지

일 것이다.

다음은 공방터이다. 부소산 남쪽 기슭에서 10여 기의 소형 노 시설과 폐기장, 각종 금속 찌꺼기[슬래그]와 도가니가 출토되어 이 곳이 공방터였음을 보여준다. 철기, 금과 금동 제품 등 왕실에 소 요되는 물품을 생산하던 곳임을 알 수 있다.

공방터는 관북리유적에서 발견된 여러 시설 중 가장 이른 시점 에 해당된다. 따라서 왕궁 및 이와 관련된 건축을 축조하는 단계 에 조업이 이루어졌음을 알 수 있다. 왕궁의 인근에서 공방이 운 영된 상황은 익산의 왕궁성도 마찬가지이고 거슬러 올라가면 한 성기의 풍납토성 내부에서도 유리와 귀금속 장신구의 제작이 이 루어졌음이 확인된다.

다음은 각종 저장 시설이다. 우선 나무를 엮어서 만든 평면 방 형의 수조가 2기 확인되었다. 수조에 모인 물은 기와를 엮어 만든 암거를 통해 배수되도록 설계되어 있었다. 이러한 시설을 만든 목 적은 두 가지로 좁혀진다. 우선 물을 모으는 것이다. 그다음은 여 과시켜 정결한 물로 만드는 것이다. 이 물은 숫키와 2장을 포개어 만든 토관을 통해 이동하였는데 2호 수조에 연결된 암거는 100m 에 걸쳐 남아 있었다. 한성기 풍납토성에서도 토관이 발견되어 왕 성 내에서 식수의 확보를 위한 치밀한 도시 설계의 일면을 보았는 데 관북리에서 보다 발전된 형태로 나타난 것이다.

부소산성 후문 진입로 주변에는 창고가 집중되어 있는데 대체로 1.5~2.0m 정도의 깊이로 땅을 파서 만들었고 나무로 만든 창고 [목곽고]가 5기, 돌로 만든 창고[석곽고]가 3기 발견되었으며, 그냥 구덩이를 판 창고도 확인되었다.

목곽고는 길이가 3.8~5.25m, 너비가 2.4~2.83m 정도 되는 장방형 평면을 띠고 있다. 바닥과 벽면 전체를 각재로 짜고 기둥과 기둥 사이에는 판재를 끼워 벽으로 삼았으며, 빈틈은 점토로 메꾸었다.

내부에 남아 있는 식물 유체를 분석해본 결과 참외, 다래, 머루, 복숭아, 살구, 수세미, 오이 등 다양한 종류의 채소와 과일의 씨가 발견되었다. 특히 1호 목곽고에서는 많은 양의 참외 씨가 발견되었는데 약 1,300개분에 해당된다고 한다. 당시 백제 왕실과 지배층이 참외를 즐겨 먹었다는 사실, 이 창고가 폐기된 시점이 참외가 제철이던 여름, 좀 더 좁히자면 9월 무렵이었음을 보여준다.

한편 장방형 평면에 동서 길이 10.6m, 남북 너비 6.2m 정도 규모의 연못도 주목된다. 1~1.2m 정도의 깊이로 땅을 파고 다듬은 돌을 5~6단 정도 쌓아서 벽을 만들었다. 북쪽에 기와로 만든 입수 시설이 확인되었으며 내부에서는 연꽃잎과 줄기가 발견되어 연꽃을 피운 연지였음을 알 수 있게 되었다. 왕과 귀족들이 관상하고 즐기기 위한 시설이었던 것이다. 하지만 물건을 실수로 물에 빠뜨린 경우도 많았던 것 같다. 바닥에서 기와, 토기 등 많은 유물이 발견되었기 때문이다. 특히 저습한 환경 덕분에 유기물이 썩지 않고 발견되었는데 짚신, 목간 등이 대표적이다.

사비도성 내부는 크고 작은 도로에 의해 구분되었다. 관북리에서도 남북 방향의 도로가 확인되었는데 이는 왕궁 구역 내부의 도로로 판단된다. 왕궁 구역을 벗어난 부여 곳곳에서도 도로의 흔적이 발견되었다. 궁남지 서남편, 군수리, 증산리, 가탑리 일대, 쌍북리, 북포·현내들 유적 등이 대표적이다.

도로에 의해 구획된 하나의 공간 단위의 규격은 동서 86m, 남북 103m로 확인되었다. 이러한 단위가 국지적인지 부여 전체에 퍼져 있었는지에 대해서는 아직 분명치 않고, 앞으로의 조사에 의해 밝혀질 부분이다.

그런데 문제는 이러한 도로들의 방향과 간격이 일정하지 않다는 점이다. 고대의 도성인 만큼 당연히 바둑판처럼 정연한 동서, 남북 방향의 도로가 배치되었을 것으로 예상되었지만 발굴 결과는 예상 밖이었다. 그 결과 사비도성 전역에 정연한 구획이 존재하는지 여부에 대한 찬반이 있는 상태이다. 넓은 공간에 걸쳐서 정연한 바둑판 모양의 구획과 도로가 확인되는 것은 중국처럼 넓은 평지에 도성이 만들어진 경우에는 가능하지만 산이 많은 지역에서는 불가능하다. 당의 장안성, 그리고 장안성을 모방한 발해의 상경 용천부, 일본의 헤이죠쿄(平城京) 등의 도성은 바둑판 모양의 정연한 구획을 갖추고 있다. 하지만 신라 왕경도 넓은 공간 내부에서 구역별로 도로와 구획의 방향이 달라지는 사실을 확인할 수 있다. 고구려 평양성의 경우 아직 본격적인 발굴 조사를 거친 것은 아니지만 구간에 따라 도로와 구획의 방향이 약간 틀어졌을 가능성이 높다.

따라서 부여의 경우도 지형에 따라 약간씩 틀어진 부분은 있으나, 기본적으로 동서남북 방향에 맞추어 도로가 배치되며 그 폭이 대중소로 구분되는 점을 고려하면 구획 도시인 점은 분명하다. 다만 일거에 도로망이 개통된 것이 아니라 시차를 두면서 방향이 틀어졌을 것으로 보인다.

3. 도성 조영의 과정과 기술

삼국시대 도성 조영의 공통적인 공정을 복원해보자. 새로운 도성을 조영하기로 정해지면 우선 입지 선정이 이루어진다. 국가 형성기부터 멸망기까지 시종일관 경주에 자리잡은 신라와 달리 고구려와 백제는 천도할 때마다 도성 후보지의 결정이 이루어졌다.

고구려의 평양 천도와 백제의 사비 천도가 이루어지기 전에 그 지역에 거주하던 주민들의 삶의 터전은 파괴되고 토지는 국가에 수용되었다. 그들은 거주지를 옮겨 다른 지역으로 이주하거나, 때로는 도성의 주민으로 새롭게 편입되었다. 장기간 이루어진 거주의 결과물인 가옥, 경작지, 선대의 분묘를 버리고 이루어지는 강제 이주에 대해서는 반발이 있었을 것이고 이를 누르거나 회유하는 정책이 시행되었다.[17]

도성을 어떠한 구조, 기술로 축조할 것인지에 대한 기술적인 검토도 이루어져야 한다. 조선시대 도성 축조의 꽃이라고 할 수 있는 수원 화성의 경우 다산 정약용이 기술적 검토를 담당하였다. 그는 축성 재료와 시공 방법의 개선 등 모든 사항에 대하여 새로운 방안을 제시하였다. 그 결과 『성설(城說)』, 『옹성도설(甕城圖說)』, 『누조도설(漏槽圖說)』, 『현안도설(懸眼圖說)』, 『포루도설(砲壘圖說)』, 『기중도설(起重圖說)』 등이 작성되었다.[18]

삼국시대에도 이와 같은 기술자와 기술서가 존재하였을 것이며 중국의 도성제를 견학하고 온 보고서도 중요한 역할을 하였을 것이다. 특히 당시 선진 기술을 많이 보유하고 있었던 승려층의 참여를 추정할 수 있다.[19] 미륵사나 황룡사와 같은 초유의 대규모 건축물은 도성 경관의 가장 중요한 부분으로서 당대 최고의 토목건축기술자의 활약을 그려볼 수 있다.

이와 병행하여 도성의 조영을 담당할 관서가 설치되었다. 일본의 경우 도성의 조영 공사를 담당한 것은 조궁사(造宮使)로서 사무계 관인과 기술계 관인으로 구성되었다. 기술계 관인의 책임자인 대장(大匠)은 죠메이(舒明) 천황대에 백제대궁(百濟大宮)과 백제대사(百濟大寺)를 조영할 때 후미노아타이아가타(書直縣)가 임명된 것이 최초라고 한다. 그는 한반도계 이주민 후손인데 그 아래에 편성된 기술계 조궁사들에 의해 궁도(宮都)의 기본 설계와 세목이 결정되었다.[20]

후지와라쿄(藤原京)와 헤이죠쿄(平城京)를 건설할 당시 천황과 중앙 관리의 시찰, 점과 지진제 담당 음양사, 기술자인 공장(工匠)의 방문이 기록에 남아 있다. 신라의 경우에도 왕경 정비, 궁실의 선지, 착공일과 준공일의 선정 등에 일관(日官)이 관여하였을 것으로 추정된다.[21]

조선의 경우 태조대에 한양도성을 만들기 위해서 태조 4년(1395)에 도성축조도감(都城築造都監)을 설치하였고 개축이 이루어지던 세종 4년(1422)에는 도성수축도감(都城修築都監)이 설치되었다.[22] 화성 축성에는 성역소(城役所)라는 임시 기구가 조직되었다. 최고 책임자는 채제공이었지만 실제 공사 책임자는 화성유수인 조심태였다. 이 두 사람의 아래에 현장을 주관하는 도청(都廳)으로 이유경이 임명되었고 다시 그 아래에 사무계 관원과 기술계 관원이 조직되었다.[23] 기술계 관원 못지않게 사무계 관원의 역할이 중요하였던 것은 도성 축조와 관련된 제반 상황, 즉 주민의 이주와 보상, 기술자 집단의 모집과 관리, 필요한 물품의 조달 등이 중요한 업무였기 때문이다.

다음으로 도성의 전체적인 외관을 상정한 가운데 기초적인 측량이 이루어지고 그 결과를 바탕으로 중요 건물들의 위치와 방향이 정해졌다. 이어서 원시림의 벌목, 구릉지의 삭평, 골짜기를 메우고 물의 흐름을 바꾸는 등의 기초 공사가 진행된다.[24] 공사에 필요한 자재를 운반하기 위한 도로의 신설 및 정비, 그리고 필요한 경우 운하의 축조도 이루어지게 된다. 자재를 운반하기 위해서는 운하의 사용이 보다 효과적이었기 때문이다.

도로와 운하의 개설, 정비와 함께 선박이나 수레의 제작, 보수도 함께 이루어졌을 것이다.

기계화되지 못한 전통시대에 대규모 토목공사는 인력과 일부 축력만으로 진행되었기 때문에 수많은 노동자들이 동원되었을 것이다. 이들이 동원되는 범위는 도성 일원을 훨씬 벗어나는 광역에 걸치는 것이 일반적이다. 이들이 도성 주변에 무계획적으로 거주하고 빈민층을 형성할 경우 하수와 오수 문제가 중요한 환경 문제로 대두될 것이 분명하기 때문에 이에 대한 대책도 강구되었다.[25]

무령왕대의 유식자(遊食者) 귀농 조치나 가야 지역 거주 백제 백성의 소환 등의 조치는 사비도성 조영을 위한 노동력 확보라는 측면에서 이해되며 한강 이남~차령 사이의 주민에 대한 대규모 사민책이 상정되기도 한다.[26] 공사 현장의 근거리에 이들이 거주하는 임시 거처가 곳곳에 마련되었을 것이다.

일반 노동자 이외에 특별한 기술이 필요한 경우 각지의 장인이 동원되었다. 화성 축성에는 22직종 1,840명의 장인들이 동원되었는데 서울, 화성부, 개성부 등 인근의 장인은 물론이고 경상도나 함경도에서 차출된 경우도 있었다.[27]

도성 조영에 동원된 노동자의 수는 문헌을 통해 확인된다. 세종대 한양 성곽을 전면적으로 개축했을 때는 한겨울에 전국에 걸쳐 30만 명이 동원되었다.[28] 이로 인해 이들이 머물 임시 주거가 만들어지게 되며 이들의 소비 행위에 대응하는 각종 시설이 들어서게 된다.

사비도성을 축조할 당시에는 새로이 수복한 한강 유역의 주민들을 대거 동원한 흔적이 보인다. 도성을 조영하던 시기에 해당되는 층에서 갑자기 고구려 토기의 영향을 받은 토기들이 등장하는데, 이는 앞선 웅진기에서는 볼 수 없던 현상으로 고구려의 영토에 편입되어 고구려 토기문화의 영향을 받은 주민들을 대거 도성 축조에 동원하였기 때문이란 해석이 있다.

운반되어 온 목재와 석재를 가공하는 공방, 기와와 전돌, 각종 철물의 제작장도 마련되었다. 부여 관북리유적과 익산 왕궁리유적에서 확인된 왕궁의 본격적 조영 이전에 운영되던 공방의 흔적은 그 증거이다.[29]

신라의 경우에는 통일이 되고 어느 정도의 시간이 지난 후 "의봉사년개토(儀鳳四年皆土)"명 기와(679)가 월성, 안압지, 나정, 인왕동 556번지유적 등에서 광범위하게 발견되는 점에서 알 수 있듯이 대대적인 도시 정비 사업이 이루어졌다. 689년 달구벌[대구] 천도가 실패한 이후 경주에 대한 정비 사업에 박차를 가했음이 추정된다.[30]

도성의 조영에는 당대 최고의 토목기술이 발휘된다. 공학적으로 예상되는 기초 조사는 지형적 조건과 전체 기울기, 지표면의 요철 조사, 방위의 결정, 필요 부지 면적과 벌채 면적의 계산을 위한 기초 자료 입수, 토양·지질 등의 지반 조사[지지력], 굴삭 난이도, 토량 확보 가능 여부, 지표면의 식생 상태, 기후 조건, 상습 재해 여부, 수문 조건[지하수위와 하천]을 통한 토목구조물의 건설 가능 여부, 규모의 조정 여부, 굴삭과 성토 매립 정도의 파악, 공사 진행의 개요 파악, 확보 가능한 채토장의 선정, 운반루트와 집적장의 결정, 토량과 노동량의 계산을 위한 자료 입수, 나무·돌 등 자재의 현지 입수 여부와 그 장소, 그리고 집적장과 가공장의 선정 등매우 다채롭다.[31]

고구려의 경우 국내성 석축부 축조기법이 왕릉으로 추정되는 초대형 기단적석총의 축조기법과 동일하다는 점, 백제에서 풍납토성 등 토성의 축조기법이 김제 벽골제 등 제방 축조기법과 상통한다는 점에서 고분과 성곽, 제방 축조에 반영된 기술이 도성 조영에 고스란히 발휘되었음을 알 수 있다.

도성을 건설하고 관리, 운영하기 위해서는 권력의 집중만으로는 부족하다. 이를 뒷받침해주는 경제력이 필요하다. 삼국이 각각 도성을 조영하는 과정에서 어떤 과정을 거쳐 어느 정도의 경제력을 투입하였는지에 대한 연구는 거의 이루어지지 않은 상태이다. 하지만 후대의 도성 조영 과정, 특히 그 과정이 상세히 남아 있는 화성의 조영 과정이나 인접한 중국, 일본의 사례를 참고할 수 있다.

지방으로부터 받은 공납과 조세는 도성으로 집중된다. 왕궁 주변에는 대규모 창고가 마련되고 쌀을 비롯한 각종 재물이 이 안에 보관된다. 창고의 구조로는 땅을 파서 플라스크처럼 생긴 구덩이를 만드는 경우도 있고 땅을 파서 기둥을 세우고 바닥면을 지면 위에 설치한 고상(高床) 창고의 형태를 취하기도 한다.

완성된 도성을 운영하면서 유지, 보수하는 것도 쉬운 일이 아니었다. 전문적인 관리들이 이 업무를 담당하였다. 무너진 성벽이나 건물, 무덤에 대해서는 보수 공사가 진행되었으며 홍수와 강의 범람에 대비하기 위한 수리 사업도 자주 실시되었다. 이러한 흔적은 유적에 고스란히 남아 있다. 유적을 통해 도성과 도성제의 운영 방식을 살펴보면 고대국가의 정치, 경제, 기술 등 다양한 면모를 이해할 수 있는 것이다.

고구려의 경우 최근 발굴 조사가 많이 이루어진 국내성에 대한 검토를 실시할 수 있다. 국내성 내부에서는 총 29동의 건물이 확인되었는데 중앙에 왕궁으로 추정되는 초대형 건물지가 발견되었다.[32] 국내성 내부는 도로에 의해 총 12개의 구역으로 나뉘는데 각 구역은 동시에 개발된 것이 아니라 시차를 두고 조영되었으며, 내부가 포화 상태에 이르자 성 외곽 북편으로 거주 구역이 확장된 모습을 볼 수 있다.[33]

고구려 후기의 도성제는 안학궁의 단계를 지나 대성산성과 청암리토성이 도성의 역할을 하던 단계, 그리고 마지막으로 장안성 단계로 나눌 수 있다. 국내에서 평양으로 천도하였을 때는 평양의 지형을 크게 변경시킬 필요가 없었겠지만 장안성을 만들 때에는 대규모 지형 변경이 이루어졌을 것이다. 광대한 토지를 대상으로 기초 공사가 이루어지면서 산을 깎고 소택지와 저습지를 매립하는 공사가 수반된다.

백제의 경우는 사비로 천도할 때 생활면의 기복이 심했으며,[34] 일부 고도가 높은 산간, 구릉을 제외한 평지에 선행하는 시설물은 별로 없었다. 도성을 조영할 때 대규모 저습지 개발이 이루어진 것으로 보이는데,[35] 왕궁이 위치할 지점을 부여 읍내에서 지대가 가장 높은 관북리 일대로 정하는 것은 자연스러웠을 것이다. 대규모 기초 공사에도 불구하고 도성 내부의 지면은 상당한 요철이 있었으며 지질의 유형에 따른 굴곡이 심하여 저지대에는 습지가 형성되어 있었던 것으로 분석된 바 있다.[36]

익산 왕궁리성을 조성할 때에도 자연 구릉에 대한 대규모 기초 공사가 이루어졌음이 밝혀졌다. 남북으로 길게 흐르면서 동서로 급사면을 이루는 구릉을 변형시켜 건물이 들어설 수 있는 경사진 복수의 대지를 만들기 위하여 구릉 사면에 대한 굴삭과 저지대에 대한 매립이 이루어진 것이다.[37] 사질토와 점질토를 일정한 두께로 번갈아가며 쌓아서 만든 "성토대지"[38]는 부여의 정림사지, 미륵사지, 왕흥사지, 능산리사지 등 사비기의 유적에서 흔히 확인된다. 웅진기에 조영된 공주 공산성 내부의 대지 조성에도 동일한 공법이 발휘되었다.

신라의 경우는 문헌에 그 대체적인 양상이 남아 있다. 469년 왕경의 방리 제정, 487년 사방의 우역 설치 및 관도 수리, 490년 시 개설, 509년 동시 설치, 514년 소경 설치, 557년 국원소경 설치, 685년 완산주 설치 및 9주 5소경 정비 등이다.[39] 신라는 월성이 경주의 남쪽에 치우쳐 있어서 주변으로 도시를 확장하기 어려웠기 때문에 당시 늪지였던 황룡사 주변을 모두 매립하고 신도시를 건설한 것으로 이해되고 있다.[40]

경주는 북천과 남천, 서천이라는 3개의 하천이 도성의 경관, 특히 토지 구획에 많은 영향을 끼쳤다.[41] 여러 하천 중에서도 북천[알천]의 범람이 문제였는데,[42] 인공숲의 조성이나 사찰의 조영을 통하여 이 문제를 해결하였다고 한다.[43] 반면에 북천의 범람이나 인공림의 조림에 대한 반론도 존재한다.[44]

왕경을 조성하는 과정에서 황룡사 부근의 저습지가 대대적으로 매립된 흔적이 확인되었다. 이 과정에서 자연적인 지형만이 아니라 선행의 토목구조물이 파괴되는 경우도 있었다. 고구려의 경우는 안학궁의 기초 아래에서 고구려의 횡혈식 석실묘가 발견되어 안학궁의 조영 과정에서 선행 분묘가 파괴된 양상을 잘 보여준다.

경주에서 지반 정지가 제대로 확인되는 곳으로 안압지 동편과 황룡사지를 들 수 있다. 우선 안압지 동편[동궁과 월지 I 유적]의 경우는 저습한 환경의 구 유로가 자연 매립된 후 그 위에 성토하면서 거칠게 정지하는 과정을 반복하여 대지를 조성하였는데 그 내부에 위치할 적심의 조성에 치중하였다. 반면 황룡사지는 부지 전면에[45] 걸쳐 매립하면서 정교한 교호성토를 통하여 대지를 조성한 후 건물이 들어설 부분을 되파기하고 내부를 교호성토하는 방식이다.[46]

한편 황룡사 남동쪽의 미탄사지 탑신 기단부는 자갈과 진흙을 섞어 다짐처리하고 그 상면을 불로 굽는 방식으로 조성되어서 지반 조성의 차이를 엿볼 수 있다. 이러한 대규모 지반 조성 사업은 국가 내지 사원이 주체였다.[47]

도성만이 아니라 지방 도시의 조영에도 규모만 작을 뿐이지 동일한 형태의 공사가 진행되었을 것이다. 특히 통일신라기에 지방 주치와 소경을 조영할 때에도 엄청난 토목공사가 수반되었음이 분명하다.

개로왕대의 도성 정비

『삼국사기』에 의하면 고구려 장수왕은 한성을 침공하기에 앞서 백제의 정세를 염탐하고 국력을 소진시키기 위하여 도림(道琳)이란 승려를 잠입시켰다. 그는 바둑을 잘 두어서 개로왕의 환심을 산 후, 왕을 부추겨서 대대적인 토목공사를 일으키게 하였다.

그 결과 개로왕은 백성들을 모조리 징발하여 증토축성하고, 그 안에는 궁실, 누각, 사대를 지으니 매우 웅장하고 화려하였다. 또 한강에서 큰 돌을 캐다가 관을 만들어 아버지의 해골을 장사하고, 사성 동쪽으로부터 숭산 북쪽까지 강을 따라 둑을 쌓았다. 이로 말미암아 국고가 텅텅 비고 백성들이 곤궁하여져서 나라는 누란의 위기를 맞게 되었다. 이에 도림이 도망해 돌아와서 장수왕에게 보고하니 기뻐하며 백제를 침공하였다. 이로써 475년의 전쟁이 시작되었고 개로왕은 항전하다가 체포되어 아차산 아래에서 죽음을 맞이하였다. 한정된 재원을 가지고 단행된 대대적인 도성의 정비는 국운을 결정할 정도의 위험한 일이었다. 한성기 백제 왕족 및 귀족들의 공동 묘역인 석촌동고분군을 발굴 조사한 결과, 어느 한 시점에 대대적인 외형의 변형이 이루어진 것 같은데 이 공사와 관련된 것 같다. 풍납토성과 몽촌토성의 성벽과 내부 시설도 개축, 증축, 신축을 맞았을 것이다. 한강의 남안을 따라 만들었던 제방은 현재 남아 있지 않지만 고지형 분석 결과 일부나마 그 흔적이 발견된다. 이 제방 유적을 조사하게 되면 한성의 도시 계획에 대한 많은 정보를 얻을 수 있을 것이다.

4. 건축기술

토목공사가 진행되면 본격적인 건축물의 시공이 시작되는데, 우선 자리잡기가 이루어진다. 고구려와 백제의 건축물은 청암리사지, 정림사지, 군수리사지에서 나타나듯 평지에 건립되다가 후기로 갈수록 구릉을 택하거나 왕흥사처럼 골짜기를 메워서 대지를 만드는 경향이 나타난다. 신라의 경우는 통일 이후 도시의 팽창으로 구릉[감은사지] 및 산지 사찰[화엄사, 경주 남산 양조암사지]로 변화하는 모습이 보인다.

축대와 건물의 배치를 살펴보면 백제 건축에서는 평지에 건물을 배치하여 축대를 많이 사용하지 않았다. 예외적인 것은 공주 공산성 성안마을 축대와 익산 왕궁리유적의 월대 정도다. 이에 비해 신라는 비교적 다양한 방식을 취하였다. 경주 불국사 전면 석축, 감은사 석축, 월정교 호안석축, 경주 남산 장창지 등에서 그 모습을 파악할 수 있으며, 이러한 방식은 후대에도 이어져서 고려는 지형차를 극복하기 위해 다양한 방법을 채용하였다.

목조 건물에는 축기부가 필요하다. 축기부는 상부 구조물의 하중을 지반에 전달하는 역할을 하는 중요한 부분이다. 고대의 중요한 건물들은 지반을 생토까지 파내고 그 위에 흙과 돌 등을 켜로 쌓고 달구질하여 성토한 위에 세운 경우가 많다. 때로는 성토하지 않고 풍화암반을 파낸 후 그 위에 건물을 직접 세우는 경우도 있으나 이는 크게 위계가 높지 않은 기능적 건물들에 한정된다.

축기부를 조성하는 방법은 삭토법[왕궁리유적, 부여 관북리 대형건물지]과 굴광판축법으로 나누어볼 수 있다. 고대의 중요한 건축물의 기단은 대부분 판축으로 조성되어 있는데 수직적으로 켜를 구분하여 판축하는 것이 일반적이지만 건물에 따라 벽체와 그 내·외부를 수평적으로 구분하여 판축한 경우도 있다.

최근 황룡사지의 발굴 조사 때 작성한 금당지와 목탑지의 판축 기단 토층도를 자세히 분석한 결과, 건축기술사 측면에서 매우 중요한 사실을 발견할 수 있었다. 584년(진평왕 6)에 완공한 금당과 백제 공장 아비지를 초빙해 645년(선덕여왕 14)에 완공한 황룡사 목탑의 축기부는 대지 조성토를 되파기하고 잔자갈과 마사토를 켜별로 번갈아가며 쌓아 다진 판축 공법으로 조성하였다. 그런데 목탑 축기부를 조성하기 위해 되파기한 법면의 기울기를 살펴보면 동서측은 40° 내외, 남북측은 70° 내외로 서로 다른 각도를 이루고 있다는 사실이 발견된다.

잔존하는 기단 지대석과 비교해보면 되파기한 부분의 바닥면 끝이 상부 구조물의 지대석 위치와 거의 일치하고 있다. 이와 같이 되파기한 법면의 기울기가 다른 점으로 미루어 목탑 건립 계획을 세울 당시부터 시공 방법에 대한 고려, 즉 대지 조성 과정에서 되파기 흙의 반출과 기단 판축토의 반입, 작업 인원의 출입뿐 아니라 흙의 안식각 등을 고려하였으리라 추정된다.

그런데 이 기법은 부여 금강사지의 금당지와 왕흥사지 목탑지, 익산 미륵사지 서석탑 등 백제 건축에서도 적지 않게 발견되어 주목된다. 그러므로 황룡사 목탑지의 축기부 조성 방법 또한 백제 건축의 기단 축조 기술에서 영향을 받은 것으로 추정해볼 수 있다. 다만, 신라 독자 기술로 건립하였다는 황룡사 금당지에서도 이와 비슷한 기법이 사용된 점은 주목되는데 634년(선덕여왕 4) 창건한 경주 분황사의 동서 금당지에서는 이러한 기법이 발견되지 않으므로 신라 건축의 축기부에도 여러 계통의 기술이 동시에 사용되었음을 알 수 있다.

지역	건물지	되파기 법면 기울기*			
		동	서	남	북
백제	왕흥사지 목탑지	–	–	–	67°
	용정리사지 목탑지	61°	47°	–	–
	미륵사지 동석탑지	–	–	–	47°
	미륵사지 서석탑	54°	68°	–	–
신라	황룡사지 목탑지	47°	30°	76°	64°
	황룡사지 중금당지	48°	77°	–	48°
	분황사지 동금당지	75°	–	73°	–
	분황사지 서금당지	–	–	–	69°

〈표 2-1〉 백제 및 신라 판축 기단의 되파기 법면 기울기

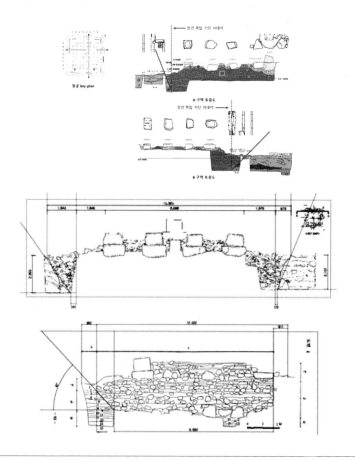

〈그림 2-2〉 미륵사지 동탑 판축 굴광선

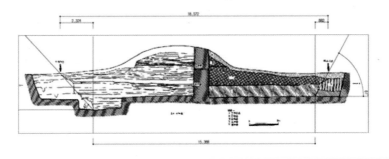

〈그림 2-3〉 용정리사지 탑지 판축 굴광선

　　구 지표면 위에 판축한 예로는 익산 제석사지 강당지가 대표적인데, 일본의 금당과 탑에서 유사한 사례를 볼 수 있다.

　　기단토를 구성하는 방법은 하부의 자연석 위에 판축하는 방식[익산 미륵사지 금당지, 왕궁리유적 목탑지], 전체를 혼축하는 방식[익산 미륵사지 동서탑지], 토사 판축[경주 황룡사지 금당지, 목탑지] 등으로 나눌 수 있다.

　　기단의 바깥 부분은 우수로 인하여 내부의 토사가 흘러내려 건물이 붕괴되지 않도록 마감을 하는데 그 재료에 따라 석적(石積), 와적(瓦積), 전적(塼積), 석전(石塼) 병용 등으로 나뉜다. 석적 기단은 사용 부재 형태와 축조 방법에 따라 가구식(架構式)과 적석식(積石式)으로 나뉘고 규모에 따라 단층 기단과 이층 기단으로 구분된다.

　　가구식 기단은 지대석과 면석, 갑석 등을 짜맞춘 기단으로 고대 건축에서는 위계가 높은 건물에만 사용되었다. 가구식 기단에 사용된 계단은 지복석(地覆石)과 소맷돌, 답석(踏石)을 고루 갖춘 경우가 대부분이다. 백제 건축에서는 부여 능산리사지와 금강사지의 금당지와 탑지, 익산 미륵사지와 제석사지의 금당지와 탑지 등에 잘 남아 있다. 왕궁리유적에서

<그림 2-4> 왕궁리유적 계단 소맷돌의 면석   <그림 2-5> 미륵사지 강당지 계단

도 남문지의 중축선상에 위치한 대형건물지(건물지 22)에서는 기단 갑석
이 출토되어 가구식 기단을 이루었음을 알 수 있었고 통일신라시대 금당
지와 강당지 남편 계단 시설에서도 이와 같은 기단 구조가 있었을 것으
로 추정된다. 왕궁리유적 발굴 조사단 사무실 앞에 있는 계단 소맷돌의
면석은 삼각형의 끝부분이 수직으로 잘려져 있어 전체적으로는 사다리
꼴의 형태이다. 이러한 형태의 면석은 부여 지역의 다른 건물지들에서 거
의 찾아보기 힘들며 익산 미륵사지의 강당지 계단에 사용된 것이 가장
비슷한 형태를 가지고 있다. 이를 통하여 미륵사 건축과의 직접적 연관성
을 짚어볼 수 있다.

신라의 권위 건축에도 가공한 석재를 목조 건물과 같이 결구해 마감한
가구식 기단을 많이 채택하였다. 건축적으로 비슷한 위계를 가진 금당과
탑이 유사한 기단 구성 수법을 보이는 경우가 많은데 예외적인 몇몇 경
우를 빼고는 이층 기단보다 단층 기단이 많이 사용되었다. 경주 황룡사
에서도 금당지의 기단은 이층이지만 목탑지에서는 단층 기단을 사용할
정도였으므로 그 선호도를 짐작할 수 있다. 지대석과 갑석의 세부 가공
수법을 살펴보면, 이른 시기에는 쇠시리의 각도가 직각에 가깝고 후대로
갈수록 둔각에 가깝게 변하는 경향이 있다. 이러한 양식적 변화는 석탑
에서도 흔히 나타나는 현상이다.

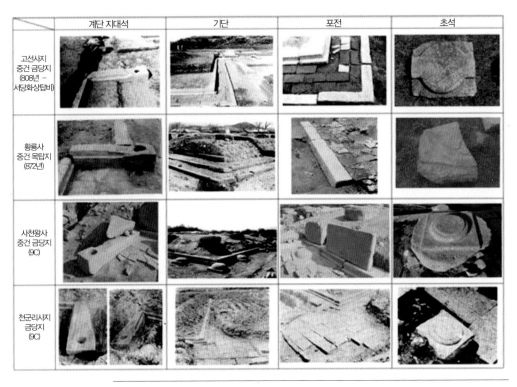

	계단 지대석	기단	포전	초석
고선사지 중건 금당지 (808년 - 서당화상탑비)				
황룡사 중건 목탑지 (872년)				
사천왕사 중건 금당지 (9C)				
천군리사지 금당지 (9C)				

〈그림 2-6〉 9세기 사찰 주요 건물지의 기단 및 초석

    679년(문무왕 19)에 건립된 경주 사천왕사지 금당지의 기단은 원래 지대석과 면석, 갑석을 갖춘 단층의 가구식 기단이었으나 현재 지대석만 남아 있다. 지대석 윗면에는 7세기 창건 시 탱주가 설치되었던 자리와 9세기 중건 시 탱주가 설치되었던 자리가 각각 남아 있어 조성 시기별 가공 수법의 변화를 살펴볼 수 있다. 871년(경문왕 11) 중건된 경주 황룡사 목탑지의 기단도 현재는 지대석만 남아 있으나 이를 복원해보면 단층의 가구식 기단 바깥에 전(塼)을 깔고 탑구석(塔區石)으로 마감하여 이층 기단처럼 보이게 한 것이다. 이러한 형식은 808년(애장왕 9)에 중건한 고선사 금당지와 9세기에 중건한 사천왕사 금당지, 천군리사지 금당지 등 9세기

의 건물에서 상당히 많이 사용되었다.

적석식 기단은 왕궁리유적의 많은 건물지에서 사용된 마감 수법으로 위계가 낮은 건물에 주로 사용되었다. 동서 석축 1에 돌출된 건물지(건물지 24, 25)처럼 석축을 쌓아 높이 조성할 경우 석재를 가로로 눕혀 쌓지만 대부분의 건물은 기단을 낮게 만들었고 그 경우 면석을 세운 후 기단토를 채워 넣은 경우가 많다. 동서

<그림 2-7> 적석식 기단(왕궁리유적 건물지 27)

석축4의 앞쪽에 있는 장방형 건물지(건물지 27)도 면석을 세워서 쌓고 기단토를 채우는 방식으로 마감한 것으로 밝혀졌다.

초석은 상부 구조물의 하중을 기둥에서 받아 지반에 전달하는 장치다. 초석의 유무에 따라 크게 굴립주 방식과 초석 방식, 굴립주와 초석 혼용 방식으로 나누어볼 수 있다.

고대 건축에서 위계가 낮은 작은 건물이나 임시적인 건물은 초석을 사용하지 않는 경우도 있다. 익산 왕궁리유적에서는 굴립주 건물지가 상당히 많이 나타나고 있는데, 순수하게 굴립주로만 만들어진 건물지와, 굴립주와 초석을 혼용한 건물지도 나타나서 주목된다. 일반적으로 굴립주와 초석 건물지는 서로 다른 시기의 것으로 이해되기 쉬운데 왕궁리유적에서는 이러한 구조가 동시에 나타나므로 이에 대한 정밀한 분석이 필요할 것 같다.

한편 중요한 건물들은 대부분 초석을 사용하였다. 기단을 판축하여 단단히 만들었어도 초석이 침하되거나 이동하게 되면 골조의 변형으로 이어지고 장기간 지속되면 건물의 붕괴를 초래하기 때문에 초석의 변위를 막기 위하여 여러 가지 기법을 고안하게 되었다. 이러한 방법 가운데 하

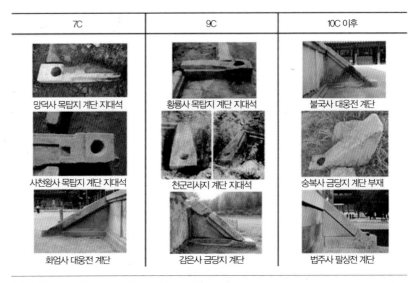

7C	9C	10C 이후
망덕사 목탑지 계단 지대석	황룡사 목탑지 계단 지대석	불국사 대웅전 계단
사천왕사 목탑지 계단 지대석	천군리사지 계단 지대석	숭복사 금당지 계단 부재
화엄사 대웅전 계단	감은사 금당지 계단	법주사 팔상전 계단

〈그림 2-8〉 통일신라 이후 주요 건물지의 기단 형식 변화

나가 소위 토심(土心) 구조이다. 백제 건물지는 기단토를 되파기하여 새로운 흙을 채워 넣어 토심을 만들고 그 위에 초석을 다시 설치한 경우가 많다. 이러한 토심 구조는 판축층처럼 여러 켜로 만든 것보다 한 종류의 흙으로 채운 경우가 오히려 많다. 초석을 놓기 위해 기단토를 되파기한 자리마다 일일이 판축하는 것이 쉽지 않을 뿐더러 잘못 시공하면 부동침하가 생길 우려가 있기 때문에 되파기한 구덩이에 흙반죽을 채우고 물을 뿌림으로써 자연적으로 공극이 없이 단단한 구조물처럼 변하도록 한 것으로 추정된다. 비 온 뒤 땅이 굳는 자연의 이치를 건축에 응용한 것이라 할 수 있다.

토심 구조는 부여 관북리유적, 동남리건물지, 왕흥사지 목탑지, 군수리사지 금당지와 목탑지, 능산리사지 금당지와 목탑지, 정림사지 강당 좌우 건물지 등 수많은 백제 건물지에서도 나타나며 익산에서는 제석사지 목탑지에서도 발견되고 있다. 또한 중국 건축에서는 북위 시대의 중국 영녕

〈그림 2-9〉 굴립주·초석 혼용(왕궁리유적 건물지 4)

사 목탑지와 남문지에서도 발견된다. 따라서 이와 같은 토심 구조는 백제와 중국 간의 기술 교류에 의해 도입된 기법일 가능성이 농후하다. 토심 구조는 백제에서는 6세기 이후 왕도인 부여 지역의 건축에서 먼저 유행했으므로 왕궁리유적에서 이러한 기법이 사용되었다는 사실은 왕궁 건립에 부여 지역 기술자가 동원되었을 가능성을 시사하고 있다.

이와 달리 판축된 토심 구조도 있다. 대형건물지(건물지 22. 그림 2-16 참조)가 대표적인 경우인데 풍화암반층을 방형으로 파내고 그 안에 사질점토와 녹갈색 점토로 판축하여 토심을 만들고 그 위에 적심을 다시 설치하고 초석을 놓은 방식이다. 그런데 특이하게 다소 떨어져 있어야 할 외진주와 내진주의 토심이 하나로 연결되어 있다. 토심들을 연결하면 구조적으로 튼튼할 뿐 아니라 시공 시 작업이 용이하기 때문이었으리라 생각된다.

초석의 변위를 막는 방법 가운데 하나가 초반과 장초석을 사용한 독립 기초인데 왕궁리유적에서도 이러한 형식이 사용되었던 흔적이 남아 있다. 왕궁리 5층석탑 주변에서 발견되어 현재 발굴단 사무실 앞으로 옮겨

〈그림 2-10〉 미륵사지 동금당지 초반과 장초석

〈그림 2-11〉 익산 제석사지 장초석

〈그림 2-12〉 왕궁리 유적 장초석

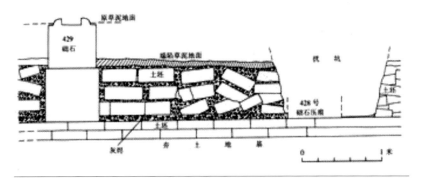

〈그림 2-13〉 서한 예제 유지(遺址)의 초석 상세

져 있는 대형 초석 3개는 높이가 70~80cm에 이르는 장초석이다. 윗면에는 원형 주좌가 만들어져 있고 각 모서리에는 인방재가 짜맞추어지는 홈이 각각 3군데씩 만들어져 있다. 이러한 형태의 장초석은 익산 미륵사지의 동서금당지에서도 나타나고 제석사지의 목탑지에서도 발견되는데 세 방향에서 부재가 결구되는 것으로 미루어 기단벽의 안쪽에 위치한 초석으로 추정된다.

중국 건축에서도 고대부터 초반과 장초석을 건물의 기초에 많이 사용하였다. 장안 교외에 있는 서한 예제 건축 유지에서는 발굴 조사 결과 초좌[초반석]와 초석을 겹쳐 사용한 유구가 노출되었는데 이러한 구조의 가장 오래된 예라 할 수 있다. 북위시대 영녕사 목탑의 탑심실체 또한 이와 같이 여러 개의 초석을 겹쳐놓은 구조를 사용하고 있어 이러한 방식이 중국에서는 중요한 건물의 정초 방식으로 사용되어왔음을 알 수 있다.

미륵사 동서금당지의 경우 초반석 위에 장초석이 올려져 있으므로 왕궁리유적의 장초석 역시 초반석 위에 올려져 있었을 가능성이 많다. 따라서 왕궁리유적과 미륵사지 동서금당지의 초반과 장초석 구조는 중국과의 기술 교류를 통해 얻어진 결과일 것으로 추정된다.

백제 토목건축기술의 일본 전래

사비도성을 축조하기 위해서는 새로운 토목건축기술이 필요하였다. 전통적인 기술에 더하여 중국 양(梁)의 건강성의 구조와 축조기술이 많이 참조되었을 것이다. 사비도성이 성공적으로 조영되면서 백제의 토목건축기술, 기와 제작술은 최고조에 오르게 되어 이웃 신라와 바다 건너 일본에 많은 기술자가 파견되었다. 신라의 황룡사 9층탑을 건설하는 과정에서 백제 기술자인 아비지(阿非知)의 역할이 결정적이었음은 『삼국유사』를 통해 알 수 있다. 588년 일본에서 비로소 최초의 사찰인 아스카데라(飛鳥寺)의 건설을 시작하자 백제는 불사리와 함께 승려, 사공(寺工), 노반박사(露盤博士), 와박사(瓦博士), 화공[화가]을 일본에 보내었다. 일본의 아스카(飛鳥) 문화가 발전하는 데에 결정적인 역할을 한 것이다. 부엽공법이 발휘된 오사카의 사야마이케(狹山池) 제방 역시 백제계 기술자들의 기술에 의한 것이었다.

백제가 멸망한 후 일본에 정착한 백제계 기술자들은 나라시대에도 중요한 역할을 담당하였다. 나라시대를 대표하는 도다이지(東大寺) 대불의 현장 지도자는 백제인 국골부(國骨富)였으며 이 불상에 입힐 사금을 동북 지방에서 발견한 인물은 의자왕의 후손인 백제왕경복(百濟王慶福)이었다. 그는 현재의 미야기, 후쿠시마 일대를 통치하는 지방관으로 파견되어 있었는데 금의 채굴에 노력하여 사금을 발견하고 황금 900냥을 당시 천황에게 바쳐서 대불이 완공되었다. 그런데 그가 활동하였던 지역 거점인 다가죠(多賀城)에서 발견된 도로의 노반 기초 시설 방법이 부여와 동일한 것은 우연이 아닐 것이다.

석굴암의 토목과 건축

통일신라 8세기 중엽, 경덕왕(景德王)대(742-765)는 우리나라 문화의 고전 양식이 확립된 문화의 황금기였다. 종교와 예술뿐만 아니라 사상, 문학, 과학, 수학 등 모든 분야가 고도로 발달하였으며, 특히 사상과 예술적 창의력이 최고조에 달하였다.

경덕왕대의 행정 수반인 집사부(執事部)의 중시(中侍)였던 재상 김대성(金大城)이 은퇴한 이듬해(751)부터 전생 부모를 위하여 석불사(石佛寺)를, 현세 부모를 위하여 불국사를 건립하기 시작하였다. 그러나 24년의 긴 세월에도 완공되지 못하고 김대성이 사망(774)하자, 국가에서 완성시켰다고 한다. 김대성보다 5년 뒤에 혜공왕(765~779)이 붕어하였으므로 774년에서 779년 사이에 공사가 마무리된 것으로 추정된다. 석굴암과 불국사가 완성되는 혜공왕대는 왕권이 흔들리기 시작하는 시기로, 이러한 대토목공사는 중앙정부의 국력 소모를 초래하였을 것이다.

암산을 뚫어 예배 공간으로 만든 석굴 사원은 인도의 데칸고원에서 기원하여 동쪽으로 전해진 것이다. 8세기 중엽에 조성된 석굴암[석불사]도 이와 동일한 형식의 석굴 사원이지만 건축적 개념은 전혀 다르다. 석굴암은 암벽을 뚫고 들어가 공간을 만든 인공 석굴이 아니라 서양의 고전 또는 고딕 양식처럼 인공으로 축조한 석조 건축물로, 그 위에 흙을 덮어 석굴 사원처럼 보이게 한 것이다.

석굴암은 기하학적으로 치밀하게 설계된 돔 형식의 건축 구조 속에, 화강암을 완숙한 기법으로 조각해 제작한 38구의 불상을 체계적으로 배열하여 신라인이 꿈꾸었던 이상적인 부처의 세계를 나타내고 있다. 석굴암은 세 부분으로 구성되어 있다. 본존불이 위치한 주실(主室)은 내부 공간이 원형의 벽체로 한정되고 그 위에 돔이 얹히는 구조이다. 직사각형의 전실(前室)은 지붕 없는 옥외 공간으로, 현재는 1963년 수리 공사 때 입구의 꺾인 부분을 곧게 펴고 목조 가옥을 씌워 실내 공간으로 만든 것이다. 이 두 공간을 연결하는 직사각형의 연도는 아치형의 천장석으로 덮여 있다.

본존불은 주실 중앙에서 약간 뒤로 물려 안치되어 있고, 그 앞에 삼층 석탑(현재는 소실)을 세워 중심 예배 공간을 형성하였다. 전실 양 벽에는 팔부신장, 연도에는 사천왕상, 주실의 벽체에는 입구에서부터 범천, 제석천, 두 보살, 십대제자를, 벽체 윗면에는 모두 열 개의 반원형 감실을 만들고 그 안에 보살과 거사상을 안치하였다. (현재는 여덟 구.)

석굴암은 일제강점기에 모두 세 차례의 수리를 거쳤고(1차 수리: 1913~1915, 2차 수리: 1917, 3차 수리: 1920~1923), 해방 후(1961~1964)에도 크고 작은 수리가 있었다. 현재 석굴의 바깥은 일제강점기에 덮은 철근 콘크리트층 사이에 다시 일정 공간을 거리를 두고 철근 콘크리트의 이중 돔을 덮어서 누수를 방지하게 하였다. 크고 작은 수리를 거치면서 오늘에 이르고 있지만 그 원형에 대해서는 아직도 논란이 끊이지 않고 있다. 일제강점기의 파괴적 보수와 해방 후의 성급한 복원으로 생긴 결과이며, 내부의 습도 문제도 아직 미해결 상태로 남아 있다.[48]

〈그림 2-14〉 평면 계획(좌)과 입면 계획(우) 수립

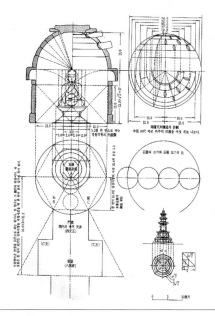

〈그림 2-15〉 요네다 미요시(米田美代治)의 석굴암 석굴과 석탑의 의장 계획

도성의 중요 시설

1. 왕궁과 사원

도성 내부에는 다양한 건축물이 들어서서 화려한 경관을 연출하였다. 특히 왕궁, 사원 등의 예제 건물이 그 핵심이었다. 고고학적 발굴 조사에 의해 고대 대형 건축물의 구조에 대한 많은 정보를 얻을 수 있다. 과거에 있었던 건물의 몸체와 지붕은 없어지고 현재 기단부만 남아 있는 것이 대부분이지만 이들을 분석하여 복원해보면 건물 규모도 매우 다양하고 구조도 상당히 달랐을 것으로 추정되고 있다. 이는 여러 시기에 걸쳐 수많은 건물이 영건되었고 여러 기술자 집단이 동원되었다는 사실을 말해주는 것이며 또한 그러한 사실은 과거에 그 유적이 중요한 기능을 수행하였던 시설이었음을 반증하는 것이기도 하다.

기초적인 토목공사가 이루어진 이후 각종 시설이 계획적으로 배치된다. 공간을 한정하는 요소로 담장과 문, 해자 등이 있고, 대지 조성과 관련된 석축, 도로, 계단 등이 있으며, 물의 관리 시설[도랑, 도수로와 배수

로, 암거, 집수 시설, 화장실], 공방 및 폐기장 등이 있다.[49]

신라의 경우 도성의 핵심인 왕궁은 경주 월성 내부에 있었던 것으로 판단된다. 5세기 무렵 본격적인 성벽이 마련되었고, 북편의 평탄지에는 창고, 공방, 관아 시설이 들어섰다. 7세기에 들어와 월성 동북편으로 왕궁 영역이 확장되어 월지와 동궁이 설치되었다. 그 결과 월성을 중심으로 주변에는 별궁, 관아와 공방, 창고와 조경 시설이 배치되어 신라 왕경의 핵심을 이루게 된다.[50]

백제의 경우 왕궁의 모습을 가장 잘 간직한 곳은 익산의 왕궁리유적이다. 이 유적은 익산 지역의 등뼈와 같은 용화산이 남쪽으로 흐르면서 형성된 나지막한 언덕에 만들어졌다. 남북으로 길게 흐르면서 동서로 급사면을 이루는 언덕을 변형시켜 건물이 들어설 수 있는 경사진 복수의 대지를 만들기 위하여 언덕 사면에 대한 굴삭과 저지대에 대한 매립이 이루어진 것이다. 이런 공법은 부여의 정림사지, 미륵사지, 왕흥사지, 능산리사지 등 사비기의 유적에서 흔히 확인되며 웅진기에 조영된 공주 공산성 내부에서도 동일한 공법이 확인된다.

기본적인 토목공사를 거친 후, 길이 490m, 동서 너비 240m 규모의 긴 장방형 평면을 만들고 그 주위에 성벽을 둘렀다. 길이와 폭은 거의 2:1의 비례를 이루므로 대략적인 눈대중이 아니라 치밀한 설계를 거쳐서 만들었던 것이다.

왕궁리유적의 성격이 왕성으로 밝혀지고 내부에 왕궁이 존재하였을 것으로 여겨지므로 이 유적을 감싼 성벽은 일반적인 성벽이 아니라 왕궁의 담장, 즉 궁장이라 부르는 것이 타당할 것이다. 궁장의 길이는 각각 동벽 492.8m, 서벽 490.3m, 남벽 234.06m, 북벽 241.39m이다. 남북 길이와 동서 너비를 2:1의 비율로 설계하였으나 약간 틀어지게 되었는데 이는 당시 측량술의 한계로 인한 오차일 것이다.

궁장에 딸린 시설은 문지 6개[남측에 3개, 동서북에 각각 1개], 수구와 암거, 석축 배수로 등이다. 궁장을 만드는 공정이 상세히 복원되었는데 정리하면 아래와 같다.

동측의 저지대에서 확인된 바로는 높이 1m 정도로 다듬은 돌을 쌓고 그 위에 평평한 돌을 놓아 수평을 맞춘다. 그 위에 잘 다듬은 돌을 안팎에 걸쳐 세우는데 그 간격은 3m 정도이다. 돌과 돌 사이에 할석과 흙을 채워 넣고 다져서 기반을 조성한다. 이 위에 판축하여 담장의 몸통을 만든다. 빗물에 녹아내리는 것을 방지하기 위하여 제일 위에는 기와를 입히고 이 기와에서 떨어진 물의 낙수면에 납작한 판석을 깐 후 그 옆에 판석을 세워서 구획한다. 중국과 일본의 고대, 중세 건축기술서를 참고할 때 높이는 6m 정도, 가장 윗단의 너비는 1.5m 정도로 복원된다.

이러한 형태와 구조의 담장은 일본 규슈(九州)의 코고이시(神籠石)와도 통하고 나라 지역의 고대 건축물과도 통한다. 백제의 토목건축기술자들이 일본으로 건너가서 기술을 전수하고 활동한 결과일 것이다.

북이 높고 남이 낮은 경사를 이루는 제한된 공간을 최대로 효율적으로 사용하기 위해서는 축대가 필요하다. 궁성의 남반부는 일정한 비율로 구획되고 그 구획마다 축대가 들어서 있다. 동서 방향의 축대가 4군데, 남북 방향의 축대가 2군데 남아 있다. 축대는 잘 가공한 돌을 정연하게 쌓고 그 안에 점토와 잡석을 뒷채움한 형태이다.

내부는 4호 석축[축대]을 기준으로 남과 북으로 나뉘는데 각각 1:1의 크기이다. 남반부는 다시 4개의 동서 방향 석축을 배치하여 4개의 공간으로 나누고 많은 건물을 배치하였는데 왕의 생활, 그리고 통치 공간으로 사용되었다. 반면 북반부는 자연지형을 최대한 살려 고지대인 동측은 후원으로, 저지대인 서측은 공방과 화장실로 활용하였다.

수백 년 간 베일에 싸여 있던 왕궁성의 성격을 밝히는 데에 결정적인

<그림 2-16> 부여 관북리(좌)와 익산 왕궁리(우)의 대형 건물

역할을 한 시설물이 바로 남문을 마주보고 있는 대형 전각건물터이다. 동서 길이 35m, 남북 너비 18.3m의 큰 규모로 왕궁성에서 가장 크다. 2층 건물이었을 것으로 판단되는데 규모, 길이와 너비가 2:1의 비례를 보이는 점에서 관북리의 대형 전각건물과 완전히 일치한다. 관북리 건물의 토심이 36개인 데 비해 14개로 수효는 적지만 2개 혹은 4개의 토심을 통틀어 하나로 만들었기 때문에 생긴 숫자상의 차이일 뿐 기둥을 세우는 원리와 구조는 동일하다. 주변에서 "수부(首府)"명 인각와 11점, 그리고 많은 수의 연화문 수막새가 출토되었다.

사비도성 내부의 핵심부와 쌍둥이처럼 똑같은 대형 건물이 익산 왕궁성 내부에 존재하였던 셈이다. 이런 이유로 두 건물 모두 왕이 정치를 하던 왕궁의 정전일 가능성이 높다.

왕궁성을 남북으로 나누었을 때 남반부는 성토대지 조성 등 대규모 토목공사를 실시한 반면, 지대가 높은 북측은 지형을 일부 다듬은 정도로 그치고 자연지형을 최대한 살려두었다. 북반부는 왕궁에 딸린 후원으로 이해되는데 남반부와 북반부가 맞닿는 지점에서 정원 시설이 발견되었다. 조사의 초기에는 그 성격을 알 수 없었으나 조사가 진행되고 중국과 일본의 관련 유적, 문헌을 검토한 결과 정원 시설임이 밝혀졌다. 기암괴석과 잘 다듬은 장대석, 잔자갈을 이용하여 자연 경관을 축소하여 표현하고 물이 흐르게 하였다. 물을 끌어오는 구간, 흘려보내면서 감상하는 구간, 물의 양을 조절하기 위한 배수 시설, 정원에서 흘러나온 물을 모으는 집수 시설, 정자 등으로 구성되어서 정원의 조건을 모두 갖추고 있다.

한편 정원에서 발견된 여러 점의 돌 중에는 한국에서 볼 수 없는 특이한 형태의 괴석이 섞여 있었는데 태호석, 어린석이라고 불리는 중국산 수석임이 밝혀졌다. 외국의 수석까지 수입하여 꾸민 정원은 왕궁에 부속된 시설이었을 것이다. 아울러 백제 문화의 국제성, 그리고 당시 왕족과 귀족들의 명품 선호 풍조를 보여준다.

이와 유사한 시설은 한성기의 왕성인 서울 풍납토성 미래마을에서도 이미 발견된 바 있는데 왕궁성 단계에 보다 완숙한 형태로 나타난 것으로 보인다. 조경을 위해 기암괴석을 배치하는 방식은 자연 경관을 축소하여 정원에 축소, 압축한 것인데 일종의 축경(縮景)의 범주에 포함된다. 중국 육조[동오, 동진, 송, 제, 양, 진]의 정원문화의 영향이 있었을 것으로 추정된다.

정원 북쪽에 해당되는 후원에는 U자를 뒤집어놓은 형태의 거대한 환수구가 확인되었으며 구불구불 이어지는 곡수로도 보인다. 환수구와 곡수로를 흐르는 물을 감상할 수 있게 환수구의 중앙 지점보다 약간 남쪽에 건물을 세웠다. 다듬은 방형 주춧돌 위에 기둥을 올린 동서, 남북 4칸짜리 건물인데 정자나 누각과 같은 용도였을 것이다.

한편 화장실의 북편에 해당되는 곳에서 귀금속과 유리 제품을 생산하던 공방터가 발견되었다. 금제품을 녹여 만들던 도가니와 송풍관, 금실과 영락[달개] 등 금제 장신구를 만들 때 사용하는 반제품이 많이 발견되어서 귀금속 공방이 있었음을 알 수 있다. 유리를 녹이던 도가니와 원료가 되는 광석도 많이 발견되어 유리의 생산이 본격적으로 이루어졌음을 보여준다. 이전까지 유리구슬과 유리 용기는 대부분 외국에서 수입한 외래

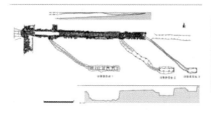

〈그림 2-17〉 익산 왕궁리의 정원(좌상)과 수석(우상), 화장실(좌하, 우하)

기성품이었으나 사비기에 들어와 본격적으로 '메이드 인 백제' 상표를 붙인 유리가 생산되기 시작한 것이다. 미륵사 서탑 내부에 사리를 봉안할 때 바닥에 깐 유리판 역시 이런 공정을 거쳐 백제 장인의 손에 의해 만들어진 것이다.

왕궁의 한편에 공방이 있다는 점은 여러 가지를 생각하게 만든다.

첫째, 왕이 정치를 하고 생활을 하는 궁성의 한구석에서 기술자들이 생산 활동을 하고 있었다는 사실이다.

둘째, 여기에서 생산된 물품은 일반 백성들이 사용하기 위한 것이 아니었을 것이다. 왕실과 최고 귀족들을 위한 사치품으로 여겨진다.

그렇다면 이 공방은 왕실 직속 공방이 되는 셈이다. 이 공방의 기술자들은 당대 최고의 장인들이었음에 틀림없다.

고대 동아시아의 정원

유상곡수란 구불구불한 물길을 만들고 그 위에 술잔을 띄우면서 마시고 시를 짓고 노는 것을 말한다. 중국의 서성(書聖)이라 불리는 동진의 왕희지가 유상곡수를 즐긴 곳이 난정(蘭亭)인데 중국에 그 흔적이 남아 있다. 왕궁성에서도 구불구불한 물길이 여럿 확인되었는데 유상곡수와 관련된 곳일 가능성이 있다. 신라에서는 경애왕이 견훤의 공격에 의해 죽임을 당한 포석정이 대표적인 유상곡수의 흔적이다.

『일본서기』에 의하면 무왕대인 612년 언덕과 산을 만드는 재주가 있다고 스스로 말하는 백제의 기술자가 궁의 남측 정원에 물을 끌어들여 연못과 수미산(須彌山) 그리고 오교(吳橋)를 만들었다고 한다. 오교의 "오"는 중국 남조를 지칭하는 경우가 많기 때문에 오교는 남조풍의 다리, 즉 정원의 호수에 가설된 다리로서 무지개처럼 생긴 아치형 다리일 것이다. 결국 일본의 전통적인 정원문화는 남조와 백제를 거쳐 형성된 것임을 알 수 있다. 신라의 왕경인 경주에도 크고 작은 정원 시설이 남아 있는데 여기에서도 백제 기술자들의 역할이 컸을 것으로 추정된다.

2. 도로와 교량

도로에 대한 기존 연구는 역사지리적 관점에서 고대 교통로로 다루어지거나 도시 계획과 관련한 것이 주종을 이루었으나 시공 방법, 구조 등 고고학적 측면에서도 도로를 다루어야 할 필요가 있다. 고고학적으로 도로라고 인정되려면 두 지점을 연결하는 선상의 공간에서 노면으로 인정되는 경화면이나 포장면, 노면을 지탱하기 위한 노체와 기반층, 측구 등의 배수 시설, 운송 수단으로 인해 생긴 사용흔, 유지나 보수흔의 존재가 확인되어야 한다.

도로의 구성 요소는 노면과 노상, 측구, 비석이나 이정표 등의 부대시설로 나뉘지만 측구나 부대시설은 도로의 위상에 따라 있는 경우와 없는 경우가 있다. 노면과 노상 역시 도로의 위상과 기능에 따라 많은 변이를 보이고 있다.

한반도에서는 아직 신석기시대나 청동기시대의 도로는 발견되지 않았고 대부분 삼국시대 이후 유적에서 확인되고 있다. 삼국시대 도로의 대부분은 자연지형을 활용하여 삭토와 노반의 성토를 통해 축조되었는데 평양, 부여, 경주처럼 고대국가의 도성에서는 바둑판 모양의 정연한 도로가 대, 중, 소의 다양한 규모로 배치되었다. 도로의 기초 시공은 잡초 제거와 벌목 행위로 이루어지는 지면 정리와 지면 강화로 나뉜다. 지면의 강화는 지면의 조건에 따라 땅 다지기, 다짐말뚝 박기, 부엽공법, 굴착, 절개 등으로 이루어진다.

삼국시대의 도로는 지형과 형태, 규모, 축조 주체와 기능 등에 의해 다양하게 분류될 수 있다. 위상에 따라 왕경 도로, 도시 도로, 관도, 지방 도로, 생활 도로 등으로 나눌 수 있으며, 기능에 따라 관도, 지방도, 구획 도로, 특정한 시설·공간에 진입하는 도로와 내부의 도로, 생산 시설과 관련된 도로 등으로 구분되기도 한다. 삼국시대부터 도로의 기능이 한층 중요해지는 이유는 지방 지배를 위해 도로가 불가결하였기 때문이다. 신라의 경우, 487년 우역(郵驛)을 설치하고 관도를 수리하였으며 곳곳에 역참을 설치하였다. 역참은 숙박 시설, 역마 관리 시설로 발전하였다.[51] 발해의 경우도 오경제는 도로와 역(驛)의 발전을 기반으로 하였다.[52]

최근 백제 권역에서 많은 도로 유적이 발견되었다.[53] 한성기 백제의 왕성으로 추정되는 풍납토성과 몽촌토성에서도 도로가 확인되었는데 돌을 이용하여 노면을 포장한 점에서 일반 취락 주변에서 발견되는 도로와 뚜렷한 차이를 보인다.

풍납토성 미래마을에서 발견된 도로는 동서 방향과 남북 방향이 교차한 상태인데 자갈로 노면을 다졌고 배수를 위한 측구를 갖추고 있다.[54] 성 내부에서 발견되는 도로의 존재는 수레의 운행을 전제로 하며 수레는 화물 운송용, 탑승용 등을 고려할 수 있다. 아울러 도로를 통해 성 내부가 구획되며 구역별로 다른 형태의 활동이 이루어졌을 것이다.

몽촌토성 내부 내성 농장부는 북문에 인접한 저지대인데 2개의 백제 한성기 도로가 발견되었다. 측구를 갖추고 있으며 흙과 돌을 다져서 노면을 만들었는데 그 위에 수레바퀴 흔적이 남아 있다.[55]

도로의 축조 기술을 잘 보여주는 곳이 부여 쌍북리 154-8번지 유적이다. 추정 왕궁지의 동편에 위치한 곳인데 연약 지반 위에 도로를 축조하였다. 전체가 발굴 조사된 것은 아니지만 폭이 8m에 달하며 하성퇴적 모래층 위에 통나무나 건축 부재를 마치 침목과 같이 깔고 그 위에 사질이 포함된 점질토와 모래를 3~4회 정도 교대로 쌓아서 노체를 조성하였다. 그 위에 굵은 모래가 섞인 점토를 다져서 노면을 마무리하였다.[56] 이렇듯 나무를 노체 하면에 까는 이유는 부동침하를 방지하기 위한 것으로 보이는데, 신라에서도 확인되며 일본에서는 8세기 이후 동북 지방 지배의

거점이었던 다가죠(多賀城)에서 등장하고 있다.[57]

　신라의 경우는 발굴된 도로의 폭이 매우 다양하게 나타나는데,[58] 대체로 5m 내외[소로], 10m 내외[중로], 15m 이상[대로]으로 삼분할 수 있다.[59] 왕경에서는 2016년 현재 총 69개 유적이 발견되었는데 단면이 확인된 예는 동천동 696-2유적으로서 잔자갈과 점토, 모래를 섞어서 다진 양상이 확인되었다.[60]

　경주 이외의 지역에서 발견된 신라 도로는 종전에는 대구 봉무동유적, 울산 언양 굴화유적, 대곡댐유적[하삼정], 양산 물금유적 등에 불과하였으나,[61] 최근 많은 자료가 포항 인덕동, 울산 매곡동 신기, 중산동, 위양리, 기장 고촌, 대구 봉무동, 효목동, 가천동, 경산 임당동, 대평동, 진주 무촌리, 이곡리, 가산리, 함안 괴산리, 청원 황청리 등지에서 새로 발견되었다.[62] 도로 유적은 경주의 외곽, 지방의 행정 거점 근처에서 발견되는 경우가 많다.

　굴화리는 신라의 굴아화촌이 있던 곳으로 경주와 울산을 연결하는 지점에 해당된다. 연약 지반을 강화하기 위하여 통나무를 깔아 지반을 다지고 그 위에 점토와 자갈돌을 20cm 두께로 덮어 노면을 조성하고 주변에는 측구를 갖춘 구조이다. 기초 시공—노체 시공—배수 시설 처리—노면 처리 등의 공정을 고루 거쳤기 때문에 간선 도로급 관도로 이해된다.

　진주 무촌리에서 발견된 도로 역시 간선급 관도이지만 굴화리의 도로가 성토하여 노면을 갖춘 데 비하여 지면을 굴착하여 노면을 만든 점에서 구조적인 차이가 있다. 굴착식 도로는 우수기에는 배수의 기능도 담당하며 수레가 도로 밖으로 이탈하는 것을 방지하는 기능도 갖는다.[63] 백제에서도 세종 나성리유적에서 성토식과 굴착식이 공존하는 양상을 보여준다.

　도로가 연장되면 하천을 넘기 위하여 교량이 필요하게 된다. 도성 공

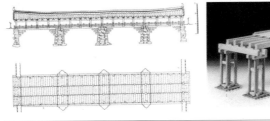

〈그림 2-18〉 신라의 춘양교(좌)와 일본의 세다 2호교(우)

간이 확대되면서 도로와 교량이 갖추어지는 과정은 백제 동성왕대에 웅진교를 축조한 기사에서 엿볼 수 있다. 한국에서 고고학적으로 인지될 수 있는 구조의 교량이 남아 있는 것은 삼국시대부터이다. 경주에는 많은 교량의 존재가 문헌에서 확인되지만 현재 그 위치를 정확히 알 수 있는 것은 춘양(일정)교지, 월정교지, 월정교지 하류 목교지, 교촌교 하류 교량지 등이다. 춘양교와 월정교는 교각의 평면이 배 모양으로 되어 있는데, 그 이유는 상류에서 흘러내리는 물을 갈라서 수압을 감소시키기 위해서이다. 춘양교와 월정교는 구조와 기술이 유사한데 공통적으로 잘 다듬은 석재를 쌓아서 교각을 만들고 그 위에 나무 상판을 올린 후에 다시 그 위에 누각을 씌운 형태였던 것으로 추정된다. 월정교지에서 발견된 목조 교각지는 석조 교각 이전의 것으로 삼국시대까지 소급된다고 이해된다. 낡은 목교를 월정교와 춘양교 등 석교로 바꾼 시점은 8세기 중반,[64] 구체적으로는 760년으로 추정된다.[65] 신라의 교량은 일본 고대의 교량에 영향을 준 것으로 추정된다. 대표적인 사례가 시가(滋賀)현의 세다(瀨田) 2호교이다.

부여의 능사에서 발견된 교량은 사원의 안팎을 연결하는 기능을 지니고 있다. 능사가 위치한 지점은 계곡부로서, 경내에 물이 들어오는 것을 막기 위한 배수로가 사찰의 북, 서, 동면을 감싸고 있다. 따라서 사원에서

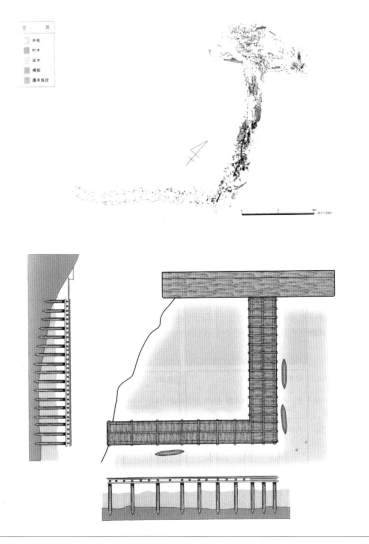

〈그림 2-19〉 금관가야의 선착장인 김해 관동리유적의 선착장 조사상황(상) 및 복원도(하)

서측으로 나가려면 목교와 석교를 지나야 하였다.[66]

고려시대 이후에는 석교의 조영도 활발히 진행되었다. 개성의 선죽교가 그 대표적인 사례이다. 조선시대의 석교 조영은 현릉원 내부의 석교 건설과 관련하여 규모, 소요되는 석재와 그 종류 등이 상세하게 기록되어 있다.[67]

한편 성밖에서 해자를 넘어 성 내부로 들어갈 수 있도록 하는 해자 내부 교량의 존재도 주목된다. 현재 고고학적 조사를 통해 그 존재가 알려진 것은 대개 조선시대 읍성의 사례인데 앞으로 시기가 올라가는 자료의 출현이 기대된다.

금관가야와 관련된 김해 관동유적에서 발견된 선착장은 교량과 호안 시설로 구성되어 있다. 교량은 잔교(棧橋)의 형태를 취하고 있으며 교각, 양목(梁木), 항목(桁木), 상판(床板)으로 이루어져 있다. 호안과 직교하는 방향을 취하고 있으며 평면적으로는 정(丁)자에 가까운 형태이다. 교량을 육지에 고정시키고 파도를 막아주는 기능을 한 호안은 말목과 가공목을 이용하여 만들었는데 접안 시설의 기능을 한 것으로 볼 수 있다. 잔교 주변에서는 총 20동의 건물지가 확인되었는데 양자의 관련성이 인정된다. 잔교에 인접한 공지를 지나면 잘 정비된 간선, 지선 도로가 연결되며 도로변에도 다수의 지상 건물지가 배치되어 있다. 이러한 정황은 선박의 정박, 화물의 하선, 보관과 운반 등 물류와 관련된 일련의 행위가 이곳에서 이루어졌음을 보여준다.

3. 기타

1) 상하수 처리 문제

도성이 들어설 지점은 넓은 면적을 필요로 한다. 따라서 해발 고도가 낮거나 주변이 산으로 둘러싸인 분지에 위치할 경우가 많다. 이럴 경우 자연 유수의 흐름을 조절하고 홍수로 인한 범람의 위험을 방지하여야 한다. 따라서 물의 관리가 일차적인 과제가 된다.

고구려 국내성이 위치한 지점은 통구하를 비롯한 하천이 형성한 하중도나 삼각주로서 상습 범람과 침수의 위험성이 있었던 것으로 추정된다.[68] 따라서 배수가 중요한 과제였을 것이고 이를 해결하기 위한 인공 해자와 수로의 굴삭이 이루어진 것으로 판단된다.

도성 안에 거주하는 많은 인원들의 식수와 용수를 확보하는 것도 쉬운 문제가 아니다. 이런 점에서 성 내부에서 발견되는 도랑의 기능이 중요하다. 한편 풍납토성에서 발견된 토관은 그 크기와 형태를 볼 때 상수관으로 추정되므로, 깨끗한 식수를 공급하기 위한 상수관의 존재를 확인할 수 있다.

하지만 수자원 관리의 실패로 수질 오염이 일어나는 경우가 잦았을 것이며 이로 인해 도시 기능의 저하를 가져오기도 하였을 것이다. 월성 해자에서 발견된 기생충[편충]을 통해 생활 하수나 분뇨 처리의 불완전으로 인해 발생한 환경 오염을 추정할 수 있다.[69]

화장실의 고고학

익산 왕궁리유적에서 발견된 다양한 시설 중에는 조사단의 예상을 뛰어넘는 예상치 못한 것이 섞여 있었다. 그것은 공중화장실의 존재이다. 처음 발굴 조사를 진행할 당시 조사원들은 식료를 저장한 구덩이로 판단하였으나 악취가 심하게 났을 뿐만 아니라 기생충 전문가에게 내부에 쌓인 흙의 분석을 의뢰한 결과 회충과 편충의 알이 매우 많음을 알게 되었다. 이 구덩이는 인분이 쌓인 화장실이었던 것이다.

화장실은 3기가 발견되었는데 모두 궁성의 서북 모퉁이에 몰려 있다. 제일 큰 1호 화장실의 경우 길이가 10.8m, 너비가 1.8m, 깊이가 3.4m 이상 되며 평면 형태는 모서리가 둥근 장방형이다. 바닥에는 나무를 박아 세우고 그 위에 발판을 설치하여 여러 명이 동시에 용변을 볼 수 있게 하였다. 오수가 지하로 스며들어 지하수를 오염시키지 않도록 화장실 벽에 점토를 바른 세심한 배려도 엿보인다.

화장실에서는 짚신, 목기 등 실수로 빠뜨린 물건이 많이 발견되었다. 그중 정체를 알 수 없는 것이 있었는데 나무를 세로로 쪼개서 끝을 부드럽게 갈아 맨들맨들하게 만든 조각들이었다. 조사자들은 이것이 무엇인지 모르는 상태로 애지중지했는데 결국 그것은 화장실에서 볼일을 본 후 뒤처리하는 데에 사용한 요즘의 휴지에 해당되는 물건으로 밝혀졌다. 주목(籌木)이라고 불리는 이 물건은 한 번 사용하고 버리는 것이 아니라 물에 씻어서 계속 사용하던 것이었음도 알게 되었다.

이 화장실을 사용한 자는 누구일까? 인근에 공방이 있으니 일단 공방에서 작업하던 기술자들을 생각할 수 있다. 그다음은 왕궁에서 근무하던 관리들이다. 백제 문화의 영향을 많이 받은 일본 고대의 궁성에서도 화장실이 발견되는데 주된 이용자는 관리들이었다. 왕궁성에 거주하던 기술자와 관리들이 주된 고객이었고 왕과 주변의 최고 신분자들은 휴대용 변기를 이용하였을 것이다.

고대 유적에서 화장실의 흔적을 발견하는 것은 매우 드문 일이다. 그 이유는 첫째, 본격적으로 형태를 갖춘 화장실이 그리 많지 않았기 때문이다. 지금과는 비교할 수 없게 자연 경관이 살아 있는 상황에서 마을에서 조금만 벗어나면 용변을 볼 수 있는 공간은 사방에 널려 있었다. 화장실이 많이 설치되는 것은 도시화의 산물이다. 대표적인 고대 도시인 도성에서야 화장실을 찾을 수 있을 것이다.

하지만 왕족과 귀족들은 변기를 이용하여 실내에서 용변을 보았던 것 같다. 나무, 청동, 토기나 자기로 만든 휴대용 변기가 많이 발견되기 때문이다. 사생활을 침해받기 싫어하는 귀족들의 고급문화의 일면이다.

중국에서는 산신령이 소변을 보고 싶으면 호랑이를 불러 그 입에 용변을 보았다는 전승에서 유래하여 호랑이가 입을 벌린 모양의 변기가 사용되었다. 이를 호자라고 부르는데 남성용 변기이다. 백제에서도 제법 여러 점의 호자가 발견되는데 부여 관북리유적에서 발견된 호자는 뒷다리는 구부리고 앞다리를 세운 채 머리는 살짝 옆으로 돌리면서 입을 벌린 형태이다. 호랑이의 얼굴이 변형된 형태의 변기는 지방의 산성에서도 종종 발견된다. 통일신라시대 이후에는 승려들이 휴대용 변기를 사용하면서 사찰 터에서 발견되는 경우가 종종 있다.

호자가 남성용 변기인 데 비해 여성용 변기도 사용되었는데 역시 부여 관북리유적과 왕궁리유적에서 발견되었다. 적어도 변기가 출토되는 유적은 왕족이나 최고 귀족이 살던 곳임이 분명하다.

2) 광산

우리나라에서 고대의 광산이 고고학적인 발굴 조사를 거친 것은 울산의 달천광산이 유일하다. 철은 고대국가의 성장과 발전에 필수적인 전략 물자로서 광산의 개발과 유지는 각국의 존속에 중요한 변수였을 것이다.

달천의 채광 유적은 일정한 형태를 갖추지 못하고 넓은 범위에 걸쳐 철광석을 채굴하던 얕은 깊이의 채광장과 원형 수혈의 형태를 갖춘 채광갱으로 구분된다. 야산의 경사면을 따라 길이 25m, 너비 20m 정도의 부정형 평면에 걸친 채광장에서 채광 행위가 이루어졌는데 바닥에는 무수히 많은 부정형의 구멍이 남아 있다. 조업 시기는 기원전 1세기 중엽부터이다. 채광갱은 평면 원형에 직경 4~5m, 깊이 2m 정도 되는 수혈의 형태인데 반복적인 조업에 의해 그 형태가 제대로 남아 있지 못한 것도 많다. 내부에서는 타날문토기와 야요이토기가 출토되었다. 조업 시기의 하한은 기원후 3세기경이다.

이러한 양상을 볼 때 넓은 평면에 걸쳐 철광석을 포함한 점토층을 얕게 파서 조업한 채광장의 단계를 지나 깊은 구덩이를 파는 채광갱 단계로 이행하였음을 알 수 있다. 이 단계에서 야요이토기가 출토되며 주변의 유구에서 낙랑계, 혹은 낙랑토기가 출토되므로 달천의 철 생산을 둘러싼 낙랑-진한-왜의 관련성을 알 수 있다.

달천광산은 조선시대 이후에도 채광 행위가 이루어지는데 수혈의 평면은 1.2~1.5m로 삼한 단계보다 좁지만 깊이는 4m 정도로 깊어지며 수직 굴착 후 수평 굴착이 이루어지거나 침목과 레일로 구성된 선로가 발견되기도 하였다.

장신구나 무기, 마구류의 제작에 소요되는 금, 은, 동 광산에 대해서는 소재는 물론 제련 방법에 대해서도 알려진 것이 없다. 조선시대 광산에 대한 문헌 자료는 상당량 있으나 구체적인 조업 방식과 광산의 구조에 대한 연구는 없다.

금과 은을 광석에서 채취하는 정련 기술은 삼국시대에 이미 알려져 있었던 것으로 보인다. 금은 대개 사금을 채취하여 얻었을 것이다. 8세기 일본의 도다이지(東大寺) 낙성에 임하여 대불에 입힐 금을 구하지 못하여 어려움을 겪자 동북 지방의 지방관으로 파견되어 있던 백제왕경복이란 인물이 백제계 기술자들과 합세하여 사금을 중앙에 바침으로써 비로소 대불이 완성되었고 그 공으로 8계급 특진하였다는 이야기가 문헌에 기록되어 있다. 그 후 금광의 채굴이 이루어졌지만 구체적인 양상은 알 수 없다.

고구려에서는 은광을 통해 은을 공급한 기록이 있다. 『한원(翰苑)』에 의하면 도성의 서북쪽에 은산이 있어서 이를 채굴하여 재화로 삼았다고 한다. 역시 『한원』에서 인용한 『고려기』에서도 비슷한 이야기가 나오는데 "은산이 안시성 동북쪽 100여 리 되는 지점에 있어서 수백 가(家)가 그것을 캐서 나라의 쓰임으로 삼도록 바쳤다."고 한다. 이를 통해 국영 은광이 유지되었고 은의 채굴과 제련을 위하여 수백 가가 별도로 배속되어 있었음을 알 수 있다. 1가의 인구는 대개 5~6명 정도로 추정되고 그 내부의 성인 남녀는 2~3명 정도로 판단되므로 수백~수천 명의 인원이 은의 생산에 종사하였음을 알 수 있다.

은은 금과 달리 자연은의 상태로 존재하기 어렵고 구리, 납 등의 광물과 공존하기 때문에 이러한 불순물을 제거하고 순수 은을 추출하는 제련술이 필요하다. 은과 납을 함께 녹여서 합금을 만들면서 불순물을 제거하고 다시 이 합금을 동물의 뼈, 식물의 재 등 회와 함께 가열하면 융점이 낮은 납이 먼저 녹으면서 회와 결합하고 은은 그대로 분리된다.[70] 이 기법을 회취법(灰吹法)이라고 하는데 조선시대에 일본으로 전해져서 일본

각지에서 은광의 개발이 붐을 이루게 된다. 대표적인 사례가 시마네(島根)현의 이와미(石見)은광[71]이다. 일본의 은광 개발과 은 제련 방식은 조선에서 들어간 것이기 때문에 삼국시대와 통일신라시대의 은광에 대한 이해에 참고할 수 있다.

삼국시대부터 조선시대에 걸쳐 많은 지역에서 채석장으로 추정되는 흔적이 확인되었는데 고고학적인 발굴 조사를 거친 대표적인 유적이 진해 자은(自隱)유적이다. 이 유적은 삼국시대에 축성된 구산성에서 직선거리 100m 정도 떨어진 곳에 형성되어 있는데 쐐기와 정을 이용하거나 자연결을 이용하여 채석하고 다듬은 흔적들을 찾을 수 있었다. 주변에서는 작업원들의 숙소로 사용되었을 것으로 추정되는 30여 동에 달하는 건물지의 흔적도 확인되었다.

경주 왕경을 조성하는 과정에서 많은 석재와 흙을 공급하기 위한 공간이 있었을 것으로 추정되지만 분명한 예는 없다. 다만 성격을 분명히 알 수 없는 수많은 수혈 중의 일부는 채토용으로 추정할 수 있다. 이러한 채토장은 왕경 내부에 산발적으로 분포하는데 선상지의 선단부와 북천 하류에 집중되는 경향이 있다. 그 이유는 이곳의 기반층을 형성하는 퇴적물이 비교적 세립이고 퇴적층의 두께가 두꺼우며 굴착이 용이하기 때문이다.[72]

지방 도시

지방 도시가 중앙의 도성에 준하여 행정 구역이 정비되는 양상은 고구려의 삼경, 즉 국내성, 한성, 평양성의 관계에서도 확인된다.[73] 백제의 경우는 사비기에 익산이 부도로서의 기능을 갖는 별도(別都)로 관리되었으며 오방의 중심지 역시 지방 도시라고 할 수 있다. 지방 도시의 맹아는 삼한 사회의 국읍적인 존재일 것으로 판단되며 그중에는 평택 세교지구, 세종 나성리유적, 아산 배방지구, 광주 동림동유적처럼 지방 도시로 성장한 경우도 확인된다.[74] 이들 유적에서는 도로와 도랑으로 구획된 도시 계획, 도랑으로 감싸인 정연한 배치를 보이는 구획 저택[수장의 가옥], 창고군과 공방, 주거군, 분리된 묘역, 도로와 이어지는 선착장 등의 모습이 보이며 대규모의 토목공사와 물줄기의 변경, 상수와 하수의 처리 등도 확인된다. 특히 나성리유적의 경우 경제적 재분배 관계망 형성에 중요한 시(市)와 재화의 집중, 수공업 생산 시설, 행정 군사적 용도의 성의 등장 등을 적나라하게 보여주고 있다.[75]

6세기 이후가 되면 보다 발전된 지방 도시가 등장하는데 그 모습을 가장 잘 간직한 것은 신라이다. 중고기 이후 지방의 거점이 발전한 결과 통일 이후에 다수의 지방 도시가 탄생하며 결국 신문왕 5년(686) 9주 5소경의 완성으로 지방 도시의 면모를 일신하게 된다.

9주 중 신라, 가야 지역에 사벌주(상주), 양주(양주), 청주(강주)가, 백제 지역에 웅천주(웅주), 완산주(전주), 무진주(무주)가, 고구려 지역에 한산주(한주), 수약주(삭주), 하서주(명주)가 설치되었다. 5소경은 초기의 아시촌소경, 국원소경의 단계를 지나 통일 이후 중원경(충주), 북원경(원주), 금관경(김해), 서원경(청주), 남원경(남원)의 형태로 정리되었다. 지방 도시의 구조 및 이념이 왕경을 모델로 했을 것이란 점을 예측할 수 있다.[76]

지방 도시에 대한 연구는 고지도와 지적도, 조선시대 문헌을 종합하여 대강의 모습을 그리려는 시도가 있었으나[77] 발굴 조사의 미흡으로 인해 어려움이 많았다. 주성(州城)과 소경성(小京城)에 대한 발굴 조사가 진행되면서 경주의 축소판과 같은 양상을 확인할 수 있다. 예를 들어 9주 5소경은 왕경처럼 6부를 설치하고 격자 형태의 도시 구획을 갖췄다고 추정된다.

사벌주의 경우는 1917년도 지적도와 1933년에 제작된 1/10,000 지도에 의해 정연한 도시 구획이 확인되었는데[78] 실제 2000년대 이후 진행된 상주 복룡동유적의 발굴 조사에 의해 많은 내용이 밝혀지게 되었다.[79] 복룡동유적은 병성천의 두 지천인 남천과 북천이 합류하는 넓은 충적 대지 위에 형성되었는데 통일신라시대 이전에 해당되는 유적은 전혀 보이지 않기 때문에 통일 후에 조성된 신도시임을 알 수 있다. 큰 도랑으로 구획된 공간에 적심을 갖춘 지상 건물지, 수혈 주거지, 우물 등으로 구성되어 있는데 창고나 공방 등이 보이지 않는 점에서 주거가 위주인 공간으로 판단된다. 이 공간은 하나의 방(坊)으로 추정되는데 남북 1,440m, 동서 1,400m에 걸쳐 총 81개의 방이 있었던 것으로 보인다. 방의 규모는 중앙에 위치한 것은 120(동서)×160m(남북), 나머지는 한 변의 길이가 150~160m 정도로 추정된다.[80] 1917년 지적도에 나타난 여타 지방 도시의 방의 규모와 일치하며 중앙에 위치한 방이 다른 방보다 좁은 점 역시 공통적이다.[81]

우물과 건물 등 일부 시설이 고려와 조선시대까지 이어지는 점을 고려할 때 통일신라 시기에 형성된 지방 도시가 고려, 조선시대까지 지역 중심으로 유지됨을 보여준다. 다만 도시 구획의 정연성은 점차 떨어지고 있는데 이는 이 도시의 중요도가 하락하였기 때문일 것이다.

강주(康州)의 주치는 현재의 경남 진주에 해당되는데 고지도를 통해 구획의 흔적이 추정될 뿐 구체적인 내용은 밝혀진 바가 없다.[82] 다만 진주 무촌리유적[83]이 많은 내용을 알려준다. 이 유적은 곡간 평야이면서 교통에 유리한 충적 대지 위에 형성되어 있으며 1~5구로 나뉜다. 적심을 갖춘 초석 건물과 주변의 고상 건물, 우물, 제사 시설, 화장실, 동제품 공방, 점토 채취갱과 저장공, 토련장, 기와 가마, 간선 도로와 지선 도로 등으로 구성되어 있어서 일반적인 취락은 아님을 알 수 있다. 1구에서는 ㅁ 모양으로 배치된 6동의 적심 건물이 담장으로 둘러져 있으며 화장실, 소 3마리분의 동물 유체, 벼루[총 33점 출토]와 대호가 출토되어 공공성이 높은 건물군임을 알 수 있다. 반면 2구는 노동자들의 거주 공간이자 작업장, 3~4구는 생산 활동이 이루어지던 공간, 5구는 공방과 창고로 추정된다.[84] 생산과 보관, 거주, 제사 등이 공적 주체에 의해 이루어진 양상을 보여준 이 유적은 강주에 속해 있는 관아였을 것이다.

소경 중 남원소경은 1917년에 제작된 지도를 기초로 정방형의 구획이 남아 있음이 확인되는데 역시 한 변의 길이가 160m에 달하는 방으로 구성되었다고 추정된다.[85] 최근 청주 시내의 청주중학교 부지에서 서원경과 관련된 도로 유구가 확인되었다. 정연하게 배치된 도로는 방의 존재를 전제로 한다.

충주는 백제에서 고구려로 그 영유자가 바뀌면서 국원성이 설치되었고 신라에 의해 국원소경을 거쳐 중원경으로 편제되었다.[86] 현재 그 위치를 확실히 하기는 어렵지만 중고기에 탑평리 일대에 위치하였다가 통일 이후 충주 시내로 이전한 것으로 보고 있다.[87] 신라에 속한 이후에 가장 주목되는 시설은 탑평리에서 발견된 전체 길이가 430m가 넘는 긴 도랑이다. 백제가 조영한 후 신라가 이어서 사용한 것으로 판단되며 그 기능은 용수의 공급, 배수 등 복합적이었던 것으로 보고 있다. 이 도랑 주변에는 돌을 깐 시설이 많이 확인되는데 전체 구역을 구획하는 기능, 도로의 기초 등의 가능성을 상정할 수 있다. 수혈 주거지도 적지 않게 확인되었지만 수많은 저장용 구덩이, 대형의 의례용 구덩이, 다수의 적심 건물지, 기둥을 세운 고상 창고, 송풍관과 슬래그에서 확인되는 철기 제작 등이 더욱 주목된다. 남한강의 물류 이점을 활용하여 형성된 생산과 저장의 공간이었음을 알 수 있다. 유적의 연대는 6세기 중반 이후에 집중되며 통일신라의 유물은 매우 적다. 따라서 중원경의 이전 가능성을 보여준다.

주치나 소경 이외에도 지방에서 계획적인 도시가 건설된 흔적을 찾을 수 있다. 대표적인 사례가 서울 독산동유적이다. 이 유적은 6세기 후반에서 7세기 전반에 걸친 비교적 단기간에 걸쳐 사용된 유적이다. 선행하는 유적이 전혀 없는 점을 볼 때 신라가 새롭게 조성한 유적임을 알 수 있다.

삼국시대에 해당되는 시설은 도로(7줄), 도랑(58기), 지상 건물지(101동), 수혈 건물지(24동), 우물(4기), 저수 시설(2기), 소성 유구(6기), 성격 미상의 수혈(30기), 목책 등이다. 크게 보면 남북 방향으로 교차하는 도로와 그 사이를 구획하는 도랑에 의해 6개의 공간으로 구분된다. 전체적으로 일상적인 거주보다는 생산과 물류와 관련된 유적으로 판단된다. 그 이유는 아래와 같다.

우선 수혈 주거지가 24동 발견된 데 비하여 지상 건물지가 훨씬 많아서 101동 이상에 달한다. 지상 건물지 중 일부는 도랑으로 둘러싸인 모습을 보이는데 도랑의 기능은 배수를 위한 것도 있으나 일부는 공간을 구획하고 시설물을 보호하는 기능을 한다. 특히 유적의 남쪽 구역에서는 49-54호 도랑이 도로에 인접하여 정연하게 구획되어 지상 건물지를 감싸고 있는 현상이 확인된다. 49호 도랑은 동서로 이어지다가 동편에서 직각으로 꺾여 또 다른 공간을 형성하고 있다.

저수 시설 2기가 나란히 배치되어 있는데 내부에서 나뭇가지와 가공되지 않은 목재편이 다량 출토된 점을 고려할 때 저목장일 가능성이 높다. 6기의 소성 유구 역시 철기 생산 등 모종의 생산이 이루어졌음을 보여준다.

일반적인 취락으로 보기에는 넓은 도로가 정연하게 갖추어져 있는 점도 특이하다. 도로는 구조적으로 비포장이며 측구를 갖추었는데 안양천을 따라 외부로 연장되고 있다. 화물을 이송하던 물류의 흔적인 셈인데 안양천 어딘가에 선착장이 있었을 가능성이 높다.

성곽과 토목기술

1. 성곽 축조에 반영된 토목기술

성곽은 건물이나 고분, 제방 등 다른 유적들에 비하여 기술 의존도가 높은 토목건축 구조물이라고 할 수 있다. 축성을 위해서는 입지 선정과 측량, 축성 재료 선택, 축성 기초 조성, 체성벽과 여장 쌓기, 집수 및 배수시설 설치, 성문과 성내 건축물 구축에 이르기까지 다양한 공정과 많은 숙련된 기술자를 필요로 하기 때문이다. 이러한 여러 가지 공정은 개별적이면서도 유기적으로 진행되어야 했으며, 각 공정이 결합되어 완성된 최종 단계의 성곽에는 축성 집단의 기술 특성이 그대로 반영되어 있을 수밖에 없다.

따라서 완성된 성의 외형만 보고 모방하여 똑같은 성을 쌓는 것은 현실적으로 불가능하다는 것을 알 수 있다. 예를 들어 삼국시대 고구려, 백제, 신라의 경우만 하더라도 축성법이 완전히 구별되는 것은 해당 집단의 축성기술자들이 가지고 있는 원천 기술이 서로 달랐기 때문이다.

〈그림 2-20〉 축성 주체와 축성 시기에 따른 성곽의 다양한 유형. 우즈베키스탄 끼질칼라(3~5세기, 좌상), 중세 유럽의 성곽(스페인 똘레도, 우상), 중국 명대의 성곽(좌하), 조선시대 남한산성(우하)

성곽은 인위적으로 장애물을 만들어 적이 공격하기 어렵도록 만든 시설을 말한다. 성곽을 만드는 재료로 가장 손쉽게 구할 수 있는 것이 나무지만, 나무는 내구성이 약하고 견고한 구조물을 만드는 데는 한계가 있기 때문에 흙이나 돌로 토성이나 석성을 쌓기 시작하였다.

토성이나 석성은 땅 위에 쌓아올린 구조물이다. 따라서 성곽 자체의 중량과 내부의 압력을 비롯하여 지진이나 강풍, 폭우, 폭설과 같은 자연재해에도 버텨낼 수 있도록 견고하게 쌓는 것은 각 시대별 축성기술자들의 고민이었을 것이다.

견고한 성을 쌓기 위해서는 토목공학에 대한 이해가 우선되어야 한다. 성곽에 작용하는 힘에는 몇 가지가 있다.

첫째는 하중과 외력이다. 성벽의 무게가 짓누르는 힘과 강풍이나 지진처럼 일시적으로 구조물의 측면에 가해지는 압력이다.

둘째는 지지력이다. 성벽이 기울어지지 않도록 하기 위해서는 바닥에

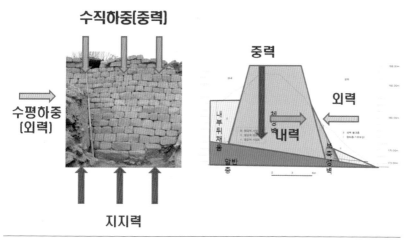

〈그림 2-21〉 성벽에 가해지는 힘

서 받쳐주는 지지력이 필요하다. 견고한 지반을 조성해야 하는 이유가 여기에 있다.

셋째는 내력이다. 응력이라고도 하는데 성벽 내부에서 밖으로 밀어내는 힘을 말한다. 내력은 성벽 기저부에서 높이의 1/3지점에 가장 강하게 작용하는 것으로 알려져 있다.

성곽이 견고하다는 것은 이러한 물리적인 힘을 토목기술로 극복하여 구조물에 작용하는 힘이 역학적 평형을 이룬 상태를 의미한다. 따라서 축성기술에 반영된 기술적 요소를 분석하면 축성 당시의 기술을 이해할 수 있다.

고구려의 축성법은 토성과 석성을 결합한 '토심석축공법(土芯石築工法)'을 중심으로 하고 있다. 토심석축공법은 판축의 방법으로 토축부를 먼저 조성하고 석축으로 마감하는 공법이다. 구조목으로 사용된 영정주의 흔적이 토축부에서 확인된다. 토심석축공법은 요즈음의 보강토 옹벽처럼 축성에 따르는 비용과 인력을 최소화하면서도 성 내부의 공간 확장을 극대화하고, 축성 입지 선정의 한계를 극복할 수 있다는 측면에서 매우 발달된 토목기술이라고 할 수 있다.

백제는 일찍부터 중국 남조와의 기술 교류를 통하여 흙으로 성을 쌓는 원천 기술을 습득함으로써 도성을 포함한 방어용 산성들을 대부분 토성으로 구축하였다. 토성의 축조 방법도 한성기에서 웅진·사비기로 가면서 단순 성토 위주에서 정교한 판축공법으로 이행되어간다.

토성은 석성에 비하여 축성이 용이하다는 장점이 있다. 그러나 토축 구

〈그림 2-22〉 서울 풍납토성 성벽 단면

〈그림 2-23〉 보은 삼년산성 성벽

조물은 안식각(安息角)을 유지하지 않으면 쉽게 붕괴되므로 경사를 급하게 할 수 없어 방어에 취약하다는 단점이 있다. 사비기에는 고구려의 축성기술을 받아들여 토심석축공법으로 구축된 석축성과, 신라의 축성기술이 반영된 협축식의 축성 공법도 등장하게 된다.

신라는 목책과 토성 위주의 성을 구축해오다가 5세기 후반 삼년산성 축성 시점을 전후로 삼국 중 가장 견고한 석축성을 구축하는 기술을 확보하게 된다. 협축식으로 쌓은 높은 성벽과 보축 성벽, 현문식 성문, 편암계의 성돌을 세장방형으로 가공하여 쌓은 정연한 석축과 사다리꼴 모양의 수구 등을 특징으로 한다.

신라의 석축성은 기술적 완성도가 높고 규격화되어 있음을 볼 수 있는데, 이는 아마도 대장척당(大匠尺幢)이라고 하는 기술자 집단으로 이루어진 축성 전문 부대가 있었기 때문일 것이다.

〈그림 24〉 하남 이성산성 통일신라 성벽

 통일신라 시기에는 삼국의 축성법을 융합하여 보다 다양한 형태의 축성법이 등장하게 된다. 토성은 기단 석열에 중심 토루와 외피 토루로 구성된 정형화된 형태로 바뀌어간다. 석성은 고구려의 영향을 받아 내부는 흙으로 조성하고 석축의 두께는 점점 얇아지게 되어 축성 공력을 최대한 줄이는 방향으로 발전하게 된다. 발달된 석재 가공 기술을 바탕으로 단단한 화강암을 자유자재로 가공하여 성곽의 외관에 화려함을 더하였다. 현문식 성문은 출입이 편리한 개거식으로 바뀌어간다.

 고려시대에는 거란, 몽골 등 이민족의 침입이 계속되었다. 고려는 대규모 군대에 대처하기 위하여 험준하고 높은 산악 지대에 대형 산성을 쌓고 주민들을 대피시키는 청야입보(淸野入保) 전략을 채택했다.

 산성방호별감을 보내어 지역마다 대규모의 석성을 급히 쌓다 보니 가공되지 않은 할석이 주로 사용되었으며, 나무 기둥을 세우고 성벽을 쌓아 성벽에 수직기둥홈이 남아 있음이 확인된다. 고려시대는 자연지형을

〈그림 2-25〉 양평 함왕성 성벽 　　　　〈그림 2-26〉 고양 북한산성 성벽

방어에 최대한 활용하는 새로운 개념의 축성법이 등장하였다는 점에서
의미가 있다고 할 수 있다.

조선 건국 이후 도성 축성과 함께 고려 말부터 왜구나 홍건적의 방어
를 위하여 읍성 축성이 더욱 대대적으로 추진되었다. 세종대에는 축성신
도(築城新圖)를 반포하여 읍성 축성기술을 규격화하고자 했다.

그러나 임진왜란을 겪으면서 읍성의 방어력에 의문이 제기되자 산성의
중요성이 다시 부각되었다. 병자호란을 앞두고 남한산성이 수축되었는데
방어력이 높은 성을 쌓기 위하여 중국이나 일본의 축성기술을 도입하게
된다. 숙종대에는 발달된 토목건축기술을 바탕으로 많은 산성을 축조했
다. 숙종대의 성곽은 화약 무기에 대응하기 위하여 성돌의 크기가 대형화
되는 것이 특징이다.

조선시대 후기에는 세계문화유산으로 지정된 화성이 축성되면서 축성
역사의 종점에 이르게 된다. 화성 축성에는 전돌이 본격적으로 사용되기
시작하였으며, 공심돈과 오성지, 현안, 포루 등 새로운 축성기술이 등장
했다.

3. 축성 재료에 따른 기술의 변화

1) 나무

나무는 모든 형태의 성곽 축성 과정에 반드시 있어야 할 재료다. 나무만을 사용하여 목책을 만들 수도 있지만, 판축 토성을 쌓을 때에도 영정주와 횡장목 협판 등에 사용될 나무가 필요하다. 석축 성벽을 쌓을 때에도 비계목 설치를 위해 다량의 나무가 필요하다.

〈그림 2-27〉 조선시대 목책(신미 〈정주성 공위도〉의 부분)

목책은 땅을 파고 굵은 나무 기둥을 일정한 간격으로 깊게 박아서 고정시키고 그 사이 사이를 다시 나뭇가지로 막아서 만든 울타리 형태의 방어시설을 말한다. 목책은 토성이나 석성에 비하여 손쉽게 구축할 수 있다. 발굴을 통하여 확인되는 목책의 흔적은 나무 기둥을 박았던 구멍밖에 없는 경우가 대부분이기 때문에 구체적인 지상의 구조는 알 수 없다.

『삼국사기』의 기록 중 가장 많은 책(柵)이 구축되었던 나라는 백제였다. 청주 석화리에서 발견된 백제 목책은 1열의 목책으로 밝혀졌다. 한편 고구려의 목책은 청원 남성골산성, 연천 호로고루와 전곡리토성 등에서 확인되었으며, 2중의 목책열로 조성되었다.

2) 흙

나무와 함께 이른 시기부터 축성 재료로 많이 쓰인 것이 흙이다. 토성은 주변에서 쉽게 확보할 수 있는 흙을 재료로 하기 때문에 손쉽게 쌓을 수 있다는 장점이 있다. 그러나 토축 구조물은 그 물리적인 특성상 안식각(또는 休息角) 이상으로 성벽의 경사를 높일 수 없다. 물론 판축공법으로 견고하게 흙다짐을 하여 쌓을 경우 일시적으로는 경사각을 높일 수 있지만, 우수에 의해 붕괴로 이어지기 쉽다. 자연 상태의 토성벽은 경사각 28° 정도에서 안정화가 이루어지기 때문이다. 따라서 토성을 쌓기 위해서는 넓은 공간이 필요하다. 또한 토성은 성벽의 경사가 완만하여 적의 공격에 취약하다는 단점이 있다.

토성을 견고하게 쌓기 위하여 숯을 깔거나 표면에 불을 지펴 성토층 표면을 소결(燒結)시키기도 하고, 잎이 달려 있는 생나무가지를 일정한 두께로 까는 부엽공법이 사용되기도 하였다.

흙을 쌓는 방법도 단순 성토에서부터 영정주를 설치하고 점질토와 사질토를 교대로 다지는 판축공법에 이르기까지 다양한 기술이 적용되었다.

〈그림 2-28〉 윤두서의 〈석공 공석도〉

3) 돌

돌로 성을 쌓으면 견고하여 쉽게 무너지지 않는다. 90°에 가까운 급경사 성벽을 구축할 수 있어 적의 공격을 가장 효율적으로 방어할 수 있다. 그러나 돌로 성을 쌓기 위해서는 석재를 가공

〈그림 2-29〉 숙종대에 축성된 청주 상당산성 성벽

하고 운반하는 기술이 있어야 한다. 또한 무거운 하중과 성벽 내부로부터의 내력을 견딜 수 있도록 하기 위해서는 발달된 토목기술이 필요하다.

석축성에서 축성 시기와 축성 집단의 차이를 반영하는 가장 중요한 기준이 되는 것은 성돌이다. 축성 집단이 보유하고 있는 성돌 가공 기술에 따라 사용 가능한 암석의 종류가 달라지고 성돌의 크기와 가공 방법에서 차이가 나게 되기 때문이다.

석재 가공 기술은 노두석→심석, 연암→경암, 편암→화성암, 거친 가공→정교한 가공으로의 경향성을 보인다.

신라는 가장 오랜 석축성 축성사를 보여주고 있는데, 5세기부터 7세기까지는 편암 계통의 석재로 가공한 세장방형 성돌이 주로 사용되다가 8세기 이후부터는 단단한 화강암을 정교하게 가공한 성돌이 등장하게 된다.

고려시대에는 전란의 영향으로 성돌의 가공 기술이 다시 후퇴하게 되며, 성돌 가공 기술이 비약적으로 발전한 것은 조선 숙종대다. 숙종대의 성돌은 무게가 300~500kg으로 삼국시대의 성돌에 비하여 10배 정도 커진다. 이 시기의 성벽은 그랭이질하여 빈틈이 생기지 않도록 정교하게 가공하여 쌓은 점이 특징이다.

4) 벽돌

우리나라의 흙에는 철분이 많이 함유되어 있어 벽돌을 굽는 데 너무 많은 연료가 소모되기 때문에 경제성이 낮았다. 따라서 벽돌 제작 기술은 삼국시대에 이미 도입되었지만, 벽돌보다는 돌을 사용하는 것이 경제적이라서 성벽을 쌓는 데는 벽돌이 거의 사용되지 않았다.

영조 18년(1742) 강화유수였던 김시혁(金始嚇)이 중국으로부터 벽돌 굽는 방법을 배워 와 강화외성을 벽돌로 쌓았다. 그러나 벽돌의 품질이 떨어지고 쉽게 붕괴되는 등 그 효용성에 의문이 제기되어 벽돌을 이용한 축성의 주장은 중단되고 말았다. 이후 중국에 다녀온 실학자들에 의하여 벽돌의 효용성이 다시 제기되었다. 그 결과 수원 화성 축성 시에는 벽돌이 대대적으로 사용되었다.

벽돌은 크기가 일정해 정교함을 필요로 하는 건축물이나 공심돈 같은 특수 구조물, 그리고 규격화된 견고한 여장을 구축하는 데 매우 효율적

〈그림 2-30〉 조선 영조대에 벽돌로 축성된 강화 의성   〈그림 2-31〉 광주 남한산성 여장

임이 입증되었다. 이에 벽돌은 남한산성 여장을 비롯하여 전국 각지의 중요한 성의 여장을 쌓는 데 많이 사용되었다. 벽돌을 사용하기 위해서는 강회 모르타르(mortar)가 필요했으므로 석회 수요도 급증했다.

5) 석회

석회는 자연 상태로는 생성되지 않는 인공물이다. 조개껍데기나 석회암, 대리암, 백운암 등 탄산칼슘으로 구성된 물질을 900˚C 이상의 온도로 구워서 생석회를 만든다. 생석회에 물을 부으면 소석회가 되는데, 여기에 황토와 모래를 섞고 일정 기간이 경과하면 콘크리트처럼 단단해진다.

흉노족이 세운 중국 대하의 도성인 통만성은 이러한 석회 콘크리트로 판축하여 만든 성으로 확인되었다. 사가(史家)들은 통만성의 이러한 축조 공법을 '증토축성(烝土築城)'이라 하였다. 백제 개로왕이 도성을 수축하면서 증토축성[흙을 쪄서 성을 쌓았다]했다는 기록이 있어 백제 개로왕대에 이미 강회를 축성에 사용하는 공법이 새로운 건축기술과 함께 도입되

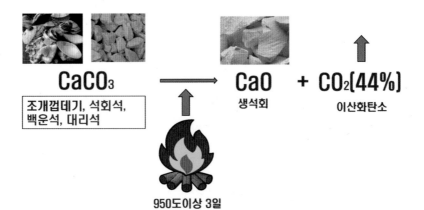

〈그림 2-32〉 생석회 생산공정

〈그림 2-33〉 석회로 만든 대하(大夏)의 통만성(統萬城)

었을 가능성이 있다.

　석회는 제작 공정이 까다롭고 위험하여 토목건축 구조물에 폭넓게 사용되지는 않았으며, 벽화 고분의 내벽을 조성하거나 고분의 돌 틈을 메우는 용도로 주로 사용되었다. 조선 초기에는 석회 생산지가 2~3개소에 불과했다. 그러나 조선시대 후기 벽돌 사용이 늘어나면서 19세기에는 전국 50여 개 군현에서 석회가 생산될 정도로 석회 수요가 급증했다.

무리말뚝공법과 부엽공법

성벽은 거대한 토목구조물이므로 그 무게가 상상을 초월한다. 연약하고 수분을 많이 함유한 저지대에 거대한 성벽을 축조하면 토목공학적으로 많은 문제가 발생한다. 우선 연약한 지반이 하중을 견디지 못하게 된다. 이를 방지하기 위해서는 표토를 파버리고 단단한 암반층까지 내려가서 그 위에 구조물을 세우는 방법, 표토를 제거하고 대신 모래나 사질 점토를 부어서 기반을 강화하는 방법[치환공법], 무수히 많은 말뚝을 박아서 지반의 밀도를 높이는 방법[무리말뚝공법], 그리고 나뭇잎과 가지를 가지런히 깔아서 부동침하를 방지하는 방법[부엽공법] 등이 사용된다.

한반도에서 부엽공법은 보성 조성리유적의 수리시설[보]에서 보듯이 기원전에 이미 알려졌다. 하지만 성벽이나 제방과 같은 대규모 토목구조물의 축조를 위한 본격적인 부엽공법이 최초로 확인된 예는 서울의 풍납토성이다. 부엽공법은 신라와 일본에서도 확인되는데 김제 벽골제, 부여 나성 등 주로 백제권에서 많이 발견된 점, 일본에서 부엽공법이 활용된 유적이 주로 백제계 주민과 관련된다는 점을 고려할 때 동북아시아에서 부엽공법이 확산되는 계기는 백제 토목기술자들의 활약이라고 판단된다. 일본 규슈의 미즈키(水城)와 키쿠치죠(菊智城), 오사카의 사야마이케(狹山池)제방 등이 대표적인 사례이다.

삼국과 통일신라의 성곽 축조 기술

1. 고구려 성곽 일반

1) 시대적 배경과 축성

초기의 고구려는 외적으로부터 국가를 지켜낼 수 있는 힘이 약했다. 따라서 초기 도성인 졸본성으로 추정되는 오녀산성은 해발 800m가 넘는 산꼭대기에 있었다. 평지에 있었던 도성은 하고성자성으로 추정되고 있다. 2대왕인 유리왕 22년에는 지금 집안의 국내성으로 천도하였으며, 산상왕 2년(198)에는 환도성을 쌓았는데 환도성은 지금 집안의 산성자산성이라는 것이 일반적인 견해다.

427년 고구려는 평양으로 천도했다. 평양의 청암리토성, 안학궁성과 대성산성 등이 주요한 기능을 담당하던 단계를 지나 평원왕 28년(586) 장안성으로 다시 천도하는데 장안성은 현재 평양성으로 알려진 거대한 성이다.

고구려는 요충지마다 대규모 산성을 쌓아 적의 침공에 대비했다. 특히 요동 일대에는 요동성을 중심으로 천리에 걸친 장성을 구축하기도 하였다. 산성을 중심으로 한 고구려의 방어체계는 대(對)중국 전쟁에서 그 힘을 발휘하게 된다.

고구려 성곽 중 목책은 가장 이른 시기부터 만들어진 것으로 보이지만, 유적의 성격상 확인되는 것은 많지 않으며, 청원 남성골산성이 대표적이다. 반면 순수한 토성은 많지 않으며, 문지나 방어에 취약한 지점은 석축으로 보강하기도 하였다. 무순의 고이산성, 개주의 고려성산성, 해성의 영성자산성, 길림의 용담산성 등이 있다.

고구려 성에서 가장 큰 비중을 차지하고 있는 것이 석성이다. 석성의 축조 방식은 단면 축조법과 양면 축조법이 있으며, 전체를 돌로 쌓기도 하지만 속에는 흙으로 판축하고 내외면만 석축으로 하는 토심석축공법으로 쌓은 성이 많다.

고구려 전기의 성곽은 주로 험준한 지형이 선호되었으며, 부분적으로 인공 성벽이 구축되었다. 성벽은 자연석이나 부분적으로 다듬은 성돌을 사용하여 축성하였으며 오녀산성이나 흑구산성 등이 전기의 성곽에 해당한다.

중기에는 철기의 보편적인 보급에 따라 성돌의 가공이 정교해지고, 다양한 축성 방법이 등장하는데 환도산성과 나통산성, 국내성 등이 여기에 해당한다. 여장이나 치, 각루, 옹성 등 다양한 성곽 시설물이 정비되는 시기이기도 하다.

후기에는 축성 방법이 더욱 다양해지며, 성의 규모가 대형화되는데 요동 지역에 축성되는 요동성, 백암성, 영성자산성 등이 여기에 해당한다.

2) 고구려 성곽의 특징

우선 대부분이 산성인 점이 주목된다. 국내성이나 요동성, 청암리토성 등 평지성도 있지만 산성이 절대적인 우위를 차지하고 있다. 산성은 아군의 장점을 보완하고 적의 장점을 약화시킬 수 있는 최적의 군사 시설이다.

그다음은 교통이 편리하고 방어가 용이한 곳에 구축되어 있다는 점이다. 오녀산성이나 흑구산성, 나통산성 등 고구려 초기의 산성은 모두 해발 600~900m 내외의 고지대에 위치하며 수직 절벽을 갖추고 있다. 태자하의 단애를 활용한 백암성이나 임진강의 수직 단애를 활용한 연천 호로고루, 당포성, 은대리성 등의 예를 보아도 알 수 있다.

대규모 포곡식 성곽도 고구려 성곽의 특징이다. 고구려에서는 오녀산성 4,754m, 환도산성 6,947m, 나통산성 3,737m, 패왕조산성 1,260m, 고이산성[신성] 4,000m, 영성자산성[안시성] 2,500m, 백암성 2,000m, 고려성산성[건안성] 5,000m 등 1㎞에서 7㎞ 정도에 달하는 대규모 성을 많이 구축했다.

구조적으로는 토심석축 성벽이 주로 확인되는 점이 주목된다. 토심석축은 내벽이나 외벽은 석축으로 하지만, 중심부는 흙으로 쌓는 방법을

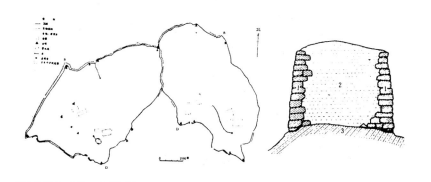

〈그림 2-34〉 고구려 나통산성 평면도 및 성벽 단면도(『文物』, 1985)

말한다. 나통산성 서성벽과 평지성인 국내성 성벽, 대성산성 남문지 구간의 성벽과 평양성 나성 구간, 호로고루, 당포성 등에서 확인된다.

한편 석축 성벽의 성돌은 사각추형으로 가공된 성돌이 사용되었다. 외벽면에 사용된 면석은 주로 화강암이나 현무암, 사암 등을 거의 일정한 크기로 가공한 쐐기 모양의 성돌이 사용되었으며, 성 내부의 뒷채움돌은 북 모양으로 길쭉한 성돌을 사용하여 면석이 떨어져 나가더라도 쉽게 붕괴되지 않도록 하였다.

성문의 형태는 대부분 개거식이다. 발굴 조사가 이루어진 오녀산성 서문지나 남문지, 환도산성 서문지 등을 보면 문이 있는 지점은 직각을 이루지 않고 곡선을 이루고 있음이 확인된다. 방어에 취약한 성문 주변은 문을 보호하기 위해 옹성이나 어긋문의 형태로 구축되었다.

성벽 위에는 평여장이 구축되어 있었다. 여장은 적의 원거리 무기로부터 몸을 보호하기 위한 것으로 오녀산성과 환도산성, 패왕조산성에서 확인된다. 고구려 산성의 여장은 타구가 없는 평여장이다. 오녀산성이나 환도산성 패왕조산성, 흑구산성 등 초기 산성에서는 여장 내부에 주통(柱桶)이라 불리는 사각형의 구멍이 구축되어 있다. 주통의 기능에 대해서는 구멍에 기둥을 세우고 그 사이에 목책을 세워 성벽의 방어력을 강화했다는 견해와 성을 방어하는 무기인 노포를 세우기 위한 구조물이라는 견해

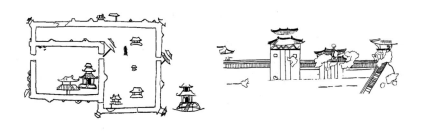

〈그림 2-35〉 고구려 벽화고분의 성곽도. 좌: 요동성총성곽도(『考古』 1960), 우: 용강대묘성곽도

가 있다.

아울러 다수의 치를 갖춘 점도 특징이다. 고구려 산성에서는 다수의 장방형 치가 일반적으로 확인된다. 치의 숫자는 성의 입지에 따라 다르지만 자모산성에 19개, 석대자산성에 10개, 백암성 5개, 걸망산성 7개, 대성산성에는 65개 등 다수의 치가 구축되었다.

2. 남한의 고구려 성곽

1) 시대적 배경과 축성

장수왕의 한성 침공 사건으로 중국에 접해 있는 고구려와 백제, 신라 사이에 유지되던 힘의 균형이 무너지고 고구려 중심의 새로운 질서가 형성되었다. 고구려는 한강 유역을 영역화하는 한편 이를 기반으로 계속 남하하여 남양만에서 영일만에 이르는 지점까지 영토를 넓히게 됨으로써, 장수왕 말년의 고구려는 만주와 한반도에 걸친 광대한 영토를 확보하게 되었다.

고구려는 점령 지역을 관리하기 위하여 전략적 요충지에 성곽을 구축하기 시작하였다. 양주 일대와 아차산 일대의 보루군은 모두 이 시기에 구축한 것들이다. 당시 고구려가 쌓은 성곽은 백제나 신라와 달리 교통로를 따라 이어지는 형태로 배치되었으며, 성곽의 규모도 100~300m 정도의 작은 보루에 지나지 않아 점령 지역에 대한 고구려의 지배가 한시적이었음을 보여주고 있다.

한편 고구려에 밀려 한성에서 웅진으로 천도한 백제는 한강 유역의 회복을 위하여 신라와 동맹을 맺고 고구려에 저항하였다. 551년 돌궐이 고구려 북쪽의 요충지인 신성을 공격한 틈을 타서 신라와 백제의 연합군은 드디어 고구려를 공격하였으며, 보루 중심의 방어시설을 가지고 있었던 고구려는 변변한 저항도 하지 못하고 임진강 이북 지역으로 후퇴하게 된다.

고구려가 임진강으로 후퇴하게 된 것은 임진강·한탄강 유역의 자연지형 때문이다. 이들 강의 양안에는 현무암의 주상절리 현상으로 인하여 높이 15m 이상의 절벽이 형성되어 있어, 천연의 해자와 수직 절벽을 갖춘 방어시설을 제공해주고 있다. 임진강 북안의 여러 곳에 새롭게 국경성을 정비한 고구려는 이후 120여 년간 강을 사이에 두고 신라와 대치하였다. 임진강 북안의 호로고루, 당포성, 무등리 2보루 등은 모두 이 시기에 재정비된 성으로 추정되고 있다.

2) 남한 지역 고구려 성곽의 특징

고구려 성곽은 임진강에서 양주와 한강 유역으로 이어지는 교통로를 따라 일정한 간격을 유지하며 선상으로 밀집 분포되어 있다. 고구려 성곽은 300~500m 거리를 유지하며 배치되어, 작은 규모의 성이지만 군사력이

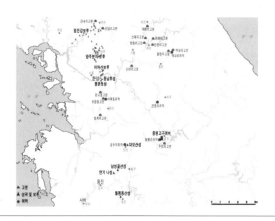

〈그림 2-36〉 남한 지역 고구려 유적 분포도(최종택, 2013, 270쪽)

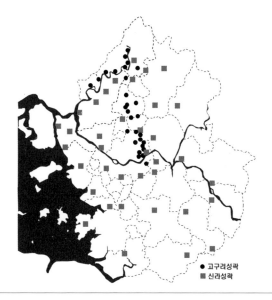

〈그림 2-37〉 경기도 지역 고구려 성곽과 신라 성곽 분포도(심광주, 2008, 353쪽)

분산되지 않고 상호 유기적인 협공이 가능하도록 하였다. 이러한 분포 양상은 행정 구역을 기준으로 일정한 간격을 유지하며 방사상으로 분포되어 있는 신라나 백제의 성곽과는 차이를 보인다.

고구려 성곽은 남과 북을 연결하는 간선 도로 주변에 남쪽으로 넓은 조망권을 가지는 해발 100~200m 정도의 구릉 상에 위치하고 있다. 남한의 고구려 성곽은 둘레 200m 이하가 전체의 60% 이상을 차지할 정도로 소규모로 구축되었다. 이러한 성의 규모는 예성강 이북 지역의 고구려 성이 대부분 1~2*km*인 것과 차이를 보인다.

인력이 부족한 고구려에서는 남쪽

〈그림 2-38〉 목책 개념도(심광주, 2014, 33쪽)

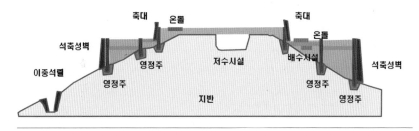

〈그림 2-39〉 구리 시루봉 보루 축조기법 모식도(심광주, 2018, 78쪽)

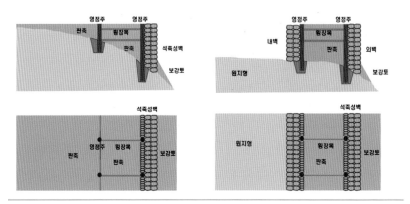

〈그림 2-40〉 토심석축공법 축조 모식도. 좌: 홍련봉 1보루, 우: 홍련봉 2보루 협축 구간(심광주, 2018, 79쪽)

방면에 대해서는 소규모 인력으로 거점을 확보하면서 유사시 기병에 의한 신속한 공격이 가능한 보루 위주의 공격형 방어체제를 구축하였던 것으로 보인다. 따라서 점령 지역에 대한 행정적인 통제보다는 군사 작전을 위한 보급로 확보가 주목적이었을 것으로 추정된다.

남성골산성과 전곡리토성, 호로고루 등에서 확인되는 목책 유구는 2열의 목책열을 특징으로 한다. 내외 목책열의 이격 거리는 3~4m, 목책의 간격은 1.5m 정도다. 목책의 구조는 두 목책열을 연결하여 발판을 만들고 그 위에서 적을 방어하도록 하는 구조였을 것으로 추정되고 있다.

토심석축공법은 축성이 용이한 토성의 장점과 방어력이 높은 석성의

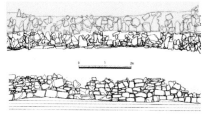

〈그림 2-41〉 겹벽 형태로 구축된 고구려 성벽. 좌: 홍련봉 1보루, 우: 대전 월평동유적

〈그림 2-42〉 습식쌓기의 방법으로 구축된 고구려 성벽. 좌: 홍련봉 1보루, 우: 시루봉 보루

장점을 결합하여 효율성을 극대화시킨 고구려의 독특한 축성술이다. 이 공법은 성벽 내부는 토축으로 하고 내외벽은 석축으로 구축해 축성 입지의 한계를 극복하고 성 내부의 가용 면적을 획기적으로 확장시킬 수 있다는 장점이 있다.

토심석축공법의 주요 작업 공정을 살펴보면 다음과 같다. 성벽 통과선을 결정하고 성 쌓을 터를 정지한다.→성 내외측의 주공열을 조성한다.→직경 20cm 이상의 영정주를 박고, 종장목과 횡장목으로 고정시킨다.→판목을 설치하고 판축공법으로 흙을 쌓아올린다.→성벽을 관통하는 배수로와 집수정, 집수 시설, 건물지 벽체 등 지하 구조물을 성벽과 동시에 설치한다.→외측 영정주 바깥쪽에 비계를 설치하고 점토 모르타르를 충진하면서 얇은 석축 성벽을 쌓아올려 마감한다.→비계를 제거하고 석축 성벽의 일정한 높이까지 점토로 보강한다.

토심석축공법은 얇은 석축부에도 불구하고 토축부의 압력을 견뎌내고 성벽이 무너지지 않도록 하는 것이 핵심 기술이었다. 그것은 영정주를 구조체로 활용하는 것으로서 영정주를 깊게 박고 횡장목과 종장목으로 고정시킨 후, 판축공법으로 토축부를 조성하는 방법이다.

토심석축 성벽은 넓은 토축부에 얇은 석축부를 덧붙여 쌓아 겹벽 형태로 조성되는 것을 특징으로 하고 있다. 평지성이나 석축부를 보다 튼튼하게 구축할 필요가 있을 때에는 일정한 간격으로 나무 기둥을 세우고 그 사이를 돌로 쌓아 내벽부를 조성했다. 이 경우 중간벽에서는 대성산성이나 당포성, 호로고루 성벽처럼 기둥홈이 확인된다.

고구려는 일찍부터 석재 가공 기술이 발달하여 현무암이나 화강암 등 단단한 암석도 사각추형으로 가공하여 성을 쌓는 것을 특징으로 하고 있다. 남한 지역의 고구려 성에는 가공된 성돌도 있지만 가공되지 않은 할석도 사용되었다. 또한 토축부와 석축부가 분리되지 않도록 점토를 성돌 사이사이에 충전하면서 습식쌓기를 하였음이 확인된다.

토심석축공법의 특성상 성벽은 물론 성내의 배수구와 도수로 등 배수 시스템이 집수 시설, 건물지 벽체 축대, 계단 등 성 내부의 시설과 유기적으로 구축되어야만 한다. 따라서 성곽 축성을 설계하고 공정을 감독하는 고구려의 장인들은 매우 수준 높은 토목기술을 갖추고 있었다는 것을 알 수 있다.

3. 한성기의 백제 성곽

1) 시대적 배경 및 축성

한성기의 백제 성 중에는 책(柵)이 많은 비중을 차지하고 있다. 『삼국사기』에서 명칭이 등장하는 34개의 성 중에서 병산책, 구천책, 청목령책, 탄현책 등 8개소의 책이 등장할 정도다. 한산하 입책이 위례성으로, 독산책이 독산성으로, 청목령책이 청목령성으로, 웅천책이 웅천성으로 바뀌는 것으로 보아 초기의 책이 후에 성으로 개축된 것으로 추정된다.

한성기 축성기법은 한성백제의 도성으로 추정되고 있는 풍납토성과 몽촌토성을 통하여 잘 알 수 있다. 발굴 조사 결과 풍납토성과 몽촌토성은 모두 판축 토성이며, 성곽의 규모와 축조기법을 볼 때 백제는 중국 남조와의 교류를 통하여 일찍부터 발달된 토성 축성기술을 갖추고 있었음을 알 수 있다. 한성백제의 산성 역시 토성이 주류를 이루고 있다.

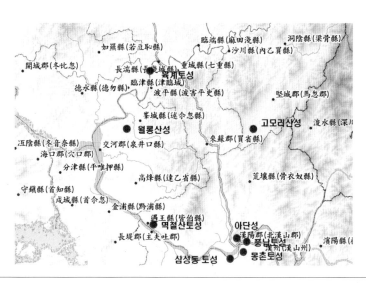

〈그림 2-43〉 한성백제 시기의 백제 성곽 분포도

2) 한성기 백제 성곽의 특징

한성백제의 축성기법은 토성 축성법이 핵심 기술이다. 도성으로 추정되는 풍납토성과 몽촌토성도 토성으로 구축되었고, 발굴 조사가 이루어진 주요 산성들도 토성으로 구축되었음이 확인되었다. 포천 고모리산성이나 파주 월롱산성, 의왕 모락산성 등의 백제 성에서는 일부 석축도 확인되지만 모두 가공하지 않은 할석으로 토성을 보강한 형태임을 알 수 있다.

백제 성의 입지는 대체로 평지나 완경사 구릉지에 위치하고 있다. 도성의 규모는 3㎞ 내외이며, 산성의 경우는 둘레 300m의 보루부터 2.3㎞의 대형 성곽까지 입지와 기능에 따라 다양한 규모였음을 알 수 있다.

성벽을 쌓을 지반은 일부러 울퉁불퉁하게 하거나 계단상으로 정지하여 지반과 성벽의 마찰력을 높였다. 또한 성벽의 길이 방향으로 길게 도랑을 파거나 성벽의 내외측에 흙으로 토제를 쌓아 성벽이 미끄러지지 않도록 하였다.

〈그림 2-44〉 백제 성곽에서 확인되는 석축

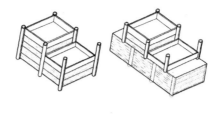

〈그림 2-45〉 화성 소근산성 　　　　〈그림 2-46〉 판축 구조물 모식도(이혁희, 2013, 207쪽)

　성벽은 후대의 판축공법과 달리 여러 번의 공정에 의하여 구축되었다. 축조 공정은 풍납토성이나 소근산성, 망이산성처럼 중심에서 내외측으로 덧붙여가는 방법과, 길성리토성이나 증평 이성산성처럼 내측이나 외측에서부터 성벽을 덧붙여나가는 방식이다. 성질이 다른 흙을 교호성토하였으며, 중심 토루와 외피 토루 간의 경계가 없거나 모호하다는 것이 특징이다.

　백제 토성의 내부에서 확인되는 축조 공정과 관련된 흔적은 목주와 석열, 기조라 불리는 구상 시설 등이다. 목주는 부분적인 판축 공정과 관련된 것이고, 석열은 성벽의 작업 구간을 구획하는 기능을 하였으며, 구상 시설은 성벽이 움직이지 않도록 잡아주는 역할을 하였을 것으로 추정된다.

　백제 토성의 최대 특징 중의 하나가 부엽공법(敷葉工法)이다. 이는 토루나 제방의 하단에 식물 유기체를 깔아 지반을 단단하게 하는 성토 방법이다. 잎이 붙어 있는 나뭇가지를 깔면서 성토하는 방법은 동아시아의 고대 유적에서 공통적으로 확인되는 공법으로 풍납토성과 부여 나성, 울산 약사동제방유적에서 확인되었다.

　토성을 포함한 토축 구조물은 중력의 영향을 받아 안식각을 넘어서는 경우 계속 붕괴되기 때문에 일정한 경사각 이상으로 쌓을 수가 없다. 따

〈그림 2-47〉 풍납토성의 기저부 부엽층   〈그림 2-48〉 화성 길성리토성 상부의 목책

라서 토성의 방어력을 보강하기 위해서 토성의 상부나 가장자리에 목책을 추가로 설치하는 경우가 있다.

성벽의 중심부에서부터 판축공법을 이용하여 성벽을 구축하는 경우 후대의 판축 토성처럼 한꺼번에 중심 토루를 쌓는 것이 아니라 여러 번의 판축 공정을 통하여 성벽을 구축하였음이 확인된다. 따라서 토성의 축조 방법도 단순 성토에서 복수의 판축 공정을 거쳐 일체화된 판축 공정으로 발전하였음을 알 수 있다.

한성백제의 토성들은 풍납토성과 몽촌토성에만 적용되었던 판축 기술이 지방으로 확산되어 증평 이성산성 북성을 필두로 본격적인 판축 토성으로 변화되는 양상을 보여주고 있다. 그러나 한성백제의 판축공법은 후대의 판축공법과 달리 중심 토루를 한꺼번에 조성할 정도의 기술에는 이르지 못하였던 것으로 추정되고 있다.

또한 한성기에는 단단한 돌을 잘라내어 가공하는 기술에 이르지는 못하였던 것으로 추정된다. 풍납토성의 내벽을 마감한 석축 상태를 보면 할석이나 강돌을 포개놓았으며, 도성 내의 배수 시설에도 강돌이 사용되었고 건물지에서도 가공된 장대석은 전혀 확인되지 않는다. 또한 석촌동 적석총에 사용된 석재를 보면 잘라내기 쉬운 운모편암류가 사용되었고 2차 가공은 거의 이루어지지 않았음을 고려할 때, 한성기에 가공된 석재

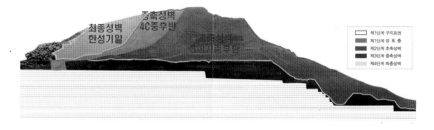

〈그림 2-49〉 풍납토성의 단계별 축성 과정(국립문화재연구소, 2014, 72쪽)

〈그림 2-50〉 증평 이성산성 성벽 단면

〈그림 2-51〉 석촌동 적석총에 사용된 석재

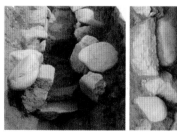

〈그림 2-52〉 풍납토성 배수로에 사용된 자연석

〈그림 2-53〉 석회가 포함된 것으로 보고된 몽촌토성(몽촌토성발굴조사단, 1984, 109쪽)

로 축조하는 것은 어려웠을 것으로 보인다.

반면 석회 콘크리트 공법의 도입 가능성이 있다. 『삼국사기』 개로왕조를 보면 개로왕은 고구려의 승려 도림의 꼬임에 빠져 대규모 토목공사를 벌이게 된다. 당시 그가 벌인 한성 재정비 사업의 내용은 다음과 같다.

— 증토축성(烝土築城: 흙을 쪄서 성을 쌓음)하여 도성 수축
— 화려한 도성 건축물 축조
— 거대한 석축 고분 조성
— 한강 제방 축조(삼성동~하남시)

'흙을 쪄서 성을 쌓았다'는 것이 무슨 뜻일까? 지금까지는 이것을 견고하게 판축하여 쌓은 성으로 이해하는 것이 일반적이었지만 앞에서 살펴보았던 흉노족의 통만성을 고려할 때, 석회에 모래와 황토를 섞은 강회로 판축하여 만든 성으로 추정된다. 따라서 개로왕대에 한성을 수축하는 과정에서도 강회가 사용되었을 가능성이 제기된 것이다.

1984년 한성백제의 도성 중 남성인 몽촌토성 성벽을 발굴하는 과정에서 석회가 포함된 층이 있음이 확인되었는데, 추후의 발굴 조사를 통하

여 이것이 사실로 밝혀지게 되면, 생석회 생산 기술과 생석회를 소화시켜 모래와 황토를 섞어 경화시키는 기술이 개로왕대에 도입되었음을 확증할 수 있게 될 것으로 예상된다.

4. 웅진·사비기의 백제 성곽

1) 시대적 배경 및 축성 양상

웅진·사비 시기 백제의 축성기법을 정확하게 파악한다는 것은 현실적으로 매우 어렵다. 웅진·사비 시기의 백제는 475년부터 660년이라는 제한된 시간 속에 머물러 있지만, 성곽이 위치하는 곳은 군사적 요충지였으므로 후대에도 계속 사용되었기 때문이다. 실제로 삼국통일 이후 많은 수의 백제 성곽은 새로 수축되거나 개축되어 원형이 그대로 남아 있는 백제 성곽을 찾아보기 어려운 실정이다.

백제가 한성에 도읍을 하던 시기에 만들어진 웅진성은 백제의 전통적 축성기법에 따라 토성으로 구축되었을 것이다. 538년 백제는 사비로 천도하게 되는데 이때 왕궁을 보호하기 위한 방어성으로 축조된 것이 부소산성이다. 부소산성 축성에는 한성기의 축성기법과 달리 발달된 판축공법과 함께 외벽을 석축으로 마감하는 새로운 축성기법이 반영되었음을 알 수 있다. 백제의 토심석축공법은 고구려로부터 영향을

〈그림 2-54〉 부여 부소산성과 나성 추정도(부여군 문화재보존센터, 2013, 9쪽)

받은 것으로 추정된다.

사비기에는 지방이나 접경 지역에도 토심석축성이나 석축성이 등장한다. 석축성의 규모는 크지 않으며, 산정부에 테뫼식으로 구축되었고 개거식 성문과 가공하지 않은 할석으로 쌓은 협축식 성벽을 특징으로 한다.

〈그림 2-55〉 판축공법으로 축성된 부여 부소산성 체성벽

사비기 백제의 축성기법은 일본에 남아 있는 '조선식 산성'을 통해 확인할 수 있다. 백제 유민들의 기술 지도로 축성되었을 것으로 추정되는 조선식 산성으로는 판축 토성과 기단 석열이 있는 토성, 토심석축성 등이 있다.

2) 웅진·사비 시기 백제 성곽의 특징

도성은 국가의 상징이었으므로 어느 시기나 당대 최고 수준의 기술은 도성 축성에 먼저 사용되었다. 사비기의 가장 중요한 산성인 부소산성과 웅진기의 왕성인 공산성이 모두 토성이라는 것은 백제의 핵심 축성기술이 토성에 기반을 두고 있었다는 것을 말해준다.

이 시기에는 전형적인 판축공법이 등장하게 된다. 목주를 세우고 틀을 짜서 흙으로 다짐하는 판축공법은 한성백제 시기부터 등장하지만, 판축공법이 적용된 성곽은 일부에 지나지 않는다. 그러나 웅진기와 사비기에 이르면 판축공법이 지방으로까지 확산되며, 특히 영정주와 횡장목, 종장목이 사용되는 전형적인 판축공법이 등장하게 된다.

부소산성에서 확인되는 토성 축성기법을 보면 중심 토루 조성을 위하여 360cm 너비로 2열의 영정주를 세웠는데, 영정주의 간격은 125~130cm

〈그림 2-56〉 횡장목과 종장목의 흔적이 확인되는 부여 부소산성 판축 성벽

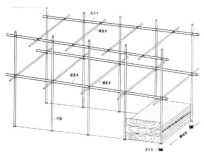

〈그림 2-57〉 부여 부소산성 판축공법 모식도(최맹식, 2000, 173쪽)

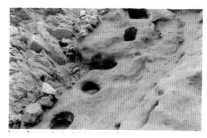

〈그림 2-58〉 부여 부소산성의 영정주공 노출 상태

〈그림 2-59〉 토심석축공법으로 구축된 부여 부소산성 치 구간 성벽

로 매우 조밀하게 배치하였다는 것이 특징이다. 이러한 영정주의 간격은 통일신라시대에 이르면 330~380cm로 넓어지게 되어 토성 축조 시기를 추정하는 기준이 되기도 한다.

토성벽은 판축공법으로 중심 토루를 먼저 조성하고 난 이후 내피 토루와 외피 토루를 덧붙여 중심 토루가 붕괴되지 않도록 하였다. 이때 덧붙여 쌓는 토루의 축성 방법은 안식각의 범위를 넘지 않고 경사면을 유지하도록 하였으므로 중심 토루와는 축조 방법이 달랐을 것으로 추정되고 있다.

한편 고구려의 영향으로 토심석축공법이 새롭게 등장하는 점도 특징적이다. 부소산성의 북문 구간과 남문 구간에서 판축공법으로 토축부를

〈그림 2-60〉 부여 부소산성 북문지 구간 석축 성벽(좌)과 청주 학천산성 석축 성벽(우)

조성하고 외벽부를 석축으로 마감하여 쌓는 '토심석축공법'이 확인된다. 전체 구간을 동일한 공법으로 쌓지 않고 일부 구간만을 석축으로 마감한 것은 이러한 토심석축공법이 부소산성에 처음으로 적용되었을 가능성을 보여주는 것으로 추정되기도 한다. 성흥산성과 부여 나성, 정읍 고사부리성, 청주 부모산 제1보루와 학천산성도 토심석축공법으로 축조되었음이 확인되어 사비기에는 토심석축공법이 새로운 축성법으로 확산되었음을 알 수 있다.

백제 석축 산성은 가공하지 않은 할석을 특징으로 한다. 증평 이성산성 문구부의 석축, 부소산성의 북문지 구간과 남문지 구간의 석축, 청주 부모산 일대의 보루, 순천 검단산성과 여수 고락산성 역시 가공하지 않은 할석을 성돌로 사용하였다. 부여 나성과 성흥산성의 경우 화강암을 정교하게 가공한 성돌이 확인되었는데, 그 가공 수법이 부소산성의 통일신라 시기 성벽과 동일하므로 통일신라 시기 이후에 개축된 성벽일 가능성이 있다.

사비기에는 토성과 토심석축 성벽 외에 전면 협축식 석축성도 등장하게 된다. 구릉의 정상부에 테뫼식으로 구축되는 석축 성곽은 가공하지 않은 할석을 사용하였으며, 돌 틈 사이에 점토를 채워 넣어 물이 스며들지 않도록 습식으로 성벽을 쌓았다. 문구부는 개거식으로 구축하였으며, 모서리 부분은 곡면 처리를 한 것이 특징이다. 내벽부의 지상 노출 여부와 성문의 형태, 성돌의 가공 방식에서 6~7세기 신라 성과 명확하게 차이점이 확인된다. 사비도성의 남서 방향에서 진입하는 적을 방어하기 위하여 쌓은 것으로 보이는 석성산성에서 이러한 특징들이 잘 확인되고 있다.

사비기 백제 성곽은 중심성과 몇몇 군현성을 제외하면 대부분 소규모 테뫼식 산성이라는 특징이 있다. 성곽의 규모는 대체로 300~800m 정도를 유지하고 있음이 확인된다. 그중 500~800m 정도 규모의 성들은 군현성이며, 300~500m 정도 규모의 작은 성들은 전략적 요충지에 구축되었던 방어용 성이었던 것으로 추정되고 있다.

명칭	둘레	해발	명칭	둘레	해발
백치성	444m	207m	검단산성	430m	138m
독치성	500m	212m	전동산성	680m	272m
고락산성	354m	200m	명봉산성	736m	245m
척산산성	264m	100m	마로산성	550m	209m
선원동산성	474m	135m	불암산성	500m	195m
남양리산성	530m	167m	합미산성	370m	218m

〈표 2-2〉 전남 동부 지역 백제 산성의 규모

신라와 백제의 국경 지역 주변에는 산줄기의 봉우리마다 작은 보루들이 밀집 배치되어 있는 것이 특징이다. 최근 조사가 이루어진 청주 부모산 일대의 보루군을 보면 부모산 정상부를 중심으로 200~300m 거리를 유지하며 봉우리마다 100~300m 규모의 작은 보루들이 밀집 분포되어 있음이 확인된다.

백제의 축성기법은 일본의 규슈 지역과 세토나이해 지역에 남아 있는 '조선식 산성'에서 확인된다. 백제의 멸망 이후 약 10여만 명에 달하는 백

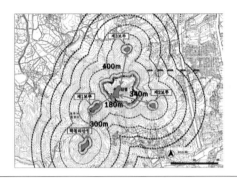

〈그림 2-61〉 청주 부모산성과 부보산 일대 보루성의 위치도(심광주, 2013, 70쪽)

〈그림 2-62〉 토성으로 구축된 일본 고쇼카타니산성

〈그림 2-63〉 토심석축공법으로 구축된 고쇼카타니산성의 중문 구간

제인들이 일본으로 망명하였다. 나당연합군의 침입을 우려한 왜는 백제 유민들의 축성기술을 바탕으로 규슈 지역과 세토내해 지역에 산성을 쌓았다. '조선식 산성'으로 불리는 이 산성들은 판축공법을 이용한 토성, 기단 석열이 있는 토성, 체성부는 토축을 하고 외벽은 얇은 석축으로 마감하는 '토심석축공법'으로 쌓은 성곽으로, 사비기 백제의 축성기법을 유추할 수 있게 해준다.

공산성을 둘러싼 의문들

공산성(사적 제12호)은 금강 남안에 위치한 표고 110m의 공산에 위치한 산성으로서 공주시 금성동과 산성동에 걸쳐 있다. 자연지형을 이용하여 축조한 포곡식 산성으로서 전체 형태는 서북-동남 방향이 장축을 이루는 부정형이다. 성벽의 전체 길이는 2,660m로 그중 외성으로 불리는 동남부 토성은 467m이다.

성 내부에는 여러 개의 봉우리와 그 위의 평탄지가 분포한다. 동북부에는 영은사가 위치하며 주변에서는 연지[지당]와 저장혈이 발견되었다. 금강에 면한 저지대에는 공북루라는 누각이 있는데 성 내부에서 가장 낮은 곳이다. 성의 남측에 해당되는 쌍수정 일대는 성내에서 가장 넓은 평탄지를 이루는데 유력한 왕궁지 후보이다. 쌍수정과 동남 모서리의 광복루 사이에서는 임류각으로 추정되는 건물터, 그리고 많은 수의 통일신라 건물이 발견되었다.

이 성이 웅진기의 왕성이란 점에는 이견이 없으나 구체적인 축조 시점, 왕이 거처하던 왕궁의 위치, 공산성을 보호하는 나성의 존재 여부 등에 대해서는 다양한 견해가 제기된 상태이다. 성왕대에 현재의 부여[사비]로 천도한 이후에도 공산성의 중요성은 여전하여서 북방성으로서 지역 거점 역할을 했고, 나당연합군에 의해 660년 사비도성이 함락되었을 때 의자왕이 피신한 곳이기도 하다. 백제 왕실의 입장에서는 공산성을 방어를 위한 최적의 장소로 여겼던 것 같다. 그러나 부하였던 예식진이 의자왕을 겁박하여 소정방에게 항복시킴으로써 일단 백제는 멸망하였다. 이후 곳곳에서

부흥 운동이 전개되자 당은 이를 진압하기 위하여 대규모 군대를 주둔시키며 백제 고지에 대한 통제권을 강화하려 하였다. 그 결과 5개의 도독부가 설치되었는데 그중 웅진도독부는 공산성에 자리 잡았다.

신라가 당나라의 세력을 몰아낸 후 685년 전국을 9주로 나누면서 공주를 중심으로 한 충청 일대는 웅천주가 되었다. 웅천주의 중심 치소인 웅천성은 바로 공산성이다. 신라 말인 헌덕왕 14년(822) 웅천주도독 김헌창은 785년 원성왕이 즉위하는 과정에서 자신의 아버지인 김주원이 왕위에 오르지 못하고 무열왕 직계인 자신들이 계속 수세에 몰리자 반란을 일으켰다. 반란 세력은 매우 커서 현재의 충청도 일대는 물론이고 북으로 경기 일부, 남으로 호남과 경상 일부에 미치게 되었는데, 이 반란의 거점이 웅진성, 즉 공산성으로 추정된다. 중앙에서 파견된 진압군에 맞서 공주에서 최후의 결전을 벌인 김헌창은 마침내 자결하고 반란은 진압되었다. 이 과정에서 공주 지역의 많은 주민들이 피해를 보았을 것이고 공산성과 송산리고분군도 무사하지 못하였을 것이다.

고려시대에 들어와 웅천주가 공주로 바뀌면서 웅천성 혹은 웅진성으로 불리던 이 성의 이름도 비로소 공주산성, 공산석성, 공산산성으로 바뀌게 되었다. 고려와 조선시대를 거치면서도 공산성의 중요성은 줄지 않아서 계속하여 중요한 지배 거점으로 사용되었다. 인조는 이괄의 난을 피하여 공산성으로 피난하였고 이때 새롭게 쌍수산성이란 이름도 생기게 되었다. 조선시대에는 감영이 설치되면서 석축 성벽이 축조, 정비되어 현재의 외관을 갖추게 되었다.

일제강점기에 공주에서 활동하며 백제 관련 문화재 조사와 수집에 몰두하던 가루베 지온이란 인물은 공주에도 부여와 마찬가지로 나성이 있는 것으로 보았다. 그러나 그가 추정한 나성 성벽의 위치는 실제 지형 조건을 고려할 때 성립하기 어려운 부분이 많았고 해방 이후 지속적인 조사 결과 나성은 존재하지 않았던 것으로 판명되었다.

사비기에도 부여 시내를 완전히 감싼 나성이 존재하지 않았음을 고려하면 그보다 앞선 웅진기 63년 동안, 그것도 한성이 함락되고 한강 유역을 상실한 비상시국에 정연한 나성을 축조할 여유는 없었을 것이다.

하지만 왕족의 공동묘역인 송산리고분군, 빈전으로 추정되는 정지산유적이 공산성과 일정한 거리를 두고 떨어져 있으며 그 사이에 제민천이 흐르면서 자연적인 경계를 이루고 있는 점을 고려하면 왕성 구역과 왕릉 구역에 대한 경계 의식은 분명하였던 것 같다. 백성들이 거주하는 공간은 제민천 주변의 평지나 나지막한 구릉 지대였을 것이다. 478년(삼근왕 2) 반란을 일으킨 연신(燕信)의 처자를 웅진시(熊津市)에서 처형한 사실, 498년(동성왕 20)에 웅진교를 가설한 사실을 볼 때 평지에 대한 정비가 이루어졌음을 보여준다. 『삼국유사』에 의하면 529년 대통사가 세워지는데 그 위치는 제민천 주변 현재의 반죽동 일대로 추정된다. 범람하던 제민천에 대한 통제가 일단락되었음을 보여준다.

공산성에 대한 발굴 조사가 시작된 것은 1980년이었다. 만아루터에 대한 조사 결과 다듬은 돌로 쌓은 축대가 확인되었으며, 장

대지, 동문지가 조사되었으나 모두 조선시대의 것으로 판명되었다. 다만 "流"라는 글자가 새겨져서 사서에 나오는 임류각의 실체가 확인된 것은 큰 성과였다. 이후 1993년까지 거의 매년 발굴 조사가 진행되면서 성 내부 곳곳에 대한 정보가 축적되었다. 1985~1986년 조사에서는 왕궁으로 추정되는 건물지가 확인되었고 1988년에는 백제 시기에 축조한 것으로 추정되는 토성이, 1989~1990년 조사에서는 백제 토기와 연화문 와당, 그리고 초석 건물과 지상 건물이 발견되었다. 1991년에는 저장고, 1992년에는 지당이 확인되었다.

이렇게 장기간에 걸쳐 여러 유적이 조사되고 많은 성과를 올렸지만 아쉬운 점도 있었다. 그것은 재론의 여지가 없는 분명한 왕궁의 존재를 확인하지 못하였다는 점이다. 그 결과 웅진기의 왕궁의 위치에 대해서 공산성 외부로 보는 견해와 내부로 보는 견해로 나뉘게 되었다.

공산성 외부에서 왕궁을 찾으려는 견해는 일단 공산성 남쪽의 기슭을 주목하였다. 공산성 내부와 달리 넓은 평탄지를 이루고 있으며 대형 건물에 사용되었을 만한 방형 초석 2개가 발견되었기 때문이다. 게다가 산성의 남쪽으로 펼쳐진 나지막한 구릉이란 입지는 사비기 부소산성과 관북리의 경우와 동일하다. 즉, 후원적인 성격을 띤 산성과 그 남쪽 경사면의 왕궁이란 도식을 세울 만한 조건이다. 그러나 초석 2개를 제외하면 이 지점에서 백제 왕궁의 흔적을 더 이상 추적하기는 어려웠다.

공산성 내부에 왕궁이 있었을 것으로 보는 견해는 『삼국사기』

동성왕조의 기사에서 출발한다. 동성왕 13년(491) 여름에 웅천의 물이 넘쳐 왕도 200여 채의 집이 물에 잠겼고, 같은 왕 19년(497) 여름에도 큰비가 내려 백성들의 집이 떠내려가고 무너졌다고 한다. 하지만 왕궁이 피해를 입은 상황은 전혀 기록되어 있지 않다. 물론 기록이 누락되어서 그럴 수도 있겠으나 일단 왕궁이 저지대에 있지는 않았을 것이란 예상을 할 수 있다.

그럴 경우 공산성 내부에 위치한 해발 100m 정도의 산봉우리 두 개 중에서 서쪽에 해당되는 약 7,000m^2 정도 되는 쌍수정 앞의 평지가 주목된다. 이곳은 공산성 내부에서 주위를 조망할 때 가장 유리한 곳이며 1985~1986년에 진행된 발굴 조사에서 중요한 증거가 확보되었다. 발견된 시설물은 건물과 부속 시설이었는데 동서 길이가 30m가 넘는 대형 벽주 건물과 여러 동의 지상 건물지, 연못과 저장 시설이었다. 그런데 이곳의 건물들은 서로 중복되고 방향이 엇갈려서 계획적인 설계와는 다소 거리가 있다. 이런 이유로 이곳을 왕궁터로 보기 어렵다는 견해가 제기되는 것이다.

공산성 내부에서는 기와, 동경 등 많은 유물이 출토되었는데 가장 중요한 유물은 "流"자가 새겨진 기와 조각이었다. 비록 완전한 형태가 아니라 깨진 조각에 불과하였지만 왕궁의 위치를 추정할 수 있는 실마리를 제공하였다는 점에서 그 의미는 매우 컸다. 『삼국사기』에 의하면 동성왕 22년(500)에 임류각을 왕궁의 동쪽에 세웠는데 높이가 5장(丈)이었다고 한다. 불완전하게 "流"만 남아 있는 기와였지만 위아래에 "臨", "閣"자가 새겨져 있었을 가능성을 고려하면 이 기와가 나온 지점이 임류각이 되고 이 지점의 서편이 왕궁이 될 가능성이 높아진다.

공산성의 축조 시기에 대해서는 대략 3가지의 견해가 있다.

우선, 475년 천도 이전에 이미 공산성의 축조가 완료되었다는 설이다. 그다음은 천도 이전에는 공산성 내부 동편의 광복루를 중심으로 소규모의 테뫼식 산성만 있다가 천도 후 현재의 형태로 확장되었다는 주장이다. 마지막으로 천도 이후에야 비로소 축조가 시작되었다는 주장이다.

이 문제를 해명할 실마리는 몇 가지가 있다. 우선 성왕 4년(526)에 웅진성을 수리하였다는 『삼국사기』의 기록이다. 웅진성은 공산성을 가리키므로 526년에 공산성에 대한 대대적인 수리가 이루어졌고, 그렇다면 처음 쌓은 시기는 이보다 수십 년은 오래되었을 것이다.

공산성 동남부의 토성 구간을 조사할 당시 장란형 토기를 이용한 옹관이 발견되었다. 공산성 중에서 가장 시기가 올라갈 것으로 여겨지는 광복루 주변 동남부의 토성 성벽 아래에서 출토된 이 토기의 연대는 공산성 축조 시점보다 먼저가 된다. 즉, 공산성은 이 토기 연대보다 후에 축조된 것이다. 문제는 이 토기의 연대에 대한 의견이 통일되지 않고 있다는 것이다.

2013년에 이루어진 동남부 성벽에 대한 절개 조사에서 그 구조가 일부 확인되었는데 기저부와 외벽은 돌로 쌓고(4~5단 잔존), 내부는 판축한 양상을 보였다. 이러한 축조 공법은 공산성의 다른 곳에서 발견된 공법과 동일하고 사비기의 나성 축조기법과도 상통한다. 따라서 동남부의 성벽만 이른 시기에 완성되었다고 보기도 어려워진 셈이다.

21세기에 들어와서는 성안마을에서 많은 자료와 정보가 발견되고 있다. 성안마을이라 불리는 곳은 공산성의 북편에 해당되며 금강을 마주보고 있으며 남측의 고지대에서 흘러내리는 경사면에 해당한다. 전체 면적은 약 40,000㎡ 정도로서 공산성 내에서는 가장 넓은 곳인데 총 3,300㎡에 대한 발굴 조사가 진행되었다. 이 지역은 계곡을 따라 성 내부의 물이 모이는 저습한 곳이며, 금강에서 내부가 들여다보이는 점, 평탄하지 않고 경사진 점 등 때문에 입지에 불리한 편이다.

2005년도 시굴 조사에서는 현재의 지표면 2~4m 아래에 조선시대 문화층이, 5~7m 깊이부터 백제 문화층이 존재함을 확인하였다. 퇴적 양상을 확인한 후 2008년부터 본격적인 발굴 조사가 실시되어 많은 사실이 확인되었다. 우선 경사면과 저지대라는 지형적 불리함을 극복하기 위하여 대규모 토목공사를 실시한 점이다. 경사면을 계단식으로 깎아내고 축대를 쌓거나 낮은 곳은 흙으로 메우는 대지의 조성 등이 확인되었다. 이런 토목기술은 중국 길림성 집안시에 있는 고구려의 환도산성에서도 확인되며 사비기의 왕성 중의 하나인 익산 왕궁리성에서도 확인된다.

석축한 축대를 활용하여 대지를 조성하고 그 위에 웅진기~사비기에 걸친 수혈 건물지, 지상 건물지, 벽주 건물지, 석축 기단 건물지를 배치하였다. 자연적으로 흐르는 물은 인공적인 물길을 내어 배수되도록 하였고, 도랑은 도로와 결합되어 측구의 형태로 설치되기도 하였다. 또한 정연하게 설치된 도로는 서문인 금서루 쪽으로 연결되어 있었다. 도로를 기준으로 성안마을 내 공간이 구획된 양상이다.

인공적인 저수 시설, 석축 연못, 목곽고[창고]도 여럿 발견되었고 각종 백제 토기와 중국 자기, 시유 도기, 연화문 와당, 말안장에 장착하는 철제 기꽂이, 조개껍질과 탄화미 등 귀족들의 삶을 보여줄 만한 유물들도 많이 출토되었다. 특히 "대통사(大通寺)"라는 글자를 바닥에 새긴 벼루, "왕(王)"자를 새긴 인각와, "정관(貞觀)"이란 글자를 쓴 가죽 찰갑은 많은 논란을 일으킨 중요 유물이었다.

성안마을은 대규모 토목공사의 실시, 정연한 도로와 많은 건물의 존재 등을 고려할 때 공산성 내에서 중요한 공간이었음이 분명하다. 다만 저습하고 방어에 불리한 입지 조건을 고려하면 왕궁이 위치하기에는 부적절해 보인다. 아울러 본격적인 초석 건물을 보이지 않았고 대부분 벽주 건물이었다. 따라서 왕궁 자체보다는 그 부속 시설, 혹은 관청 등의 공공 시설물이 밀집한 공간일 가능성이 있다. 특히 벼루가 많이 출토된 점은 이곳에 문자를 사용하는 관리들이 집중적으로 근무하였음을 보여준다.

가용 면적이 비교적 협소한 공산성 내부에서 왕궁과 관청의 배치가 평지성처럼 정연하게 이루어지기는 어려웠을 것이다. 공산성이 한성의 함락 이후 급하게 운영된 임시 도성임을 고려하면 이러한 불리함을 극복하기 위한 새로운 도성의 조영은 당시 백제 지배층의 최대 숙제 중 하나였을 것이다.

나성

나성은 사비도성 전체를 외적으로부터 보호하는 기능, 그리고 왕경의 주민과 지방민을 구분하는 기능을 하도록 설계된 외곽성이다. 동아시아 도성제의 발전에서 도성 전체를 외곽성으로 두르는 발상은 중국 북위의 낙양성이 최초인데, 사비도성도 매우 이른 축에 속하여서 고구려의 평양성보다도 앞선다. 백제 문화에 큰 영향을 끼친 남조의 도성인 남경에서도 본격적인 외곽성의 존재는 분명치 않다.

사비 나성은 중국의 영향이 있기는 하지만 근본적인 차이점이 있다. 중국의 경우는 방형의 평면을 기본으로 삼는 데 비하여 사비 나성은 자연적인 산과 구릉을 최대한 활용하여 반달 모양을 띠고 있다는 점이다. 과거에는 나성이 부여 시가지를 완전히 감싸고 도는 것으로 이해하였으나 서편과 남편에 대한 발굴 조사 결과 인공적인 성벽의 흔적이 발견되지 않아 그렇지 않음을 알 수 있었다. 조선시대에 작성된 『신증동국여지승람』에서도 보름달이 아니라 반달처럼 생겼다고 표현하고 있어서 발굴 조사 결과와 부합된다.

확실한 나성의 성벽은 부소산성 동쪽에서 시작되어 동편의 청산성을 거쳐 사비도성의 북쪽을 방어하고 남으로 꺾여서 동쪽을 방어하게끔 설계되었다. 서쪽과 남쪽은 금강이 자연적인 해자의 역할을 하고 자연 제방, 소택지가 분포하여 자연적인 방어망이 형성되었기 때문에 굳이 인공적인 성을 쌓지 않았던 것 같다. 북나성의 길이는 약 1㎞, 동나성의 길이는 약 5.6㎞로서 총 연장 6.6㎞에 달한다. 나성의 바깥으로는 청마산성, 석성산성, 가림성, 증산성 등의 산성이 위성처럼 배치되어 이중의 방어망을 형성하였다.

나성에 대한 발굴 조사는 1991년부터 시작되어 지금도 간헐적으로 조사가 진행되고 있다. 그 결과 시기가 올라가는 유물들이 출토되어 주목된다. 북나성 구간에 해당되는 청산성에서는 한성기로 소급될 만한 토기가 출토되었으며 무령왕릉에 사용된 것과 같은 연화문 전돌도 발견되었다. 따라서 나성의 축조가 시작된 시점이 538년보다 이르다는 사실은 분명해 보인다. 다만 최종적으로 완성된 시점이 웅진기인지 사비기인지는 분명하게 확인되지 않는다. 워낙 거대한 구조물이기 때문에 구간별로 완공 시기가 다를 수 있기 때문이다. 다만 성왕을 비롯한 사비기 왕과 왕족들이 묻혀 있는 능산리고분군, 그들을 추도하는 원찰인 능사가 경외매장(京外埋葬)의 원칙을 준수하여 나성의 바로 바깥에 배치된 점을 고려하면 사비에 묻힌 첫 번째 왕인 성왕의 죽음 시기, 즉 554년 이전에는 나성 전체가 완성되었다고 보아야 할 것이다.

나성의 외형은 석성과 같으나 내부는 흙으로 채워져 있는 구조란 점도 밝혀졌다. 최근의 발굴 조사에서 글자를 새긴 돌이 속속 발견되고 있다. 그 내용은 부토(扶土), 궁토(弓土) 등 단편적이어서 의미가 분명치 않지만 지명, 혹은 축조자나 집단과 관련된 것으로 보인다. 고구려와 신라에서도 이와 유사한 사례가 있기 때문에 비교 검토가 필요하다.

나성은 워낙 긴 거리에 걸쳐 있기 때문에, 언덕을 지날 때의 공법과 저습지의 공법이 다르다는 점도 밝혀졌다. 구릉부는 기본적으로 판축공법을 활용했고 바깥쪽 겉면에 높이 2m 이상 되게 다듬은 돌을 쌓아서 강도를 높였던 것이다. 반면 저습한 구간을 통과할 때에는 연약한 지반을 강화하기 위한 무리말뚝공법과 부엽공법이 활용되었음이 확인되었다.

5. 신라 초기의 성곽

1) 시대적 배경 및 축성 양상

『삼국사기』에는 신라가 시조 혁거세왕 때부터 성곽을 구축한 것으로 기록되어 있지만 신라와 가야가 성장한 영남 지역에서의 토성의 축조는 백제에 비하여 늦은 것으로 나타나고 있다. 이 지역에서 비교적 이른 시기의 토성으로는 경주 월성, 대구 달성, 경산 임당동 토성 등이 알려져 있지만 대체로 4세기 중엽 이후에야 축조된 것으로 추정된다.

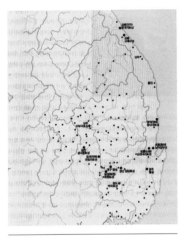

〈그림 2-64〉 신라 초기 토성 분포도(육군군사연구소, 2012, 255쪽)

『삼국지』 동이전에는 진한과 변한에 성책(城柵) 또는 성곽이 있었다고 되어 있지만, 그것 역시 토성이 아니라 양산 평산리유적, 김해 봉황대유적과 같이 환호와 목책의 형태였을 가능성이 있다.

판축 토성은 고대국가의 등장과 함께 나타난 것으로 보인다. 경주 월성은 4세기대 이후에 축조된 것으로 판단되지만 영남 지역에서는 가장 이른 단계에 축조된 토성이라고 할 수 있다.

경주에 중심을 둔 사로국은 3세기 말경에는 포항, 울산 지역을 통합하고 그 외곽까지 영향력을 미치면서 초기 국가 단계에 접어들게 된다. 이 과정에서 4세기 중엽부터 경주 지역에서 가까운 지역부터 토성이 축조되기 시작하였으며, 5세기 후반에는 이러한 토성 축성기법과 기술 계통을 달리하는 완성된 형태의 석성이 등장하였다. 신라 초기의 성곽은 양산 순지리토성과 강릉토성을 제외하면 거의 발굴 조사가 이루어지지 않아 정확한 축성기법을 확인하기 어려운 실정이다.

2) 고신라 시기 신라 성곽의 특징

고신라 성곽의 입지로는 능선 말
단부나 평지에서 돌출된 자연 구
릉 지역이 주로 이용되었다. 성곽
의 규모는 월성 1.8㎞, 도당산토성
1㎞, 대구 달성 1.3㎞ 등 대체로
1~2㎞ 규모로서 6세기대 군현성

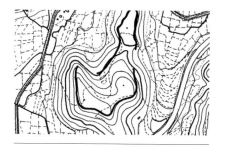

〈그림 2-65〉 경주 도당산토성 위치도(박방용, 2013, 49쪽)

의 규모와 거의 비슷하며, 경주에
서 사방으로 연결되는 교통로를
따라서 일정한 거리마다 구축되어
있음을 알 수 있다.

고신라 시기의 성곽은 대부분
토성으로 구축되었다. 초기에는 환
호나 목책이 높은 비중을 차지하

〈그림 2-66〉 울주 검단리의 청동기시대 환호유적 전경

였을 것으로 보이지만, 3세기 이후
에는 환호나 목책 대신 토성 위주
로 축성되었을 것으로 추정된다.

고신라 토성의 축조기법은 발굴
사례가 많지 않아 일반화하기 어
려운 점이 있지만 양산 순지리토

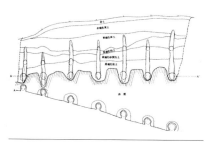

〈그림 2-67〉 양산 순지리토성 성벽에서 확인된 목주열(동
아대학교박물관, 1983, 149쪽)

성이나 강릉토성의 사례를 볼 때 목주를 이용하여 성토다짐하였음을 알
수 있다. 성벽은 경사각을 고려하여 2열의 목주가 4m 간격을 유지하도록

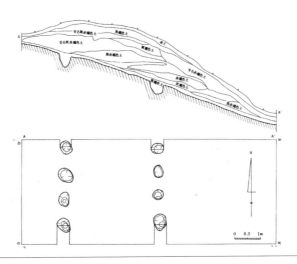

〈그림 2-68〉 양산 순지리토성 목주열과 토층(동아대학교박물관, 1983, 103쪽)

하고, 목주와 목주의 사이를 1m 정도로 조밀하게 세우고 사질토와 점질토를 교호성토하여 성벽을 축조하였다. 목주의 잔존 상태를 볼 때 목주는 토성벽을 유지시켜주는 구조체로 기능하였음을 알 수 있다.

양산 순지리토성의 성벽 단면은 목주가 세워져 있는 구간에서 토층이 구분되지 않고 목주 외부로 이어지는 것으로 보아, 중심 토루와 외피 토루의 구분이 없이 자연스럽게 이어지도록 했음을 알 수 있다. 이와 같은 양상은 기단 석열을 중심으로 중심 토루와 외피 토루로 구분되는 통일신라 시기의 토성 축성 방법과 다른 점이다.

순지리토성의 2열의 목주열의 간격은 4m, 목주와 목주의 간격은 1~1.2m 정도를 유지하고 있다. 이에 비하여 통일신라 시기 판축 토성의 목주의 간격은 3.3~3.6m를 유지하고 있어 축성기법의 변화 양상을 알 수 있다. 고신라 토성의 축조 시 이처럼 조밀하게 목주열이 설치된 것은 목주가 판축을 위한 영정주로서 기능했다기보다는 토축이 용이하도록 성토된 흙의 흐름을 막아주고, 축성 이후 토성이 붕괴되지 않도록 하는 뼈대

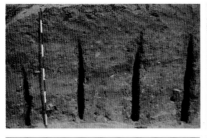

〈그림 2-69〉 양산 순지리토성의 조밀한 목주열   〈그림 2-70〉 양산 순지리토성 기저부의 목주열

의 역할을 하였을 것이다.

기단부에 석열이 배치되는 양상은 토성의 축조 시기를 구분하는 중요한 기준이 된다. 고신라 토성에서는 한성기의 백제 토성과 마찬가지로 기단 석열이 전혀 확인되지 않는다. 기저부의 한쪽에만 석열을 배치하는 경우는 6세기 중반에서 8세기 전후로, 기저부의 양쪽에 석열이 배치되는 경우는 8세기 후반에서 9세기경으로 알려져 있다.

형식 구분		기단 석열	목주 간격	시기
Ⅰ		없음	100~200cm	3~6세기 초
Ⅱ	A	한쪽 석열	300~400cm	6세기 중반~8세기
Ⅱ	B	양쪽 석열		8세기 후반~9세기

〈표 2-3〉 기단 석열과 목주 간격을 기준으로 한 형식 구분

토성의 성벽은 점질토와 마사토처럼 성질이 다른 두 가지 흙을 교대로 쌓아서 구축하였는데, 고신라 시기의 토성벽은 성토층 한 층의 두께가 20cm에 달할 정도로 두껍다는 것이 특징이다. 이와 같은

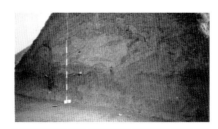

〈그림 2-71〉 양산 순지리토성 성벽 단면

양상은 5㎝ 전후로 얇고 정교하게 구축되는 통일신라 시기의 토성벽과 구분이 된다.

<그림 2-72> 양산 순지리토성 문구부의 석축 마감

고신라 토성의 성벽에서는 전형적인 판축 토성에서 확인되는 종장목과 횡장목, 판목(협판) 등의 흔적이 확인되지 않는다. 토성의 축조 방법을 설명할 때 관례적으로 판축이라는 용어를 사용하지만 판축이라는 용어는 영정주와 횡장목, 판목 등으로 결구된 틀 안에 흙을 채우고 다짐하는 것을 의미하므로, 고신라 토성은 판축이라기보다는 "성토다짐"으로 부르는 것이 적절하다.

토성은 석성에 비하여 축성이 용이하지만, 문구부의 처리 및 배수 시설의 설치에 어려움이 있다는 한계가 있다. 따라서 토성의 경우도 문구부에는 석축을 하며 성벽을 쌓기 전 석축 배수 시설을 먼저 설치하였다. 양산 순지리토성의 문구부에 사용된 석재를 보면 부정형의 할석을 난층쌓기로 쌓아놓았으며, 이는 축성 당시 석재 가공 기술과 정연한 석축 기술이 아직 도입되지 않은 상태였다는 것을 알 수 있게 해준다.

6. 5~7세기 신라 성곽

1) 시대적 배경 및 축성 양상

경주평야를 배경으로 성장하기 시작한 신라는 5세기경 드디어 소백산맥을 넘어 죽령 이북 지역으로 진출한다. 신라는 새로 점령한 지역을 방어하기 위하여 토성 중심의 기존 축성 방식에서 벗어나 새로운 석축 성곽을 구축하기 시작하였다.

문경 고모산성이나 보은 삼년산성 등 5세기대에 축성된 성곽을 보면 협축식 전면 석축 성벽으로 구축된 최대 높이가 20m나 되는 높은 체성벽과 보축 성벽, 현문식 성문과 반원형의 치성, 사다리꼴 형태의 수구, 세장방형의 성돌을 특징으로 하고 있다. 성곽에서 확인되는 이러한 특징은 고구려나 백제에서는 확인되지 않는 신라의 고유한 축성기법이다. 이러한 축성법의 원천 기술이 과연 신라가 독창적으로 발전시킨 것인지, 아니면 다른 나라 기술자들의 도움을 받아서 이룩한 것인지에 대해서는 아직 분명하게 밝혀지지 않았다.

신라는 이러한 발달된 축성기법을 바탕으로, 새로 점령한 지역의 중심지에는 둘레 1km 내외의 거점성을 쌓고 그 사이사이에 작은 보루성을 쌓아 각각의 성들이 방사상으로 연결되도록 하였다. 이는 점령 지역을 행정적·군사적으로 관할하고 적의 침입 시 상호 유기적으로 대응할 수 있도록 하기 위함이었다.

5~7세기의 신라 성의 축성기법에서 공통적인 속성이 확인되는 것으로 보아 신라에는 입지와 규모에 따라 표준화된 축성법과 숙련된 기술자 집단이 있었음을 알 수 있다. 신라의 대장척당(大匠尺幢)은 오늘날의 공병부대처럼 축성과 토목공사를 전담으로 하는 부대였을 것으로 추정된다.

2) 5~7세기 신라 성곽의 특징

신라 성곽의 가장 중요한 입지 조건은 교통이었다. 대부분의 성곽은 수로나 주요 간선 도로를 통제할 수 있는 교통의 요충지에 축성되었으며, 배후에는 넓은 평야 지역을 포용하고 있다. 또한 전방으로 넓은 지

〈그림 2-73〉 한강과 임진강 유역 신라 성곽 분포도

역을 조망할 수 있는 해발 고도 100~200m 내외의 구릉성 지역에 계곡을 아우르도록 포곡식으로 구축되어 성내에 물이 부족하지 않도록 하였다.

〈그림 2-74〉 암반에 턱을 만들어 성돌이 미끄러지지 않도록 한 모습

신라에서는 대략 5km 정도의 간격을 유지하며 둘레 1km 내외의 대형 성곽을 방사상으로 구축했다. 삼국시대의 성곽은 치소성의 역할을 하였으므로, 군현 단위마다 대형 성곽을 하나씩 배치하여 적의 침입 시 각각의 성이 상호 유기적으로 대응할 수 있도록 하였다. 산성이 행정과 군사의 중심지가 되었으므로 성내에는 기와가 사용된 많은 초석 건물이 확인된다. 성곽 주변에는 산성 운영 주체와 관련한 고분군이 분포되어 있는 것이 특징이라고 할 수 있다.

성을 쌓기 위해서는 기초를 조성하여야 한다. 삼국시대 신라 성의 입지는 능선 정상부에서 아래쪽으로 8~9부 능선 상에 위치하고 있으므로,

〈그림 2-75〉 석재를 잘라내는 모습 　〈그림 2-76〉 성돌 가공 도구

경사면은 ㄴ자 형태나 층단식으로 정지하고 계곡부는 흙이나 돌로 다짐 해 성벽을 쌓을 수 있도록 하였다. 암반 구간은 턱을 조성하여 성벽이 흘 러내리지 않도록 하였다.

이처럼 능선의 외사면 쪽에 성벽을 구축하게 되면, 성벽부의 활용 공 간을 확장할 수 있을 뿐 아니라, 내벽 마감을 하지 않아도 되므로 축성 공력이 줄어들게 되며 자연스럽게 넓은 회곽도를 확보할 수 있다는 장점 이 있다.

석축 성벽에 사용되는 성돌은 가공 정도에 따라 자연석, 할석, 가공석 으로 구분되며, 절리면을 따라 돌을 잘라내고 가공할 수 있는 숙련된 기 술과 도구가 있어야 한다. 성돌의 재료는 시대에 따라 변화된다. 화강암 이나 현무암과 같은 단단한 암석을 가공하기 위해서는 도구와 가공 기 술이 고도로 발달하지 않으면 안 되기 때문이다. 5~7세기대 신라 석축성 의 석재는 절리가 발달하여 잘라내기 용이한 점판암이나 석회암 같은 퇴 적암, 화강편마암, 운모편암, 안산암 같은 변성암을 장방형이나 세장방형 으로 가공하여 사용하였다. 두께는 10~20㎝로 두껍지 않고, 장폭비는 1:2~1:4로 세장한 형태며, 무게는 40~60㎏ 정도여서 한 사람이 등짐으로 운반하기 어렵지 않을 정도의 무게로 가공되었음을 알 수 있다.

5~7세기대 신라 석축 성벽은 협축식 전면 석축으로 높게 쌓은 성벽을

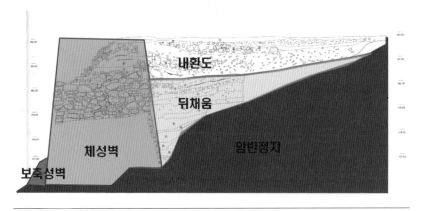

내환도

뒤채움

체성벽

암반정지

보축성벽

〈그림 2-77〉 인천 계양산성 성벽 단면(심광주, 2013, 56쪽)

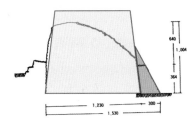

〈그림 2-78〉 경주 명활산성 체성벽과 보축성벽(심광주, 2013, 53쪽)

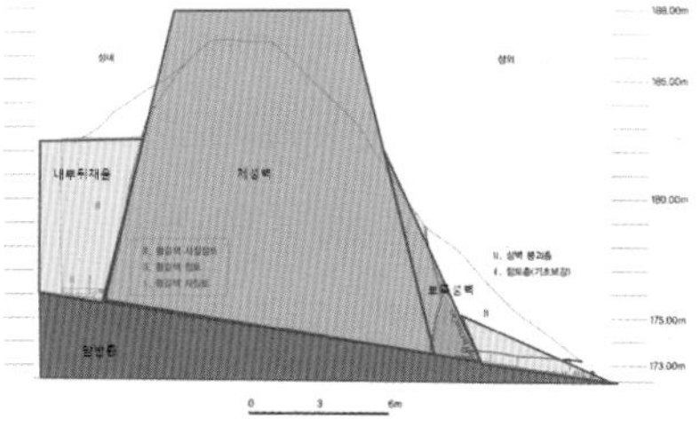

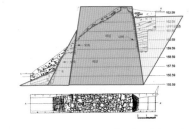

〈그림 2-79〉 문경 고모산성 체성벽과 보축성벽(심광주, 2013, 58쪽)

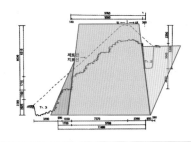

〈그림 2-80〉 보은 삼년산성 체성벽과 보축성벽(심광주, 2013, 58쪽)

〈그림 2-81〉 서울 아차산성 체성벽과 보축성벽(심광주, 2013, 58쪽)

<그림 2-82> 각종 현문식 성문

특징으로 하고 있다. 체성벽의 단면은 기저부가 넓고 위가 좁은 사다리
꼴 모양이며, 가공된 성돌로 바른층쌓기식으로 쌓은 내벽과 외벽 사이에
길쭉한 뒤채움돌을 치밀하게 물리도록 건식쌓기를 하여 성벽의 견고성
을 더하였다. 성벽 기저부는 암반이 노출될 경우 바닥을 층단식으로 정
지하고 성벽을 쌓았으며, 내벽 안쪽과 경사면 사이는 점토로 충진하여
내환도를 조성하였다.

신라 성벽의 가장 특징적인 구조물 중의 하나가 보축 성벽이다. 체성벽
을 전면 석축으로 견고하게 쌓더라도 성벽이 높아지면, 성벽 내부에 횡
압력이 작용하여 성벽의 붕괴 위험도 커지게 되므로 체성벽의 외부에 다
시 보강용 성벽을 쌓아 구조적으로 힘의 균형을 맞출 수 있도록 하였다.
보축 성벽의 높이와 형태는 산성의 입지 여건에 따라 여러 가지 형태가
확인되며, 보축 성벽의 외부에 다시 점토로 보강하여 쌓는 경우가 많이
있다.

현문식 성문은 체성벽을 일정한 높이까지 쌓고 그 위에 만든 성문으
로, 사다리를 타고 올라가야 성안으로 들어갈 수 있도록 한 특이한 구조

고모산성		상년산성	
서문지	서문지	남문지	동문지
부모산성	충주산성	고모산성	
북문지	북문지	동문지	동문지

〈그림 2-83〉 신라 성곽의 현문식 성문에서 확인되는 확쇠(심광주, 2013, 62쪽)

〈그림 2-84〉 이천 설성산성 입수구

〈그림 2-85〉 문경 고모산성 입수구

이며 외부에서 보면 凹자 형태다. 현문은 방어력을 높이기 위하여 불편함을 감수하면서 구축한 독특한 형태의 성문이며, 성문의 위치도 적이 쉽게 진입하지 못하도록 능선과 계곡에서 약간 벗어난 지점에 설치하여 적의 공격을 최대한 방어할 수 있도록 하였다. 현문의 높이는 대략 3m 정도이며, 현문 바닥에는 수구가 배치되고 확쇠가 출토되는 것으로 보아 성문과 문루가 있었던 것으로 확인된다.

신라식 석축 성벽은 기본적으로 건식쌓기로 축조했으므로 일상적인 우수는 성벽으로 자연스럽게 배출되는 구조지만, 많은 양의 물이 배출되도록 성벽에 별도의 수구를 설치하였다. 수구는 성벽을 통과하여 성내의

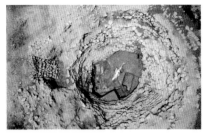

〈그림 2-86〉 인천 계양산성 석축집수시설

〈그림 2-87〉 하남 이성산성 방형 집수시설

〈그림 2-88〉 투석기 모형

〈그림 2-89〉 하남 이성산성 출토 투석용 석환

물이 배출될 수 있도록 하였으며, 아래가 넓고 위가 좁은 사다리꼴이나 삼각형이 주류를 이루고 있다. 성벽 중 현문식 성문을 설치한 문구부의 위치가 가장 낮으므로 문구부의 바닥에도 수구를 설치하는 경우가 많이 있다.

신라 성곽을 발굴하면 성 내부의 가장 저지대에 해당되는 지점에서는 반드시 대형의 석축 집수 시설이 확인된다. 장방형이나 방형, 원형 등 지형에 따라 다른 모습을 보이기는 하지만, 체성벽의 형태로 가공된 석재를 쌓고 물이 빠져나가지 않도록 뒷부분에는 일정한 두께로 점토를 다져 올렸다.

성벽의 안쪽에는 성곽을 방어하기 위하여 일정한 간격으로 석환을 쌓아놓았다. 석환은 무게 9~15kg 정도의 강돌이 대부분이다. 석환 무더기

근처에는 석환을 멀리 날려 보낼 수 있도록 투석기가 설치되어 있었을 것으로 추정된다.

건축기술은 축성기술과 동일한 수준으로 발달한다. 신라의 산성은 규모가 크고 행정과 군사의 기능을 겸비한 치소성의 역할을 했다. 성내에는 관아, 지휘처소, 병영, 다수의 창고 시설과 의례 시설 등이 구축되어 있었을 것으로 추정된다. 따라서 신라 성에서는 기단과 초석을 갖춘 다수의 건물과 다량의 기와가 출토되는 것이 특징이라고 할 수 있다.

7. 통일신라의 성곽

1) 시대적 배경 및 축성 양상

신라에서 통일신라로 이어지는 축성의 역사는 몇 단계로 구분이 가능하다.

첫째는 신라가 소백산맥 이북 지역으로 진출하기 시작하는 5세기부터 임진강 유역에 이르는 7세기 중엽까지로, 기술적 완성도가 높고 규격화된 석축 성곽이 축성되었다.

둘째는 나당전쟁 시기의 축성으로 주로 각 주를 중심으로 대규모의 피난성을 구축하였다. 672년 한산주에 주장성을 축조하는 한편, 673년 국원성, 북형산성, 소문성, 이산성, 주양성, 주잠성, 만흥사산성, 골쟁현성 등을 쌓았다.

셋째는 발해와의 긴장이 고조되기 시작하는 718년 무렵으로 한산주 관내에 여러 성을 쌓아 발해의 침입에 대응하게 된다. 삼국시대의 성을 수축하기도 하며, 해발 고도가 비교적 높은 곳에 백제와 고구려의 기술

을 융합하여 축성이 용이하면서도 화려한 통일신라의 축성법으로 성곽
이 구축되었다.

넷째는 8세기 후반으로 기존의 신라 축성법과 다른 독특한 형태의 석
축성이 등장하게 된다. 개거식 성문과 협축식 성벽, 정교하게 가공된 성
돌을 특징으로 하는 새로운 형태의 성곽은 군사력과 정치력, 새로운 사
상을 갖춘 지방 호족들의 등장과 밀접한 관련이 있는 것으로 생각된다.

통일시라시대에는 기단 석열과 영정주, 중심 토루와 외피 토루를 특징으
로 하는 정형화된 토성 축성기술이 완성되어 고려시대로 이어지게 된다.

2) 통일신라시대 성곽의 특징

통일신라의 축성법은 고구려, 백제, 신라 축성기법의 융합을 특징으로 한
다. 석축성은 고구려의 축성법을 응용하여, 내부의 토축부를 먼저 조성
한 이후 석축으로 마감하거나 기존의 성벽에 덧대어 성벽을 구축함으로
써 효율성을 극대화하였다. 토성은 백제의 축성기술을 받아들여 영정주
를 활용하고 지대석을 더하여 새로운 유형의 기술을 완성하게 된다.

통일신라 축성법의 가장 큰 특징의 하나는 가공용 성돌의 보편적인 사
용이라고 할 수 있다. 단단한 화성암인 화강암을 잘라내어 성돌 하나하

〈그림 2-90〉 사각추형으로 가공된 안성 망이산성 성돌　　〈그림 2-91〉 하남 이성산성 2차 성벽 면석과 뒤채움돌

나를 가공하기 위해서는 숙련된 다수의 석공이 있어야 한다. 8세기대의 수많은 건축물과 불상, 탑 등에 대한 수요가 이러한 장인들을 양산할 수 있게 했던 것으로 보인다.

이 시기의 성돌은 삼국시대 성돌에 비하여 너비가 좁아들어 정방형에 가까워지고 두께는 30㎝ 내외로 두꺼워진다. 고운정다듬으로 전면의 모서리를 둥글게 가공하고 전체적인 형태는 사각추형이 되도록 하여 성곽의 외관이 아름답게 보이도록 하였다는 특징이 있다.

유형	I식: 넓은 사다리형	II식: 긴 사다리형	III식: 사각추형
단면 형태			
사진			
특징	뒷길이가 너비보다 짧음	뒷길이가 너비보다 깊	사각추 형태로 가공 측면부도 가공
시대	삼국시대	삼국·통일신라시대	통일신라시대

〈표 2-4〉 시대별 성돌 가공 형태의 변화

체성벽의 기저부에는 체성벽보다 3~4배 정도 큰 지대석이 사용되었다. 지대석은 축성 후 다시 복토하여 지면에 드러나지 않는 경우가 대부분이므로 체성벽 돌에 비하여 거칠게 가공되는 것이 특징이다. 지대석의 바깥쪽에는 박석을 깔아 우수로 인하여 성벽 기저부의 흙이 파여 나가지 않도록 하였다.

통일신라시대의 성벽은 삼국시대의 성벽에 비하여 높이가 낮다. 삼년산성의 경우 20m가 넘을 정도로 높게 축조되었지만 통일신라시대의 성

〈그림 2-92〉 안성 망이산성 성벽 지대석

〈그림 2-93〉 하남 이성산성 2차 성벽 성돌

〈그림 2-94〉 보축성벽이 없는 안성 망이산성 성벽

〈그림 2-95〉 파주 덕진산성 석축성벽 내부의 토축부

벽은 높이가 점차 낮아져 4~5m 정도의 높이를 유지하게 된다. 또한 성벽의 경사각은 80° 내외의 수직에 가까운 삼국시대의 성벽에 비하여 들여쌓기를 통하여 70° 내외의 완경사를 유지토록 함으로써, 체성벽 석축부가 얇아짐에 따른 붕괴의 위험을 감소시키고자 하였다. 체성벽의 높이가 낮아지고 성벽의 경사각이 완만해짐에 따라 성벽의 붕괴 위험이 줄어들면서 보축 성벽은 점차 사라지게 된다.

삼국시대 성곽에 비하여 가장 달라진 점은 협축식 전면 석축 성벽에서 편축식 성벽으로 변화되었다는 점이다. 석축부를 얇게 함으로써 석재의 사용량을 획기적으로 줄인 반면 경사면인 경우는 축성 대상지의 기초부를 층단식이나 경사 형태로 정지하고 석축을 덧붙였으며, 평지인 경우는 토성을 구축하듯이 토축부를 먼저 조성한 이후에 석축으로 마감하였다.

신라 석성의 전형적인 성문 형태
는 사다리를 타고 올라가야 하는
현문식이다. 그러나 이러한 성문은
적을 방어하는 데는 도움이 되지
만 일상생활에서는 매우 불편하기
때문에 점차 현문식 성문이 사라

〈그림 2–96〉 개거식으로 구축된 안성 망이산성 서문지

지고 개거식으로 바뀌게 되었다.
기존의 현문식 성문은 문구부까지 흙으로 복토하거나 계단을 설치하여
출입이 용이하도록 하였다.

삼국시대 신라 성곽의 수구는 위가 좁고 아래가 넓은 사다리꼴 모양을
특징으로 한다. 그러나 통일신라시대로 접어들면서 수구의 형태는 점차
위아래의 너비가 똑같은 방형으로 변한다. 물의 유속을 완화시키기 위하
여 수구 바닥은 층단식으로 조영했다. 출수구의 바닥돌은 혓바닥처럼 바
깥으로 길게 내밀도록 하여 체성벽으로 물이 스며드는 것을 방지했다. 물
이 떨어지는 바닥에는 박석을 깔고 배수로를 설치하여 흙이 파여 나가지
않도록 했다.

한편 기존 성벽을 재활용하여 덧붙여 쌓는 축성기법이 많이 확인된다.
연천 호로고루나 당포성은 붕괴된 고구려 성벽의 잔해를 제거하지 않고,
성벽 바깥쪽에 새로운 성벽을 덧붙여 쌓았다. 이성산성과 덕진산성은 처
음에 쌓은 신라 성벽이 붕괴되자 그 바깥쪽에 새로운 성벽을 덧붙여 쌓
아 시간의 경과에 따른 축성기법의 변화 과정을 잘 알 수 있다.

8세기 말에서 9세기대에 정치력과 군사력을 겸비한 호족 세력이 등장
하면서 새로운 형태의 성곽이 나타났다. 구릉 정상부에 테뫼식으로 쌓은
1km 미만의 석축성들인데 문구부가 곡선으로 처리된 개거식 성문을 특
징으로 한다. 체성벽은 토축부를 먼저 조성하고 지대석과 가공된 성돌을

〈그림 2-98〉 하남 이성산성 동문지 방형 수구

〈그림 2-97〉 하남 이성산성 2차 성벽 후구

〈그림 2-99〉 사다리꼴 모양의 단양 온달산성 수구

〈그림 2-100〉 파주 덕진산성의 기존 성벽에 덧대어 쌓은 성벽

〈그림 2-101〉 토성에 석축을 덧붙여 쌓은 대전 월평산성

〈그림 2-102〉 문구부가 곡면으로 처리된 대전 보문산성 서문지

〈그림 2-103〉 화성 당성 2차 성벽의 기단석열과 와적층

사용하여 편축식으로 성벽을 구축했지만 문구부는 협축식으로 마감하
였다. 대전 보문산성이나 서천 남산성, 아산 학성산성 등이 이 시기의 산
성으로 추정된다.

통일신라시대에는 석성뿐 아니라 토성도 많이 구축되었다. 이 시기의
토성은 일체형으로 구축된 삼국시대의 것과 달리 중심 토루와 내·외피
토루로 구성된 전형성을 특징으로 한다. 이를 위해 중심 토루의 너비만
큼 기단 석열이 설치되고 일정한 간격으로 영정주를 세웠으며 종장목과
횡장목, 협판 등을 설치하여 중심 토루를 먼저 쌓은 후 외피 토루와 내피
토루를 덧붙여 성벽을 완성하였다. 이때 내피 토루와 외피 토루의 바닥면
에는 폐와를 깔아 성벽이 견고하게 유지되도록 하는 등 고려시대 토성에
서 확인되는 축성기법이 이미 통일신라 시기에 정형화되었음을 알 수 있
게 해준다.

통일신라 성곽의 특징 중 하나는 성내에서 다량의 기와가 출토되는 점
이라고 할 수 있다. 성곽 안에는 병영과 창고, 행정 건물 등 다수의 기와
건물이 있었는데, 9세기대 이후에는 특히 명문 기와가 급증하게 된다. 명

〈그림 2–104〉 광주 남한산성 출토 통일신라시대 문자기와

문와의 내용 중에는 '와초(瓦草)'라는 명문이 많은데 이는 기와를 의미하는 순수한 우리말인 '디새'를 한자로 표기한 것이다. 디새는 질[瓦]+새[草]에서 비롯되었으며, 새가 기와를 의미하는 사용례는 수막새, 암막새, 너새, 곱새, 막새 등의 용어에서 확인되고 있다.

축성기법	삼국시대 신라	통일신라
성벽의 높이	높다	낮다
보축 성벽	높다	낮다→사라짐
성벽 단면	협축식	편축식(토축+석축)
성벽의 경사	급경사(80°내외)	완경사(70° 내외)
성문	현문식	현문식→개거식, 등성 시설
수구 형태	사다리꼴	방형(수구 바닥 층단식)
성돌의 주요 재질	편마암(변성암류)	화강암(화성암류)
성돌의 두께	얇음(15㎝ 내외)	두꺼워짐(20㎝ 이상)
성돌의 가공	거친다듬(절석 가공)	고운정다듬
성돌의 형태	세장방형	장방형→정방형
지대석	없다	있다
유물	고배류	인화문 합, 명문 기와

〈표 2–5〉 삼국시대 신라와 통일신라 축성법 비교

고려와 평행하는 시기의 송·요·서하·금대의 기술관료

송대 공정 관리 기구는 이전 시기에 비해 상당히 방대해졌는데 북송 전기에는 중앙 부서인 삼사에 소속된 수조안에서 관리하였다. 원풍(元豐) 연간에 관제를 새로이 정비한 후에서야 공부와 장작감을 설치하였다. 그중 장작감은 토목건축 공정을 실제로 시행하는 부서로서 송대 건축문화 발전에 중요한 역할을 수행하였다. 남송 중기 이후 건축 공정은 주로 지방에서 관리하였으며 장작감은 한 직의 관리를 위한 명목상의 자리로 전락하였다.

삼사(三司)는 전국의 경제를 관리하는 기관으로 염철, 도지, 호부 등의 부서를 두고 있었다. 이 중 호부는 다시 다섯 개별 부서로 나누어지는데 세 번째 부서가 "수조안(修造案)"으로 도성의 토목건축 및 도와 제작, 호안 정비와 도성 내부 이방(里坊) 축조, 각 창고 시설에 대한 검수 관리, 지방의 군사 건축물, 교량, 관사 등에 대한 관리와 검수를 담당하였다. 이 시기 상서공부와 장작감은 실제적 관직을 두지 않은 명목상의 기구였다. 북송 초인 진종 시기 이미 건축물 축조는 반드시 조감도에 의거하여 진행해야 한다는 법제화가 이루어졌다.[88] 이는 삼사에서 제정된 건축 시공 관리 규정의 일부분으로 보인다.

원풍 연간 직제의 개편이 이루어진 후 도성의 토목건축 관련 공역은 공부로 이관되었다. 당시 공부는 성곽, 궁실, 선박, 차량, 기계, 부인(符印), 화폐, 산택, 원유, 하거 등에 대한 관리, 보수 및 축조를 담당하였다. 그중 토목건축 부분은 주로 공정에 사용되는 자재 및

비용에 대한 기획과 지급을 직접 감독하였으며 완공 후 감리 및 회계에 대한 추후 검수도 시행하였다.[89]

장작감은 북송 초기 유명무실한 기구였으나 원풍 연간 관제 정비 후 궁실, 성곽, 교량, 선박, 차량 등에 관한 업무를 관장하였다. 장작감은 모두 10개의 하위 부서를 두었는데 궁성 및 태묘를 보수하고 관리하는 수내사(修內司), 목재를 가공하는 사재장(事材場), 도성 내외를 보수하는 동서팔작사(東西八作司), 외부에서 수송되는 죽목 원재료를 관리하는 죽목무(竹木務), 보리의 낟가리를 보관하는 맥연장, 전와를 생산하는 요무(窯務), 채색화의 안료를 제작하는 단분소(丹粉所), 자재를 보관 관리하는 작방물료고(作坊物料庫), 폐자재를 수거하는 통재장(通材場), 죽렴과 갈대렴 등을 제작하는 염박장(帘箔場) 등으로 이들 부서에서 건축 시공, 자재 비축, 부자재 가공의 실무적인 공정을 시행하였다.

송대 초기 지방 호족의 발호를 성공적으로 진압한 후 확고한 중앙집권체제를 이룬 중앙정부는 사회적 생산의 간접적 기반을 원활히 확보할 수 있었다. 이러한 배경은 건축 및 공정 기술의 발전에도 영향을 미쳤다. 그러나 역시 문헌 기록으로 전해 내려오는 기술자 집단의 관련 자료가 소략하여 이들의 구체적 활동과 역할을 살펴보는 데 어려움이 따르고 있다. 공장 외에도 송대의 문사들은 시대적 분위기의 영향으로 과학기술, 예술, 생산 공정 등의 분야에도 관심을 두었기에 이들 계층의 토목건축 영역에 대한 참여가 주목할 만하다.

고려의 성곽 축조 기술

1. 시대적 배경과 축성사적 위치

고려 태조는 북진 정책을 추진하여 동북과 서북 방면에 성곽을 쌓고 북방 민족에 대한 대비책을 강구하였다. 개경에 도읍을 정하고 평양에 성을 쌓아 서경(西京)으로 삼는 한편, 북변의 요새지에 성곽을 구축하였다.

태조 이후 성종대까지 동북방으로는 삼척, 영흥, 고원 등지에서 축성이 이루어졌고, 서북방으로는 맹산, 숙천, 박천, 영변 등지에 성곽을 쌓았다. 광종대에는 서북방으로 영토 확장을 꾀하여 안주, 운사, 위화진까지 영역을 확장하였으며, 성종대에는 드디어 국경이 압록강에 미치게 되었다.

3차에 걸친 거란 침입 이후 고려는 개경에 둘레 30km에 달하는 나성을 축조했고 10여 년에 걸쳐 압록강의 함원에서 도련포에 이르는 장성을 구축하였다. 순종대에는 해로를 통한 여진의 약탈 행위에 대비하여 동북 방면의 축성에 힘을 쓰게 되었으며, 문종대에는 동해에서 남해에 이르는 연변에 성보를 쌓았다.

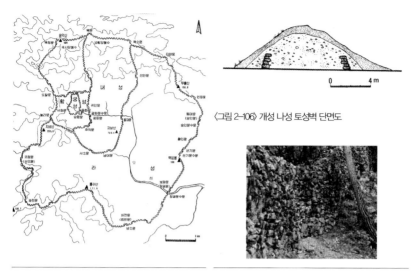

〈그림 2-106〉 개성 나성 토성벽 단면도

〈그림 2-105〉 개성 성곽 배치도

〈그림 2-107〉 고려 천리장성 성벽

　　몽골의 침입으로 강화도로 천도한 고려는 각 도에 산성방호별감을 파견하여 산성을 쌓고 적을 피하도록 하는 한편, 강화에 외성과 내성을 흙으로 쌓기도 하였다. 고려시대의 성곽은 개경과 서경, 천리장성, 산성 등이 모두 접근이 어려운 지역에 있어 구체적인 축성기법을 알 수 없으므로, 현재로서는 발굴 조사가 이루어진 남한 지역의 고려시대 성곽 중 토성과 석성을 중심으로 살펴볼 수밖에 없다.

2. 고려시대 토성 축성법의 특징

고려시대의 토성은 대부분 해발 100m 내외의 구릉성 산지나 능선 상에 위치하고 있다. 이 점은 삼국시대 이래 판축 토성의 입지와 공통점을 보여주고 있다. 규모는 성곽의 기능에 따라 다양하며 군현성은 3km 내외, 충주 읍성처럼 주성에 해당하는 성은 16km에 달할 정도로 대규모로 구축되었다.

고려시대 토성의 가장 중요한 특징은 기저부 석열이라고 할 수 있다. 기단 석열이라고도 하는 기저부 석열은 중심 토루의 하중을 분산시키는 동시에 빗물 등에 의해 토성이 붕괴되는 것을 방지하기 위하여 도입된 것으로 추정되고 있다. 기저부의 한쪽에 석열이 배치되는 형식은 대략 7~9세기 초반까지 등장하며, 9세기 초반 이후에는 기저부의 양쪽에 석열이 배치되는 것으로 나타나고 있다.

판축을 위한 영정주의 간격에도 시간성이 반영되어 있다. 3~6세기 중후반까지 영정주의 간격은 1~1.5m를 유지하고 있는 반면에 7세기 이후에는 3m 간격으로 넓어지며, 고려시대에는 4~5m로 넓어지고 있음을 확인할 수 있다.

삼국시대의 판축층은 10cm 이내인 데 비하여 고려시대의 판축층은 한 층의 두께가 20~60cm 내외로 변화된다. 이는 삼국시대 판축에 비하여 긴밀하게 다지지 않았기 때문일 수도 있지만 판축틀이 보다 견고해지면서 더 큰 판축토의 다짐 압력을 견딜 수 있게 되었기 때문일 것으로 생각된다.

토성벽의 특성상 성내의 물을 성밖으로 배출시키기 위해서는 배수 시설이 설치되어야 했다. 수구는 문구부의 하단에 설치되거나 성벽 축조 과정에서 석축으로 성벽 통과식 수구가 만들어졌다. 토성을 만들더라도 문구부 양측은 석축으로 마감하여 성문을 설치할 수 있도록 하였다.

고려시대 토성의 특징 중의 하나는 기저부 석열 내외부에 내피 토루와 외피 토루를 쌓기 전 일정한 너비로 깔아놓은 와적열이다. 와적열은 토루가 밀리지 않도록 하기 위한 목적이었던 것으로 추정된다.

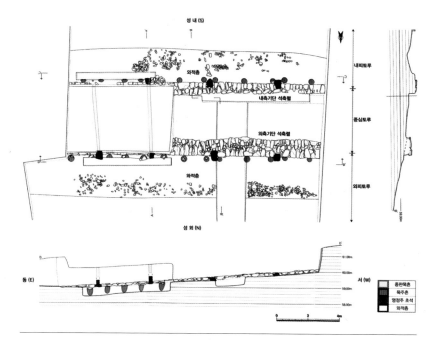

〈그림 2-108〉 강화 중성 기저부 석열과 영정주 배치도(중원문화재연구원, 2012, 157쪽)

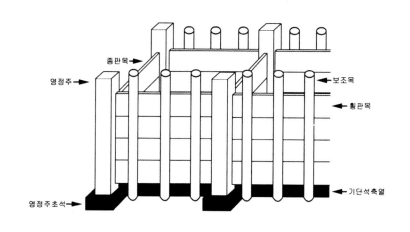

〈그림 2-109〉 강화 중성 판축공법 모식도(중앙문화재연구원, 2012, 365쪽)

〈그림 2-110〉 강화 중성 중심토루와 와적층

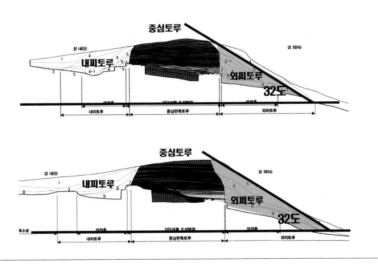

〈그림 2-111〉 강화 중성 중심토루와 외벽 경사각

중심 토루의 경사각은 85° 이상으로 거의 수직에 가깝기 때문에 그대로 두면 붕괴될 수밖에 없다. 이에 따라 내피 토루와 외피 토루를 덧붙여 토성벽이 안식각을 유지할 수 있도록 하였다. 완성된 토성의 경사각은 32°도 내외였음을 알 수 있다.

3. 고려시대 석성 축성법의 특징

고려시대의 입보용 산성은 읍치로부터 멀리 떨어진 고립된 산속에 쌓아 침입자들이 입구를 쉽게 찾을 수 없도록 하였다. 해발 고도가 400~500m 이상인 험준한 산지인 경우가 많으며 성 내부에 물이 풍부하고 성 바깥쪽의 경사가 급해서 접근이 쉽지 않은 지형을 주로 택하였다. 자연지형을 그대로 이용하였다는 점이 특징이다.

산성은 삼국시대 성곽에 비하여 대규모로 축조되었다. 목적과 기능에 따라 성곽의 규모는 다양하지만 성의 둘레는 대략 3~5km 정도다.

다양한 축조 방식이 확인되어서, 담장 형태로 좁은 성벽을 쌓거나 내탁식으로 일정한 높이까지 쌓아올리거나 협축식으로 쌓은 후 안쪽에 2~3층의 단을 두는 형태로 쌓는 방법이 확인된다.

고려시대에 축성된 모든 성에서 확인되지는 않지만 상당수의 성곽에서 수직 기둥 홈이 확인된다. 수직 기둥 홈은 석축 성벽을 보다 빨리 쌓기 위하여 나무기둥으로 거푸집을 만들고 성벽을 쌓았기 때문에 생긴 흔적이다.

고려시대 입보용 산성은 가공되지 않은 막돌로 쌓아 성벽이 매우 조잡하다는 점이 특징이다. 성돌의 크기가 일정하지 않으므로 성돌 사이에는 쐐기돌이 많이 사용되었다. 전쟁이 임박한 상황이었으므로 숙련된 석공을 확보하기 어려웠을 뿐 아니라 시급하게 성을 쌓아야 했기 때문일 것이다.

문지는 삼국시대와 달리 산성으로 접근하기 쉬운 능선이나 계곡부에 축조되었다. 문지 안쪽에는 내옹성이 설치되거나 별도의 옹성을 축조한 경우도 있다.

입보용 산성은 산의 자연 능선을 따라 단조롭게 이어지므로 돌출된 주요 구간에는 망대를 구축하여 적의 침입 여부를 쉽게 알 수 있도록 하였다. 망대는 인공적으로 쌓거나 자연적인 지형에 성벽을 덧대어 쌓기도 하였다.

용도(甬道)는 고려시대에 새롭게 등장하는 축성법의 특징 중 하나다. 능선으로 연결된 구간에서 성벽 바깥쪽으로 성벽을 길게 돌출시켜 쌓고 끝부분에 약간의 평탄 대지를 조성하여 망대로 이용하도록 하였다.

장기간의 농성을 위해 가장 중요한 것이 물이다. 입보용 산성은 고로봉형 입지 조건으로 계곡을 끼고 있어 대체로 식수를 얻기 용이하지만, 용수 확보를 위하여 샘을 파거나 저수지를 만들기도 하였다. 그 외에도 창고나 병영 등 다수의 건물이 구축되었다.

중국의 성지(城池) 토목 공정과 공정량 계측 방법

토목 공정에서 공정량의 계량은 공정 비용, 토목 재료, 인건비 등에 직결되는 종합적인 기술 경제 이론이다. 전근대 중국에는 이와 유사한 공정 예산 계량법이 존재하고 있었다. 특히 『영조법식』 전체를 통관하게 되면 늦어도 송대 각 공정의 자재 사용에 대해 비교적 엄밀한 통계를 통한 공정 비용 산출이 확인되고 있으며 청대의 경우 더욱 구체적이고 상세한 기록을 전하고 있다.[90]

1. 역대 토목 공정과 공정량 분석의 문헌적 개관

비교적 이른 시기의 문헌으로 『좌전(左傳)』의 기록을 들 수 있다. 선공(宣公) 11년(기원전 598), 초국(楚國) 영윤(令尹) 손숙오(孫叔敖)가 기성(沂城)을 축조하는 대목에서 공정량 계측을 통한 공기(工期)의 산출과 토목 공정에 소요되는 토방(土方) 및 자재의 계측, 이들 토방과 자재의 운송에 대한 거리 측정, 성의 기초와 사지(四至)에 대한 실사, 공정 투입 인력의 소요 식량, 각종 분공(分工)에 대한 책임자 선정 등 매우 치밀한 사전 계획을 수립했던 사실을 알 수 있다. 더욱 놀라운 것은 실제 공기가 30일을 넘지 않았으며 이는 예측한 공기를 초과하지 않았던 것으로 보인다.

소공(昭公) 32년(기원전 510), 사미모(士彌牟)의 주성(周城, 현재 하남성 낙양시) 조영에서도 비교적 상세한 토목 공정량 계측이 확인되고 있다. 선공 11년의 사례에 비해 사미모의 주성 축성에서는 보다 더 상세한 공정 사전 계획이 보이고 있다. 기록 중에서 보이는 "計丈數"의 경우 성지의 전체 길이와 둘레를 계측하고 있으며, "揣高卑, 度厚薄"의 서술은 성장의 높이와 폭을 계량하고 있다. 또 "仞溝恤"은 전체 성지의 규격을 설계한 것이며 "物土方, 議遠邇"는 취해야 할 토량과 운송 거리의 적합성을 가늠한 사례이다. "量事期, 計徒庸"은 공정 소요 시간과 투입 노동력의 총량을 산출한 것이며 "慮材用, 書餱糧"은 공정 비용과 인부들의 화식(伙食)을 계산한 것이다.

북송 시기의 『서서지남(書敍之南)』[91]을 통해 일력(日力)을 계산하고 지형의 굴곡을 측량하여 공정량을 산출했으며, 투입 노동력, 토방의 규모, 인부들의 보급, 자재의 일일 소요량, 공기, 전체 자재량 등 세밀한 토목 공정량 산출을 수립했음을 알 수 있다.

2. 토목 공정 관리 기구

당대(唐代)부터 비교적 구체적인 기록이 보이기 시작하고 있다. 공부(工部)에 설치된 낭중(郎中), 원외랑(員外郎) 등의 기구에서 토목건축에 관한 사무를 관장하였다.[92] 송대에도 공부(工部)에서 장작감을 두고 토목 공정에 대한 전반적인 관리, 감독, 검수 등을 시행하였다.[93] 금대(金代)에 와서는 복실사(覆實司)를 두고 아래에 호부(戶部)와 공부를 설치하여 영조재물(營造材物) 및 공장, 공정 비용 등을 관장하는 업무를 보게 하였다.[94] 원대에도 복실사를 그대로 유지하여 유사한 업무를 수행하게 하였다. 명대(明代)에는 공부에 영선청리사(營繕淸吏司)를 설치하여 대형 토목 공정이 발생할 때마다 공정 계량과 공정 비용 산출을 관장하였으며 공정에 소요되는 자재 및 투입 노동력의 적합성을 감리하는 업무도 수행하였다. 청대에는 공부 영선청리에 요고소(料估所)를 설치하여 토목 공정 비용을 감리하고 도성의 단묘, 궁전, 성원, 각 부서 관아에서 시행하는 토목 공정에 대한 조달 업무도 관장하게 하였다.

3. 토목 공정의 성문화 및 규정

전근대 중국의 지방에서 시행되었던 토목 공정은 원칙적으로 공정 비용에 대한 사전 산출과 예산 서식을 상급 주관 부서 혹은 중앙 부서에 올려 비준을 받아야만 가능하였다.

　당대의 규정을 보면 성곽, 제방 등 대형 토목 공정의 시행이 필요한 경우 반드시 『영선령(營繕令)』에 의거하여 투입 노동력 및 공정 비용 등을 수립하여 상서성(尙書省)에 보고하고 비준을 받아 시행하였다.[95] 송대에는 『천성령(天聖令)』에 의거하여 지방의 주(州), 진(鎭), 성곽 등의 역공(役工)에 대한 공정 비용 및 예산을 사전에 보고하여 비준을 받아 시행하였다.[96] 명대의 경우 태조(太祖) 홍무(洪武) 16년(1383)에 황성 및 도성의 성장(城牆)이 훼손될 경우 즉시 성장의 훼손 정도를 실사하고 보수 계획을 올리도록 규정하였다. 보수 계획에는 자재 소요량, 벽돌 소요량, 회 소요량, 투입 노동량, 전요 등이 포함되어야 했으며, 도부(都府)에 공문을 보내 도성을 지키는 오위(五衛)를 동원하여 인력을 징발할 수 있도록 하였다.[97]

4. 토목 공정의 기술적 규범

대표적으로 『영조법식』을 들 수 있는데 송대 관방에서 반포한 공정 설계, 시공 표준 등에 대한 체계적 기술 규범이라 할 수 있다. 명대에는 『공부창고수지(工部廠庫須知)』가 편수되어 도성의 성장에 관한 단위 공정에 소요되는 인력, 비용 등의 내용이 명문화되었다. 청대에는 『성원주법책식(城垣做法冊式)』이 제정되어 성지의 단위 공정에 소요되는 공임, 자재 등에 대한 지표를 규정하였다.

5. 기술 인원에 대한 규정

당·송·금·원 시기 성지 조영, 궁전, 교량 및 제방 등 토목 공정의 감리, 설계, 시공 등을 관장하는 호채사(壕寨使), 호채관(壕寨官) 등의 관직이 설치되었다. 당대에는 호채사를 두어 축성과 전반적인 토목 공정을 관장하게 하였다.[98] 송대에는 영종(寧宗) 가정(嘉定) 5년(1212) 한양군성(漢陽軍城)을 수축할 때 호채사의 참여가 확인되고 있다.[99] 금대에는 남경[開封]의 토목 공정에 도성의 모든 호채관을 동원한 기록도 보인다.[100]

원, 명, 청대의 기술관료 기구

1. 원대

원대의 공정 관리 기구는 전대에 비해 그 규모가 방대하며 기구 및 직제의 변동이 빈번했다. 중앙 행정 부서의 계통인 공부와 궁정 소속의 궁전부(宮殿府)에서 공정을 관리했는데, 궁전부는 후일 대도유수사(大都留守司)의 수내사(修內司)로 이관되었다.[101] 역대 전통적으로 토목건축을 관장했던 장작원은 그 성격이 변하여 궁정에서 사용하는 소모품의 제작과 공급을 담당하는 기구로 변모했으며 건축 혹은 토목의 공무에는 참여하지 않았다.

공부는 지원(至元) 원년(1264) 우삼부(右三部)에서 독립하여 백공 감독뿐만 아니라 도성, 수로, 토목을 관장하고 자재의 수급 및 공장의 공정 법식을 관리 감독하였다. 중통(中統) 4년(1263) 궁전부를 설립하여 도성의 각종 토목건축을 관장하였으며 지원 8년(1271) 수내사로 개칭하고 대도유수사로 편입시켰다. 이곳에서 도성[大都]의 성곽, 궁전의 수건을 직접 관리하고 감독하였으며 내부에는 대목국(大木局), 소목국(小木局), 니하국(泥廈局), 죽작국(竹作局) 등 공장 1,272호를 두었다. 대도유수사에는 지응국(祗應局)도 두어 그 아래에 유칠국(油漆局), 화국(畫局), 소금국(銷金局), 표배국(裱褙局)을 설치하여 궁실의 휴칠(髹漆), 채화, 장식, 장표(裝裱) 등의 사역을 시행하였다.

2. 명대

명 건국 초기 행정 기구의 변동으로 공정 관리 기구도 여러 차례 변동을 겪었다. 오원년(吳元年, 1367) 장작사(將作司)를 설치하였고 홍무 원년(1368) 육부(六部)를 설치한 후 장작사는 공부로 편제하였다. 홍무 6년(1373) 영조제거사(營造提擧司)를 다시 설치하였다. 홍무 25년(1392) 장작사는 영선소로 개칭되어 소정, 소부, 소승을 두었다.

3. 청대

청대에는 국가 토목건축 공정을 내공(內工)과 외공(外工)의 두 기구로 분리하여 관리하였다. 내공은 황실과 관련된 공정으로 황성의 축조와 보수, 내정, 원유, 능침의 조영 등을 책임지며 내무부(內務府)가 관장하였다. 외공은 정부 공정으로 단묘(壇廟), 성장(城牆), 창고, 영방(營房), 외조(外朝)의 궁전 건설 등의 업무를 책임졌으며 공부가 관장하였다. 국가의 중요 공정은 주로 공부와 내무부가 논의하여 진행하였으며 대부분 만주인들이 수장에 임명되었다. 『공부공정작법』은 공부와 내무부가 공동으로 편찬한 공정 법식 저술이다.

청대 중기 이후 정치적 안정과 경제적 발전을 이루면서 황실, 정부 및 민간에서는 여러 형태의 대형 토목건축 공정이 진행되었고 토목건축의 기술적 수준도 상당한 발전을 이루었다. 그 배경에는 탁월한 기술과 경험을 가진 기술자 집단들의 대량 투입이 주요 인으로 작용하였다. 그러나 전근대 중국 사회는 여전히 공정 기술을 천시하는 분위시가 이어져 내려왔고 이는 기술자 집단의 사회적 지위를 지속적으로 저하하는 결과를 초래했다. 청대에도 이러한 환경은 크게 변화하지 않았기에 청대 공장과 장사의 구체적 행적도 단편적인 기록으로만 남아 있다.

조선시대 성곽

1. 시대적 배경과 축성사적 위치

조선은 고려 말기의 혼란을 수습하고 민심을 안정시키기 위해 1394년 수도를 개성에서 한양으로 옮겼다. 한양의 품격을 갖추고 수도 방어를 위해서는 도성을 쌓는 일이 급선무였다. 도성 축성공사는 1396년 1월부터 두 달이라는 짧은 기간 동안에 이루어졌다.

고려시대 후기의 혼란을 틈타 기승을 부리던 왜구는 조선의 적극적인 공세와 명나라의 해상 치안이 강화되자 점차 잦아들었다. 그러나 명나라의 타타르 원정과 여진에 대한 압박 정책은 여전히 동북 지역의 긴장을 고조시키고 있었다. 조선은 북방과 경상도, 전라도의 각 지역에 대규모 입보용(入堡用) 산성을 수축하여 전쟁에 대비했다.

세종대에 이르러 동북아 지역에 명나라 중심의 새로운 국제질서가 정립되었다. 조선 정벌론까지 등장할 정도로 불안했던 조선과 명나라의 관계도 회복되었다. 조선은 북로남왜(北虜南倭)라는 주적(主賊) 개념 하에 그들의 군사 활동 규모에 맞추어 산성입보(山城入堡) 대신 읍성과 진관성 중심으로 관방체제를 재편했다.

읍성(邑城)은 지방 행정 중심지에 쌓은 치소성(治所城)이다. 적의 침입으로부터 주민들의 생명과 지방 관아의 각종 행정 자료와 기물을 보호하기 위한 시설이 필요했으므로 많은 읍성이 축조되었다. 특히 왜구나 야인(野人)의 침입 위험이 있는 연해와 북쪽 변경 지역은 그 필요성이 더하였다.

행성(行城)은 국경이나 적이 침입하는 요해처를 가로막아 쌓는 성을 말한다. 세종은 변경 지역 전 구간에 대해 행성을 쌓고자 하였으나 행성은 성종대까지도 완성되지 못했다. 영진보성(營鎭堡城)은 각도의 절도사나 절제사, 혹은 첨절제사가 주재하는 영진이나 그 아래에 소속된 보에 쌓은 성이다. 읍성이나 진성에서 멀리 떨어진 곳으로서 인구가 밀집된 취약 지대에는 보(堡)를 쌓아 거주민의 입보처로 삼도록 했다.

임진왜란과 병자호란은 조선왕조의 방어체제를 대대적으로 변화시켰다. 임진왜란 당시 읍성이 수성전에서 별다른 효과를 거두지 못한다는 것이 증명되었기 때문이다. 조선왕조가 그동안 공을 들여온 평지 읍성 중심의 관방체계는 더 이상 유지할 수 없었으므로 조선전기에 경영을 멈추었던 산성에 다시 주목하게 되었다.

양란 이후에는 축성법에도 대대적인 변화가 이루어졌다. 임진왜란을 통하여 조총의 효용성을 알게 되었고, 병자호란을 통하여 홍이포(紅夷砲)라는 화약무기의 위력을 실감한 조선은 화약무기에 대응할 수 있는 새로운 축성법이 필요했다. 이에 따라 조선의 축성법에는 혁신적인 변화가 나타나게 되었다.

2. 한양도성의 축성법

한양도성은 태조대의 축성 이후 여러 시기에 걸쳐 수축이 이루어졌다. 태조대의 한양도성은 1396년 1월부터 118,049명이 동원되어 49일이라는 단기간에 축성되었다. 공사는 59,500척(18.3km)을 600척씩으로 총 97구간으로 나누고 각 구간은 천자문의 글자 순서에 따라 백악산 동쪽부터 '천(天)'자로 시작하여 "지(地)", "현(玄)", "황(荒)"의 순으로 매겨 97번째인 '적(吊)'자에서 끝나도록 하였다.

평지와 나지막한 구간은 토성으로 쌓고, 높고 험준한 곳은 석성으로 쌓았다. 전체 성벽의 70%에 해당하는 43,000척(12.9km)이 토성으로 구축되었다. 토성은 기저부 폭이 24자(7.5m), 높이는 25자(7.8m)로 석성보다 높았다. 토성은 고려시대 이래의 전통적인 토성 축성기법을 따라 기저부에 석열을 배치하고 중심 토루를 구축한 후 내피 토루와 외피 토루를 덧붙여서 마감하였던 것으로 추정된다. 발굴에서는 점질토와 사질토를 교대로 달구질한 판축 기법이 확인되었다.

석성은 높이가 15척, 총 길이가 19,200척(5.7km)이었다. 능선 구간의 성벽 기저부는 정상부 인접 지역에서 부식암반층을 층단식으로 굴토하여

〈그림 2-112〉 한양도성의 토성이 석성으로 개축된 구간

정지하였으며, 저지대에서는 말목지정을 하고 부석을 간 후 성벽을 쌓았다. 성돌은 가공하지 않은 할석이 사용되었으며, 별도의 기단석 없이 대형 석재를 바닥에 놓아 기초 면석으로 삼았다. 성돌의 재질은 화강암과 편마암이 많지만, 절리가 발달한 지표석이 주로 사용되었다. 성벽 하단부에 큰 석재를 놓고 상부로 올라갈수록 작은 석재를 퇴물림하여 쌓았으며 성돌 사이사이에는 쐐기돌을 많이 사용했다.

세종대에는 토성 구간 전체를 석축으로 개축하고, 붕괴된 석축 구간에 대한 보수 공사를 진행했다. 수축 공사에 동원된 인원은 322,400여 명이며, 40일간의 공역을 수행했다. 특히 대부분 석공으로 추정되는 공장(工匠) 2,211명이 참여했다.

세종대의 축성법은 위치에 따라 성벽의 높이를 달리하였으며, 개축 성벽에는 담당 고을의 이름이나, 축성 고을의 시작 지점과 완료 지점을 표시하여 천자문 자호를 기록한 태조대의 축성 표시와 차이를 보인다. 고을 이름으로 담당 구간을 표시하는 이러한 방법은 이후 지방에서 축조되는 읍성과 영진보성에도 그대로 계승되었다. 성벽은 가공한 화강암 성돌로 쌓았으며, 기저부에는 너비 1m 이상의 대형 성돌이 사용되었고, 윗부분에는 너비 30cm 내외의 소형 성돌이 사용되었다. 면석은 중앙이 볼록하고 모서리 부분은 약간 곡면을 이루도록 사각추형으로 가공하여 통일신라의 성돌과 유사하다. 성벽의 기초부에는 지대석을 깔고 지대석에서 20cm 안으로 들어서 체성벽을 쌓았다. 지대석 앞에는 일정한 너비로 박석을 깔아 성벽 하단부의 토사가 빗물에 파여 나가지 않도록 하였다. 하부에는 큰 장방형 석재가 놓이고 상부로 올라갈수록 작은 석재로 퇴물림하여 쌓았다.

면석은 하부에 장대석을 2단 내외로 쌓고, 상부에는 장방형 석재를 쌓았으며 가공된 성돌로 줄눈을 맞추어 층층이 쌓아올렸다. 면석 뒷부분

〈그림 2-113〉 태조대의 성벽(좌)과 세종대의 성벽(우)

에는 작은 할석으로 뒤채움을 하였으며, 여장은 체성벽 성돌보다 작은 할석으로 쌓았으며, 강회 모르타르를 사용하여 여장의 내구성을 높였다.

숙종대에는 임진왜란과 병자호란 당시 도성을 지키지 못한 데 대한 반성으로 도성을 안전하게 지킬 새로운 방안을 강구하게 되었다. 이에 따라 도성방어용 산성인 북한산성 축성을 결정하고, 이에 앞서 도성을 먼저 수축했다. 수축 공사에는 중앙군인 금위영과 어영청, 훈련도감, 수어청, 총융청 등 5군문이 참여했다. 숙종 30년에 시작된 도성 수축은 수축에 대한 청나라의 허락 문제로 지연되어 숙종 38년(1712)에 완료되었다. 성벽 수축 구간은 9,975보, 여장 7,081첩에 이르렀다.

숙종대 축성법의 특징은 수축 담당 구역의 책임 장교와 석공의 이름을 면석에 새겨 부실공사에 대하여 책임지도록 했다는 것이다. 화약무기의 공격에 대응할 수 있도록 체성벽 성돌의 크기가 대형화되어 성돌은 길이가 45cm 내외에 무게 300~600kg의 화강암 성돌이 사용되었다. 성돌은 직육면체에 가깝게 가공되고, 그랭이질로 접촉면을 극대화함으로써 성벽이 쉽게 붕괴되지 않도록 하였다. 각자 성석에는 청나라 연호와 패장, 패두, 석수나 편수의 이름 등을 표기하여 축성 실명제를 시행했다.

영조대에는 3군문에게 도성 수축과 관리를 맡겨 붕괴 구간 40여 곳

〈그림 2-114〉 숙종대의 고양 북한산성 성돌(좌)과 한양도성 순조대의 성돌(우)

〈그림 2-115〉 규격화된 한양도성 순조대의 성벽

14,935보를 수축했다. 영조대의 축성법은 숙종대와 비슷하여 구분하기 어렵다. 정조대에는 도성 수축을 위한 장인과 인부를 모집하면서 이에 필요한 경비의 지급 기준을 마련하여 성벽 1칸(8자)을 수축할 때에는 쌀 30석(1석은 15말), 2~5칸까지는 1칸마다 쌀 16석, 16~20칸까지는 1칸마다 쌀 15석으로 규정했다.

순조와 헌종대의 도성 수축은 거의 매년 꾸준하게 이루어졌으며, 보수에 사용된 석재는 노원에서 떠다가 사용했다. 한양도성 수축 공사에는 화성 성역에 참여하여 기술력을 인정받은 장인들이 도성 수축 공사에 참여하였음이 각자성석을 통하여 확인된다. 순조대에는 가로, 세로 60 *cm* 내외의 정방형으로 규격화된 성돌이 사용되었다. 성돌은 표면이 납작하고, 뒤뿌리가 급격히 좁아들어 외관은 아름답지만 안정감이 떨어지는 것이 흠이다. 경사지와 평지 모두에 가로 방향의 수평줄눈을 맞추어 층층이 쌓았으며 경사지에서 단이 지는 곳은 결구되는 면석을 그랭이질하여 밀착시켰다. 들여쌓기를 하지 않고 성돌의 상부를 약간 뒤로 눕혀 쌓아 전체적으로 약간 경사지게 쌓았다. 여장은 장방형의 장대석을 사용하였고 상부에 대형의 옥개석을 올렸으며, 수축 관련 기록은 주로 여장 내벽에 새겨놓았다. 총안의 윗돌은 凸 형태로 가공하여 총안이 안으로 기울지 않도록 하였다.

3. 읍성의 축성법

세종대에 110개였던 읍성은 성종대에는 122개로 늘어나 전국 329개 군현 중 37%에 해당하는 지역에 읍성이 있었다. 읍성은 왜구를 가상의 적으로 하는 방어 시설이었으므로 규모가 크지 않고, 평지성이나 평산성의 형태를 보이고 있다.

읍성의 둘레는 1㎞ 전후이며, 성벽의 높이는 3~4m로 그다지 높지 않고, 여장과 적대, 옹성, 치, 해자 등의 시설을 갖추고 있다. 세종대에 석축으로 개축된 성벽은 협축으로 구축하였으며, 이후에는 외면만 석축을 하고 내부에는 흙으로 내탁부를 조성하였다. 성돌은 가공하지 않은 대형 할석으로 외벽을 쌓고 사이사이에는 잔돌을 끼워 넣은 형태가 가장 많이 확인된다. 조선 초기의 위기 상황 속에서 구축되어 기술적인 완성도보다 축성 자체에 의미를 두었기 때문에 조악하고 허술한 것이 많다.

조선 초기에는 타타르의 명나라 침공에 따른 동북아시아의 전쟁 위기감이 고조되자 태종 9년(1409) 창녕 화왕산성, 청도 오혜산성, 안음 황석산성 등 경상도의 6개 성과 남원 교룡산성, 담양 금성산성 등 6개소를 수축하여 전쟁에 대비하였다. 산성은 해발 400m 이상의 험준한 산속에 있는 이전 시기의 입보용 산성 중 물이 풍부하고 둘레 5km 내외의 대규모 산성이 선정되었다. 축성기법은 가공되지 않은 할석으로 성벽을 쌓아 조악한 형태를 띠고 있다는 공통점이 확인된다. 성벽과 성문, 옹성, 용도, 장대, 창고 등이 구축되었다.

4. 영진보성과 행성의 축성법

국경 지역에는 영진보성이 구축되었다. 조선 초기의 영진보성은 대체로 목책이었다. 목책은 공역이 적게 들고 쉽게 설치할 수 있기 때문이다. 경주의 하서지 목책, 함평 해제 목책도니성, 장흥 두원 목책도니성, 여수 목책도니성, 보성 양강 목책도니성, 경원 고랑기 목책 등이 있었다. 목책은 일정한 간격으로 나무기둥을 박고 그 사이를 나뭇가지로 채운 것이며 여기에 진흙을 바르면 목책도니성이 된다. 세종대 이후에 석축으로 개축되는 영진보성의 축조기법은 읍성의 축조기법과 유사하다.

행성은 국경 지역에 장성처럼 길게 쌓아 적의 침입을 방어하는 시설이다. 성종 21년 윤효손이 의주 일대의 행성을 벽돌로 쌓을 것을 건의하여 벽돌을 제조하는 등 진전이 있었으나 석축성보다 공역이 많이 드는 것으로 확인되어 벽돌을 이용한 축성은 일반화되지 못했다. 석축 행성은 세종 20년(1438) 연변의 석보루를 축조할 때에 적대, 옹성 및 연대의 모양을 도본으로 만들게 하여 참고하도록 하였다. 석축 행성은 가공되지 않은 대

〈그림 2-116〉 강진 병영성(좌)과 압록강 행성 성벽(우)

형 석재로 쌓았으며, 축성이 급히 추진되는 바람에 조잡하고 견고하지 못한 것이 특징이다.

5. 조선후기 축성법의 변화

임진왜란과 병자호란 이후 조선의 축성법은 크게 변화되었다. 그 요인은 화약무기의 도입, 중국과 일본 성제의 영향, 그리고 신소재의 도입이다. 무엇보다도 전쟁의 양상이 재래식 무기에서 화약무기로 전환되면서, 홍이 포라는 대구경 화포에 견딜 수 있는 성곽을 쌓는 것이 급선무였다.

임진왜란과 병자호란 당시 조선이 보유한 원거리용 화포는 천자총통, 지자총통, 현자총통, 황자총통이었다. 그중 가장 큰 천자총통은 대장군전(大將軍箭)의 사거리가 1~1.4km 정도였으며, 탄환의 사거리는 600m 정도에 불과하였다. 그러나 홍이포는 최대 사거리가 4~8km에 이르고 유효 사거리만도 700m에 달하였다.

축성법의 가장 큰 변화는 성돌의 크기가 대형화한 점이다. 성돌의 무게를 기존 성돌보다 약 10배 정도 무겁게 하여 포탄을 견딜 수 있도록 하였다. 성돌의 크기가 커지면서 성벽은 면석의 자중(自重)으로 유지되었으며, 뒤채움 돌의 영향력이 감소되면서 뒤채움부가 점차 약화되었다. 성돌의 형태는 사각추형에서 직육면체에 가깝게 가공하여 면석의 안정성이 극대화되었다.

아울러 성벽의 높이도 낮아졌다. 전통적인 축성기법은 성벽으로 접근하는 적을 방어하는 것이 목적이었으므로 가능하면 경사를 급하게 하고 성벽의 높이를 높게 할 필요가 있었다. 그러나 원거리 무기인 화포 공격에 대응하기 위해서는 성벽의 높이를 낮추고 경사를 완만하게 하여 쉽게 붕괴되지 않도록 하는 것이 더욱 효과적이었다. 따라서 성벽의 높이는 대략 4~6m로 낮아지게 되었으며, 산지에는 반축(半築)이나 반반축(半半築), 또는 지축여장(地築女墻)을 설치하는 등 성벽의 높이가 지형에 따라 유연하게 변화하는 양상을 보인다.

또한 충격을 완화할 수 있도록 내탁부를 보강하였다. 근접 공격이 아닌 원거리 공격으로부터 견뎌내기 위해서는 면석의 충격을 흡수할 수 있는 흙둔덕이 필요했다. 이에 따라 대형의 면석과 얇은 뒤채움석에 덧붙여 두꺼운 내탁부를 조성했다.

화약무기를 설치할 수 있는 포루도 구축되었다. 임진왜란 후 남한산성이 구축될 때까지만 해도 포루의 필요성에 대해서는 부정적인 견해가 많았지만, 병자호란 이후에는 산성마다 포루를 설치하도록 하였다.

축성법 변화의 두 번째 요인은 일본과 중국의 성제의 영향이다. 특히 왜성(倭城)과 전쟁 중에 입수한 척계광의 『기효신서(紀效新書)』를 비롯한 중국 병서들은 조선의 축성법에 상당한 영향을 미치게 되었다.

임진왜란 당시 조명연합군은 사천왜성, 순천왜성, 울산왜성 등지에서 공성전을 벌였지만 왜성을 함락시킬 수 없었다. 왜란 이후 조선 정부에서

〈그림 2-117〉 광주 남한산성 남1옹성(좌), 원성연결도로(중), 남2옹성(우)

는 왜성 축성법의 도입이 필요하다는 논의가 전개되었다. 그 결과 함북 경성읍성과 죽주산성, 남한산성에서 왜성의 영향을 받은 것으로 보이는 축성 방식이 일부 확인된다.

왜성의 영향으로 볼 수 있는 새로운 축성 요소 중 가장 특징적인 것이 새로운 형태의 옹성(甕城)과 포루의 축성기법이다. 옹성은 원래 성문을 보호하기 위해 성문 바깥에 원형이나 방형으로 쌓는 구조물을 말한다. 그러나 남한산성의 옹성은 방어의 취약 지점을 보강하고, 공격 지점을 확보하기 위하여 성벽 바깥쪽에 있는 작은 봉우리까지 용도(甬道) 형태로 성벽을 쌓아서 체성벽에 덧붙인 구조다. 일반적인 치성이나 옹성이 체성벽과 같은 높이에서 이어지도록 쌓는 데 비하여 남한산성 옹성은 원성의 바깥쪽에 원성보다 낮은 지점에 성벽을 쌓아 옹성의 상부가 원성의 하단부에 위치하도록 하였다. 이것은 이전에 없던 축성법으로서 본환(本丸)을 중심으로 단차를 두며 성벽을 덧붙여 쌓는 왜성의 곡륜(曲輪)을 본뜬 것으로 생각된다.

일시적이기는 하지만 성돌의 형태도 변화되었다. 삼국시대 이래로 우리나라의 성곽은 대체로 장방형으로 가공한 성돌이 주로 사용되었다. 그러나 병자호란 이후 수축되는 남한산성 남2치와 3개의 남옹성은 왜성의

〈그림 2-118〉 왜성 축성술이 반영된 경성읍성(상), 안성 죽주산성(중), 남한산성 남2옹성(하)

축성법처럼 대형의 부정형 할석이 사용되었다. 성벽의 기울기도 현저하게 완만해졌다. 성벽의 기울기는 삼국시대의 성벽이 $70°\sim80°$를 유지하는 데 비하여 남한산성 원성은 $60°\sim70°$ 정도로 훨씬 더 완만하다.

중국 성제의 영향으로는 임진왜란 당시 입수한 중국 병서인『기효신서』의 내용을 참고로 하여 돈대(墩臺)라는 새로운 방어시설이 등장했다. 돈대는 원성을 연결하여 쌓기 어려운 요해처에 작은 규모의 성곽을 구축하고 포루를 설치한 방어시설로 남한산성 신남성에 동서 돈대가 구축되었으며, 숙종대에는 강화도에 54개에 달하는 돈대가 구축되기도 하였다. 정조대에 축조된 화성에는 공심돈이라고 하는 기존에 없던 새로운 형태의 중층 돈대가 구축되기도 하였다. 이 외에도 화성에서는 현안, 누조 등 중국 성제의 영향을 받은 시설물이 등장하였다. 옹성이나 여장에 벽돌이 사용되는 것도 중국 성의 영향이라고 할 수 있다.

그런데 이러한 새로운 성제가 등장했지만 선택적으로 채용되었을 뿐 지속적으로 유지되지는 않았다. 경성이나 죽주산성을 포함하여 왜성의 성제를 그대로 모방하여 쌓은 성은 전혀 없으며, 성벽의 경사는 완만하고 부정형의 성돌을 사용했다고 하지만 왜성 성벽의 전형적 특징인 천수각이나 곡륜이라고 하는 복곽식 성벽 쌓기, 성벽 모서리의 산목적(算木積) 쌓기 등은 확인되지 않기 때문이다. 남한산성 남옹성에서 확인되는 새로운 축성법도 영조대에 이르면 장방형으로 가공된 성돌과 성벽 경사가 수직 경사에 가까운 형태로 구축되는 등 전통적인 축성기법으로 다시 돌아갔다. 중국 성제의 영향을 받아 등장한 시설물도 마찬가지다. 이는 기능과 구조에 대한 이해 없이 외형적인 모방을 통한 축성법의 변화 시도에는 한계가 있음을 말해준다.

조선시대 후기 산성을 대표하는 것은 북한산성이다. 숙종은 즉위 초부터 축성 사업에 박차를 가하여 재위기간 동안 30여 개소에 달하는 성곽

〈그림 2-119〉 다양한 형태의 고양 북한산성 성돌

을 새로 쌓거나 수축하였다. 즉위하자마자 성주 독용산성 축성을 시작
으로 하여 수양산성과 입암산성, 대흥산성, 강화산성, 구월산성, 남산한
성의 한봉외성과 봉암외성, 금정산성, 조령산성 등을 축조하였으며, 즉위
36년에 한양도성을 수축하고 이어서 북한산성을 쌓았으며, 마지막으로
즉위 44년에는 탕춘대성을 쌓았다.

명칭	축성연대	명칭	축성연대	명칭	축성연대
성주 독용산성	1년(1675)	철산 운암산성	10년(1684)	문경 조령산성	34년(1708)
해주 수양산성	2년(1676)	은율 구월산성	11년(1685)	서울 한양도성	36년(1710)
장성 입암산성	2년(1676)	광주 봉암성	12년(1686)	고양 북한산성	37년(1711)
개성 대흥산성	2년(1676)	광주 한봉성	19년(1693)	청주 상당산성	42년(1716)
강화 강화산성	3년(1677)	통진 문수산성	20년(1694)	서울 탕춘대성	44년(1718)
강화 화개산성	3년(1677)	칠곡 가산산성외성	27년(1701)		
강화 돈대	5년(1679)	동래 금정산성	29년(1703)		

〈표 2-6〉 숙종대의 축성 현황

　북한산성은 입지와 규모, 축성기법, 축성 기간과 축성 조직의 운영에
이르기까지 거의 모든 분야에서 이전 시기의 산성과 비교하기 어려울 정
도의 수준 높은 기술로 쌓았기 때문에 조선시대를 대표하는 산성이라 할

수 있다. 삼국시대부터 축적된 전
통적인 축성기술에 임진왜란과 병
자호란 이후 새로운 축성기술이
더해졌다. 또한 숙종 재위 초부터
시작된 많은 축성 사업을 통하여
배출된 전문 인력과 기술력이 집
약된 북한산성은 조선시대 토목기

〈그림 2–120〉 수원 화성 서북공심돈

술의 결정체라고 할 수 있다. 북한산성은 한양도성의 배후 산성으로서 당
대 최고 수준의 장인들이 총동원되었으며 축성 이후 수개축이 거의 이루
어지 않아 잔존 성벽이나 구조물들이 대부분 초축 당시의 원형을 그대로
간직하고 있다. 따라서 북한산성은 타임캡슐처럼 숙종대의 발달된 축성
기술의 원형을 간직하고 있어 토목건축기술의 역사를 규명할 수 있는 표
준 유적이라고 할 수 있다.

　1997년 12월 나폴리에서 열린 유네스코 세계유산위원회 제21차 총회
에서 수원화성이 세계문화유산으로 등재되었다. 화성은 18세기 군사건축
물을 대표하고 있으며, 유럽과 극동아시아 성제의 특징을 통합한 독특한
역사적 중요성을 지니고 있다는 것이 등재 사유였다. 화성은 정약용이 설
계를 하였고, 거중기와 녹로 등 근대적인 과학기기와 전돌과 석회 등의
신소재가 축성에 활용되었다. 화성은 중국과 일본에서는 찾아볼 수 없는
평산성의 형태로서, 군사적 방어 기능과 평지읍성의 기능을 공유하도록
하였으며, 성내에 행궁을 만들어 국왕이 행차 시 유숙할 수 있도록 했다.
화성은 성리학적 이념과 과학적이고 효율적인 축성기술을 반영하여 만
든 신도시이자 우리나라 축성기술의 결정체라고 할 수 있다.

세종대의 「축성신도(築城新圖)」와 그 폐단

축성신도란 세종 20년(1438)에 반포한 읍성 축성에 관한 규정을 말한다. 축성신도의 원본은 남아 있지 않으나, 세종 25년 성균관 주부 이보흠(李甫欽, ?-1457)의 상소문에서 그 개략적인 내용을 유추할 수 있다. 이보흠은 축성신도의 폐단과 개선 방안을 제기하고 있다.

축성신도의 내용에서 읍성은 협축식의 석축성으로 구축하되 성벽 기저부의 너비는 16척(5.4m)으로 하고 내벽 쪽은 계단상으로 만들고 상부에는 박석을 깔도록 하였다.

축성신도의 폐단은 다음과 같다. 성돌의 운반 거리가 멀어 수십 명이 하루에 한두 개밖에 운반하지 못하며, 석성 1척을 쌓는데 6~7명이 1~2년 걸려도 쌓을 수 없다. 또한 석성으로 축조하더라도 쉽게 붕괴되어 관리가 벌을 받게 된다. 계단을 만들고 박석을 깔면 쉽게 오르내리기 힘들어 적을 방어하는 데 어려움이 있다. 한두 개의 돌을 빼버리면 잡석으로 쌓은 성벽이 무너진다. 위에 덮은 흙이 없기 때문에 한 번만 비가 오면 물이 스며들어 쉽게 무너진다. 실제로 축성신도 반포 이전에 쌓은 영일성은 쌓은 지 9년이나 되었는데 한 번도 무너지지 않았으나 축성신도에 따라 석축으로 구축한 성곽들은 쉽게 무너짐이 목격된다.

이러한 폐단에 대한 이보흠의 개선 방안은 다음과 같다. 성벽의 외면 6~7척은 큰 돌로 쌓는다. 내면에는 7~8척 높이로 돌과 흙을 섞어서 흙으로 단단하게 쌓는다. 그 위에 흙 2척을 덮고 떼를 입히되, 안으로 향해 경사하게 하여 물이 쉽게 빠지도록 한다. 이렇게 해야 사람이 오르고 내리기에 편리하여 적을 제어하기 용이하게 된다. 해자를 파면서 성의 내면을 흙으로 메우면 해자를 다시 파야 하는 수고를 덜 수 있고, 성 하나를 쌓는 공력으로 두세 개의 성을 쌓을 수 있다. 빗물이 흙에 스며드는 것은 한두 자에 불과하므로, 돌성 위에 흙을 2~3척 쌓아서 물이 스며들지 못하게 하면 성이 쉽게 무너지지 않을 것이다.

이처럼 조선에서는 고려시대 이래 주로 토성으로 구축되어온 읍성을 석축으로 개축하도록 함으로써 읍성의 방어력을 높이고 성벽이 쉽게 붕괴되지 않도록 시도하였다. 세종대에는 「축성신도(築城新圖)」를 반포하여 축성법의 기준을 제시함으로써 읍성 축성이 용이하도록 하였으나 실제 적용 이후 부작용이 생기게 되자, 외벽은 석축으로 유지되었지만 내탁부는 점차 토축으로 정착되었다.

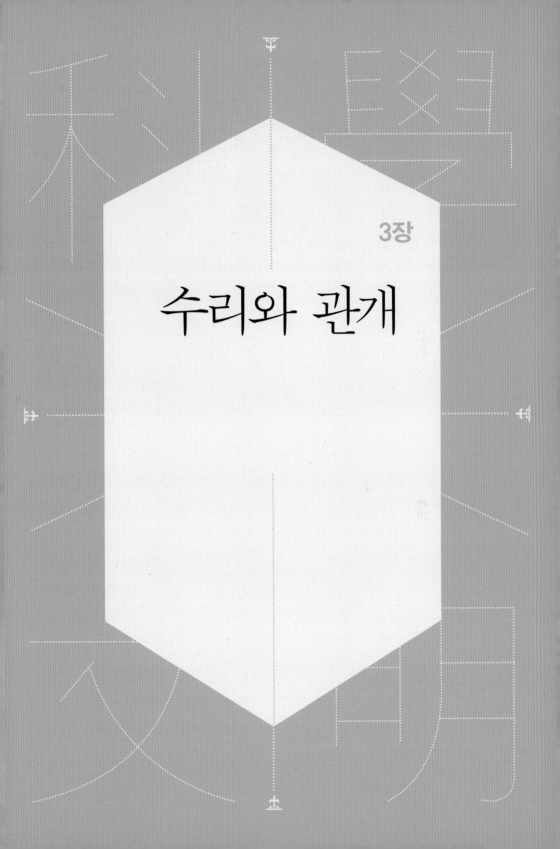

3장

수리와 관개

수리 연구의 중요성과 연구 현황

1. 수리·관개의 역사적 의미

물이 산소와 함께 모든 생명체의 생존을 위해 필수불가결한 요소임은 너무나도 명확한 사실이다. 인간뿐만 아니라 모든 동식물들에게 물이 없는 삶이란 상상할 수도 없을 것이지만, 동식물들에게 물은 그저 생존을 위한 음용의 대상 그 이상 이하도 아니었다. 그렇다면 과연 인간에게는 물이 다른 특별한 의미가 있을 수 있을까? 인간은 어느 때부터인가 물을 단순히 마시는 것으로만 사용하지 않고, 농경이라는 새로운 생산 방식에 보다 적극적으로 활용하기 시작하였다. 즉, 물을 단순히 음용의 대상이 아닌 고효율의 부가가치를 창출할 수 있는 수단으로 적극 활용함으로써, 전혀 다른 차원의 사회로 접어들 수 있는 기틀을 마련하였던 것이다.

사실 구석기시대에 인간이 석기와 같은 인위적인 도구들을 처음 만들어 다양하게 활용하기는 하였지만, 생존을 위한 생계 방식만큼은 수렵과 채집이라는 자연 생산력에 전적으로 의지하는 구조를 갖고 있었음은 모두가 알고 있는 사실이다. 그런데 구석기시대 이후 신석기-청동기-철기시대를 지나 현재(현대의 발달된 원자력과 우주의 시대에 살고 있다 하여도 기본적으로는 철기시대라 할 수 있다)에 이르기까지 자연 생태계의 최정점에 서 있는 우리 인간의 개체수는 꾸준히 늘어왔으며, 그 결과 현재는 근 70억 명을 헤아릴 정도가 되었다. 각 지역마다 처한 상황에 따라 차이는 있을 수 있으나, 오랜 인간의 역사 속에서 보면 전쟁이나 기근 등으로 아주 짧은 시간 동안 인구 증가가 둔화된 시기가 있었을지 몰라도, 지구 전체적으로 인구는 꾸준히 증가해왔다. 이처럼 계속해서 증가하는 인구를 먹여 살릴 수 있는 방법은 과연 무엇이었을까?

순수한 자연의 생산력 즉 수렵 채집에 의존하는 생계경제체계는 자연의 생산력과 그 수혜자(인간을 포함한 동물 개체수)가 평형을 이루는 한에서는 가장 자유롭고 여유 있는 체계라 해도 과히 틀리지 않을 것이다. 바로 에덴동산을 연상하면 될 것인데, 인간은 어느 날부터인가 이 에덴동산을 마다하고 고단하고 힘든 생산경제체계로 나아갔음을 우리는 알고 있다. 왜 그리하였던 것일까?

만약 특정한 공간 내에 거주하고 있는 집단의 인구가 어떠한 이유로 증가하거나 또는 기후 변화 등으로 인해 식량 자원이 부족해짐으로써 평형이 깨어질 경우, 그 집단 전체의 생존이 위협받을 수밖에 없을 것이다. 이처럼 평형이 깨어질 경우 이를 방지할 수 있는 방법은 누군가가 다른 지역으로 떠나거나(이주), 또는 전쟁 등을 통해 개체수를 줄이거나 반대로 주변 집단의 것을 약탈해 오는 방법 등이 일차적으로 떠오를 수 있다. 그러나 이들은 일시적인 방책은 될 수 있을지 몰라도 장기적으로는 결코 수용되기 어려운 방법들임이 분명하다. 결국 장기적 관점에서 재배 농경과 사육이라는, 인간 스스로 만든 생산경제체계를 통해 인위적으로 식량 생산을 늘리는 것이 어쩌면 거의 유일한 생존의 해결책일 수밖에 없었을

지도 모른다.[1]

고든 차일드가 말한 신석기혁명은 인간사에서 유례가 없는 새로운 발명품인 토기의 사용과 함께 재배 농경의 시작을 가리킴은 잘 알려져 있다. 지역마다 세부적인 과정에서는 당연히 차이가 있겠으나, 인간이 점차 변화를 거듭한 결과 자연 생태계의 최정점에 서게 되었음은 주지의 사실이다. 이에 따라 사람의 개체수 또한 계속 늘어나게 되면서 그 생존을 근원적으로 뒷받침할 식량 자원 개발의 필요성은 더욱 커질 수밖에 없었을 것이며, 그 가운데 하나가 바로 농경이었던 것으로 생각된다.[2] 사실 작물을 직접 재배하여 생산하는 농경은 수렵 채집에 비해 더 많은 노동력을 투입해야 하는 고단한 삶의 여정으로서, 혁명이라기보다는 오히려 생존을 보장받기 위한 피치 못할 선택이었던 것으로 보이기도 한다. 그렇다면 이 과정에서 물과 수리, 관개(灌漑)는 어떠한 역할을 하였던 것일까?

수리(水利)란 말 그대로 물을 통해 인간을 이롭게 하는 것이며, 수리시설은 이러한 수리를 위한 시설들을 통칭한다고 할 수 있다. 한편 관개란 농사를 짓는 데 필요한 물을 논밭에 대는 것으로서, 작물들은 필요한 물을 안정적으로 공급받을수록 생산량이 늘어날 수 있기 때문에 관개체계가 잘 구축되어 있을수록 농경의 성공을 보장받을 확률이 높아지게 된다. 결국 저수지 등과 같이 우리가 일반적으로 알고 있는 각종 수리시설들은 바로 관개를 통해 농경의 성공 확률을 높이기 위한 장치라 할 수 있다.

특히 우리나라의 경우 수리시설은 벼와 밀접한 관계가 있다. 벼는 널리 알려진 바와 같이 열대나 아열대 지역이 원산지인 고온성 작물로서, 크게 물에서 재배하는 논벼와 물이 적은 상태에서 재배하는 밭벼가 있다. 이 중 토양이 물에 잠긴 상태로 재배하는 논벼가 벼의 생육 환경과 양분 공급을 훨씬 균일하게 해줄 수 있어 밭벼보다 생산에 절대적으로 유리하다. 또 벼는 10~13℃부터 40℃의 범위에서 생육이 가능하지만 생육 단계별로 최저 및 최고 한계온도가 달라, 최저 한계온도는 대체로 발아 10℃, 이앙 후 활착 13~16℃, 영화분화 15~20℃, 감수분열 17~19℃, 등숙 10~12℃ 정도로서, 수온과 기온의 영향을 많이 받는다.[3] 이처럼 물이 절대적으로 필요한 논벼 때문에 우리나라에서는 수리관개시설의 필요성이 더 커졌다고 보아도 그리 틀림이 없다.

이처럼 우리나라에서 벼 재배와 밀접하게 연관되어 발달한 수리시설들에는 어떠한 종류가 있으며, 시간이 지남에 따라 거대한 제언을 축조하기 위한 기술은 무엇이 있는지 살펴보도록 한다. 이를 토대로 우리나라 수리시설의 변천 과정과 그 역사적 의미를 찾아보고, 나아가 과연 우리만의 수리관개체계의 특징과 의미를 추출할 수 있을지 검토해보고자 한다. 과연 '한국형' 수리시설이라 부를 만한 존재가 있는 것일까?

2. 수리·관개시설 연구 현황

수리시설을 만들기 위해서는 기본적으로 거대한 물의 압력에 견딜 수 있는 고도의 토목기술이 필연적으로 요구된다. 우리는 현대의 과학적인 설계와 공법으로 만들어진 제방이나 교량 같은 토목구조물들에 문제가 생기는 현상을 종종 보아왔다. 김제 벽골제와 제천 의림지, 영천 청제 등 삼국시대에 축조된 것으로 알려진 제방들이 지금까지 그 수많은 풍파를 견디면서도 그대로 남아 있는 것은 고대 토목기술이 이미 높은 수준에 올라섰음을 웅변하는 것이다. 그렇다면 우리나라에서는 이러한 수리시설에 대해 언제부터 그 중요성을 인식하고 의미를 파악하게 되었을까?

우리나라에서 고대 수리시설의 모습이 본격적으로 알려지게 된 것은

1975년 김제 벽골제가 발굴되면서부터이다.[4] 당시는 벽골제 외에 조사된 것도 없고 수문에 한정된 조사였기 때문에 벽골제의 축조 시기와 관련된 문제를 해명하는 정도였으며, 수리시설의 성격이나 축조 기술에 대해서는 거의 파악되지 못하였다. 이후 1997~1998년에 당진 합덕제가 조사되면서 하부에 식물 유기체와 점토를 교대로 깔아 저습지에 축조된 제언의 기초를 만드는 이른바 "부엽공법"이 벽골제에 이어 다시 확인되었다.[5] 그런데 제방을 축조하기 위해서는 이 외에도 측량을 비롯한 다양한 기술과 공법이 필요함에도 불구하고 지금까지 제방의 축조 기술과 관련된 논의는 주로 이 부엽공법의 존재 여부에 머물러 있었다. 2007년에는 계명대학교에서 "韓·中·日의 古代水利施設 比較研究"를 주제로 학술회의가 개최되어,[6] 벽골제의 축조 시기와 성격·상주 공검지의 조사 성과·중국과 일본 수리시설의 현황 등이 발표되면서 동아시아 수리시설의 조사 성과와 문제점이 종합적으로 검토되는 계기가 마련되었다. 그러나 문헌 자료와 발굴 조사된 유적의 수가 적어 본격적인 논의가 이루어지기에는 한계를 가질 수밖에 없었다.

이후 조선 3대 제언 중 하나로 일컬어졌던 제천 의림지의 축조 시기와 역사적 성격을 규명하기 위한 학술회의가 잇달아 열리고,[7] 보성 조성리의 원삼국시대 보와 울산 약사동의 신라 제언이 발굴된 것을 계기로 축조 기술 및 수리와 제사의 관계를 본격 검토하는 심포지엄도 개최되어[8] 수리 연구가 심화되는 계기가 되었다. 이처럼 발굴 조사를 통해 새로운 수리 유적이 확인되고 그 성과를 검토하는 자리가 마련되면서, 각종 수리시설의 축조 시기 및 그 역사적 배경과 가치, "부엽공법"을 위주로 한 축조 기술 등에 대한 논의가 이루어졌다.

앞서 살펴본 바와 같이 수리시설은 개인과 집단, 나아가 국가의 생존을 뒷받침하는 근본이었지만, 과연 우리는 이러한 인식을 바탕으로 그 역사성과 의미에 대해 제대로 된 평가를 했던 것일까? 삼국시대는 지금의 대규모 댐[제언(堤堰)]과 같은 수리시설이 출현한 시기로서 역사적인 터닝 포인트라 할 수 있는데, 이러한 대규모 수리시설의 관개 면적과 생산력은 구체적으로 어느 정도였으며 이전 시기에 비해 얼마나 향상된 것일까? 고대에 만들어진 수리시설이 오랫동안 유지될 수 있도록 만든 다양한 기술과 과학의 내용은 과연 무엇이었을까? 또 문명의 근간이라 할 수 있는 세계 각지의 수리시설들과 비교할 때 우리만의 특징과 보편성은 과연 무엇이 있을까?

이를 위해 먼저 우리나라에서 만들어진 다양한 수리시설의 종류를 살펴보고, 선사시대 이래 어떠한 과정을 거쳐 발달해왔는지 살펴보고자 한다. 한편 삼국시대가 되면 이전과 달리 대규모의 제언들이 축조되는데, 이를 위해서는 고도의 토목기술과 역역 동원체계가 성립되어 있어야 한다. 주로 흙으로만 축조한 고대 제언들이 어떻게 물이 새거나 무너지지 않고 오랜 세월의 풍파를 견디며 지금까지 남아 있을 수 있었을까? 불가사의한 일이 아닐 수 없는데, 지금까지는 저지대에 식물 유기체를 포설하여 지반 안정성을 보강하거나 다양한 성토재를 이용하는 정도의 기술만 알려져왔다. 현대의 댐과 비슷한 규모의 수리시설을 축조하고 이들이 지속적으로 유지되도록 하기 위해서는 측량부터 성토, 수문 설치에 이르기까지 고대 사회 최고의 토목기술이 필요함은 물론이다. 바로 이 토목기술을 체계적으로 복원하여 어떠한 방법들이 적용되었는지 그리고 현대 과학기술에서 어떻게 계승되고 있는지를 추적해본다.

한편 동아시아 세계에서는 중국 안휘성의 안풍당(安豊塘)에서 보이는 토목기술이 한국으로 전파[김제 벽골제]되고 이것이 다시 백제에 의해 일본 열도[大阪 狹山池]로 전해진 것으로 알려져 있다. 이처럼 동아시아의 수리시설 축조 기술은 지리적인 인접성만큼이나 밀접한 상관관계를 갖고 있지만, 각 지역마다 처한 환경에 따라 독특한 수리체계를 갖추고 있음은 물론이다. 가능하면 이러한 점들을 비교해봄으로써 우리 수리의 특징을 찾아보고자 한다.

현재 우리나라에서 확인 가능한 근세 이전에 축조되었다고 여겨지는 수리시설은 약 40개소 가까이 된다(표 3-1). 이 중 고대에 축조되었다고 하는 것 가운데 김제 벽골지나 영천 청제와 같이 문헌기록이나 금석문 등에 의해 축조 시기를 파악할 수 있는 것도 있지만, 소수에 불과하다.

연번	명칭	위치	축조 시기	제 길이 (m)	관개 면적 (ha)	상태	비고
1	벽골지	전북 김제시 부량면 신용리	330?	3,400	10,000	폐기	사적111호
2	눌제	전북 정읍시 고부면 관청리	삼국?	1,400?		폐기	
3	수산제	경남 밀양시 하남읍 수산리	삼국?	1,400		폐기	경남도기념물102호
4	황등제	전북 익산시 황등면 황등리	삼국?	1,400	3,343	폐기	
5	일월지	경북 포항시 오천면 일월동	157?	65	8	활용	경북도기념물120호
6	연지	경북 구미시 해평읍 금호리	262?	150	2	활용	
7	서출지	경북 경주시 남산동	479?	150	2	활용	사적138호
8	청제	경북 영천시 금호면 도남리	536	240	134	활용	경북도기념물152호
9	의림지	충북 제천시 모산동	삼국?	300	289	활용	충북도기념물11호
10	공검지	경북 상주시 공검면 양정리	6세기	430		경지화	경북도기념물121호
11	약사동제방	울산시 중구 약사동	6~7세기	155		폐기	사적528호, 전시관
12	양양제	경남 밀양시 부북면 위양리	삼국?	384	40	활용	
13	염불지	경북 경주시 탑동	삼국?	981	71.1	활용	
14	마위지	경북 경산리 압량면 부적리	삼국?	474	7?	보존	
15	유호연지	경북 청도군 화양읍 유동리	삼국?	260	15.5	활용	향토문화2호
16	대제	경북 의성군 안계면 용기2리	700?	2,416척		경지화	
17	금호저수지	경남 진주시 금산면 용아리	통일신라?	640	250	공원화	
18	영지	경북 경주시 외동읍 방어리	742~764?	144	129.2	활용	
19	회학지	경북 포항시 청하면 청계리	통일신라?	215	168.5	활용	
20	합덕제	충남 당진군 합덕읍 합덕리	나말여초?	1,771	720	경지화	충남도기념물70호
21	봉가지	경기 강화군 하정면 부근리	나말여초?	?		폐기	
22	매산저수지	경기 광주시 오포면 매산리	나말여초?	136	19.4	활용	
23	상달지	경남 밀양시 무안면 연상리	1400	100m	1.5	활용	박곤장군

24	효자저수지	충북 보은군 삼승면 둔덕리	1419	?		활용	
25	안흥지	경기 이천시 안흥리	1450	420척		활용	일제개축, 공원화
26	개천지	경북 의성군 안계면 봉양리	1530	327m	270	활용	1952년 개축
27	하가연지	제주 북제주군 매월면 하가리	1600년경	?		활용	
28	주남저수지	경남 창원시 동읍 죽동리	1645	3,165	926.5	활용	
29	마현재	경북 영천시 고경면 좌포리	1667	180m	30	활용	
30	굴포방조제	전남 진도군 임회면 굴포리	1668	370m		활용	
31	지내지	강원 춘천시 신북읍 지내리	1700	920		활용	
32	조연저수지	강원 춘천시 신복읍 유포리	1700	729m	211	활용	
33	주산지	경북 청송군 부동면 이전리	1721	63m	13.7	활용	
34	연화지	경북 김천시 교동	1729	600m	6.5	활용	도문화재자료15호
35	무송저수지	경남 김해시 진례면 신월리	1790		10	활용	
36	만석거	경기 수원시 장안구 송죽동	1795(정조)	?		활용	공원
37	만년제	경기 화성시 태안읍 안녕리	1798(정조)			경지화	경기도기념물161호, 공원정비계획
38	축만제	경기 수원시 권선구 서둔동	1799(정조)	615	300	활용	경기도기념물200호
39	탑정저수지	충남 논산군 부적면 탑정리	18세기?	573m	7591	활용	
40	만수지	경기 안성시 공도면 만정리	1837	358	134	활용	
41	만석보	전북 정읍시 이평면 하송리	1893	?	100	폐기	

〈표 3–1〉 한국 고대～근세 주요 수리시설 일람표

수리관개시설의 유형과 종류

수리시설을 구분하는 기준은 여러 가지가 있는데, 지역과 환경에 따라 규모나 형태·수리방식 등에서 차이가 많이 있을 수밖에 없다. 본서가 우리나라 것의 과학문명사적 의의를 찾고자 하는 것이니만큼 우리나라 수리시설의 형태를 위주로 살펴보는 것이 필요하겠지만, 그 보편성과 독특성을 이해하기 위해서는 주변 지역 것과의 비교도 필요하다. 이 점에서 이 절에서는 우리나라 수리시설을 위주로 그 유형을 분류하고 살펴보되, 비교를 위해 아시아 지역의 것들도 함께 살펴보고자 한다.

우리나라의 수리시설에 대해 김상호는 일찍이 산곡형(山谷型)과 평지형(平地型)으로 구분한 바 있다.[9] 산곡형은 하천의 중상류를 막는 것으로, 우리가 일반적으로 알고 있는 계곡에 축조된 저수지처럼 산곡에서 평지로 흘러나오는 지점에 둑을 쌓아 가둔 물을 수문을 통해 흘려보내는 방식이다. 평지형은 평지에 구덩이를 파고 그 주위에 둑을 만들어 지하수나 빗물을 모아 이용하는 방법으로, 산곡형 저수지를 통해 관개하기 어려운 지역에서 이용될 수 있다. 한편 장호는 물을 가두는 '제(堤)'와 물을 끌어들이는 '보(洑)', 바닷물을 막는 '언(堰)'의 세 종류로 구분한 바 있다.[10] 이 중 보는 하천의 물을 나누어 관개하는 분수(分水) 시설을 포괄적으로 가리키는 것으로 볼 수 있고, 제는 산곡형이나 하천변에 축조된 일반적인 제방을 가리킬 수 있다. 그런데 언의 경우 고려시대에 벽골지의 둑을 언으로 지칭하는 기록이 보이고 있어 주목된다.[11] 후술하는 것과 같이 벽골지는 축조 당시에는 방조제적 기능을 하였다가 점차 담수호로 바뀌게 되는 것으로 보이는데, 고려시대의 기록은 벽골지가 이 무렵에는 담수호로서 기능하였음을 시사하는 것이어서 최소한 고려시대에는 제와 언이 별다른 구별 없이 사용되었던 것으로 보인다.

아시아 지역에서 나타나는 다양한 형태의 수리시설들을 종합해보면 크게 몇 가지 범주로 구분이 가능할 것 같다. 먼저 선사시대 이래 가장 손쉽게 활용되기 시작한 것으로서, 흐르는 하천 물을 인공 수로를 통해 나누어 흐르게 하면서 수로 주변을 관개하는 방법이 있다. 이와 달리 하천 물을 직접 가로막는 제방을 쌓아 거대한 물웅덩이를 만든 다음 인공 수로를 통해 하류의 경작지를 관개하는 방법이 있는데, 이 경우 하류의 경작지는 물 흐름이 통제됨으로써 종전에 이용하기 어려웠던 저습지까지 포함되는 대규모 경작지로 탈바꿈하게 될 수 있다. 한편 우리가 흔히 알고 있는 방조제와 같은 시설을 해안가에 쌓거나 또는 하천 옆에 둑을 쌓음으로써 농경지를 확보하는 경우가 있다. 이러한 둑은 물을 직접 농경지에 대기 위한 것이 아니라 물로부터 농경지를 보호하기 위한 성격이 강하다. 이러한 수리시설들은 동아시아에서 모두 규모의 차이는 있지만 공통적으로 관찰되고 있어 이른바 '동아시아적' 관개 유형이라 부를 수도 있을 것 같다. 한편 중앙아시아와 같은 건조 지대에서는 수분이 빠르게 증발함에 따라 지하에 관개수로를 파서 산에서 내려오는 고지대의 물을 저지대로 흘려보내 이용하는 방법이 사용되고 있으며,[12] 동남아시아와 같이 고저차가 그다지 없으면서 수량이 풍부한 평원 지역에서는 커다란 물웅덩이를 만들거나 또는 성곽을 둘러싼 해자를 파서 집수 시설로 활용하는 모습을 보이기도 한다.[13] 이 밖에도 여러 가지 수리관개 형태가 있을 수 있겠으나, 여기서는 상술한 수리 유형들을 중심으로 이들이 어떻게 기능을 하는지 좀 더 구체적으로 살펴보도록 한다.

1. 하천의 물을 나누어 관개하는 방법

우리 주변에서 흔히 볼 수 있는 산곡형 저수지로 대표되는 축제저수(築堤貯水) 시설들은 기본적으로 물을 완전히 가두어두었다가 필요한 만큼 하류로 흘려보내며 관개하는 방식이다. 그런데 이와 달리 '흐르는 하천 물을 나누어 인공으로 만든 수로를 통해 흘려보내면서 관개하는 수리방식'이 있다.

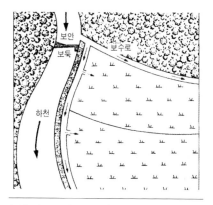

〈그림 3-1〉 보 모식도 및 명칭 (정치영, "智異山地 벼농사의 灌漑體系와 물 管理方法", 『대한지리학회지』, 35-2(2000), 23쪽)

이는 기본적으로 하천의 한쪽 부분을 트고 관개가 필요한 지점까지 굴착한 인공수로를 통해 물을 공급하는 방식이어서, 이른바 분수관개유형(分水灌漑類型)으로 부를 수 있을 것 같다.[14] 그런데 하천에 아무런 시설이 없을 경우 인공수로로 물이 잘 나누어 흘러가지 않을 수 있기 때문에, 하천의 유속을 줄이거나 또는 인공수로로 흘려보낼 수량을 충분히 확보할 수 있도록 하천의 흐름을 가로막는 시설이 바로 '보(洑)'라 불리는 것

이다.(그림 3-1)[15]

이처럼 보는 하천 물을 임시로 가두거나 또는 잠시 정체시키는 역할을
하게 되는데, 이 과정에서 수온이 상승된 물을 벼에 공급하여[16] 고온성
작물인 벼가 냉해를 입지 않도록 하는 기능도 수행한다.

이러한 보가 우리나라에서는 언제부터 만들어졌던 것일까? 옥천 대천
리유적 집자리에서 발견된 탄화미에서 보듯이 신석기시대에도 농경이 도
처에서 이루어지고 있었기 때문에 보와 같은 소규모 수리시설이 만들어
졌을 가능성은 충분히 있다. 그러나 아직 이 시기의 고고학적 증거는 알
려져 있지 않으며, 현재는 청동기시대부터 이러한 수리시설의 존재가 확
인되고 있는데 최근까지 10여 곳이 조금 넘는 곳에서 조사되었다(표 3-2).

	시대별 유적	입지	지형
청동기	논산 마전리	금강 중류(논산천 중류)	곡저평야
	밀양 금천리	낙동강 하류(밀양강 하류)	하천변(범람원)
	보령 관창리	서해 유입 소하천(봉당천 하류)	곡저평야
	부여 구봉·노화리	금강 중류(구룡천 하류)	하천변(범람원)
	안동 저전리	낙동강 (송야천 상류)	곡저평야
초기철기 ~원삼국	보성 조성리 저습지	조성천	곡간하상충적지
	무안 양장리 나지구	영산강 하류	곡저평야
	천안 장산리	병천천 중류	곡저평야
삼국	광주 동림동 저습지	영산강 중류	하천변(범람원)
	대구동천동유적(3-1구역)	금호강 중류	하천변(범람원)
	대구 칠곡 1지구	금호강 중류	하천변(범람원)
	부여 궁남지	금강 중류	하천변(범람원)
고려·조선	울산 굴화리	태화강	구릉말단부,하천변(범람원) 경계

〈표 3-2〉 시대별 보의 입지와 지형 (고경진, "한국의 수리시설—조성리 저습지 유적 洑를 중심으로~", 『동북아시아의 水
利와 祭祀』 [대한문화유산연구센터, 2011], 표2)

이 중 2005년과 2008년에 조사된 안동 저전리유적은 지금까지 조사
된 수리시설 가운데 가장 시기가 올라가는 것으로서, 기원전 10세기 무

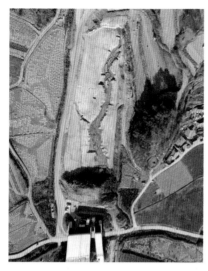

〈그림 3-2〉 안동 저전리유적 전경(좌)과 1호 저수시설의 상류 저수 공간 모습(우) (『안동 저전리유적 발굴조사보고서』[동양대학교박물관, 2010])

렵 축조된 것으로 알려져 있다.(이한상 2007) 저전리유적에서는 하천 유로를 막고 만들어진 보 2기가 확인되었는데, 입수구와 출수구가 모두 조사되어, 이들이 일종의 저수 시설로 기능하였던 것으로 보고 있어 주목된다. 1호저수지의 규모는 너비 15m, 길이 60m이며, 2호저수지는 너비 12~13m, 길이 30m이다. 1호저수지에서는 직경 10~20cm 내외의 나무 10여 점이 확인되었으며, 2호저수지에서는 출수구 부근에서 대형 목재가 확인되었고 가공목도 다량 출토되었다.(그림 3-2) 그런데 저전리유적은 일종의 저수시설이라 보고되었고 출수구도 확인되었다고 하지만, 실제 인공수로와 어떻게 연결되고 관개가 이루어지는지 알 수 있는 자료는 없다. 후술할 산곡형 저수지와 같이 댐 아래의 하류 전체를 관개하는 방식과는 구조나 기능에서 확연한 차이가 있는 것으로 봐야 할 것이다.

　나머지는 모두 청동기시대 후기 이후의 것인데, 논산 마전리유적에서는 청동기시대 논과 함께 수로와 수문, 저수장, 보 등이 조사되었다.(그림 3-3, 그림 3-4)[17] 등고선과 직교하는 방향으로 흐르는 수로를 막는 보

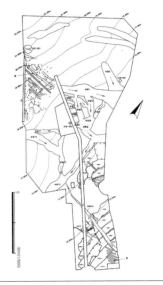

〈그림 3-3〉 논산 마전리유적 C지구 관개 형태 (『馬田里遺跡-C區域』[高麗大學校埋藏文化財硏究所, 2004])

〈그림 3-4〉 논산 마전리유적 수전 관개시설 전경 (『馬田里遺跡-C區域』[高麗大學校埋藏文化財硏究所, 2004])

가 설치되어 있는데, 단독보다는 2~3개 보가 연계되어 물 흐름을 차단하는 역할을 했던 것으로 추정하고 있다. 저수장은 평면 형태가 타원형으로 최대 깊이 1.5m, 직경 64m 정도 규모이다. 보고자는 수로와 연결되는 제1~4수전면에서 저목장과 연결되는 북남 방향의 수로로부터 직접 물을 끌어들인 것으로 판단하고 있다.

이러한 보는 원삼국시대에 들어와서도 별다른 형태나 구조 변화가 없이 축조되고 있는데, 이 시기 것으로는 보성 보성리 저습지유적의 보가 대표적이다. 여기에서는 곡류하는 하도의 중간중간에 하천을 가로질러 설치된 보 3기가 확인되었는데, 보1과 2가 13m, 보2와 3이 11m 정도 떨어져 있다.(그림 3-5). 크기는 보1이 너비 2.1m에 길이 0.8m, 보2가 잔존 너비 0.93m에 잔존 길이 0.9cm, 보3이 너비 1.53m에 길이 0.82cm이며, 잔가지와 초본류를 이용하여 축조하였으며, 보마다 횡목들이 확인되었다.[18]

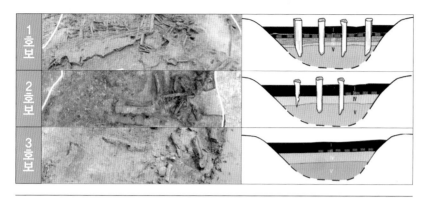

〈그림 3-5〉 보성 조성리유적의 보 모습 (고경진, "한국의 수리시설—조성리 저습지유적 洑를 중심으로—", 『고대 동북아시아의 水利와 祭祀』 [대한문화유산연구센터, 2011], 그림 13~18 재편집 인용)

광주 북구 동림동유적은 주거지와 저습지, 농경지 등이 복합된 4~7세기 삼국시대 취락 유적으로서, 삼국시대와 조선시대 보가 확인되었다. 삼국시대 보는 전체 길이가 총 40m이며, 중앙부 오목한 곳에서 초본류가 확인되어 물을 고일 수 있도록 한 시설로 보고하였다.(그림 3-6, 그림 3-7) 조선시대 보는 8m이다.

중세의 보 시설로 보고된 울산 굴화리유적은 삼국시대 논층을 파괴하고 형성된 것으로서, 규모가 폭 3~4m, 길이 15m, 깊이 0.5m 내외이다. 장축 방향은 등고선과 평행한 동-서 방향이며 바닥면은 편평하지만 부분적으로 파인 곳도 있다. 내부 퇴적토는 사질토와 점토가 교대로 쌓여 있는데, 폐기되는 과정에서 물이 채워지고 마르는 과정을 반복한 결과로 보고 있다. 흐르는 물을 가두어 사용한 보인지, 물의 자유로운 흐름을 전제로 한 구(溝)인지, 혹은 또 다른 기능을 한 것인지는 확실하지 않다.

조사된 보들의 양상을 종합해보면 먼저 이들은 금강 중류와 영산강 중상류, 낙동강 하류, 대구 금호강 중류, 울산 태화강 등의 하천 지류에 집중적으로 설치되어 있는데, 규모는 그리 크지 않는 경우가 대부분이다.

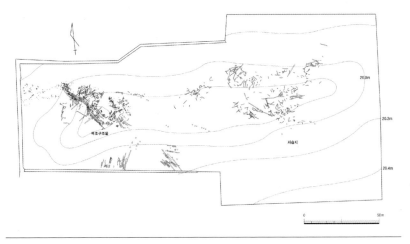

〈그림 3-6〉 광주 동림동유적 Ⅲ구역 보시설(목조구조물)과 저습지 (『光州 東林洞遺蹟Ⅰ— 低濕地·木造構造物·道路』 [湖南文化財研究院, 2007])

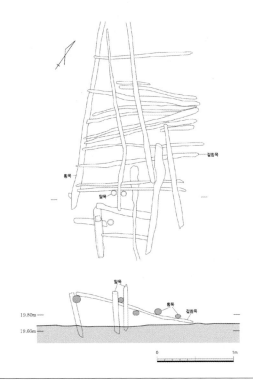

〈그림 3-7〉 광주 동림동유적 Ⅲ구역 보시설 우측 구조물 세부 평단면도 (『光州 東林洞遺蹟Ⅰ— 低濕地·木造構造物· 道路』)

다만 삼국시대의 광주 동림동과 대구 동천동, 대구 칠곡 생활 유적에서는 비교적 큰 하천 유로에서 확인되기도 하였다. 이들 보에서는 대부분 말목을 사용한 것이 확인되고 있으며, 축조 재료로서 잔가지와 초본류·할석 등이 확인되고 있다.(표 3-3) 이들은 축조 재료에 따라 말목을 박고 횡목을 걸쳐 축조한 것(I유형), 말목을 박고 횡목을 걸친 다음 초본류와 할석·가지류·흙 등으로 사이사이를 메우거나 고정시켜 축조한 것(II유형), 말목으로 고정된 곳에 니토와 초본류·판재·가지류 등을 층으로 쌓는 방식으로 축조한 것(III유형)으로 구별되기도 한다.[19] 그런데 I유형의 경우 고경진도 지적하였듯이 돌이나 초본류가 사용되었으나 유실되었을 가능성도 있고, II·III유형은 축조 방식에 약간의 차이만 있는 정도여서 이들이 기능적으로 구분된다고 할 수는 없다.

유적	축조 재료	말목	횡목	할석	잔가지	초본류	수로, 하천 규모	유형
청동기	논산 마전리	○	○ (판재)				폭 2.5m 정도	I
	밀양 금천리	○			○	○	폭 약 3m	II
	보령 관창리	○	○				폭 3m, 깊이 50cm	I
	부여 구봉· 노화리	○					폭 1m, 깊이 7~10cm	I
	안동 저전리	○	○				폭 12~13m, 깊이 150cm	I
초기 철기 ~ 원삼국	무안 양장리 나지구	○	○		○	○	폭 2~6m, 깊이 60~100cm	II
	보성 조성리 저습지	○					잔존 폭 3~9m, 깊이 30~84cm	III
	천안 장산리	○				○	폭 3~6m, 깊이 50~100cm	II
삼국	광주 동림동 저습지	○	○ (통나무)				약 55m, 깊이 약 1m	I

시대	유적					규모	형식
삼국	대구 동천동유적 (3-1구역)	○	○	○		폭 15m 이상	II
	대구 칠곡 1지구	○	○	○		-	II
	부여 궁남지	흙만 사용				폭 2~2.3m, 깊이 80~100cm	
고려 · 조선	광주 동림동 저습지	○	○			폭 8m	I
	무안 양장리 나지구	○	○			폭 약 5m,	
	보령 관창리	○	○	○		-	
	울산 굴화리	보(집수지?)				폭 1~2m, 깊이 25cm 전후	

〈표 3-3〉 시대별 보의 축조 재료와 규모 (고경진, 앞 글, 표3 수정 인용)

한편 이러한 보의 변화된 모습을 보여주는 것 중 하나가 일제강점기부터 1967년까지 사용된 것으로 알려져 있는 예산 구만리보이다.(그림 133)[20] 이는 예산군 신암면 별리와 고덕면 구만리 사이의 삽교천을 가로막고 축조된 것으로, 매년 가을 추수가 끝나면 지역 주민들이 모여 한 달여에 걸쳐 길이 40여m, 높이 17여m의 보를 만든다. 이 보에 고인 물이 겨울 내내 수로를 통해 구만리 황금마을을 경유하여 고덕면 상궁리 사이의 삽교천 지류를 거쳐 합덕읍 신리 앞으로 흘러 우강면 평야 일대의 작은 웅덩이들에 고이도록 한 다음, 봄이 되면 웅덩이에 고인 물을 관개에 활용하는 한편 삽교천의 원활한 흐름을 보장하기 위해 보는 허물게 된다. 상시적으로 물을 가두는 것이 아니라 정체시킨 물을 분수하여 활용한다는 점에서 보라고 할 수 있으나, 일반적인 보는 대개 경작 시기에 하천의 물을 분수하여 활용하는 것과는 달리 갈수기에 둑을 축조하여 모은 물을 활용한다는 점에서 조금 차이가 있다. 또 하천을 가로막은 둑의 규모로만 본다면 산곡의 저수용 댐과도 비견될 수 있을 정도이다. 사실 웅덩이는 대개 원저수지에서 흘려보낸 물을 물 부족 등에 대비하여 평지에 저장하였다가 활용하는 것인데, 보에서 이러한 체계가 나타나는 것은 대하천변에 접해 있는 지형적 여건에 최적화된 것이라 할 수 있다.[21]

지금까지 우리나라에서 조사된 보들은 규모가 그리 크지 않지만, 가장 시기가 오래된 것으로 알려진 안동 저전리유적의 보가 초기적인 저수지 형태를 보인다는 점에서 주목된다. 그렇다면 다른 지역의 보들은 어떠한 양상을 보이고 있을까?

〈그림 3-8〉 예산 구만리 보의 위치와 몽리 지역 (합덕수리민속박물관에서 촬영)

중국의 경우 사천성(泗川省) 성도(成都)의 도강언(都江堰)과 섬서성 서안의 정국거(鄭國渠), 안휘성 칠문언(七門堰) 등의 수리시설들이 이와 비견될 수 있다. 진(秦)나라 소왕(昭王) 때 촉군(蜀郡)태수로 있던 이빙(李氷)이 아들과 함께 B.C. 256년 무렵 축조하였다고 전해지는 도강언은 성도에서 57 km가량 떨어진 민강(岷江) 중상류와 타강(陀江)의 줄기가 갈라지는 곳에 위치하고 있는 유명한 수리시설이다. 이는 분수패(分水霸)[22]와 일홍도(溢洪道)[23]·이퇴인수구(離堆引水口)[24]의 3부분으로 구성되어 있는데,[25] 일반적인 보가 하천을 가로질러 만들어져 물을 정체시키거나 가두는 데 비해, 도강언의 분수패는 민강의 본 물줄기[外江]와 인공적으로 굴착한 수로[內江]가 나뉘는 지점의 강 한가운데 축조되어 민강의 물을 나누는 역할을 하고 있어(그림 3-9 좌상 사진의 A) 구조적으로 차이가 있다. 길이 240m 가량의 일홍도는 홍수가 났을 때 인공 수로[內江, 그림 3-9 좌상 사진의 B]로 흘러들어 넘치는 물의 일부가 다시 민강으로 유입되도록 하여 인공 수로의

〈그림 3-9〉 하류 상공에서 내려다본 사천 도강언 전경(좌상. A: 물을 나누는 분수둑[어취], B: 민강에서 나뉜 인공 수로[內江, 보병구의 진입부], C: 민강 본류[外江], D: 수문, E: 보병구)과 보병구의 모습(우상) (中國旅游出版社 編, 「都江堰」 [2005]). 아래는 구글 지도상의 위치.

홍수를 방지하도록 만들어진 것으로서, 일정 수량 이상일 때만 물이 넘치도록 입구에 비사언(飛沙堰) 이라 불리는 낮은 둑이 설치되어 있다. 이 비사언이 바로 우리나라의 보와 같은 역할을 한다고 보면 된다. 이퇴인수구(그림 3-9 우상 사진의 E 부분)는 옥루산(玉壘山)과 이퇴 사이의 바위산을 굴착하여 만든 것으로서, 지형적으로 전혀 관계가 없던 평원의 관개 수로와 내강을 연결시켜주는 핵심적인 부분이라 할 수 있다.

서안 정국거 또한 대표적인 분수관개유형으로 꼽을 수 있다.(그림 3-10~ 그림 3-12) 이는 전국시대 말기인 B.C. 246년에 진(秦)나라에서 정국(鄭國)으로 하여금 만들게 한 것으로서, 경하(涇河)의 중간에 하수를 나눌 수 있는 제방[分水霸]을 설치하고 인위적으로 굴착한 수십km의 수로를 통해 분수한 물을 흘려보내 관중 평원 북부를 관개하도록 만든 것이다.[26]

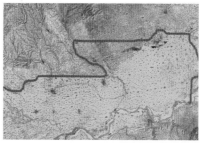

〈그림 3-10〉 서안 정국거의 경하 물을 나누는 분수패 모습 (王双恢, 중국 고대 수리공사의 건축법식 및 관련 기술— 鄭國渠 관개공사를 중심으로—", 『고대 동북아시아의 水利와 祭祀』[학연문화사, 2014], 그림1)

〈그림 3-11〉 西安 鄭國渠의 幹渠 수로 분포양상과 관개범위 (王双恢, "중국 고대 수리시설의 특징과 변천양상", 『중원문화연구』14 [2010])

〈그림 3-12〉 西安 鄭國渠의 거대한 인공 관개 수로 모습 (王双恢, 중국 고대 수리공사의 건축법식 및 관련 기술—鄭國渠 관개공사를 중심으로—", 『고대 동북아시아의 水利와 祭祀』[학연문화사, 2014], 그림 3, 4)

안휘성(安徽省)의 칠문언(七門堰)은 도강언과 같이 지금도 활용되고 있는 분수체계이다. 『한서(漢書)』에 의하면 한(漢) 고조(高祖) 7년(B.C. 200)에 갱힐후(羹頡候) 유신(劉信)이 자신의 봉지인 서성(舒城)에 수리시설을 축조하였다고 되어 있으며, 『여지기승(輿地紀勝)』에서는 칠문령 아래의 조하(阻河)에 제방을 축조하고, 이를 칠문(七門)이라 하였다고 한다. 조하의 물을 나눈 인공 수로가 지금도 활용되고 있는데(그림 3-13), 『서성현지(舒城縣志)』 구거지(溝渠志)에 의하면 유신이 칠문령 동쪽에 오양언(烏羊堰)과 조독언(槽牘堰)을 축조하였고, 그 관개 면적이 각기 670만m^2와 1300만m^2에 달한다고 한다.[27]

〈그림 3-13〉 안휘성 칠문언. (左)칠문언을 축조하였다고 전하는 劉信像, (중)칠문언의 본 하천 阻河 모습, (우)칠문언의 인공분수로

이들 관개시설의 핵심은 모두 대단히 너른 평원 지역을 관개하기 위해 평원 지역을 관통하는 수십㎞에 걸친 거대한 인공 수로를 개착하고, 이 인공 수로로 흘려보낼 물을 강 본류에서 집적 끌어들이는 시스템을 사용한 데 있다. 이들은 일반적인 댐과 같이 '물을 가두어' 공급하는 것이 아니라 '물을 나누어' 공급하는 시스템으로서, 강에 보(洑)나 분수(分水) 시설 등을 만들어 본류의 물이 인공 수로로 흘러들어가도록 만든 것이다. 전술한 도강언의 물고기 주둥이(어취)처럼 생긴 물길 나누는 제방(分水堤)이 바로 민강의 물을 나누는 분수 시설의 핵심으로서, 인공 수로가 결국 또 하나의 강이 된 셈이며 이 간선 수로에서 다시 거미줄 같은 수로들이 이어져 관개를 하였던 것이다. 이러한 시스템은 관개할 지역은 넓은 데 비해 이를 뒷받침할 하천이 가까이 없는 경우 불가피한 시스템이라 할 수 있다. 도강언의 경우는 강과 평원 사이에 가로막혀 있는 장애물(거대한 암벽산)을 극복하고자 이 암벽을 통과하는 수로를 개착하였던바, 당시로서는 생각하기 어려운 발상의 전환과 거대한 공사 규모 등에 모두 놀라게 된다.

2. 둑을 쌓아 가둔 물로 관개하는 방법

전술한 분수 유형은 보를 축조하여 하천의 유속과 유량을 조절하고 물을 나누어 관개하는 데 비해, 이는 하천 유로의 어딘가에 대규모 제언[댐]을 축조하여 용수를 저장한 다음 필요할 때마다 수로를 통해 물을 흘려보내며 관개하는 것으로서, 이른바 축제저수관개유형(築堤貯水灌漑類型)이라 부를 수 있다. 산곡형 저수지와 같이 계곡을 흐르는 하천이 평원지역으로 넓어지려는 지점에 축조한 제방[堤]을 이용하여 대규모로 용수를 저장한 다음 하류의 충적지 전체를 경작지로 바꾸고 관개하는 것이 이 유형의 가장 대표적인 형태라 할 수 있다. 이는 제방 규모나 축조 기술·저수량·수로를 이용한 관개 방식 등에서 청동기시대 저수 시설과는 비교되기 어려우며, 우리나라에서는 주로 산지가 많은 동쪽 지역에 축조되어 있다. 산간 계곡에 축조된 제언은 저수량은 최대가 되면서도 제방을 축조하는 공력과 저수 면적은 최소가 될 수 있는 지점을 택하여 건설되는데,[28] 전술한 보를 이용한 청동기시대의 저류지들이 대개 중소 하천을 막아 유로를 돌리거나 소규모로 담수한 물을 이용하는 것과는 크기나 관개 방식 등에서 현격한 차이가 있다.

신라가 A.D. 536년에 축조한 것으로 여겨지는 영천 청제가 이 유형의 가장 대표적인 사례이며, 이 외에도 제천 의림지[29]·경주 영지·상주 공검지[30]·울산 약사동제방[31] 등이 고대에 축조된 이 유형의 대표적인 저수지들이다. 이들 중 청제와 의림지·영지 등은 제방 평면이 밖으로 만곡된 아치형을 하고 있는데, 일반적으로 제방은 수압에 의해 횡압력을 받아서 중앙부가 구조적으로 취약할 수밖에 없기 때문에 이를 아치형으로 만들면 수평 응력이 제방의 축 방향으로 전환되어 직선 형태보다 제방의 안전성이 증대될 수 있다.[32] 이 때문에 현대 댐들도 아치형으로 설계되는 경

〈그림 3-14〉 영천 청제(상), 제천 의림지(중), 경주 영지(하)의 모습. 항공사진을 보면 여수토가 모두 제방의 왼쪽에 있다.

우가 많으며,[33] 고대 제방의 평면이 아치형인 경우가 많은 점은 고대 토목 기술의 수준을 보여주는 것으로 생각된다.[34]

또한 이들은 대규모의 물을 오랫동안 가두는 시설이기 때문에, 보와 달리 불어난 물이 제방을 넘을 경우 제방의 유실 가능성이 대단히 높아지게 된다.[35] 이에 따라 저수된 물의 양이 계획된 만수위를 넘을 경우 언제든 자연스럽게 흘러넘칠 수 있도록 만수위 높이에 맞춘 수문을 제방의 한쪽에 만들어놓게 되는데 이를 여수토(餘水吐)라 한다. 보와 축제저수

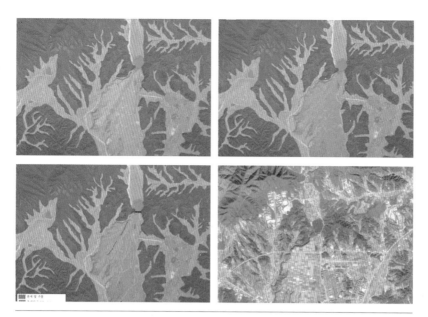

〈그림 3-15〉 의림지의 고지형 변천 추정 양상(좌상: 1단계, 우상: 2단계, 좌하: 3단계) (이홍종, 2011) 및 현재의 수로와 수리 범위(우하)

관개유형 제언의 가장 큰 차이는 규모보다 오히려 이 여수토의 설치 여부에 달려 있다 해도 과히 틀리지 않을 것 같다. 청제와 의림지, 영지 등은 제방이 밖으로 만곡하여 있을 뿐만 아니라 제방 한쪽 끝부분의 암반을 굴착하여 반영구적인 여수토를 만들었다는 점에서 기본 구조나 형태가 공통적이다.(그림 3-14)

이들 가운데 의림지는 제천 시가지 서편의 충적지를 관개하는 대규모 제언으로서 호서(湖西)의 호가 의림지를 가리킨다고 할 정도로 관개 능력이 뛰어난데, 이홍종에 의해 충적지 일대의 고지형 분석이 이루어져 제방이 만들어지기까지의 기본적인 지형 변화상을 추정해볼 수 있게 되었다. 의림지는 크게 3단계 정도의 지형 변화를 거쳐 만들어진 것으로 추정된다.(그림 3-15)

먼저 1단계는 의림지가 만들어지기 전의 모습으로서 현재의 충적 단구

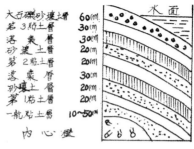

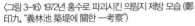

〈그림 3-16〉 1972년 홍수로 파괴시킨 의림지 제방 모습 (鄭印九, "義林池 築堤에 關한 一考察")

〈그림 3-17〉 1972년 홍수로 파괴시킨 제방의 축조 층위 관찰 결과 (鄭印九, "千餘年前의 땜 築堤技術과 龍頭山의 林相 變遷")

면과 비슷한 높이에 위치한 구하도가 충적지 중앙부를 관통하며 흐르는데, 취락은 높은 지대에 자리하면서 이 중앙의 하천을 이용하여 부채꼴 모양으로 계단식 논을 만들어 경작하였던 것으로 추정하였다. 이곳은 배수가 자연스럽게 양쪽으로 진행되기 때문에 최소한의 노동력으로 최대의 논을 만들 수 있었던 지형 조건을 갖추었을 것이다. 2단계는 기후 변동에 의해 해수면이 하강하면서 단구화가 진행되는 시기로서, 하방 침식에 의해 하천 양편의 충적지가 솟아오른 구릉지와 같은 형상을 띠게 되면서 물의 공급이 차단되었다. 이에 경작이 어렵게 됨에 따라 생업 환경에 큰 위협을 받게 되었던 것으로 추론된다. 결국 하상(河床)보다 높아진 비옥한 충적 단구면의 토지를 이용하기 위해 물의 공급이 필요하였고, 3단계로 충적지 상부의 계곡에 제방을 축조하게 되었다는 것이다. 이처럼 변화된 환경에 대응하여 제방을 축조함에 따라 이전에 자유 곡류하던 하천을 인위적인 수로를 통해 통제하는 것이 가능해지면서, 제방 아래쪽의 충적지 전체를 지금과 같은 모습으로 경작지화할 수 있었던 것이다. 결국 저수지 하류의 충적지가 모두 경작지로 탈바꿈하는 일대 혁신이 이루어지게 된 것인데, 영천 청제·경주 영지·상주 공검지·포항 일월지 등도 이

〈그림 3-18〉 안휘성 안풍당의 위치(좌)와 수리관개체계(우상), 전경(우중), 동북쪽의 입수로(우하)

러한 과정을 거쳐 하류의 충적지들이 대거 경작지로 탈바꿈하게 된 결과 삼국시대의 농업 생산력을 획기적으로 증대시킬 수 있게 되었던 것으로 생각된다.[36]

우리나라의 축제저수관개유형과 대비될 수 있는 중국의 것으로는 안휘성(安徽省) 수현(壽縣) 안풍당(安豐塘)을 들 수 있다.(그림 3-18) 피당(陂塘)은 일반적으로 저수 시설을 가리키는 용어인데,[37] 안풍당은 평야 한가운데 흡사 웅덩이를 두른 것처럼 제방을 축조하여 거기에 가둔 물로 사방 평원을 관개하고 있어 전술한 우리나라의 산곡형 저수지와는 입지상 큰 차이가 있다. 우리나라 논 한가운데 있는 물웅덩이를 연상하면 거의 차이가 없지만 규모면에서는 현격한 차이가 있다. 안풍당은 작피(芍陂)라고도 불리는데, 전국시대 초(楚)나라 장왕(莊王) 17년(BC 597) 무렵 손숙오(孫

叔敖)가 만들고 후한 때 여강태수(廬江太守)로 부임한 왕경(王景)이 건초(建初) 8년(83)에 이를 수리하고 논을 개간하였다고 하며, 건안(建安) 5년(200)에는 조조도 이를 수리하였다고 한다.[38·39] 안풍당은 1959년에 실시된 제방 조사에서 생토 위에 자갈돌을 깔고 그 위로 흙과 풀 등을 교호로 쌓는 부엽공법이 최초로 확인되어(殷滌非 1960) 유명한데, 제방 길이가 25km에 유역 면적이 34km^2나 되고 저수량은 1억m^3에 19개의 수문을 통해 6.2억m^2(62,000ha)의 드넓은 면적을 관개하고 있다.

그런데 이 안풍당의 가장 큰 특징은 저수할 수원 확보를 위해 남쪽으로 약 100여km 떨어져 있는 육안시(六安市) 곽산현(霍山縣)의 산록에서 발원한 비하(淠河)의 물을 나누어 인공 수로(운하 규모)를 통해 안풍당으로 흘러들어오게 하여 저수한 다음, 제방 여러 곳에 설치한 수문을 통해 흘려보내면서 관개한다는 데 있다. 사실 곽산현에서 발원하여 북쪽 회하로 흘러들어가는 비하가 안풍당 서쪽에 있지만, 고저차 등 때문에 이 강물을 직접 이용하는 데는 한계가 있었던 것으로 생각된다. 또 산록에서 평원이 시작되는 곽산현부터 비하의 물을 인공 수로를 통해 80여km를 끌고 가면서 주변 지역도 관개하고, 최종적으로는 안풍당에 이 물을 가두어 그 주변의 너른 평원을 관개할 수 있게 하였다는 점에서 대규모 평원을 관개하는 데 효율적인 체계였다고 생각된다. 즉, 안풍당은 큰 하천의 시작 부분에 도강언과 유사한 분수체계를 만들어 인공 수로를 통해 멀리까지 물을 보내면서 관개한 다음, 최종적으로는 안풍당에 저수하여 주변 지역을 관개하고 있어 크게 보면 두 가지 유형이 혼합되어 있다고 할 수 있다. 안풍당은 결국 중국 중원 지역의 지리적 특성을 가장 잘 반영한 수리체계라 할 수 있을 것 같다.

물을 저수하여 공급하는 것뿐만 아니라 하천이나 바닷물의 유입을 차단하여 경작지를 보호하거나 확대하는 것 또한 주요한 수리시설 가운데 하나로서, 이는 축제보전유형(築堤保田類型)이라 부를 수 있다. 우리나라에서 이러한 수리시설은 언제부터 어떠한 형태로 만들어질 수 있었을까?

김제 벽골제는 『삼국사기』에 A.D. 330년 축조되었다고 전하고 있어 우리나라에서 가장 오래된 기록이 남아 있는 제언으로서(표 3-4), 제방 길이가 3km가 넘을 정도여서 당진 합덕제·연안 남대지(南大池)와 함께 조선 3대 제언의 하나로 꼽히는 거대한 제방이었다. 특히 『신증동국여지승람(新增東國輿地勝覽)』에 의하면 1415년에 대규모의 수축 공사를 실시하여 북쪽부터 차례로 수여거(水餘渠)와 장생거(長生渠)·중심거(中心渠)·경장거(經藏渠)·유통거(流通渠) 등 5개 수문을 보수 또는 신설하였는데,[40] 이들 5개 수문에 의한 몽리 범위는 김제를 중심으로 북쪽의 만경현에서 서쪽의 부안현과 남쪽의 고부·인의현의 경계에 이르기까지 매우 광범위하여 관개 면적이 9,840결(結) 15부(負)(약 9500만m²)에 달할 정도였다고 한다. 이처럼 긴 제방이 대단히 넓은 곡부 평원의 한가운데 축조되어 있어, 처음 만들어질 당시의 목적이 과연 저수를 위한 것인지 혹은 해수로부터 경작지를 보호하기 위한 것인지 논란이 많았으며, 처음부터 저수용 제언으로서 하류를 관개하기 위해 축조되었다는 견해가 꾸준히 제기되고 있다.[41] 이 경우 너무나도 많은 농경지가 침수되어야 하고, 주변의 산곡에 일반적인 저수 시설을 충분히 만들 수 있는 지형적 여건을 갖고 있다는 점(그림 3-19) 등 때문에 처음에는 해수로부터 제방 내의 농경지를 보호할 목적이 보다 강한 방조제적 성격으로 축조되었고, 점차 이것이 일반적인 관개용 저수지로 성격이 바뀌었다고 생각된다.[42] 그런데 최근 황상일이 신용리 용골마을 부근 제방의 내외부에서 시추 조사를 실시하여 퇴적 환경을 분석한 결과, 벽골제 축조를 전후한 시기에 바닷물이 드나들던 갯골이 제방 주변에서 확인되었다고 한다.[43] 이는 벽골제가 처음에는 해수로부터 염수 피해를 방지하기 위한 방조제로서 축조되었음을 다시금 증명해주는 것으로서 주목된다.

典據	길이		둘레		관개면적		비고
三國史記 (330년)	1,800步	營造尺 3,348m					
三國遺事 (329년)	166步		17,026步		水田14,07	약9,300만 ㎡	전법 상등전 1결= 약2,000평
新增東國輿地 勝覽	60,843尺	周尺 12,534m 營造尺 18,740m	77,406步	1보=6주척 95,674m	9,840結 95負	약9,521만 ㎡	A/貢法 1등전 1결= 9,675㎡, 높이17尺, 너비:하변 70尺, 상변 30尺
輿地圖書 金 堤郡 碧骨堤條	1,800步	약 2,343m	76,406步	上同?	9,840結 95負	上同	동국여지승람 전재시의 착오인 듯
大東地志 金 堤 碧骨堤條	2,600步	1步=6周尺, 3,385m	80里	20,000m			
1975년발굴보 고서	약3㎞						최대저수면적 약3,700만㎡
1975년 실측	2,721m						홍사준 1978
벽골제안내판	3,300m		80리	20,000m		9,900만㎡	홍사준 1978

〈표 3-4〉 벽골제 관련 기록들의 제방 길이와 둘레(성정용, "金堤 碧骨堤의 性格과 築造時期", 표1)

밀양 수산제(그림 3-20) 또한 이러한 기능과 관련하여 주목된다. 수산제는 『세종실록지리지(世宗實錄地理志)』 경상도 경주부조에 "대제(大堤)는 하나이다. 수산의 경계에 있는데 수산제라 하며 길이는 728보이다. 지금은 무너졌으며 수축하지 않았다."라고 하여 그 규모에 의해 대제로도 불렸는데, 그 입지와 구조가 매우 독특하다. 수산제는 하남읍 수산리·귀명리 지역과 초동면의 검암리·금포리에 걸친 낙동강 하류의 동북쪽 충적지인

〈그림 3-19〉 김제 벽골제, 주변 약도(『古代の土木技術: 開館記念特別展』[狹山池博物館, 2001], 37쪽)(좌상), 1918년 지형도의 벽골제(우상), 현재의 제방 모습(좌하), 복원한 장생거 수문 석주 모습(우하)

양동리 도연산에서 수산리 당산 아래까지 축조된 것으로 보이는데, 이는 구 용진강 하도의 서편에 해당된다. 제방의 전체 원상을 정확히 확인하기는 어려우나 암반을 굴착하여 만든 수문이 남아 있고, 제 내부는 국농호(國農湖)로 불리고 있다. 그런데 일반적인 제언과 달리 제 외부가 바로 용진강이어서, 제 외부에 관개할 경작지가 거의 존재하지 않고 있다. 이 때문에 수산제 또한 낙동강의 범람을 방지하여 제 내의 경작지를 보호하기 위해 만든 것이라는 데 대부분 연구자의 의견이 일치하고 있다.[44]

향토사가 손정태[45]는 일찍이 수산제가 낙동강의 홍수 범람을 막기 위한 제언으로서, 제 안쪽에 있는 국농호는 내수(內水)를 저류하는 곳이며, 암반 굴착 수문은 국농호의 내수를 배출하는 동시에 국농호의 저수량이 부족할 때 수산제와 접해 있는 용진강의 물을 끌어들이기 위한 시설이라는 견해를 피력하였다.[46] 즉, 충적지 중앙에 내수가 모이는 저류지[국농

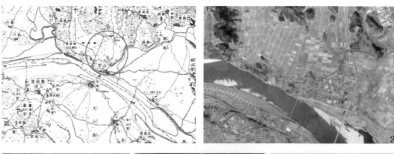

〈그림 3-20〉 밀양 수산제 위치(좌상: 1918년 지도, 우상: 항공사진)와 제방 동북쪽 암거형 수로(하)

회]가 있고 이 저류지보다 높은 주변의 고지대가 경작지이며, 충적지 동쪽에 있는 제방은 기본적으로 용진강의 범람을 막기 위한 것이지만 수문은 내수를 배출하기 위한 것과 강물을 끌어들이는 두 가지 기능을 동시에 수행하였던 것으로 보았는데, 수산제의 독특한 성격을 지적한 당시로서는 탁견이었다고 생각된다. 박종안[47]과 김광철, 그리고 최근 수산제의 지형과 수문학적 환경 등을 종합 분석한 권순강·이보경도 손정태의 안에 기본적으로 동의하고 있지만, 수문의 목적은 주로 배수용이고 이중 개폐 장치는 홍수의 범람을 차단하기 위한 것으로 보고 있다.[48]

이와 달리 1992년에 발굴 조사 결과를 토대로 수산제가 범람을 막아 제 내부를 보호한다는 것에는 의견을 같이하지만, 수문의 기능은 용진강의 물을 끌어들여 제 내에 저수하기 위한 것이며, 미고지에 위치한 국농호 주변에 제방을 쌓아 끌어들인 물을 가두어 이 물로 주변 저지대의 경작지를 관개하였다고 주장하는 견해도 있다. 저지대 경작설인데, 수문의 경사도 등을 감안할 때 가능한 주장이기는 하지만 미고지 주변에 만들

〈그림 3-21〉 함안 가야리 제방의 입지와 추정 복원도 (권순강, "함안 가야리 제방유적", 그림 9 수정)

어졌다고 하는 제방을 현재 확인하기 어렵고,[49] 산간 계곡에서 흘러들어
오는 용수들을 과연 어떻게 처리하였을까도 문제가 될 수 있다.

수산제의 축조 시기는 아직 분명하지 않은데, 『신증동국여지승람』 권
26 밀양도호부 고적조에 "1247년(고려 충렬왕 원년)에 고려의 김방경이 둑
을 쌓아서 밭에 물을 대어 일본을 정벌하기 위한 군량을 갖추었다."고 하
므로, 고려시대에는 수산제가 존재하였고 그 이전으로 소급될 가능성도
충분히 있다고 생각된다.

한편 우리 주변에서 흔히 볼 수 있는 하천 물의 유입을 차단하여 농경
지를 보호하는 제방은 언제부터 만들어졌던 것일까? 이와 관련하여 주
목되는 것이 함안 가야리 제방유적이다.(그림 3-21)[50] 과거 토성으로 생각
하였으나 조사 결과 남쪽의 산지에서 북쪽~서북쪽으로 뻗어 내린 침식
성 저구릉 사이의 곡저 평야 입구에서 구릉과 구릉 사이를 연결하도록
되어 있어, 인근 남강의 홍수로 인한 제 내부의 경작지 수몰을 방지하기
위해 축조된 전형적인 하천 제방임이 밝혀졌다. 제방의 평면은 하천 쪽으

로 약간 돌출된 아치형인데, 이는 경주 영지나 제천 의림지 등 고대 저수지의 평면형에서 볼 수 있는 것으로서 제방에 가해지는 수압에 대응하기 위한 것으로 파악된다.[51]

결국 제방 축조를 통해 약 24*ha*의 안정적인 농경지를 확보함으로써, 통일신라기의 농업 생산력을 상전(上田) 1결당 10석 정도로 보는 견해에 기초하여 1결 넓이를 15,447*m²*석으로 볼 경우[52] 최대 벼 158석을 생산할 수 있는 가용 농경지를 확보한 것이 된다.[53] 한편 제방의 축조 시기는 제체에서 삼국시대 토기편만 출토되었고, 제체 내의 시료에 대한 AMS 연대 측정 결과 또한 A.D. 4~6세기에 집중되어 삼국시대로 보이며,[54] 이는 현재까지 알려진 하천 제방 중에서는 가장 연대가 올라가는 것이라 할 수 있다.[55]

4. 지하에 수로를 만들어 관개하는 방법

서아시아나 중앙아시아 지역 같은 건조 지대의 경우 강우량이 부족하면서도 수분 증발이 대단히 빨라 이를 최대한 억제하도록 고안된 카나트(Qanat)라고 불리는 독특한 수리시설이 확인되고 있다. 이는 빙하로 둘러싸인 고산 지역에 있는 수원(水源)으로부터 지하에 만든 인공의 암거 수로를 통해 물을 끌어들여 저지대의 농경지를 관개하는 한편 생활용수로도 이용하는 것으로서, 지하수로관개형 수리체계라 할 수 있다.(그림 3-22~3-24) 강우량이 극히 적은 건조 지역에서 발달한 시스템으로서, 상수도 등 생활용수로서의 역할도 대단히 중요해 보인다. 이는 대개 관개 농업이 가능할 만큼 연중 충분한 수량이 흐르는 큰 강이 없고, 경작 예정지가 강수량이 충분한 산악 지대와 근접해 있으면서, 증발량이 너무

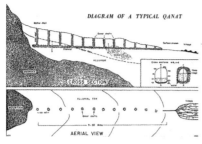

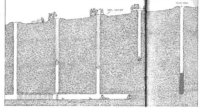

〈그림 3-22〉 Qanat 구조 모식도 (金義中·成正鏞, "서·중앙아시아의 지하관개수로")

〈그림 3-23〉 Qanat의 지하수로 축조 모식도 (金義中·成正鏞, "서·중앙아시아의 지하관개수로", 그림 4)

〈그림 3-24〉 지하관개수로의 구조 (金義中·成正鏞, "서·중앙아시아의 지하관개수로", 그림 3)

높아 지상에 저수지나 수로를 만들기에는 물의 손실이 큰 건조 지역이고, 경작 예정지에서 우물을 파내기에는 대수층(帶水層: 지하수층)이 너무 깊은 지역에 주로 만들어진다.[56]

카나트를 지칭하는 가장 오래된 기록은 아시리아의 사르곤 2세(Sargon Ⅱ, B.C. 722~705)가 아르메니아 지방에 거주하고 있던 산악 민족인 우라르투(urartu) 왕국에 원정을 갔을 때 함락된 수도 우히후(uhihu)에서 발견된 설형(楔形) 문서에 "많은 수로에서 땅속의 물을 끄집어내어 경지를 관개시킨다."라고 쓰인 것이다.[57]

이의 기원에 대해서는 페르시아 유입설, 한대 거정(井渠)설, 신강 지역 자생설 등 여러 가지가 있으나 대개 고대 페르시아와 이란 문화의 영향을 받아 주변 지역으로 확산되었다고 보고 있다. 이란에서는 'Qanat', 아프카니스탄·파키스탄·신장위구르자치구에서는 'Karez' 혹은 'Kariz', 북아프리카는 'Foggra' 등으로 불리며 이란을 비롯하여 아프가니스탄과 이라크·파키스탄 등 강수량이 극히 적은 서남아시아의 건조한 내륙에서부터 중앙아시아와 중국의 서부 지역, 북아프리카 등 많은 지역에 분포하고 있다.[58]

5. 고저차가 없는 평원 지역에서의 수리관개체계

고저차가 그다지 없는 평원 지대이면서 수량이 풍부한 동남아시아 지역에는 소위 '바라이'라고 불리는 거대한 물웅덩이 형태의 저수 시설을 이용하는 수리관개체계가 있다.[59] 일례로 앙코르 평원 지역의 경우 동(북)고서(남)저의 지형으로서, 전체적으로 해발 고도 2~60m에 자연 경사도가

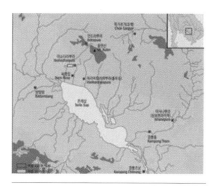

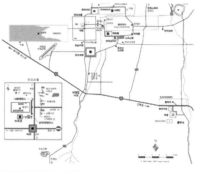

〈그림 3-25〉 앙코르의 지형 조건 (부산외국어대학교 동남아지역원 자료, 권오영, "동남아시아 고대국가의 수리시설과 수자원 관리체계", 그림 6 재인용)

〈그림 3-26〉 앙코르의 바라이 (부산외국어대학교 동남아지역원 자료, 권오영, "동남아시아 고대국가의 수리시설과 수자원 관리체계", 그림 8 재인용)

0.1%에 불과하여 도시 전체의 표고차가 1.4m에 불과할 정도로 작아, 넓은 면적에 물을 공급하기 위해서는 미세한 표고차까지 계산하는 정밀한 수로체제가 필요하다고 한다. 앙코르 지역은 지하수위가 매우 높아 지표 아래 0~5m 사이에 분포하고 있는바, 우기와 건기가 반복되면서 지하수위가 급격히 변화하면 지상의 건축물이 침하되고 붕괴 위험에 처하게 되므로 건축물의 지반과 주변 지하수위를 일정하게 유지하기 위해 고안된 것이 바로 건축물 주위를 감싼 해자의 존재라고 한다.

이러한 앙코르 지역의 수리시설은 일반 가족 차원의 소형 웅덩이, 취락 차원의 저수 시설(중간 수준) 그리고 도시 차원의 대규모 바라이(Baray)로 삼분된다고 한다. 앙코르 평원의 농경 지대와 주거 지역에 무수히 산재하는 웅덩이들이 가장 낮은 수준의 저수 시설이고, 앙코르 와트와 앙코르 톰의 해자나 사원 내부의 장방형 저수 시설(trapeang) 등이 중간 수준의 저수 시설이다.(그림 3-25~3-26) 바라이는 우기에 다량의 우수와 유수를 수용하여 해자보다 월등한 양의 물을 관리하는 인공 저수지로서, 앙코르에는 서바라이와 동바라이, 인드라타타카 그리고 자야 타타카 등 4개의 바라이가 있어, 여기에 물을 채울 경우 3만 헥타르(300km^2)의 면적을 관개할 수 있다고 한다.

　전체적으로 앙코르는 쿨렌산에서 내려오는 물을 확산시키고 홍수를 조절하는 A구역과 사원 주위의 바라이에 물을 저장하는 B구역, 그리고 앙코르와 톤레 삽 호수 사이로서 신속히 배수하거나 서서히 동에서 서로 급수하는 C구역으로 삼분되며, 이러한 체계는 일시에 만들어진 것이 아니라 순차적으로 진행되었다고 한다.[60]

수리시설의 축조 기술

1. 제방의 기본 구조

수리시설은 1990년대까지 김제 벽골제와 당진 합덕제에 대한 발굴 조사가 이루어졌으나, 고분이나 성곽에 비해 그 중요도를 제대로 인정받지 못하는 분위기였다. 그런데 2000년대 이후 상주 공검지 등이 본격적인 발굴 조사를 거쳐 고고학적 유적으로 제대로 인정받으면서 그 구조와 축조 기술이 서서히 밝혀지고 있다. 제방은 고분이나 성곽과 같은 성토 구조물이란 성격에 수리, 치수라는 측면이 가미된다. 따라서 제방의 축조는 기술적으로 고분이나 성곽보다 더 어려운 작업이었다. 일반적인 토성 축조 기술에 더하여 계곡부를 가로막는 등 저습한 지대에 위치하는 불리함과 막대한 양의 저수에 의한 횡방향의 압력을 고스란히 버텨야 하는 난점 등을 고려할 때 제방은 분명히 고대 토목기술의 결정체라고 할 수 있다.

이러한 제방의 기본 구조를 보여주는 것이 〈그림 3-27〉로서,[61] 제방을

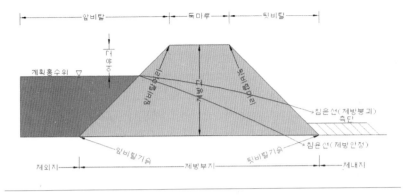

〈그림 3-27〉 제방 단면 구조와 명칭 (권순강, "함안 가야리 제방유적", 그림 10)

축조하여 보호하고자 하는 부분을 '제내지(堤內地)'라 부르며 물과 접촉되는 부분을 '제외지(堤外地)'라 한다.[62] 제방은 그 최고 높이(제방고)만큼 물이 차오르게 되면 넘치면서 붕괴되기 때문에 일정 높이까지만 물이 차오르도록 계획 홍수위(또는 만수위)를 갖게 된다. 전술한 것과 같이 저수지 제방의 한쪽 끝부분에는 제방의 붕괴를 방지하기 위하여 만수위보다 물이 차올랐을 경우 자동적으로 물이 넘쳐흐르도록 만드는 여수토(餘水吐)가 설치되어 있다. 이 여수토의 높이가 곧 제방의 만수위가 되는 셈이다. 한편 제방 속으로 물이 스며들어 세굴현상이 일어나게 되면 종국에는 제방이 무너지게 된다. 흙으로 만든 고대 제언의 특성상 완벽하게 물이 스며들지 않도록 차수(遮水)를 실현하는 것은 불가능에 가깝다고 할 수 있다. 즉, 제방 안으로 스며든 물이 흘러나오는 침윤선이 높아지면 제체 붕괴의 원인이 되기 때문에, 오히려 침윤선을 낮추어 담수된 물이 자연스럽게 제내지의 지반으로 스며들게 함으로써 제체(堤體)의 안정성을 담보할 수 있는 것이다. 결국 제방은 기본적으로 물이 스며드는 것을 방지하는 차수도 중요하지만, 침윤선으로 스며드는 물을 관리하는 통수(通水) 처리도 대단히 중요하다고 할 수 있다.

2. 수문의 형태

전술한 여수토는 저수된 물이 만수위 이상으로 올라갔을 경우 넘치는 물이 흐르도록 되어 있는 시설[水門]이며, 물을 관개지에 흘려보내기 위해서는 제방에 물을 배수하는 시설, 즉 관개용 수문을 설치해야 한다. 과연 삼국시대의 제방에는 어떠한 형태의 수문을 설치하였을까? 만약 수문을 설치하지 않는다면 제방을 일부 허물고 배수한 다음 다시 쌓아야 하기 때문에, 그 불편함은 이루 다 말할 수 없다. 초기에는 제방 내부에 나무나 돌로 만든 수통(垂桶)을 설치하여 배수하였던 것으로 생각된다.[63] 이 수통이 후술할 영천 정원명 청제비에는 배굴리(排堀里)로 표현되어 있으며, 조선시대에는 이 배굴리를 수통(水桶)으로 표기하였다고 한다.[64] 이 배굴리의 수는 저수지의 크기에 따라 달라, 조선 세조대에는 대제(大堤)에 3개, 중제(中堤)에 2개, 소제(小堤)에 1개의 수통을 설치하도록 하였다고 한다.[65] 영천 청제비에 보이는 상배굴리의 존재는 상·하 배굴리 또는 상·중·하 배굴리의 존재를 추

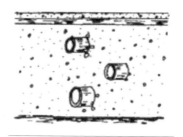

〈그림 3-28〉 배굴리 수통 모식도 (전덕재, 2010)

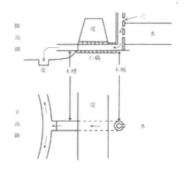

〈그림 3-29〉 제방의 방수시설 복원 모식도 (곽종철, "청동기시대~초기철기시대의 수리시설")

〈그림 3-30〉 大阪 狹山池의 飛鳥·奈良時代 東樋 노출 모습

정하게 하는데, 상·하일 경우 수통이 2개가 되고 상·중·하일 경우 수통은 3개가 되며, 햇빛에 의해 데워진 표면수부터 공급하도록 위의 수통부터 방수하게 된다.(그림 3-28~3-30) 그런데 벽골제의 경우 수통식이 아니라 석재로 기둥을 만들고 그 사이를 나무판으로 물을 막는 수문 형식으로 되어 있는바 이는 고려시대에 만든 것으로 보이며, 벽골제의 방수 시설은 초기의 배굴리[수통]에서 석제 수문으로 변화하였다고 생각된다.[66]

3. 축조 기술

자연재해로부터 공동체를 보호해주는 수리, 치수 시설인 제방의 축조와 관리에 동아시아의 많은 왕조들이 국력을 기울였다. 신라는 536년 영천에 청제(菁堤)를 축조하면서 7,000명을 동원하였고, 798년의 보수에는 부척(斧尺) 136명, 법공부(法功夫) 14,140명이 동원되었다. 김제 벽골제의 축조에는 연인원 322,500명을 넘는 인부가 동원된 것으로 추정된 바 있다.[67] 조선시대에도 치수 사업에 많은 인원이 동원되었는데 대표적인 예가 청계천이다. 태종대에 개거도감(開渠都監)을 설치하여 치수에 힘썼고 영조대에 실시된 청계천의 준설[68]에는 57일 동안 연인원 21만여 명이 동원되었다.[69]

우리보다 수리시설에 대한 연구가 한 발 빨랐던 일본의 경우 고분시대의 제방 축조가 한반도계 기술자 집단에 의해 추진된 것으로 이해되고 있다. 『일본서기(日本書紀)』 응신조(應神條)[70]에 의하면 고구려, 백제, 가야, 신라 사람들을 동원하여 연못[池]을 축조하고 이를 한인지(韓人池)라고 불렀다고 한다. 이는 본격적인 제방의 축조가 당시 일본의 자체적인 기술만

〈그림 3-31〉 제방 하부에서 발견되는 부엽층(좌상·우상: 김제 벽골제 장생거 2차 1Tr. 및 N1E1 pit 초축 제방[안현중, 2016], 좌중: 밀양 구위양지, 우중: 울산 약사동, 좌하: 상주 공검지과 벽골제 보축 제방의 초낭(우하) 모습

으로는 곤란하였음을 여실히 보여준다. 문헌적 검토를 넘어서서 한반도 계 공인 집단의 기술적 기여에 대한 연구가 본격화된 것은 오사카의 사야마이케(狹山池)의 발굴부터이다. 이 유적의 발굴 조사는 한국 학계에도 영향을 미쳐 그 후 제방과 저수지 등 수리시설에 대한 관심을 불러일으키는 계기가 되었다.

사야마이케의 축조에 백제계 기술자들의 기여가 지대하였음이 밝혀진 후, 최근 나라(奈良)현 다카토리(高取)에서 발굴 조사된 사츠마이케(薩摩池)

〈그림 3–32〉 상주 공검지 제방 전면의 목재 시설층 노출 모습 (경상북도문화재연구원, 『상주 공검지 복원·정비 사업부지 내 공검지 제방 유적』[2013])

유적에서는 "波多里長 檜前村主"라는 문자가 쓰인 목간이 발견되었다. 파다(波多)나 회전(檜前) 모두 한반도계 이주민 집단과 관련된 명칭이므로 이 제방의 축조 주체가 한반도계 이주민임을 보여주었다.[71] 따라서 제방의 축조는 고대 한일 관계의 한 측면을 보여주기도 한다.

그동안 국내에서 발굴 조사된 김제의 벽골제, 당진 합덕제, 상주 공검지, 밀양 수산제, 김해 봉황동, 함안 가야리 그리고 울산 약사동의 제방 중에서 단면 조사가 충분히 이루어져 축조 공정을 유추할 수 있는 유적은 합덕제와 가야리제방, 약사동제방 정도이다.

김제 벽골제에서는 당시 그 의미를 알기 어려웠던 식물 탄화층을 정확히 표현해줌으로써 훗날 이 흔적이 부엽공법임을 확인할 수 있게 하였다.

21세기 이후에 속개된 발굴 조사에서는 토낭과 점토블록 등의 성토재가 확인되었다.(그림 3-31)

김제 벽골제에서 처음 확인된 부엽공법은 당진 합덕제와 상주 공검지 등 대규모 제방의 하부에서 대부분 발견되고 있는데, 중국 안휘성 안풍당에서 확인된 산초법(散草法)[72]과 동일한 것으로 고대 제방의 필수적인 공법처럼 이해되어왔다. 한편 상주 공검지의 제체(堤體) 외부 기반 부근에서는 직경이 큰 통나무와 중간 정도 크기의 말목 및 잔가지 관목 등을 넓은 면적에 부설한 것이 확인되었는데(그림 3-32), 이 또한 연약한 지반을 보강하는 데 활용하는 말뚝지정공법의 일종으로 생각된다. 부엽과 통나무 등을 활용한 이 기법은 고대에 대규모 토축 구조물을 만들 때 연약 지반을 보강하는 가장 대표적인 토목기술이라 할 수 있다. 이와 달리 보성 조성리 등지에서 확인된 부엽 시설은 낮은 수위의 물을 임시로 가두기 위한 보의 주 축조 재료로 사용되어, 연약 지반을 보강하는 공법과는 차이가 있다. 양자는 그 용도나 기술적 계보도 다른 것으로 보이며, 부엽공법으로 동일하게 부르는 것은 혼동의 여지가 있다고 생각된다.

당진 합덕제 조사는 제방의 축조 기술을 인식한 상태에서 이루어진 최초의 발굴 조사로서 비록 시기는 조선시대 이후의 것이지만 많은 정보를 제공하였다. 부엽공법이 조선시대까지 이어졌다는 점, 수차례에 걸친 준설과 보수가 확인된 점은 큰 성과이다.

김해 봉황동제방은 완굴된 것이 아니어서 전체적인 양상은 알 수 없으나 삼국시대에 해당될 가능성이 매우 높다. 기술적으로 부엽공법의 존재, 통나무를 격자상으로 부설하고 그 내부에 돌을 채워 넣은 구조, 석회 성분을 얻기 위한 패각의 사용, 암거식(暗渠式)의 수문 시설 등이 주목된다.

함안 가야리제방은 축조 공정이 상세히 복원되었으며 기술적으로 새롭게 밝혀진 부분이 많다. 우선 제방이 들어설 공간의 구 지표면과 생토면

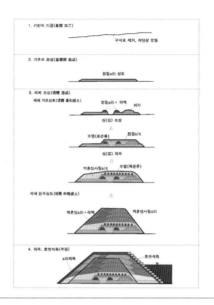

〈그림 3-33〉 대형 제방 축조 공정 모식도 (이보경, "三國~朝鮮時代 貯水池 堤防의 構造와 築造方法"[부산대학교 석사학위논문, 2014], 도 10)

을 파낼 때 수평이 아니라 단을 주는 방식으로 성곽에서 확인되는 기조(基槽)와 상통한다. 그 위에는 점성이 강한 검은 실트를 까는데 역시 성곽 축조 방식과 상통한다. 다시 그 위에 점성이 강하면서 서로 다른 토양을 수평으로 반복 성토하여 마운드를 만드는데 일종의 심(芯)의 역할을 한 것으로 보인다. 이 위에 부엽공법을 활용하고 점토블록을 쌓아가면서 제체(堤體)를 형성하였는데 물이 담기는 담수부[堤外地] 쪽으로 덧대어 붙여 나갔다. 풍납토성이나 아나즈카(穴塚)고분과 동일한 원리이다. 가야리제방에서 확인된 기술과 재료는 제방 축조가 고분, 성곽의 축조와 상통함을 잘 보여주었다.

특히 울산 약사동제방 유적에서는 세밀한 조사를 통해 그 축조 과정이 잘 복원되어 있어,[73] 고대 제방 축조 기술의 일면을 살펴보는 데 대단히 유용하다. 여기에서는 약사동제방 유적에서 파악된 축조 공정을 중심으로 고대 제방 축조 기술을 살펴보기로 한다. 제방 축조 공정은 크게 1) 기반을 가공하고 2)기초부를 조성한 다음 3)제체를 성토하며 4)최종적으로 피복과 호안 시설을 설치하여 제체를 완성하는 과정을 거치게 된다.(그림 158) 여기에서는 약사동제방에서 밝혀진 축조기술을 중심으로 고대 제언의 축조 과정을 좀 더 자세히 살펴보도록 한다.

1) 기반(基盤) 가공

제방을 축조하기 전에 기반층을 가공하는 공정이다. 유기물이 많은 구지 표면을 제거하고, 구릉 능선 또는 사면부를 종횡방향으로 계단상으로 절토하며, 사면말단부의 경우 기반암을 노출시키거나 붕적퇴적층의 역석이 노출되도록 기반층을 절토하는 등의 방법으로 기반을 가공한다. 울산 약사동에서는 구지표 제거, 계단상 가공, 역석 노출 등이 모두 확인되었고, 당진 합덕제에서는 기반층의 절토가 있었으며 지내지 쪽을 더 굴착하고 있다. 이 외의 유적에서는 지하수 용출 등 조사상의 한계로 기반층까지 확인하지 못하였거나, 이에 대한 보고가 없는 경우가 있다. 그러나 대부분의 제방 축조시 구지표는 제거하였을 것으로 생각된다. 한편 하천 제방인 함안 가야리 제방에서는 기반층을 凹凸상의 층따기 및 제외지 쪽을 더 굴착한 양상이 확인된다.

2) 기초부의 조성 (연약 지반 보강, 지반의 개량, 기저부 정지)

제방이 축조되는 지반은 구릉사면~말단부, 하상면에 해당한다. 구릉사면 말단~하상면은 지반에서 발생하는 지하수가 제체 내에 침투할 수 있으므로, 이를 차단하기 위해서 필요한 공정이다. 이 공정은 지반의 약점을 보완하고, 제체를 받쳐주는 기초를 구성하는 공정이다.

불투수성의 점성이 높은 성토재를 지반 위에 두껍게 성토하거나, 나뭇가지 또는 나뭇잎을 점토와 번갈아 쌓아(부엽층, 나뭇가지 부설층, 지엽) 성토한다.

불투수성의 성토재만을 성토하기보다는 나뭇가지 또는 나뭇잎과 점토(또는 사질실트, 실트)를 번갈아 성토하는 예가 더 많으며, 울산 약사동, 상주 공검지, 밀양 구위양지, 당진 합덕제, 제천 의림지 등 곡지형의 모든 제방에서 확인되고 있다. 특히 부엽층의 경우 저수지 제방은 기초부 전체에 이러한 양상이 확인되는 것과 달리 하천 제방인 함안 가야리에서는 제외지 쪽에서만 확인되고 있다.

한편 상주 공검지에서는 부엽층 아래에서 투수성의 모래와 깬돌을 성토한 층이 확인되었는데, 배수를 위한 것으로 보고되었다. 제방 하부에서 투수성이 높은 층이 확인된 예는 공검지가 유일하다. 뿐만 아니라 부엽층 상부에 목재 시설층이 확인되는데 통나무를 놓고 말뚝을 박은 다음 외로 엮는 것으로, 지외 측에서 주로 확인된다.

3) 제체(堤體) 성토(盛土)

(1) 제체 기초 성토(제방 하부 조성)

기초부 조성 이후 제방의 뼈대 또는 제체의 기본적인 형태(틀)을 만들어 제체의 기초를 다지는 데 목적이 있다.

울산 약사동 유적에서는 제내지 쪽으로 깨지 않은 패각을 깐 다음, 흑색의 점질실트(silt)층의 중앙부를 다시 파내어 양쪽에 성토하여 토심을 조성하였다. 토심과 패각 사이에는 갈대와 같은 초본류를 깐 뒤 점질 실트를 쌓는 과정을 반복하였으며, 마지막으로 점성이 많은 실트를 심의 상부 전체에 성토, 피복하여 심(芯)의 형태를 보인다. 심 피복층 상부에는 소나무 등의 생가지를 펼쳐놓은 뒤 그 위에 역혼입 사질실트를 성토하고, 다시 그 상부에 생가지의 방향을 교차하도록 놓은 다음 역혼입 사질실트를 성토하였다. 그 위에 역혼입 실트를 제방 부지의 폭만큼 넓게 성토하여 제방의 형태를 만드는 동시에 성토부의 기초를 다져 제체의 하중을 견딜 수 있게 하였다. 이처럼 요철상의 토심이 양쪽에 나란히 확인되는 예는 울산 약사동 제방이 유일하며, 하천 제방인 함안 가야리 제방에서는 하나의 심(芯, 또는 小堤)이 확인되었다.

이 외에 불투수성이 많은 흙을 주로 사용한 일명 불투수성존을 조성한 예가 구위양지에서 확인된다. 울산 약사동의 경우에도 토심의 피복까지 불투수성의 성토재가 주로 사용되어 어찌 보면 일종의 불투수성존이라고도 할 수 있다.

① 불투수성재 성토

밀양 구위양지에서는 지반에 부엽과 점토를 번갈아 깔아 기초 지반을 개량한 뒤, 그 상부에 역시 불투수성의 점토와 사질점토를 이용해 제체의 하부를 조성하였다(불투수성존). 성토하는 방법은 다르지만 울산 약사동 제방의 토심 및 피복한 불투수성의 기초부도 불투수성으로 하부를 조성하는 점에서는 유사하다.

즉, 제방 하부는 저수지의 물이 투수할 경우 제방의 안정에 영향을 크게 받는 곳으로서 물이 거의 통과하기 어려운 불투수성재를 성토하여, 제체의 유실을 방지하였다.

② 보강재 성토

울산 약사동 제방에서는 흑색 실트층 상부에 다량의 패각을 두껍게 깔았는데, 그 위치가 제체의 앞비탈에 국한된다. 이 위치는 침투수로 인해 흙 입자 사이로 물이 스며들어 마찰력이 감소하므로 제체의 안전상 위험한 곳이다. 이를 해결하기 위해 패각을 성토한 것으로 추정된다. 이러한 예는 약사동 제방유적이 유일하며, 토성유적에서는 김해 봉황토성에서 확인되었다. 약사동 제방에서는 패각이 순패층으로 집중적으로 나오는 것과 달리 김해 봉황동에서는 층 내에 산재하는데 두 패각층의 기능이 비슷한 것인지는 알 수 없다.

패각은 물과 만나게 되면 탄산칼슘이 빠져나와 성토재가 더 견고해졌을 것으로 생각된다. 특히 패각을 깨어 넣는 것보다는 패각을 그대로 이용하는 것이 패각의 요철면끼리의 결합력이 높아지므로, 제체의 유동성을 잡아주고 만약의 지내지 쪽 유실을 방지하고자 했던 것으로 추정된다.

③ 부엽공법

부엽공법은 기초부 조성 시에 사용되는 것이 특징이다. 그런데 울산 약사동 제방에서는 제체의 성토부에서도 확인된다. 제체의 기초 성토부 즉 제방의 형태를 조성하는 과정에서 확인되는데, 불투수성의 점질실트층 상부에 이보다는 투수성이 높은 풍화암반토 사이에 2개 층이 확인된다. 부엽층은 제체의 횡축 방향으로 잎과 솔방울이 그대로 달린 소나무 가지를 놓고 흙을 성토한 뒤 다시 종축 방향으로 나뭇가지를 놓고 성토하는 식으로 교차성토하였다.

이렇게 인장력이 높은 생가지를 이용하게 되면 제체 내에 스며든 물이 제체가 건조할 때에 다시 빠져나와 제방의 수분을 유지시켜주면서, 성토재 간의 결합력도 높여준 것으로 생각된다. 이 외에도 제체 본격 성토층에서도 일부 확인되는데 주로 중앙에서 지내지 쪽으로 확인된다.

④ 토심과 토제의 조성

울산 약사동 제방에는 지반의 개량을 위한 흑색 실트층 중앙에 요철상 두 개의 토심이 확인된다. 이 토심은 앞서 성토된 흑색 실트층의 중앙을 다시 파내어 양쪽으로 성토한 것으로, 요철의 형태를 보인다. 그리고 이 사이에는 실트, 역혼입실트 등 주로 불투수성의 흙을 채우고 초본류를 부설하는 방법을 반복하였다. 그런 뒤 이 토심과 앞서 성토하였던 패각층을 모두 덮는 형태로 피복하여 크게 보아 심 또는 작은 제방[小堤] 형태로 조성하였다.

이러한 토심 또는 소제는 약사동 제방의 형태와 동일하지는 않지만 일종의 심 형태로 하천 제방의 하나인 함안 가야리 제방, 평지토성인 서울 풍납토성 등에서도 확인된다.

⑤ 성토층의 재가공

특히 울산 약사동 제방에서는 기반의 가공 공정에서 기반암을 계단상으로 굴착하였던 예가 확인되었는데, 기초부 및 성토층 조성 시에서도 뚜렷하지는 않지만 계단상의 굴착으로 추정되는 부분이 확인된다. 단위별 층이 한꺼번에 단절되거나, 큰 단위의 성토체가 계단상의 요철면을 보이는 부분이 일부분이지만 횡단면상에서 관찰된다. 울산 약사동 제방은 토심의 조성 시에도 이미 이전의 실트층을 재굴착하는 방법을 사용한 만큼, 성토재 간의 접착력을 높이기 위한 기존 성토층의 재가공이 계속해서 이루어졌던 것으로 생각된다.

(2) 제체의 본격 성토(제방 상부 조성)

본격적으로 제방의 높이를 높이기 위한 제체 성토 공정이다. 앞서 조성된 제체 기초 성토부 위에 규모가 작은 소제(小堤) 형태의 성토 단위가 지내지에서 지외지 쪽으로 덧붙여 성토되었는데, 지내지 쪽에는 역혼입 사질 실트 위주로 성토하고, 지외지 쪽으로는 역혼입실트를 덧붙이는 식으로 구획하여 성토하는 과정을 반복하였다. 이 성토 단위는 끝이 다른 성토 단위와 맞물리면서 성토되고 있으며, 세부적으로도 점성이 많은 흙과 그렇지 않은 흙이 번갈아 교호성토되고 있다.

제방의 높이를 올리는 제체의 본격 성토에서는 투수성 재료의 사용도가 높아진다. 밀양 구위양지에서는 앞서 축조된 불투수성존 상부에 투수성이 높은 흙과 적은 흙이 번갈아 쌓였는데, 투수성 높은 흙의 비중이 훨씬 높은 편이었다. 그리고 울산 약사동 제방의 경우에도 투수성과 불투수성재가 교호성토되지만 상부로 갈수록 풍화암반력이 많아진다.

투수와 횡압력에 대한 대책이 집중되는 제방의 하부와 달리, 제방의 상부는 비교적 횡압력을 적게 받고 침윤선에 의한 붕괴 위험도도 낮다. 하지만 지내지 쪽으로는 여전히 투수와 횡압력을 받으며 제방의 높이를 높이는 대책이 필요하다.

① 교호성토

교호성토는 점성이 상대적으로 많은 흙과 상대적으로 적은 흙(사질토, 풍화암반토)을 교대로 성토하는 것이다. 점질토와 사질토는 각각 물리적 장단점이 있다. 점질토는 접착력을 증대시키고 건조하게 되면 매우 견고하지만, 물이 포화되면 체적이 증가하여 토압이 증대된다. 그리고 사질토는 배수가 양호하나 입자 간의 공극이 커서 물이 흐르는 유로(流路)가 만들어진다. 그러므로 어느 한쪽만을 쓰면 그 각각의 단점이 극대화되어 성토 작업 시 또는 성토 후의 유지에 문제가 발생한다. 그러므로 점질토와 사질토를 교호성토하거나 양자를 섞어 사용하면 수분의 조절이 이루어져 성토재 간의 결합력이 높아지면서 제체가 일체화하는 것으로 생각된다.

② 성토 단위 구획 성토(호상[弧狀] 성토)

한편 울산 약사동 제방에서는 종단면상 성토 단위를 구획하여 성토하고 있다. 완만한 호상(弧狀)의 성토 단위가 지 내측에서 외측으로 덧붙여가며 성토되는데, 이 성토 단위는 종축을 중심으로 상하로는 성질이 비슷하고 좌우로는 성질이 다른 흙이 교차 성토되고 있어, 또 다른 의미의 교호성토로도 볼 수 있다. 그리고 수평성토보다는 사방향성토가 많이 확인된다.

이들 성토 단위는 서로 연접하여 물리면서 성토재 간의 결속력이 높아져 종횡의 압력을 견디는 중요한 토목기술의 하나로 보인다. 특히 제체의 성토에 있어 지내지에서 지외지 쪽으로 이 단위를 덧붙여가며 쌓아감으로써 저수지에서의 횡압력을 견디는 기능도 하고 있다.

③ 차수벽(遮水壁)

차수는 제체의 안정성을 확보하는 데서 가장 중요하다. 저수된 물이 제체에 스며들어 둑을 통과하는데, 중력에 의해 침투수는 서서히 포물선을 그리며 떨어지게 된다. 일명 침윤선이라고도 하는데, 이렇게 침투된 물이 둑을 그대로 통과할 경우 제체는 무너지게 된다. 이에 대한 대책으로 지 내측의 앞비탈에 불투수성의 차수벽을 조성하여 침투에 의한 제체 파괴의 방지를 도모하는데, 이 차수벽이 없다면 상대적으로 제체 폭이 증대되어야 한다.

제방 유적에서 아직까지 차수벽이 명확하게 확인된 예는 없다. 단, 울산 약사동에서는 뒷비탈 쪽으로 각력이 섞여 있는 불투수성 실트가 호상(弧狀)의 단위 성토부에 덧대어진 형태로 성토되어 있다. 이는 단면상에서 일정 폭으로 벽처럼 보이면서 제체의 종축선(縱軸線)을 따라 일률적으로 확인되고, 불투수성 실트가 많은 점 등에서 차수의 기능을 한 것이 아닌가 조심스럽게 추정해볼 수 있다.

4) 피복(被覆)과 호안(護岸) 시설을 통한 제체의 완성

제체의 형태가 거의 만들어지고 나면, 건조나 풍우에 의한 약화나 침식 등에 대처하기 위해 제체의 표면부에 별도의 처리가 필요하게 된다. 제체의 점토피복과 법면부에 돌을 포설하거나 수목을 심는 방법이 알려지고 있다. '불투수성재 피복'은 제체의 외형을 점토 등의 불투수성재로 밀봉하여 최종적으로는 저수지의 물이 제체로 투수되는 것을 직접적으로 막는 기능을 하게 된다.

이처럼 제체에 불투수성재를 피복한 이후에는 물과 접하는 지 내측의 호안을 보강하는 시설을 하게 되는데, 석축을 하거나 혹은 박석을 깔아 호안을 보호하기도 한다. 밀양 구위양지에서는 초축 제방의 안쪽에서 석축이 확인되며, 일제강점기의 수축 제방에서는 만수위 지점에 석축이 확인된다.

밀양 구위양지에서는 내측 사면 끝부분에 불투수층 상부로 두 개의 점토층이 수평적인 다짐이 아닌 제방의 경사면을 따라 비스듬히 밀봉된 것처럼 다져져 있고, 이 밀봉층으로 추정되는 층 상부에 할석들이 한 벌 깔려 있는 양상도 확인되어, 각기 제체 피복과 호안 석축 시설로 생각된다.

한편 고신라 때 축조된 울산 약사동 제방에서는 피복층 및 호안 석축이 조사되지 않았으나 불투수성의 점성이 있는 실트를 이용하여 제체 전면에 성토하였을 것으로 생각된다. 그리고 저수지 쪽의 비탈면은 계속해서 유속의 영향을 받으므로 제체의 세굴이 일어나게 되는데 이곳을 호안 석축으로 보강하였을 가능성이 있다.

수리시설의 발달 과정

현재 우리나라에서 고대·조선시대 무렵까지 축조되었다고 알려진 주요 수리시설들은 전술한 것과 같이 40여 개소가 조금 넘는다. 이들 중 고대·통일신라 무렵 축조되었다고 보이는 것이 20개소가 조금 넘는데, 김제 벽골제나 영천 청제와 같이 문헌 기록과 금석문 등을 통해 축조 시기를 파악할 수 있는 것도 있지만 이는 소수에 불과하다. 나머지 20여 개소는 조선시대에 축조된 기록이 있거나 이 무렵으로 알려진 것들이어서, 결국 삼국·통일신라와 조선시대 것이 각기 절반 정도씩 차지하고 있는 셈이다. 이와 달리 고려시대로 비정될 수 있는 것이 거의 없는데, 기록의 누락이나 전승의 문제라고 할 수도 있지만, 혹 고려시대에는 그만큼 새로운 수리시설 축조가 활발하지 않았을 가능성도 시사하는 것은 아닐까 하는 의문도 든다. 한편 삼국·통일신라시대 무렵에 축조되었다고 전해지는 것 가운데 지금까지 사용되고 있는 곳도 절반이 넘을 정도여서, 고대에 축조된 수리시설들이 구조적으로나 기술적으로 결코 취약하지 않았음을 시사하고 있다. 한편 조선시대 축조된 것들은 만년제와 만석보를 제외하고는 지금도 수리시설로서 적극 활용되고 있어 조선시대의 수리체계가 기본적으로 현대까지 영향을 미치고 있다고 평가할 수 있을 것 같다.

1. 수리·관개의 시작: 청동기시대[74]

우리나라에서 수리시설은 언제부터 만들어졌고 어떤 형태였던 것일까? 비록 신석기시대가 농경만을 위주로 하는 사회는 아니었지만, 밭에 물을 주기 위해 간단한 수로를 만들든지 하는 등 초보적인 형태의 수자원 이용 방식이 존재하였을 가능성은 충분히 있다. 전술한 옥천 대천리의 신석기시대 주거지에서 탄화미가 발견된 점으로 보아 그 가능성을 추정할 수 있다. 그러나 아직까지 신석기시대에 인공적으로 수자원을 적극적으로 활용했다고 볼 만한 고고학적 흔적이 확인되지 않고 있어, 이에 대해서는 확언하기 어려운 형편이다. 현재 우리나라에서 수자원이 본격적으로 활용되는 모습을 보이는 건 역시 청동기시대에 들어와서이며, 이는 청동기시대 무렵 수도작이 본격적으로 실시되는 양상과도 무관하지 않을 것으로 생각된다. 전술한 안동 저전리의 수리시설은 청동기시대 전기부터 관개를 위해 물을 통제하고 활용하는 모습을 잘 보여준다고 생각된다. 청동기시대의 관개체계에 대해 용수원에서 수로를 이용하여 곧바로 관개하는 유형과 저수지[저류지]에 물을 저장한 후 수로를 이용하여 관개하는 유형, 보와 수로를 이용하여 관개하는 유형 등 세 부류로 나누고, 이들이 시간의 흐름에 따른 관개체계의 변화 발달상을 보여준다는 견해가 있다.[75] 전술한 안동 저전리나 논산 마전리와 같이 하상의 유로에 있는 부분을 막은 것이 일종의 저수 시설로 보고되어 있으나, 크기나 구조로 본다면 이들은 보를 이용하여 잠시 저수하는 정도라 할 수 있다. 결국 허의 행이 구분한 세 부류가 기본적인 성격에서는 그다지 차이가 없으며, 이들 수리시설이 삼국시대 것처럼 충적지 전체의 지형적 변화를 초래할 정도 는 아니었던 것으로 생각된다.[76]

한편 청동기시대 후기에도 논농사가 모든 취락이 아닌 일부 지역과 취락에 한정되어 운영되었을 가능성이 높아 관개시설을 이용한 생산량 증대를 통해 주변 취락 인구까지 부양하는 데 한계가 있었기 때문에, 당시 수도작은 특정한 목적을 위해 도입된 것으로서 생산력 증대와 바로 직결된 것은 아니었을 것이라는 견해가 있다. 나아가 보와 같은 관개시설이 용수가 부족한 상황을 극복하여 생산성 증대 및 유지를 목적으로 하는 것이지만 저습한 평야 지대로 논이 확대되지 않았다면 관개시설이 발달하였다 하더라도 벼의 잉여 생산량이 전 시기보다 월등히 높아졌다 보기 어려워. 당시 관개시설 설치가 생산량 증대보다는 오히려 특정 계층에 의한 사회와 집단의 통제적 수단으로 사용되었을 가능성이 제기된 바 있다.[77]

이는 당시 보를 담당하였던 계층이 용수의 수량과 분배를 조절하는 대가로 논에서 산출된 생산량의 일정 부분을 수취하였을 것이라는 가설이 제기된 셈인데, 이처럼 도작 농경이 당시 전 지역과 취락으로 확대되지 않고 일부 계층에 의한 사회적 통제 수단 등의 특정한 목적으로 사용되었다 하더라도 관개시설이 뒷받침되는 지역의 도작 생산량이 기본적으로 다른 곳보다 높고 안정적일 수밖에 없었을 것이다. 결국 수리관개시설은 이를 통제하는 집단의 경제적 힘을 배가시키는 작용을 함으로써, 집단 간의 우열을 심화시키는 기폭제로 작용하였을 가능성이 높았을 것으로 생각된다.[78]

결국 청동기시대의 수리체계는 부분적으로 하천의 유로를 막아 저수하는 형태도 있지만, 기본적으로는 보를 이용한 분수 시설을 위주로 하여 각 지천마다 분산적으로 수리시설이 설치되고 이를 지역 집단들이 소규모로 관리·운영하는 체계였을 것으로 생각되며, 충적지 전체를 변형시킬 수 있는 적극적이고 대규모의 개발 행위는 아직 이루어지지 않았다고 봄이 타당할 것 같다. 향후 신석기시대의 소규모 관개시설이 발견될 가능성이 없는 것은 아니지만, 일단 청동기시대가 우리나라에서 관개체계가 본격적으로 성립하는 단계라 할 수 있다.

2. 저습지 개발: 원삼국시대

이 시기는 한반도 중·남부 지역의 경우 마한과 진·변한의 여러 소국들이 경쟁하면서 고대국가체제로 나아가기 직전 단계로서, 소국들 사이의 생존 경쟁이 대단히 치열했던 때라 할 수 있다. 이러한 경쟁에 살아남기 위해서는 생산력의 증대가 필수적으로 요구될 수밖에 없는데, 광주 신창동 저습지 유적에서 발견된 1.5m 두께의 압착된 벼 흔적은 이 시기 농경과 도작 생산력을 상징적으로 보여주는 것이다. 그런데 전술한 보성 조성리 등지에서 조사된 원삼국시대의 수리시설들은 청동기시대의 것과 크게 달라진 모습을 보이고 있지 않다. 이는 원삼국시대까지도 관개체계나 이를 운영하는 사회체계에 별다른 변화가 없거나 또는 아직 관련 유적이 발견되지 않기 때문일 수 있다. 이와 관련하여 삼국시대 초기 기록이기는 하지만 백제가 고이왕 9년(242)에 나라 사람[國人]에게 명을 내려 남쪽의 택지(澤地)를 개발하도록 하는 기사가 주목된다.[79] 여기서 택이 의미하는 바는 무엇일까? 수전은 물의 공급과 배수가 원활한 지역에서 우선 개발되는 것이 일반적이다. 그런데 택은 자연적으로 물이 고여 있는 소택지나 저습지를 의미하는 것으로서, 이 기사는 이러한 지역을 개발한 것으로 볼 수 있다. 이 택지는 소택지 등에서 도수 시설을 통해 물을 원활하게 공급받을 수 있는 반면에 지하수위가 높고 배수가 불량한 담수전이기 때문에 생산성은 그리 높지 않다. 이처럼 지하수위가 높고 배수가 불량한 택지를 개발했다는 것은 그만큼 물의 공급과 배수가 용이한 양질의 경작지가 부족해지는 한편, 대규모의 수로체계 정비와 관개 사업이 이루어져야 함을 의미한다. 아직 이 시기의 택지 개발과 관련된 구체적인 시설이 확인된 바 없어 그 실상은 불분명하다. 그러나 원삼국시대 마한과 진·변한에 각기 54개와 24개국이 존재할 만큼 정치적인 결집력이 높아지고 인구도 증가하였을 것으로 추정되므로, 이전보다 훨씬 강도 높은 식량 공급체계를 필요로 할 수밖에 없었을 것이다. 비록 『삼국사기』 초기 기록의 신빙성 문제가 없는 것은 아니나, 고이왕대의 기록은 아직 백제가 마한의 한 구성 분자이면서도 식량 증산을 적극적으로 추진할 필요성이 생긴 시대적 상황을 웅변해주는 것이 아닐까 생각한다.[80] 이는 당시 경작구로서 석기가 사라지고 철기가 보급되는 상황과도 맥락을 같이하는 것이다.

이에 따라 곡저부 등을 막는 보와 소규모의 분수(分水) 시설을 통해 용수를 공급하던 청동기시대와는 달리 보다 광역적이고 체계적이면서 하천과 하천을 연결해 물을 공급하고 배수하는 수리체계의 존재가 상정될 수 있지만, 아쉽게도 아직 이러한 시설의 존재는 알려져 있지 않다. 이와 관련하여 비록 시기는 늦지만 백제 사비기의 궁원(宮苑)과 관련이 있다고 여겨지는 부여 궁남지의 경우 부여 시내 남쪽의 왕포천이 곡류하는 지점의 넓은 저습지에 위치하고 있어,[81] 궁원보다 오히려 저습지 개발을 위해 주변의 물이 유입되도록 만든 시설로서 전술한 동남아시아 지역의 물웅덩이와 유사한 개념의 것일 수 있다. 기록으로 보아 원삼국시대 무렵에 왕권 또는 지역 수장이 노동력을 동원하여 관개시설을 축조·운영하는 국(國) 주도형의 저습지 개발이 이루어지기 시작한 것은 아닐까?

3. 국가 주도 대규모 관개시설: 삼국시대

삼국시대가 되면 이전과는 차원을 달리하는 관개체계가 성립된다. 이전의 관개체계가 보와 분수 시설, 수로 등을 통해 일부 저습지를 개발하는 단계에 머물렀다면, 이제는 영천 청제나 제천 의림지·상주 공검지·경주 영지 등과 같이 각 지역에 대규모 제언[댐]의 건설을 통해 하천 하류의 충적지 전체를 개발하는 단계로 접어들게 된다. 이는 우리나라 수리 관개사에서 가장 커다란 획기적 변화라 할 수 있다. 이는 대규모로 용수를 저장하고 수문을 통해 상시로 용수를 공급할 수 있는 체계로서, 홍수 시에는 물을 가둠으로써 경작지를 보호할 수 있는 기능도 갖고 있다. 그러나 이러한 대규모 용수 저장 제언의 축조가 용수 공급과 홍수 조절에만 의미가 있는 것은 아니다. 오히려 이전과 달리 하천의 유로를 완전히 차단함으로써, 유로 자체를 인위적으로 조절할 수 있게 된 것에 더 큰 의미가 있다고 할 수 있다. 제방 아래의 경작 지역[제내지]은 기본적으로 제방 축조 전에는 하천 유로가 수시로 변화하고 곳곳에 저습지가 형성되어 있어, 경작이 어려운 부분이 많을 수밖에 없다. 이에 비해 하천 유로를 완벽하게 차단하는 제방이 건설되면, 제내지 거의 전체가 경작지로 탈바꿈할 수 있는 여건이 마련된다.[82] 삼국시대는 이처럼 계곡의 대 하천을 통제하여 대규모 용수 저장 제언을 만드는 한편, 하천이나 바닷물의 침투를 방지하여 제 내의 농경지를 보호하는 수리관개체계가 성립된 시기로서 대규모 국토 개발의 서막이 올랐던 시기라고도 할 수 있다.

이 시기 수리시설의 모습은 전술한 유적지들뿐만 아니라 기록을 통해서도 엿볼 수 있다. 330년에 초축된 것으로 되어 있는 김제 벽골제는 문헌상에서 확인되는 가장 오래된 관개수리 제언의 예이며, 신라에서는 눌지마립간 13년(429)에 시제(矢堤)를 신축한 기록이 있다.[83] 이와 함께 고대 수리시설 축조에 동원된 역역체계와 생산력 등을 짐작해볼 수 있는 귀중한 자료가 금석문으로 남아 있는데, 바로 영천 청제비와 대구 무술 오작비이다.

청제는 구체적인 기록과 실물이 남아 있는 거의 유일한 예로서, 청제 앞에는 신라 때 만들어진 청제비(菁堤碑)와 함께 1688년에 청제비를 다시 찾아 세우면서 만든 「청제중립비(菁堤重立碑)」 등 2개의 비석이 있다. 이 중 청제비는 양쪽 면에 글이 새겨져 있는데, '병진년(丙辰年)'의 명문이 있는 것은 청제를 처음 축조할 때 새긴 것이고 반대면의 '정원 14년(貞元 十四年, 798년, 원성왕 14년)' 명문이 있는 것은 청제를 다시 수리하면서 새긴 것이다.(표 3-5, 그림 3-34) 청제비의 크기는 높이 130cm, 너비 93.5cm, 두께 45cm로서, 병진명은 10행에 약 105글자가 새겨져 있다. 병진년은 대개 536년(법흥왕 23)으로 추정하고 있는데, 비문 내용은 비를 세운 연·월·일, 공사의 명칭, 공사의 규모, 동원된 인원 수, 청제의 면적과 이로 인해 혜택을 받을 수 있는 몽리 면적, 공사를 담당한 인물의 이름 등이다.

정원명은 12행에 130글자가 새겨져 있으며, 역시 청제의 수리가 완료된 연월일, 비문의 표제, 파손되어 수리하게 된 경위, 수리한 둑의 규모와 수리 기간, 공사에 동원된 인원 수, 관계 담당관의 이름 등이 나와 있다. 청제의 파손 사실을 왕실에 보고하고 현황을 파악하도록 지시받은 뒤 수치(修治) 공사를 완료한 소내사(所內使)라는 사람이 현지인으로서 평소 왕실 소유지를 관리하는 일을 수행하였던 것으로 보고 있다. 또 정원명뿐만 아니라 536년 병진명에서도 지방관이나 촌주(村主)가 보이지 않는 점으로 미루어, 청제는 왕실 직할 소유로서 현지 지방관에 의해 수행되는 단순한 역역(力役) 동원 방식과는 다른 체제였던 것으로 보고 있다. 이 청제 수리에 동원된 인원은 부척(斧尺: 도끼를 사용하는 기술자) 136인과 법공부(法功夫: 국가에 소속된 일꾼) 등 14,140명으로서 인접한 절화·압량군에서도 조역(助役)을 징발하고 있다.[84] 이처럼 청제비는 신라 수리시설의 실

〈그림 3-34〉 영천 청제비(보물 517호, ❶병진명, ❷정원14년명)와 ❸청제중립비, ❹대구 무술오작비(보물 516호)

태와 통일신라시대의 중앙집권체제, 역역 동원 등 신라 사회를 이해하는 데 중요한 자료이다.

청제비 병진명 (丙辰銘)	丙辰年二月八日另邑(?)(?)夫 (?) 塢▨六十一得鄧九十二得沢(?) 廣卅二得高(?)八得上三得作人 七千人𠛁二百八十方 使人喙灾(?)尺(?)智大舍第 次(?)▨小舍第述利大烏第 尸支小烏帝(?)次(?)小烏一支 ▨人次尒利乃利▨主(?)(?) 使伊尺只㺿卽刀 衆利只▨利干支尒利	丙辰年 2월8일에 另邑▨夫(?) 塢의 ▨는 61得, 鄧은 92得, 澤廣[沢(?)廣]은 32得, 高(?)는 8得, 上은 3得이고, 이를 만든 사람은 7천명이며 𠛁은 280方이다. 使人은 喙출신의 灾(?)尺▨智 大舍第, ▨次(?) ▨小舍第, 述利 大烏第, 尸支 小烏帝(?), 次(?)▨(혜?) 小烏一支이며, ▨人은 次▨(사?) … (以下 人名 나열로 추정) … 干支▨(도?)는 尒利이다
청제비 정원명 (貞元銘)	貞元十四年戊寅四月十三日菁 堤 治記之謂洑堤傷故所內使 以見令賜矣玖長卅五步岸 立弘至深六步三尺上排掘里 十二步此如爲二月十二日元四 月十三 日此間中了治內之都合斧尺 百卅六法栔万四千百卌人 此中典角助役切火押二 郡各▨人尒起使內之 節所內使上干年朶 史湏大舍 架守湏玉純朶	貞元11 14년 戊寅 4월 13일에 菁堤를 수리하고 이를 기록한다. 못둑이 상하였다고 하므로 所內使에게 살펴보게 하셨다. 玖長은 35步, 岸立弘至深은 6步 3尺, 上排掘里는 12步이다. 이와 같은 것을 2월 12일 시작하여 4월 13일 이 사이에 수치를 마치었다. 모두 합하여 斧尺이 136, 法功夫가 14,140인이며 이 가운데 典▨角助役14은 切火15·押▨ 두 郡에서 각각 ▨人을 일으켰다. 지휘한 所內使는 上干年 乃末, 史須 大舍, 加大守須▨ 玉純 乃末이다.(譯註 韓國古代金石文 II』)
대구 무술오작비 (戊戌 塢作碑)	戊戌年士月朔十四日另冬里村高(?)▨塢作記之 此成在▨ 人者都唯那寶藏阿(?)尺干都唯那慧藏阿尺(?)干 (?) 大工尺仇利支村壹利刀兮貴干支▨上▨壹▨利 干 道尺辰▨生之▨▨村▨▨夫作村芼令一伐奈生 一伐 居毛村代丁一伐另冬里村沙木乙一伐㺿淂所利 村也淂失利一伐 塢㺿此只村▨▨▨一尺▨▨一尺另所▨一伐伊(?) 此木利一尺 ▨助只彼日此塢大廣廿步高五步四尺長五十步 此作 起數者三百十二人功夫如十三日了作事之 文作人壹利兮一尺	戊戌年士月삭에14일에 另冬里村의 高(?)▨塢를 만들고 기록한다. 之此成在▨人者都唯那寶藏阿(?)尺干都唯那慧藏阿尺(?)干(?) 大工尺仇利支村壹利刀兮貴干支▨上▨壹▨利干 道尺辰▨生之▨▨村▨▨夫作村芼令一伐奈生一伐 居毛村代丁一伐另冬里村沙木乙一伐㺿淂所利村也淂失利一伐 塢㺿此只村▨▨▨一尺▨▨一尺另所▨一伐伊(?)此木利一尺 ▨助只彼日此塢大廣廿步高五步四尺長五十步此作 起數者三百十二人功夫如十三日了作事之 文作人壹利兮一尺

〈표 3-5〉 영천 청제비와 대구 무술오작비 원문 및 번역문

청제가 국가 차원에서 관리하는 저수지였다면, 민간 차원의 저수지 축조를 보여주는 것이 무술년오작비(戊戌年塢作碑)이다.(표 3-5, 그림 3-34) 무술년은 대개 신라 진지왕 3년(578)으로 추정되며, 저수지 규모는 넓이 20보, 높이 5보 4척, 길이 50보(약90m)이다. 비문을 보면 저수지 축조에는 아척간(阿尺干) 보장(寶藏)과 혜장(慧藏) 두 명의 승려와 대공척(大工尺)인 구리지촌(仇利支村)의 일리도혜(壹利刀兮) 등이 362명의 공부(功夫)를 동원해 13일간 작업하였다고 되어 있다. 오(塢)는 저수지를 가리키는 것이며, 전술한 영천 청제비 병진명과 정원명 모두 축조 책임을 맡은 이들이 대부분 경위(京位)를 가지고 있는 데 비해, 오작비에는 귀간지(貴干支)를 비롯해 일벌(一伐), 일척(一尺), 피일(彼日) 등의 외위(外位)가 나오고 있어 지방민에 의해 축조된 것으로 볼 수 있다. 그런데 저수지 축조에 중심적인 역할을 한 두 사람의 승려가 아척간이라는 경위와 또 도유나(都唯那)라고 하는 승직을 가지고 있는바, 이 오가 사찰과 일정한 연관성을 가지면서 사찰이 중심이 되어 만들어졌다고 할 수 있을 것이다.[85]

청제는 전술한 것과 같이 계곡이 끝나는 지점의 양쪽 구릉을 연결하여 제방을 축조하고 한쪽 끝부분에 암반을 굴착한 무너미를 설치한 전형적인 산곡형 저수지이자 축제저수관개유형 제언으로서, 경주 영지와 제천 의림지 등은 이와 입지 및 구조 등이 쌍둥이처럼 흡사하며 상주 공검지와 울산 약사동 제방유적도 이 범주에 속한다. 이처럼 계곡을 가로막는 거대한 제방 축조를 위해서는 기존의 보나 수로 굴착 기술과는 차원이 다른 고도의 토목기술과 함께 대규모 노동력을 동원할 수 있는 체계가 요구될 수밖에 없었으며, 청제비에서 보듯이 이를 국가가 주도하였다. 현재까지 확인된 전형적인 산곡형 제언들은 주로 신라에 의해 축조되었는데, 이는 기술적인 차이보다 산간이 많은 신라 지역의 지형적인 여건과도 밀접히 관련되는 것으로 생각된다.

한편 김제 벽골제와 같은 또 다른 유형의 제언이 이 시기에 국가 주도로 개발되고 있었는데, 초축 시기[86]에 대해 논란은 있지만, 원성왕 때인 790년에 벽골제를 증축하였다는 기록[87]을 보면 삼국 시기에 초축된 것은 분명하다. 그런데 벽골제는 바다 가까운 넓은 곡지에 축조되어 있어, 그대로 담수한다면 오히려 담수 면적이 관개하려는 농경지보다 많을 수도 있다. 이 때문에 벽골제는 초축 당시에는 방조제와 같이 제 안쪽의 농경지를 보호할 수 있는 기능을 가졌을 가능성이 제기되고 있다.[88] 이러한 제언이 백제 지역에 축조되어 있는 것은 해안가와 인접한 넓은 충적지를 갖고 있는 중·서남부 지역의 지형과도 밀접한 관련을 갖는다. 앞으로 백제 지역에서도 백제가 축조한 산곡형 저수지가 조사될 여지는 얼마든지 있으나, 백제와 신라의 경작지 확대 방식, 나아가 관개체계 방식에 일정 부분 차이가 있었음을 시사하는 것으로서 의미가 있다고 생각되며, 두 방식 모두 국가 주도로 개발된다는 점에서는 공통적이다.

또 이 시기에는 하천의 역류를 막아 곡부의 농경지를 보호하는 하천 제방들도 적극적으로 축조되는데, 함안 가야리 제방 유적[89]이 대표적이다. 이처럼 삼국시대에 국가 주도로 성립된 수리 관개체계가 이후 커다란 변화 없이 이어지고 있다고 생각되나, 후술하는 것과 같이 중세에는 관개체계의 정비를 통해 보다 안정적인 농업 생산력의 증대를 꾀하고 있다. 이 단계는 문헌 기록 등을 고려할 때 늦어도 A.D. 5세기에는 성립되었다고 생각된다.

이렇게 발달된 관개체계를 통해 어느 정도의 생산량이 증대될 수 있었을까? 사실 청동기시대의 도작 생산량을 추정할 수 있는 자료가 그다지 없어 선사와 고대의 차이를 직접 비교하는 것은 어렵다. 다만 영천 청제의 경우 관개 면적이 1454년에 편찬된 『경상도속찬지리지(慶尙道續撰地理志)』에 79결(약 310,628평), 1929년 기록인 『청제문부』에는 2,104.6두락(약

302,205평)이었다고 하며, 1688년의 『청제중립비』에는 300석이 전정(田政)으로 기록되어 있어 조선시대에는 대략 30여만 평(94만㎡)의 관개 면적을 가졌음을 알 수 있다. 그런데 영천 지역 30년 평균 연간 강우량(1,022㎜)의 41%(418㎜)가 저수지로 유입된다고 가정하고, 청제의 상류 유역 면적이 1.4㎢일 때 청제로의 연간 유입 저수량을 585,200㎥로 본 수문학적 분석 결과에 근거하여, 청제 수축 당시 45만㎡ 이내의 관개 면적에 10년 빈도 한발에 견딜 수 있을 정도의 안정적인 용수 공급이 가능하였을 것으로 추정하는 견해가 제기된 바 있다.[90] 조선시대의 관개 면적보다 절반 정도에 불과한 것으로 본 것은 재고의 여지가 있으나, 청제라는 산곡형 저수지가 축조됨으로써 농업 생산력이 얼마나 획기적으로 증대되었는지 짐작하기 어렵지 않다.

4. 관개체계 정비: 고려 이후

1) 고려시대

고려시대에 과연 어떠한 방식으로 수리시설을 만들고 관개하였는지에 대해 구체적으로 알 수 있는 문헌 기록이나 고고학적 자료는 거의 없는 실정이다. 특히 나말여초 무렵 축조되었다고 전해지는 당진 합덕제의 경우 발굴 조사 결과 현존 제방이 조선시대 후기에 만들어진 것으로 확인되어,[91] 그 이전에 축조되었다는 제방이 과연 어디에 있었는지 확실하지 않다. 그런데 공민왕 11년(1361) 밀직제학 백문보(白文寶, 1303-1374)가 차자를 올려 다음과 같이 문제제기를 하는 기록이 있어 주목된다.[92]

중국 강회(江淮)의 백성들이 농사를 지으면서 수해와 한재(旱災)가 있을 것을 근심하지 않는 것은 수차(水車)의 힘을 이용하기 때문입니다. 우리나라 사람들 중 논을 다루는 자는 반드시 크고 작은 도랑을 파서 물을 댈 뿐이요, 수차로 하면 물을 쉽게 댈 수 있다는 것은 알지 못합니다. 그러므로 논 아래에 물웅덩이가 있고 그 깊이가 한 길도 못 되는데 그 물을 내려다볼 뿐이고 감히 솟구쳐 올리지 못합니다. 이렇기 때문에 낮은 땅은 물이 항상 고여 있고 높은 땅은 항상 풀이 무성해 있는 것이 10중에 8~9나 됩니다. 그러니 계수관에게 명령하여 수차를 만들게 하고 그 만드는 법을 배우게 한다면 민간에 전해 내려갈 수 있게 될 것입니다. 이것이 가뭄의 해를 방비하고 황무지를 개간하는 데 제일 좋은 방책이 됩니다. 또 백성들이 종자를 심고 모를 꽂는 두 가지 방법을 겸해 힘쓰면 이것으로 역시 한재를 막을 수 있고 곡식 종자를 잃어버리지 않을 것입니다.[93]

이는 고려후기에 수차와 설비를 이용하는 관개 방식의 필요성을 강조한 것인데, 만약 수차를 적절히 이용하게 된다면 주변 하천보다 낮은 저습지도 개발할 수 있는 여지가 생기게 된다. 송원(宋元)대에 건설된 것으로 추정되는 중국 안휘성 무호시(蕪湖市)의 만춘우(萬春

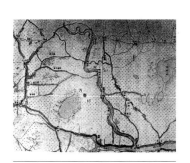

〈그림 3-35〉安徽省 蕪湖市 万春圩의 위치

圩)가 바로 그러한 예이다(그림 3-35). 이는 경작지보다 고도가 높은 주변 하천에서 물을 끌어와 관개한 다음 낮은 쪽에 고인 물을 도구를 이용해 하천으로 방류시키는 방식을 취하고 있다. 이 경우 지금껏 이용할 수 없었던 하천보다 낮은 저지대도 개발이 가능하게 됨으로써, 경작 면적을 확

대시킬 수 있게 된다.[94]

12세기 무렵 이후 연해 지역의 저지에 대한 간척을 비롯해 간척 사업이 더욱 활발해지는 모습을 보이고 있다.[95·96] 고려 인종 12년(1134) 장문위(張文緯)에 의한 수주(樹州, 경기 부평)에서의 저습지 배수를 위한 구거(溝渠) 공사, 의종대 임민비(林民庇)에 의한 명주(溟州, 강원 강릉)에서의 개전(漑田)을 위한 준거(浚渠) 사업, 의종 6년(1152년) 이문저(李文著)에 의한 홍주(洪州, 충남 홍성)의 거준설, 의종 14년(1160) 오원경(吳元卿)에 의한 영광(靈光)에서의 방조제 수축, 명종 연간 최보순(崔甫淳)에 의한 제안(齊安, 황해 황주)의 간척과 안남대도호부(安南大都護府, 전북 전주)의 방조제 수축과 간척, 몽고 침입 때 강화도로 천도한 후 김방경에 의한 위도(葦島)의 방조제 공사와 수산제(守山堤) 보수, 고종 43년(1256)의 제포(梯浦)·호포(互浦)·이포(貍浦)·초포(草浦) 등의 방조제 수축과 좌·우 둔전(屯田)의 설치, 이원윤(李元尹)에 의한 양주(梁州, 경남 양산)의 저습지 개발 등이 바로 그러한 사례라 할 수 있다.[97]

이 시기에 수차가 정말 본격적으로 이용되었는지 여부에 대해서는 향후 고고학적 성과와 함께 보다 많은 검증이 필요할 것이지만, 이처럼 해안 간척 등이 더욱 본격화되는 점 등을 감안하면 이 무렵 새로운 관개 방식을 시도하였을 가능성도 배제할 수는 없을 것 같다.

2) 조선시대

이처럼 고려시대의 수리관개시설과 그 체계에 대해서는 불확실한 점이 너무 많은 데 비해, 조선시대에는 관련 기록이 비교적 많이 남아 있고 전술한 〈표 3-1〉에서 보는 것과 같이 현재 사용되고 있는 제언들도 적지 않다.

영천 청제와 제천 의림지는 삼국시대에 축조된 제방이 지속적으로 사용된 대표적인 경우라 할 수 있으며, 김제 벽골제 역시 그 기능이 변화되면서 고대의 것이 계속 사용된 경우라 할 수 있다. 반면 조선시대에 새로 축조된 제방은 당진의 합덕제, 수원의 서호와 화성의 만년제(萬年堤)[98] 등을 들 수 있는데, 각 지역에 적극적으로 제언을 축조하여 농경 생산력을 획기적으로 향상시키려는 노력을 하고 있다. 태종 15년(1415)에 이루어진 대대적인 벽골제 수축 공사는 조선 초기 수리에 대한 국가적 관심을 잘 보여주고 있다. 당시 공사에는 각 군의 백성 1만 명이 동원되었고 이 일을 핵심적으로 맡은 간사자(幹事者)는 300명이었으며 공사는 9월에 시작하여 10월에 끝났다. 이때 장생거(長生渠)와 중심거(中心渠), 경장거(經藏渠) 세 수문의 돌기둥을 다시 고쳐 쌓고 수여거(水餘渠)와 유통거(流通渠)는 돌을 쪼개어 주춧돌로 삼고 느티나무 기둥을 세웠다[99]고 하므로, 돌로 만든 세 수문은 이보다 앞선 고려시대에 만들어졌을 가능성이 높다.

조선시대에는 농사를 위한 물의 중요성이 더욱 커짐에 따라 수리 관련 조직을 만들어 위와 같은 수리시설의 수축과 관리를 보다 체계적으로 시도하고 있다. 이를 위해 조선 초기에는 공조(工曹)의 산택사(山澤司)에서 수리시설을 담당하다가, 태종대 이후 각 지역의 권농관을 선발하여 수리를 감독하게 하였다. 1444년(세종 26)에는 호조 판적사 낭관이 제언에 관한 일을 전담하였지만 8도의 제언을 모두 감독하는 것이 불가능해, 1459년(세조 5) 이전에 호조판서가 겸임하는 제언제조(堤堰提調)가 상시적으로 설치되어 관리 감독을 담당하였다. 이후 1472년(성종 3) 호조에서 밀양 수산제(守山堤)의 둔전(屯田)에 대해 올린 보고에 제언사(堤堰司)라는 이름이 처음으로 등장하고 있어, 1459~1472년 사이에 제언 사무를 전담하는 제언사가 설치된 것으로 보인다. 이 제언사에는 제조는 수리시설에 관련된 정책을 입안하고 보고하는 일을 담당하는 '제조'와, 각 지역의 수리시설을 점검하고 수령을 감독하는 임무를 수행하는 '낭청'을 두어, 조선 8도의 제언과 천방(川防) 등의 수리시설을 관장하는 핵심적 역할을 하게 되었다. 여기서 제언의 신축 여부와 규모의 측량, 몽리 지역의 크기를 고려해 담수 높이를 결정하는 한편, 제언과 천방 수축이 불법적으로 이루어졌을 경우 수령 등에게 죄를 줄 것을 청하는 일도 담당하였다.

그런데 이는 1483년(성종 14)에 혁파되었다가 1485년(성종 16) 다시 설치되었지만, 1516년(중종 11)에 제언사 설치를 다시 논의하고 있어 그 사이 혁파되었던 것 같다. 1593년 이후 또다시 혁파되었다가, 1662년(현종 3) 조복양(趙復陽)의 건의에 따라 진휼청(賑恤廳)에 제언사를 두고 15조에 달하는 「제언사목(堤堰事目)」을 제정한 것이(표 3-6) 관개 제언에 대한 최초의 규정이라 할 수 있다.[100] 1666년까지 활동하던 제언사가 어느 시점에 또 혁파되어 1679년에 제언사 재설치가 다시 논의되는 등 제언사는 필요에 따라 설치와 혁파를 반복하고 있다.[101] 이처럼 제언 관리 기구의 혁파와 설치가 반복되는 것은 제언 사무가 그만큼 중요하다는 것을 반증하면서도, 관리 기구의 불안정성이 수리시설들의 유지·관리에 좋지 않은 영향을 미쳤을 수 있다. 조직 차원에서 볼 때 농경을 천하의 근본으로 삼았던 시대상과는 다소 거리가 있는 모습이라 할 수도 있다.

원문(비변사등록 22책)	번역문(국사편찬위원회 국역비변사등록 22책)
一, 堤堰司, 復設而都提調, 則三公, 提調, 則戶曹判書, 及賑恤廳堂上兼察郞廳, 則以戶曹版籍司郞官差定事, 已爲榻前定奪, 依此擧行爲白齊.	1. 제언사를 다시 설치하고 도제조는 삼공으로, 제조는 호조판서와 진휼청당상이 겸찰(兼察)하고 낭청은 호조 판적사(版籍司) 낭관으로 차정(差定)할 것을 이미 어전에서 결정하였으니 이에 따라 거행할 것
一, 農者, 天下之本, 食爲民之天, 驅民稼穡, 盡力溝洫, 實是王政之所先, 聖人之大務也, 矧今邦運不幸, 連歲大侵, 旱乾之災, 前古所單, 飢饉已極, 民類將盡, 當此之時, 凡可以救災防患之道, 講究修擧, 宜無所不用其極, 而前頭備旱之策, 惟在於廣開堤渠, 專務灌漑, 古人云, 水田之制, 曲於人力, 苟修人力, 則地利可盡, 今日急務, 無出於此是白齊.	1. 농사는 천하의 근본이고 먹는 것은 백성의 하늘이다. 백성을 인도하여 농사를 짓게 하고 용수로(用水路)를 내는 데 전력을 다하는 것은 실로 이 왕정(王政)의 먼저 할 요, 성인(聖人)의 큰 의무이다. 하물며 이제 국운이 불행하여 해마다 흉년이 이르니 가뭄의 재해는 과거에도 드물었던 바이다. 기근이 너무 극심하여 사람이 장차 다 죽게 되었으니 이러한 때를 당하여 모두 재앙을 구제하고 환난을 막을 만한 방법을 강구하여 다스려서 거행하는 데 진심으로 다하지 않을 수 없다. 앞으로 가뭄을 대비하는 계책이 오직 제언과 도랑을 넓히고 개척하여 오로지 힘써 물대는 데에 있다. 옛사람이 이르기를, "수전(水田)의 제도는 인력(人力)에서 연유되기 때문에 진실로 인력을 닦으면 지리(地利)를 다할 수 있다." 하였다. 오늘의 급무도 여기에서 벗어나지 않는다.
一, 我國, 自古設置堤堰, 處處有之, 各道各邑堤堰形止長廣尺數, 皆載版籍, 而近年以來, 農政不修, 法禁解弛, 久遠堤堰, 破決塡塞, 至於諸宮家, 間或折受, 鄕曲土豪, 冒耕堤內, 略無顧忌, 古來儲水之地, 盡爲乾堤, 灌漑之利, 遂至癈絶, 誠極痛心, 今此令下之後, 各邑守令, 凡境內堤堰, 一一親自看審, 破決之處, 完固改等, 塡塞之, 土, 悉令開拓, 以爲及時儲水之地爲, 白乎旀, 堤內之地, 一依形止尺量, 諸宮家折受及, 土豪冒耕之處, 盡爲還陳, 此後, 如有冒耕犯禁者, 守令, 報于監司, 爲先刑推後, 轉報本司, 依律全家徙邊, 守令, 如有不勤奉行者, 論以重律, 鄕所色吏, 自本司捉致京獄, 依法科罪爲白齊.	1. 우리나라는 옛부터 제언 설치가 곳곳마다 있는데 각도 각읍 제언의 모양, 길이와 넓이의 척수가 다 판적(版籍)에 기재되어 있다. 근래에 와서 농정이 다스려지지 않고 법금(法禁)마저 해이하여 오래된 제언은 파괴되고 메워지며, 여러 궁가(宮家)에서는 혹 절수(折受)하기도 하고, 또 지방 토호(土豪)들이 제언 내에서 마음대로 경작하면서도 조금도 꺼려함이 없으니 옛부터 내려오는 저수지의 토지가 모두 마른 제언이 되고 물을 대는 이익이 마침내 단절되었으니 진실로 마음 아픈 일이다. 이제 이 명령이 내린 후에 각 읍의 수령은 모든 지역 내의 제언을 일일이 친히 조사하여 무너진 곳은 완전하고 굳건하게 개축하고 메워진 토사는 모두 개척하여 시기에 맞추어 저수하도록 해야 한다. 제언 내의 토지는 모두 규격과 척량에 의거하여 각 궁가의 절수와 지방 부호가의 승낙 없이 경작한 곳도 모두 도로 환수하여 폐지시키되 이후에 만일 승낙 없이 경작하거나 금법을 범하는 자는 수령이 감사에게 보고하여 먼저 형문(刑問)한 다음 다시 본사에 보고하여 법에 따라 온 가족을 변방에 이거시키며, 수령 가운데 만일 명령을 받들어 행하는 데에 태만히 하는 자는 중률로 논죄하고, 향소 색리는 본사로부터 경옥(京獄)에 끌어다가 법에 의해 처단할 것.
一, 堤堰儲水之切, 蒙賴固多, 而水力之遠之, 利澤之廣被, 則莫如堤防大川, 開渠引漑之爲大, 蓋大川之下, 必有大墅, 引不渴之大水, 而灌平廣之大野, 其所被及者, 或至累千石之地, 其切利之遠且大, 有非小小堤堰之比, 以中國言之, 則鄭國白公, 導涇水, 鄭當時穿渭渠史報引潼漑鄴, 李氷, 鑑江灌蜀, 至於河汾, 淮潁亦穿溝渠, 此皆天下大江大河, 而尙能堤防灌漑, 大收豐穰之切, 我·國人則川澤之稍大者, 亦不能堤防, 無限膏澤之水, 盡放虛地, 雖遇暫時之旱災, 不免凶歉之大患, 良可痛惜, 今宜專以防川爲務, 以爲備災之地爲白齊.	1. 제언을 만들어 저수하는 공로로 효과를 보고 혜택을 받는 바가 매우 많았다. 물의 힘이 먼 곳까지 미치고 이익과 혜택을 널리 받는 것은 제언과 하천에 수로를 개척하고 물을 대는 것보다 더 큰 것이 없을 것이다. 대개 큰 하천의 아래에는 반드시 커다란 들이 있다. 마르지 않는 큰물을 끌어 넓고 큰 들에 댄다면 그 입는 혜택은 거의 수천 석에 이를 것이다. 그 공로와 이익이 원대(遠大)함은 소소한 제언에 비할 바 아니다. 중국으로 말한다면 정나라 백공(百公)은 경수(涇水)를 이끌어들였고, 정당시(鄭當時)는 위수(渭水)를 뚫어 도랑을 개척하였으며, 사보(史報)는 동수(潼水)를 이끌어 업(鄴) 땅에 대었고, 이빙(李氷)은 강을 뚫어 촉(蜀) 땅에 대었고 하수(河水)와 분수(汾水), 회수(淮水), 영수(潁水)에서도 또한 봇도랑과 개천을 뚫어 소통시켰다. 이는 모두 천하의 큰 강 큰 하수인데 일찍이 제방을 만들고 물을 대어 크게 풍년의 공효를 거두었는데 우리나라 사람은 약간 커다란 하천과 못에 제방을 수축하지 않아 혜택을 줄 수 있는 무한한 물을 모두 쓰지 못하고 방류해버린다. 비록 하찮은 한재를 만나도 흉년의 큰 걱정을 면치 못하니 진실로 애석하다. 이제는 오로지 제방을 쌓는 데에 힘을 기울여 재해를 방비하도록 할 것.

一, 凡川澤可以筌洑引漑之處, 知委民間, 使所在人等, 或呈本司, 或呈本道, 或呈本官後, 守令, 親自看審, 報于監司, 監司, 以列邑所報, 轉報本司爲白乎矣, 役軍之則, 以本土田夫赴役爲白, 遣田夫不足, 則本邑烟軍, 量入調用爲白乎旀, 工役浩大, 本邑烟軍, 不足以完役, 則隣邑烟軍, 定數調發, 以畢役爲白齊,	1. 대저 천택(川澤)에 보(洑)를 쌓아 물을 끌어 댈 만한 곳은 민간에게 알리고 그곳 민인들로 하여금 혹은 본사에 혹은 본도에 혹은 본 고을에 정소(呈訴)하게 된 후, 수령은 몸소 자세히 조사하여 감사에게 보고하고 감사는 각 고을 보고로서 다시 본사에 알리되 역군(役軍)은 지방 전부(田夫)로서 부역하도록 하고 전부(田夫)가 부족하면 본읍 연군(烟軍)으로 입역(入役)을 헤아려 동원하도록 한다. 공역(工役)이 거대하면 본읍 연군으로 완공할 수 없으면 인근의 연군으로 정해진 숫자를 동원하여 역(役)을 마치도록 할 것.
一, 凡干赴役, 勤實莫如僧軍, 僧人等, 其在平日, 遊手遊食, 專賴農民米穀, 以資生, 則至于今日, 各出其力, 以助農民備旱之役, 其在事理, 實爲當然, 昔蘇軾, 築堤西湖, 請得度牒, 而役之, 此實古人已行之事, 今宜調發僧軍, 使之赴役爲白乎矣, 其中有度牒者, 則減日, 立役, 無度牒者, 則限以二十日赴役後, 成給度牒爲白齊,	1. 모든 부역에 근실한 이로는 승군(僧軍) 같은 이가 없는데 승도들이 평소에 있어 하는 일 없이 놀고먹는 것은 오로지 농민의 미곡에 생활을 의지했기 때문이다. 오늘에 이르러 각기 그 인력을 동원하여 농민들이 가뭄을 대비하는 역사에 조력하는 것은 그 사리(事理)에서 실로 당연하다. 옛날 소식(蘇軾)은 서호(西湖)에 제언을 만들 때에 승려에게 도첩(度牒: 중이 되었을 때에 주는 허가증)을 주어서 역사를 시켰으니 이것은 실로 옛사람들이 이미 시행하였던 일이다. 이제 마땅히 승군을 동원하여 부역을 시키되 그 가운데 도첩이 있는 자는 날짜를 감하여 역사를 시키고 도첩이 없는 자는 20일 한정으로 부역을 시킨 뒤에 도첩을 만들어 줄 것.
一, 凡大川堤防之地, 則當用許多木石, 本邑守令預於築之處, 別設坊市, 報于監司, 禁斷隣近他坊, 使就市之徒, 咸集此坊, 以爲木石鳩聚之地爲白齊,	1. 대개 큰 강에 제방을 쌓는 데에는 당연히 허다한 목재와 돌이 소용될 것이다. 본읍 수령은 미리 제방 쌓을 곳에 별도로 방시(坊市)를 개설하고 감사에게 보고하여 이웃 딴 마을로 가는 것을 금지시키고 시장에 나가는 사람은 모두 이 마을에 모여 목석(木石)을 모으도록 할 것.
一, 役軍則稍實之邑, 自當依例調發, 使之赴役·而其尤甚赤地飢餓之民, 則必須官給口食, 如此之處乙良, 除出賑濟穀物, 隨今饒食, 要使賑政提役, 竝行兼濟, 昔范文正諸人, 多有之者, 朱子於荒政條件中, 亦有修築大陂堤, 爲饑民就食之地者, 今亦依此擧行爲白齊,	1. 역군은 초실(稍實)한 고을에서는 모두 정례에 따라 동원하여 부역을 시키도록 하고 우심(尤甚)한 지역의 헐벗고 굶주린 백성들은 반드시 관가(官家)에서 식구에 따라 식량을 나누어 주어야 한다. 이 같은 곳은 구제곡물(救濟穀物)을 덜어내어 명령에 따라 식량을 지급하고 그들로 하여금 진정(賑政)과 제역(提役)을 아울러 행하여 구제를 겸하게 한다. 이는 옛날 범문정(范文正) 같은 이들에게서 많이 있었던 일이며 주자(朱子)도 구황조건(救荒條) 가운데에서 역시 큰 제언을 수축할 때 기민(飢民)이 나와 일하면서 생활하도록 하였으니, 지금도 또한 이에 의해 거행할 것.
一, 穿渠引水之地, 雖不無田畓損害之處, 利大害小, 自有輕重之相懸, 被害田主之不願, 有不可顧, 此則依法穿掘, 而其原田畓被害者, 亦不可不念, 就其蒙利之土, 比較計給爲白齊,	1. 도랑을 파서 물을 대는 곳에는 비록 전답의 손해가 없지 않다 하더라도 이로움이 많고 손해가 적은 경중의 차이가 있다. 피해를 당한 전주(田主)를 고려(顧慮)하지 않을 수 없으니 이는 법에 따라 하천을 뚫고 도랑을 파되 원래 전답 피해자를 생각하여 그 몽리(蒙利)의 토지를 비교해서 계산하여 주도록 할 것.
一, 凡大水則多是, 沙川, 徒以泥土橫障, 而一番雨水, 旋卽潰決者, 比比有之, 如此之處, 必次以大木斜監橫結, 撑杠其後, 如家舍間架之狀, 使不搖動, 而堤下多數積石, 無石則多積松枝, 以防水溢衝破之患, 方爲完固, 凡諸築堤之處, 亦須詳悉此意, 俾無九仞一簣之虧, 爲白齊,	1. 무릇 큰물은 대개 사천(沙川)이므로 한갓 진흙으로만 가로막는다면 한차례 비에도 바로 무너지는 경우가 자주 있다. 이 같은 곳은 반드시 큰 나무를 비스듬히 세우고 가로 얽어맨 다음 그 뒤를 받쳐서 가옥의 간살 모양처럼 요동하지 못하도록 해야 한다. 제방 아래에는 돌을 많이 쌓아야 한다. 돌이 없으면 소나무 가지를 많이 쌓아서 물이 넘치거나 파괴될 걱정을 예방해야만 곧 견고하게 될 것이다. 모든 제언을 막는 곳은 반드시 이러한 뜻을 자세히 터득시키고 9길쯤 되도록 쌓는 산에 삼태기의 흙이 모자라 원래의 계획이 어그러졌다는 말과 같은 이런 후회가 없도록 할 것.

원문	번역문
一, 凡廣興水利勸課田農, 乃是守令之第一先務, 明道程夫子, 攝上元邑, 不待報漕, 徑發千夫, 盛殷築堤, 歲以大熟, 范文正, 亦築大堤, 以利民, 先儒大賢, 皆以此爲務, 此豈非今日官守之所當法者乎, 守令, 各宜盡心竭力, 期於興利救災, 而有表著成績者, 則隨其功效大小, 次第褒賞爲白齊.	1. 수리(水利)를 널리 일으키고 전농(田農)을 권장하는 일은 수령이 제일 먼저 힘쓸 바이다. 명도 정부자(明道程夫子)는 상원(上元)읍을 다스릴 때에 조운사(漕運使)의 보고를 기다리지 않고 먼저 1천 역부를 선발하여 제언을 크게 쌓아서 해마다 풍년이 들도록 했고 범문정공(范文正公)도 커다란 제언을 막아 백성을 이롭게 하였으니 선유(先儒)와 대현(大賢)들도 모두 이것에 노력하였으니, 어찌 오늘의 책임자로서 본받을 바가 아니겠는가. 수령은 각각 성의를 다하여 기필코 이로운 일을 흥기시키고 재해를 구제하되 현저하게 공적을 이룬 자는 그 공효의 대소에 따라 차례로 포상할 것.
一, 凡各處防川之地, 不爲不多, 而苟不相地之宜, 順水之勢, 隨防隨決, 以致不績, 則徒時民力, 萬分可惜, 極是可慮, 如此之事, 必須極擇人才而任之, 乃可有成, 無敗, 昔胡安定, 湖學, 置水利齊, 以敎一人, 此正學者事也, 守令, 廣詢境內人才, 勿論前朝官·生進·儒生, 必擇有計慮智能之人, 使之專管董率, 監司則亦須廣詢道內, 必得其才, 分送各處, 皆以堤堰司監役官, 稱號望定, 啓間官給糧饌, 至如品官閑散中, 苟有解事有才之人, 可堪爲此任者, 則皆當望出任使, 以責成效, 鄕曲之間, 非無可用之才, 朝廷, 無以周知, 不能調用, 老死草澤者, 甚多, 誠可慨惜, 今於如此之事, 亦可知其才之可用, 如有善爲料度, 幹成堤渠, 功利最多, 實效著聞者, 則只力加收擢, 除授實職爲白齊.	1. 각처에 제방 쌓을 곳이 많을 것인데, 지형의 적지를 살피지 않고 물의 흐름도 제대로 따르지 않아서 막는 곳마다 바로 무너져 공적을 이루지 못한다면 이때에 백성의 노력이 매우 애석하며 크게 염려된다. 이와 같은 일은 인재를 잘 선택하여 책임을 맡기면 곧 성사할 수 있고 실패가 없을 것이다. 옛날 호안정(胡安定) 선생은 호학(湖學)에 수리재(水利齋)를 두고 한 사람을 가르쳤으니 이것이 바로 학자다운 일이다. 수령은 널리 지역 내의 인재를 탐문하되 전(前) 조관(朝官)과 생원, 진사, 유생을 물론하고 반드시 계략과 재능이 있는 사람을 선택하여 감독을 건관(專管)하도록 하고, 감사도 역시 도내에 널리 탐문하여 반드시 인재를 구하여 각처로 나누어 보내되 모두 제언사 감역관(監役官)의 칭호로 망정(望定: 의망[擬望]과 같음)하도록 하며 아뢰어서 양찬(糧饌)을 지급한다. 품관(品官)과 산관(散官)에서도 만일 일을 잘 알고 재능이 있는 사람으로 책임을 감당할 만한 자가 있으면 모두 발탁하여 책임을 맡기고 성과를 이루도록 할 것이다. 향곡(鄕曲)에서도 등용할 만한 인재가 없지 않으나 조정에서 널리 알지 못하여 초야에서 일생을 마친 자가 매우 많을 것이니 진실로 애석하다. 이제는 이와 같은 일에 또한 그 재능을 기용할 줄 알고, 만일 잘 헤아려 주관하여 제언과 도랑을 만드는 데 공리(功利)가 가장 많고 실효가 드러난 사람이 있으면 노력하여 정성껏 발탁시키고 실직(實職)을 제수하도록 할 것.
一, 堤堰防川之處, 擧行形止, 本道, 件件啓聞, 一邊報于本司, 自本司時發遣郎廳, 察見形止與守令監役官等勤慢, 以爲賞罰之地爲白乎於, 卽今凍地乙解, 農節漸近, 堤堰之役, 一日爲急, 監司守令, 各別惕念, 星火擧行, 俾無緩不及事之弊爲白齊.	1. 제언과 방천(防川)을 쌓는 곳의 거행 과정을 본도에 조목조목 아뢰고 한편 본사에도 보고하면 본사로부터 때로 낭관을 보내어 거행 과정과 또는 수령, 감역관 등의 근면과 태만을 살펴보고 상벌을 시행할 것이다. 지금 얼어붙은 토지가 차츰 풀리고 농사철이 점점 임박하니 제언의 역사는 하루가 시급하다. 감사와 수령은 각별히 명심해서 빨리 거행하여 태만하게 늦추는 폐단이 없도록 할 것.
一, 印信乙良, 戶曹莊置爲白在, 舊時堤堰司印以行用爲白齊.	1. 인신(印信)은 호조에서 보관한 옛 제언사 인장으로 사용할 것
一, 未盡條件, 追後磨鍊爲白齊.	1. 미진한 조목은 추후에 마련할 것

〈표 3-6〉 현종 3년(1662) 1월 26일(음) 진휼청에서 반포한 제언사목 원문과 번역문

그 후 1778년(정조 2)에 비변사에서 제언 수축에 관한 것을 다시 제정하여 「제언절목(堤堰節目)」을 반포하였는데, 전문(前文)과 11조항의 절목으로 구성되어 있다.[102] 전문에는 제언 수축의 중요성을 강조하고 제언 보호

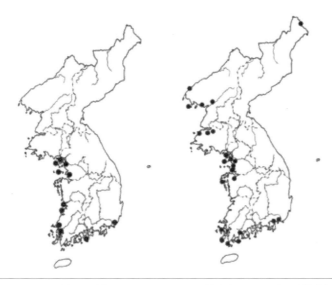

〈그림 3-36〉 조선시대 전기(좌)와 후기(우)의 대표적인 간척지 분포 양상 (李泰鎭, "15~6세기 低平·低濕地 開墾 동향")

를 위한 수령이나 관찰사들의 직무 소홀을 경계하면서 「제언절목」을 제정하여 시달하니 만전을 기하라는 내용을 담고 있다. 특히 제언절목의 4번째 조에는 "제언에 처음에는 수통(水桶)이 없었기 때문에 물을 대기 불편하고 흙을 쌓아놓은 곳이 많이 터진 것은 참으로 이것에 말미암아서였다. 이번에는 수축한 후 반드시 수통을 설치하여 텄다 막았다 하는 바탕을 삼고, 호미질을 마친 후에는 즉시 물을 막아 지나치게 새어나가는 근심이 없게 하라. 호남에서는 전주의 앵금제(罵金堤) 및 수암(秀岩)의 신제(新堤)가 처음부터 수통을 설치하여 그 제도가 매우 좋고 효과 역시 크다고 한다. 여러 읍에서 차츰 이를 모방해 행하면 둑을 터서 물을 대는 수고를 덜 수 있으니, 이에 의해 거행하라. 수통목(水桶木)은 송전(松田)과 사산(私山)을 막론하고 본사에 보고하고 베어 쓴다."고 하였다.[103] 이를 보면 조선시대까지도 제방에 수문이 설치되지 않은 곳이 있었음은 물론, 소위 배굴리라 불리는 수통 방식이 조선후기까지도 사용되고 있었음을 알 수 있다. 벽골제 석축 수문의 경우가 오히려 예외적인 형태로 보이는 것이다.

한편 고려시대에 이어 14~15세기 무렵에도 연해 지역의 개간에 따른 경지 확대가 계속 이루어지고 있다.『세종실록지리지(世宗實錄地理志)』에 서·남해에 접한 군현 대부분의 논 비율이 50% 이상으로 나타나며, 16세기에는 왕실·중앙관료·재경 사족 등의 특권 신분층이 연해 지역을 대규모 간척하거나 목마장과 강무장으로 이용되던 섬의 평탄지까지도 개간하기에 이르렀다고 한다.(표 3-7)[104] 17~18세기에 들어와서도 축언축동(築堰築垌) 등에서 보듯이, 연해 지역의 간척과 농경지는 더욱 확대되고(그림 3-36), 간척촌(干拓村)이라는 새로운 촌락도 형성되어간다. 방조제의 축조 주체도 국가, 특권 신분층, 소지역 집단, 개인에 이르기까지 다양하였다고 한다.

일본의 연해 지역 간척 상황도 대체로 비슷할 것으로 생각되고 있다. 곽종철에 의하면 일본에서도 가장 오래된 방조제인 가메이(龜井)유적의 5세기 말~6세기 초 제방을 필두로, 방조제 축조와 연해 간척이 8세기부터 확대되기 시작하여 특히 12~13세기에 그 사례가 급증한다고 한다.[105] 그리고 축제와 간척이 사취(砂嘴), 사주(砂州), 빈제(浜堤) 배후 저지, 간석(干潟) 등에서 전개되었으며, 12~13세기의 경우 개발의 규모도 수십 정(町) 이상으로서 모두 해수가 침입해 오는 황무지였다고 한다. 축제 방법은 흙으로써 판축에 가까운 형태로 성토하였으며, 13세기에는 중국 강남의 방조제 기술이 도입되었으며, 15~16세기에는 농(籠), 익(搦)을 사용하게 되고, 제체에 개흙을 부착시켜 인공적으로 억새(?) 군락지를 조성해 논을 조성하기도 하였다고 한다.

	조선전기			조선후기		
경기도	통진 고양포 강화도 불음도 평택 평택 굴포 남양 신지곶			남양 대부도	남양 인천 제물포 김해 매향포 안산	강화 대청포 강화 자연도 강화 마니산 강화 굴곶언 강화 선두포 인천 자연도
충청도				태흥 안흥진	덕산	
경상도	해운포			김해, 함안		
전라도	부안 옥구	영암 복소포 영암 지남제 나주 와포	순천 돌산도	장흥		해남 노화도 진도 굴포리 강진 고금도 나주 비금도
황해도				당포	제령 제령강면 봉산 산산진	
평안도				정주	대천	의주 사자도 용천 신도
함경도				경원 고이도		

〈표 3-7〉 조선시대의 대표적인 간척 사례들 (李泰鎭, "15~6세기 韓國 사회경제의 새로운 동향: 低地 개간과 인구 증가")

우리나라에서 수리시설의 변천 양상에 대해 앞서 논의한 내용을 간단히 요약하면 다음 〈표 3-8〉과 같이 정리해볼 수 있다.

단계	시기	내용	유적	문헌
I	청동기~초기 철기	소규모 자연 지천 활용한 수로와 저수장·보 등 소규모 분산적 시설, 소규모 공동체 단위 노동력 동원	논산 마전리, 보령 관창리, 춘천 천전리유적 등	
II	원삼국 후기~삼국 초	철기 보급과 택지 개발에 따른 경작지 확대, 본격적 수로 개발 건전화 촉진, 지역 수장 단위 노동력 동원 또는 국가 주도형 개발 시작	천안 장산리, 아산 갈매리, 보성 조성리유적 등	古爾王 九年(242) 春二月 命國人 開稻田於南澤
III	삼국~통일신라	국가 주도형 집약적 노동력 동원, 산곡형 제언 축조에 따른 대규모 용수 저장 시설의 등장과 하천 하류 전체를 축제 관개	영천 청제, 제천 의림지, 울산 약사동 등	訥祗麻立干 十三年(429) 新築矢堤 永川 菁堤(정원명: 476 or 536년).
		하천 범람 방지, 축제 개전	김제 벽골제, 밀양 수산제, 함안 가야리 제방 등	訖解尼師今二十一年(330) 始開碧骨池

IV	1	고려 중~후기	수차 등 기계 이용 저습지 개발 확대(?), 해안 간석	?	恭愍王 十一年(1361) 密直提學白文寶上箚子 江淮之民爲農而不憂水旱者水車之力也 吾東方人治水田者必引溝澮不解水車之易注故
	2	조선	이앙법의 보급, 다수 제언 수개축과 해안 간석확대, 관리 부실로 효율 저하 저수지 발생 및 新舊 湺 사이의 수리 분쟁 심화	주산제, 화성 만년제, 김제 만석보 등	正祖二十二年(1798) 我國山野之郡如繡之錯湖海之縣如碁之布昔人所築無處無之而溪澗之所流沙堤爲之淤塞水流之所轉石洑爲之衝破海之所驅潮堰爲之壞圮[106]

〈표 3-8〉 우리나라 수리관개의 발전 단계 (성정용, "우리나라 先史~中世 水利施設의 類型과 發達過程" 〈표 2〉 수정 인용)

한국형(韓國型) 수리시설을
규정할 수 있을까?

1. 쌀농사와 수리·관개

지금까지 우리나라에서 신석기시대 수리관개시설이 발견되었다는 보고
는 아직 없다. 이는 아직 조사가 미비한 것에 기인한 것일 수도 있겠지만,
한편으로는 그만큼 우리 신석기시대에 농경을 위한 수리시설이 그닥 필
요 없었던 상황을 말해주는 것일 수도 있다. 과연 어느 쪽이 타당한지 당
장 확언하기는 어려우나, 고지자기와 방사성 탄소 연대 등을 이용한 측정
결과 기원전 4천년기 후반 무렵으로 비정되는 옥천 대천리유적의 신석
기시대 집자리에서 조·보리·기장·밀과 함께 탄화미가 출토된 것[107]이 대
단히 주목된다. 이로 보면 도작(稻作) 농경이 신석기시대에 이미 일부 행
해졌을 가능성도 배제할 수는 없다.[108] 도작 농경은 크게 보아 수도작(水
稻作)과 육도작(陸稻作)으로 나눌 수 있는데, 우리가 일반적으로 알고 있
는 것과 같이 논에 물을 가두어 벼를 재배하는 것이 수도작이며, 보리 등
의 밭작물처럼 밭에서 벼를 기르는 것이 육도작이다. 대천리의 볍씨가 수

도작과 육도작 중 어느 것의 결과인지 알기 어려우나, 육도작과 수도작은 동일한 쌀농사이면서도 환경과 자원을 이용하는 방식이 판이하게 다른 농경체제이다. 즉, 육도작은 품종만 다를 뿐 다른 밭작물들과 경작 방식에 별 차이가 없는 반면에, 수도작은 초기 생육 과정에서 물이 집중적으로 요구되는 등 필요에 따라 수자원의 공급과 배수가 체계적이고 효율적으로 이루어져야 한다. 그러므로 수도작에서는 이른바 좋은 땅[109]의 확보가 대단히 중요하게 된다. 이로 보면 신석기시대에는 수자원이 그다지 집중적으로 필요하지 않은 밭농사 체제가 중심을 이루었을 가능성이 높다고 생각된다. 우리나라에서 수리시설의 발달은 이 수도작과 관계가 깊은데, 아마도 신석기시대 말~청동기시대 무렵 기후 변화에 따른 인구 이동 등 여러 내외적 요인이 복합적으로 작용한 결과 한반도 각 지역의 인구가 증가하게 되었고, 이를 감당할 수 있는 새로운 식량 공급 시스템이 바로 물을 이용하여 정착 농경을 하면서 토지를 더욱 집약적으로 이용하는 수도작이었던 것으로 생각된다. 즉, 수도작은 보다 안정적인 식량 자원 공급의 필요성에 따라 자연스레 등장하였던 생계 방식으로 이해되며, 이에 따라 드디어 물이 마시는 음용수로서뿐만 아니라 우리 삶의 근본을 지배하는 물질로서 더욱 그 중요성이 부각되어, "물" 곧 수자원을 어떻게 이용하는지가 생존을 좌우하는 문제가 된 것이다. "홍수"와 같이 일시적으로 넘쳐나는 물을 관리하지 못하면 모든 것이 쓸려가 수포로 돌아가게 되고, 반대로 "가뭄"이 들었을 때 물이 제대로 관리되지 않는다면 그 피해는 상상할 수 없을 정도로 치명적이게 된다. 결국 인간의 수가 폭발적으로 늘어나고 집단 간의 경쟁이 격화되어 패권을 다투기 시작하는 청동기시대를 거쳐 고대·중세로 이어지면서, 효율적인 물의 관리 곧 "치수(治水)"는 지역 집단뿐만 아니라 고대국가의 존망을 좌우할 정도로 중요한 사업이 되었다고 이해된다.

이처럼 수도작과 수자원의 관리는 불가분의 관계에 있을 수밖에 없는데, 전술한 것과 같이 수도작이 본격적으로 시작된 청동기시대의 치수는 아마도 조그만 하천에 보를 만들어 물길을 관리하거나 소규모로 물을 저장하였다가 이용하는 정도로서 자연을 있는 그대로 최대한 이용하는 수준이었을 것이다. 이러한 보를 만드는 데는 그리 대단한 기술이 필요하지는 않았다. 그러나 고대국가가 형성될 무렵부터는 대규모의 토지를 집약적으로 이용하게 되면서 대규모 충적지를 개발하거나 지속적으로 물을 관리하고 공급하는 체계를 발달시키는 한편, 수재(水災)를 막을 수 있는 다양한 시설들이 만들어지게 된다. 『삼국사기』에 A.D. 331년 백제가 축조했다고 전하는 길이 3.2km에 달하는 김제 벽골제는 아마도 대규모 충적지를 개발하는 모습을 상징적으로 보여주는 사례로 생각되며,[110] A.D. 536년에 만들어졌다고 하는 영천 청제는 대형 산곡형 저수지의 축조를 통해 대량의 물을 저장·관리하면서 그 하류의 충적지 전체를 개발하는 삼국시대의 농경체계를 잘 보여준다.

2. 한국형 수리시설

우리나라의 전통적인 수리관개시설은 산곡형과 평지형으로 구분되거나 또는 인수(引水)를 위주로 하는 보와 물을 대규모로 저장하여 공급하고 수파(水波)를 방지하는 제언으로 나뉘기도 한다. 여기에서는 크게 보와 같이 하천의 물을 막거나 물길을 돌려 관개하는 분수관개유형, 제방[堤]을 축조하여 물을 저수하고 충적지 전체를 경작지로 바꾸어 관개하는 축제저수관개유형, 방파제나 하천 제방과 같이 물의 유입을 차단하여 경작지를 확대하거나 보호하도록 만드는 축제보전유형으로 구분하였다. 이들은 단순한 관개 방식의 차이가 아닌, 시기에 따른 발달 과정을 담보하고 있다고 생각한다.[111]

이와 관련하여 전술한 김제 벽골제만큼 한일 수리사에서 큰 논란이 되고 화두가 되는 수리시설도 드물 것 같다. 벽골제는 일반적인 산곡형 수리시설과는 몇 가지 점에서 크게 다른 특징을 보여주고 있다. 수리관개를 위한 제언으로서 최적의 입지를 꼽으라고 한다면, 첫째로 담수할 계곡 사이의 폭이 좁음으로써 제언의 길이가 가능하면 짧아 축조 공력이 적게 들어가는 곳, 둘째로 담수 면적은 작으면서도 담수량은 많은 곳(즉 물웅덩이가 깊은 곳), 셋째로 가장 중요한 조건으로서 관개 면적의 효율성(관개 면적 / 저수 면적)을 들 수 있을 것이다.

벽골제는 상기한 조건들과는 너무도 반하는 모습을 보이고 있다. 제언의 길이가 3km가 넘을 정도로 길고 거대한 것 자체로도 특이하지만, 아주 너른 평원 가까운 곳에 축조되어 담수할 경우 지(池) 내부 면적과 외부 관개 면적 사이에 오히려 그다지 큰 차이가 없게 되어 있다. 즉, 담수할 경우 상당 면적의 좋은 농경지가 없어지게 되어 저수지를 만들어 관개하는 효과가 반감될 수밖에 없다는 것이다.[112] 벽골제는 처음부터 관개 제언으로 만들어졌는지 혹은 처음에는 방조제적 성격으로 만들어졌다가 점차 관개 제언으로 전환된 것인지 여부에 대해 논란이 있는데, 이 점에서 벽골제는 처음에는 단순한 관개 제언보다는 바닷가에 가까운 저지대를 개발할 목적으로 만들어졌을 가능성이 커 보이는 것이다.

이에 비해 제천 의림지는 지 둘레가 약 1.8km에 담수 면적이 151,470㎡이고, 현재 몽리 면적은 담수 면적의 19배가 넘는 2,870,000㎡에 이른다. 담수 면적 대비 관개 효율도 무척 큰 편이지만, 무엇보다 담수되는 부분이 좁은 계곡으로서, 당초부터 경작지로 사용될 수 없는 부분을 활용하여 담수하였다는 점을 주목해야 한다. 또한 전술한 것과 같이 의림지 하류의 관개 평야는 댐이 만들어지기 전에는 일반적인 구릉과 하천이 곡류하는 저지대로 이루어진 곳이었다가, 댐이 만들어진 후 극적으로 모두 농경지로 바뀌게 되었다. 한반도의 산간 내륙 지역에서 가용 농경지와 농업 생산력을 최대한 확보하기 위해 국토를 개발하여 완벽하게 탈바꿈시킨 것으로서, 이전과는 차원이 다른 국토 개발의 서막이자 고대 토지 이용과 식량 생산의 획기적인 변곡점이었던 것이다. 비록 의림지와 벽골제는 조금은 다른 체계로 출발하였지만, 산간이 많고 평원은 적은 한반도의 환경을 극복하기 위한 최적의 대안으로 고안된 것으로서 '한국형 수리체계(韓國型 水利体系)'라 불러도 손색이 없다고 생각된다.

한국형 수리체계가 성립될 무렵 고대 한반도의 식량 생산과 인구 증가 사이에 어떠한 상관관계가 있는지 명확히 알 수 있는 자료가 별로 없으나, 마한과 백제 사이의 관계를 통해 그 중요한 일면을 엿볼 수 있다. A.D. 3세기 무렵의 사정을 전하고 있는 『삼국지』 위서 동이전 한(韓)의 기록에 따르면 "마한 지역에는 50여 개 나라가 있는데, 큰 나라는 만여 가에 작은 나라는 수천 가로서 모두 십여만 호가 있었다."[113]라고 되어 있다. 여기에 기록된 마한의 공간적 범위를 정확히 특정하기는 어려우나 대개 경기도와 충청도·전라도 일원에 비정하는 것이 일반적이다.[114] 그런데 마한의 한 소국(小國)으로 성장하여 결국에는 마한 전체를 차지하였던 백제의 인구가 말기(A.D. 7세기 후반) 무렵 78만 호나 되었다고 『삼국사기』에 나와 있다.[115] 이들 두 기록이 과연 얼마만큼 정확한 것인지 일일이 따지기 쉽지 않지만 기록 전체를 부정할 정도는 아니다. 나아가 3세기의 마한과 사비기 백제의 영역이 동일시될 수도 없지만 오히려 사비기에 백제 영역이 충청·호남 지역으로 축소되었던 것을 감안한다면, 백제 지역에서는 400여 년 만에 무려 7~8배가량의 인구가 증가하였다고 볼 수도 있다. 삼국시대에 그 수많은 전쟁을 치르고도 이토록 가파른 인구 증가가 이루어졌다는 것은, 이 무렵 식량 생산이 상상할 수 있는 것 이상으로 비약적인 증가를 하였음을 시사하는 것이다. 단순히 단위 면적당 생산량이 늘어나거나 또는 생산량의 증대를 기대하기 어려운 밭농사를 통해서는 이러한 인구 증가 규모를 감당하기 어려울 것이기 때문에, 결국 생산 면적을 획기적으로 늘리기 위한 대규모 토지 개발이 이루어질 수밖에 없었다고 생각된다. 즉, 한국의 삼국시대는 생산을 획기적으로 증가시키기 위해 대규모 국토 개발이 이루어지던 시점이며, 이를 실현시킨 매개가 바로 제언을 축조하는 수리관개체계였던 것이다. 그러므로 우리나라의 고대 수리시설은 단순히 관개지에 물을 대기 위한 것이 아니라 비좁은 환경적 여건을 극복하기 위한 어찌 보면 거의 유일한 대안으로서 작동하였다고 볼 수 있으며, 이 점에서 '한국형 수리시설'을 특정할 수 있을 것으로 생각한다.

한편 대규모의 분수(分水) 시설이 우리나라보다는 중국의 고대 수리시설에서 주로 보이는 것은 광활한 충적지가 많은 중국의 지형적인 여건과 맞물린 것으로서, 산곡형 저수지가 많은 우리나라와의 차이라 할 수 있다. 흔히 안풍당의 제방 축조 기술이 우리나라로 전해졌다고 하지만, 이는 일반적인 기술 전파이며 지형적 여건을 감안한 제방 입지의 선정과 수로체계 등은 삼국시대 이래 나름대로 독자적인 발달 과정을 거쳤다고 평가할 수 있다. 이러한 수리관개체계가 일본의 사야마이케(陜山池)로 이어져 일본 고대 생계경제의 한 축을 담당하게 되었던 것이다.

4장

무덤

고인돌

1. 고인돌의 구조

고인돌[支石墓]은 청동기시대의 무덤 중 하나로서 우리나라의 대표적인 거석문화이다. 무덤방을 덮은 거대한 상석이 지상에 드러나 있고, 그 밑에 고임돌[支石], 묘역 시설, 무덤방 등 주검을 묻는 구조를 갖추어 완성된다. 거석문화(Megalith Culture, 巨石文化)란 인간이 어떤 목적의식을 가지고, 자연석이나 가공한 돌로 구조물을 축조하여 숭배의 대상물이나 무덤으로 이용한 문화를 말한다. 북유럽, 서유럽, 지중해 연안, 인도, 동남아시아, 동북아시아 지역 등 전 세계적으로 넓게 분포한다. 거석문화의 종류로는 고인돌, 선돌, 열석(列石), 환상열석(環狀列石), 석상(石像) 등이 있다. 고인돌은 대부분 무덤으로 쓰이고 있지만 때로는 공동 무덤을 상징하는 묘표석으로, 혹은 종족이나 집단의 모임 장소나 의식을 행하는 제단으로 사용되기도 한다.[1]

고인돌은 지역에 따라 명칭이 다른데, 우리나라에서는 '고인돌' 또는

'지석묘'라고 하며, 일본에서는 '시세키보(支石墓)', 중국에서는 '석붕(石棚)'
과 '대석개묘(大石蓋墓)'라 하고, 유럽에서는 대체로 '거석 기념물(Megalith
monument)' 또는 '돌멘(Dolmen)'이라 부른다.

아시아 지역에서는 인도, 동남아시아, 일본 규슈(九州), 중국 동해안과
동북 지방에 분포하는데 한반도에 약 4만여 기로 가장 많이 분포하며 그
중에서도 전남 지방에 2만여 기가 밀집 분포되어 있다. 한반도의 고인돌
은 외형적 형태에서 크게 탁자식(卓子式), 기반식, 개석식(蓋石式), 위석식
(圍石式) 등 4종류로 나눌 수 있다. 탁자식 고인돌은 잘 다듬어진 판돌 4
매로 짜 맞춘 돌방을 지상에 축조하고 그 위에 편평하고 거대한 돌을 얹
어놓아 탁자 모양을 이루며, 주로 한강 이북에 분포하고 있어서 북방식이
라고도 한다. 기반식 고인돌은 지하에 판돌을 세우거나 깬돌을 쌓아 무
덤방을 만들고 그 주위에 4~8매 정도의 고임돌을 놓고 그 위에 커다란
돌을 덮어 마치 바둑판 같은 모양인데, 주로 남부 지방에 집중되어 있어
남방식이라고도 부른다. 개석식 고인돌은 지하에 만든 무덤방 위에 고임
돌 없이 바로 덮개돌이 놓인 형식으로 요동반도, 한반도, 일본 규슈 지역
에 널리 분포하고 있다. 고임돌이 없기 때문에 무지석식(無支石式)이라고
도 한다. 위석식 고인돌은 덮개돌 밑에 자연석이나 판돌 여러 개를 돌려
놓은 형태이다. 판돌을 이용한 것은 제주도에 많이 분포하는데 덮개돌의
가장자리를 따라 6~12매 정도의 판돌을 서로 잇대어 세웠다.

고인돌의 무덤방은 돌널[석관]형, 돌덧널[석곽]형, 구덩이만 있는 움[토
광]형, 덮개돌 아래에 돌만 돌려진 돌두름[위석]형 등이 있고, 평면 형태
는 장방형이 대부분이다.

고인돌은 늦어도 기원전 12~11세기 즈음에 출현한 후, 기원전 3~2세
기 무렵부터 서서히 소멸하는 것으로 알려져 있다. 결국 고인돌은 지금으
로부터 3,000년 전 즈음에 한반도에 출현하여 1,000년에 가까운 세월 동

안 사용된 것이다. 현재와 같이 금속 도구가 없는 시절에 오직 사람의 힘을 빌려 거석 기념물을 축조한 당시 사람들의 지혜는 상상하기 어려운 것으로서, 선사시대 과학문명을 추적하는 데 매우 유익한 문화유산이다. 따라서 수천 년 전에 고인돌을 축조한 사람들이 어떻게 바위에서 큰 돌을 떼어내고 운반하여 무덤을 축조하였는가를 살펴, 선사시대 사람들의 과학과 지혜를 찾아보고자 한다.

2. 채석 기술과 도구

고인돌의 채석 과정에는 청동기시대 사람들의 과학적 지혜가 녹아 있다. 마을에서 삶을 마감하는 사람이 생기면 장례를 주관하는 이들은 죽은 자의 사회적 위치에 따라 덮개돌[上石]의 규모, 덮개돌을 채석하기 위한 채석장을 선정한다. 그리고 채석장에서 어떤 방법을 통해 어떤 크기와 모양의 돌을 채석할 것인지, 돌의 운반 거리와 방법을 논의한 후 필요한 노동력을 차출하여 작업을 진행하였다.

고인돌을 만드는 데 필요한 돌은 암반에서 자연적으로 떨어져 나온 바위를 이용할 수도 있으나 대부분 암반에서 인위적으로 분리하는 경우가 많다. 이를 위해서는 돌을 잘 다룰 수 있는 숙달된 기술이 필요하다. 일반적으로는 돌망치로 바위에 쐐기 구멍을 뚫은 다음, 나무지렛대를 이용하거나, 나무쐐기를 그 구멍에 넣고 망치로 치거나, 나무가 부풀어오를 때까지 물을 부어 적셔서 암반에서 돌을 분리한다.

이때 채석하고자 하는 돌의 강도나 돌결에 대한 전문적인 지식과 특별한 기술을 가진 사람이 돌의 채취를 전문적으로 담당하였을 것이다. 거칠게 채취한 돌을 다시 다듬는 일에도 역시 석공 기술을 가진 전문가가 필요하였다. 이러한 작업에는 금속기가 아닌 돌로 만든 도구가 이용되었기 때문에, 고인돌의 채석과 돌을 다듬는 일에는 많은 시간과 노동력이 필요하다.

고인돌의 채석 과정을 이해할 수 있는 정보를 담고 있는 고창 죽림리 고인돌과 화순 효산리·대신리 고인돌의 내용을 살펴보자.

1) 채석의 지혜

고창 죽림리의 채석 지점 주변에는 암반에서 돌이 떨어져 나간 흔적이 많이 확인되었는데, 원석의 제1절리면을 기준으로 삼고 제2절리면의 단축 방향에 타격을 가하였다. 원석의 제1절리면은 장축 방향으로 길게 진행되어 있는 경우가 많고, 제2절리면의 단축 방향은 폭이 좁은 것에서 넓은 것까지 다양한 편인데, 이 부분에 타격을 가함으로써 쉽게 채석할 수 있다. 암석의 절리면을 최대한 이용하였다는 점, 그리고 최소의 힘과 공력을 들여 최대의 효과를 얻는 지혜를 확인할 수 있다.

타격 부위와 방법은 6가지가 확인되었다.[2] 암반의 횡방향으로 타격이 가해지는 것이 대부분인데 ① 양단에 2점, ② 중앙 부위에 1점, ③ 중앙 부위에 2점, ④ 모서리 전면에 타격점, ⑤ 양단과 중앙 부위에 3점, ⑥ 전면에 4점 이상 등의 타격 방법이 확인되었다. 타격 부위의 형태는 타격 방법과 암석의 강도에 따라 다르게 나타나고 있는데, 이는 석재의 성질을 이해하지 못하면 불가능한 작업이라는 점에서 당시 사람들이 암질의 종류와 특성을 제대로 이해하고 있었음을 알 수 있다.

타격 부위의 남겨진 모습은 타격 방법, 암석의 강도 등에 따라 다르게 나타나는데, 타격 시에 생기는 나선형 파편[Spiral flake]이 떨어져 나간

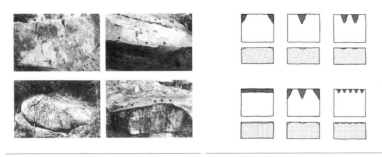

〈그림 4-1〉 지석묘 상석 채석 방법 (이상균, "고창 지석묘군 상석 채굴지의 제문제")

〈그림 4-2〉 지석묘 상석 채석 방법 (이상균, "고창 지석묘군 상석 채굴지의 제문제")

흔적이 넓게 나타나는 것이 일반적이다. 주로 앞의 ②, ③, ⑤ 방법에 많이 발견된다. 반면 ①, ⑥ 방법은 타격점의 홈에 각이 만들어진 경우로 절리면의 틈이 발달하지 않은 부위에 구멍을 내어 떼어낼 때 사용하였다. 타격점의 홈에 각이 만들어진 것은 강도 높은 쐐기의 흔적으로 판단되는데, 사용된 쐐기는 안산반암일 가능성이 높은 것으로 판단하였다. 데사이트질 응회암으로 축조된 지석묘의 압축 강도는 $529kg/cm^2$로 연암의 범주에 해당하나, 안산반암은 압축 강도가 $903kg/cm^2$~$3,829kg/cm^2$로 보통암에서 극경암의 영역에 해당하였다. 안산반암은 밀도가 치밀해 당시 연모를 이용해 채석하는 데 장애가 되었을 것으로 보이는데, 고인돌 뚜껑돌에 안산반암을 이용한 것은 매우 드물다는 점에서 고인돌의 재료보다는 채굴 도구로 사용되었을 것이다.

2) 빗면 원리를 이해한 쐐기의 사용

쐐기는 앞 끝의 각도가 작으며 단면이 V자형을 이루도록 깎아 만든 도구를 일컫는다. 나무와 돌을 가르거나, 무거운 물체를 들거나, 단단하게 결합하고자 할 때 사용한 것으로 역학적으로는 빗면의 원리를 이용하였다.

빗면은 힘과 거리의 관계를 변화시키는 것이다.

물리 법칙에서 물체를 어느 정도의 높이까지 끌어올리기 위해서는 일정한 양의 에너지가 필요하다. 그런데 이 에너지의 양을 줄일 수는 없지만 좀 더 쉽게 할 수 있는 방법이 있다. 〈그림 4-3〉에서 보듯이 쐐기 홈에 쐐기를 밀어넣은 다음 쐐기 방향으로 P라는 힘이 작용하게 되면 쐐기의 빗면에 수직 방향의 분력 R이 생긴다. 쐐기 끝의 꼭지각을 Ø라 할 때 관계식이 성립되는데, Ø가 작을수록, 즉 쐐기의 끝이 좁을수록 작은 힘으로 큰 효과를 얻을 수 있게 된다.

마찬가지로 절리가 발달된 부분에 쐐기나 지렛대를 이용하면 빗면 원리를 통해 짧은 시간 내에 상대적으로 적은 노동력을 투입해 암석을 분리할 수 있다. 이러한 원리를 적용하지 않을 경우에는 필요한 크기의 돌로 암반에서 분리하거나 떼어내야 하기 때문에 채석 작업이 어려워진다. 특히 절리가 발달하지 않은 바위는 쐐기 구멍을 만들어 채석하여야 한다.

고인돌 조사에서 채석 흔적이 남아 있는 경우는 그리 많지 않다. 그러나 쐐기 흔적이나 쐐기 주변의 박리 흔적, 채석과 관련된 큰 박리 흔적이 남아 있는 경우가 종종 확인되어서 쐐기를 이용한 채석 행위를 입증하고 있다. 쐐기 구멍은 직경 20cm 내외가 일반적이며, 박리 흔적은 20~40cm 정도이다. 대부분 덮개돌을 떼어내거나 다듬을 때 남겨진 것으로 추정된다.

쐐기를 이용한 채석 방법은 ① 10~15cm 간격으로 쐐기를 박은 후 망치로 계속 타격하는 방법, ② 쐐기 구멍에 나무를 박은 후 물을 부어 나무의 팽창력을 이용 떼어내는 방법, ③ 쐐기 구멍에 물을 부어 얼게 한 후 얼음의 팽창압을 이용하는 방법 등이 보고된 적이 있다.[3]

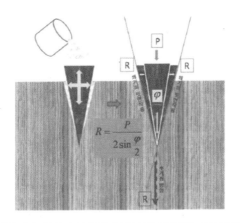

$$R = \frac{P}{2\sin\frac{\varphi}{2}}$$

〈그림 4-3〉 쐐기를 활용한 분할 기법 원리 (윤호필·장대훈, "석재가공기술을 통해 본 청동기시대 무덤 축조과정 연구")

| 쐐기의 원리 이용 | 나무의 팽창원리 이용 | 얼음의 팽창원리 이용 |

〈그림 4-4〉 암석을 분리하는 방법과 기술 (신경숙, "고인돌 축조기술의 교육적 활용에 대한 연구", 『야외고고학』, 13(2012))

　　채석의 원리와 쐐기의 기술 원리를 이해하였다는 점에서 청동기시대 사람들은 이전 시기인 신석기시대 사람들의 석재 가공 기술과는 차원이 다른 높은 수준의 기술을 보유하고 있었다. 당시 사람들은 채석의 과정부터 철저한 기획과 정보를 바탕으로 효율적으로 노동력을 투입하여 수십 톤에서 수백 톤에 이르는 엄청난 무게의 고인돌 덮개돌을 채석하였다. 채석과 덮개돌 운반의 과학적 지식은 다음 시대까지 이어지면서 발전하게 된다.

3. 운반 기술과 도구

채석과 더불어 가장 어렵고 중요한 작업은 많은 노동력이 동원되어야 하는 덮개돌의 운반이다.

1) 운반 노동력의 산출

돌을 옮기는 데 얼마나 많은 사람들이 동원되었는지에 대해서는 여러 나라에서 진행된 실험고고학적 방법론을 통해 다양한 결과가 제출되어 있다. 우선 무게에 따른 노동력의 투입 정도를 가늠하는 연구로, 1965년 앳킨슨(Atkinson)은 32t의 거석을 끈으로 묶어 옮기는 데 6,700명이 필요하며 50t의 거석을 묘실 위에 올려놓는 데에는 200명의 인력이 필요하다고 보았다. 1980년에 모헨(Mohen)은 둥근 통나무와 밧줄로 32t의 거석을 옮기는 데 200명의 노동력이 요구된다고 주장하였다. 이 외에 평지에서 1t의 거석을 움직일 때에는 16명 정도가 필요하지만, 경사진 곳에서는 15배 정도의 노동력이 요구된다는 연구도 제기되어 동선의 조건에 따라 투입되는 노동력의 차이가 상당히 달라짐을 알 수 있다.[4]

무게와 노동력 그리고 거리의 관계를 종합적으로 연구한 사례를 참조하면 16~20명의 인력이 1t의 돌을 하루에 1.6km 정도 이동시킬 수 있다고 한다. 이와 관련해 국내에서는 6.8t의 고인돌을 굴림목 위에 놓고 끌었을 경우, 70여 명이 100m를 이동하는 데 45분 정도가 소요된다는 실험고고학적 결과가 있다.

일본에서는 슈라(修羅)라고 불리는 나무로 만든 평면 A자 모양의 도구에 50t 정도 되는 돌을 올려놓고 1m를 이동하려면 300명이 필요하지만, 슈라 아래에 굴림목을 놓고 운반하면 50명의 노동력으로도 가능하다는 실험 결과가 발표된 바 있다.

이렇듯 석재의 운반 노동력 산출에 관해서는 여러 가지 변수에 따라 다양한 결과가 도출됨을 알 수 있다. 즉, 지형적 조건, 운반 도구의 종류, 노동력으로 투입된 인력의 역량 정도, 계절 등이 중요 변수로 작용하는 것이다. 이상의 실험고고학적 방법론

〈그림 4-5〉 고인돌 운반 실험 (신경숙, "고인돌 축조기술의 교육적 활용에 대한 연구")

이외에도 원격탐사(RS)와 지리정보시스템(GIS) 분석을 통해 고인돌의 채석 및 운반 경로를 추정한 연구가 진행되기도 하였다.

2) 운반 기술과 도구

고인돌 운반은 힘의 작용 방식에 따라 뒤에서 미는 방법과 앞에서 끄는 방법, 그리고 자연적인 힘에 의존하는 방법 등으로 구분해볼 수 있다. 대부분의 고인돌은 채석장에서 다소 멀리 떨어진 곳에 위치하고 있으므로 운반을 위해 여러 방안이 고안되었다. 여러 개의 둥근 통나무를 두 겹으로 엇갈리게 깔고 덮개돌을 옮겨놓아 끈으로 묶어 끈다거나 지렛대를 이용하는 방법이 사용되었는데, 무게가 가볍고 가까운 거리에는 지렛대식이나 목도식이, 먼 거리는 끌기식이 사용되었을 것이다. 지렛대식은 대형 석재 아래에 나무를 넣어 옮기는 방식이며, 목도식은 커다란 석재를 묶어서 사람들이 메고 옮기는 방법이며, 끌기식은 대형 석재 밑에 통나무를 깔고 끄는 방법이다. 하지만 고고학적 조사를 통해 드러난 운반 도구는 일본 고분시대의 목제 슈라(修羅) 정도가 알려져 있을 뿐, 통나무나 줄의 실물은 아직 발견되지 않았다.

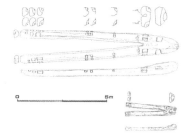

〈그림 4-6〉 고인돌의 덮개돌 운반 상상도 (신경숙, "고인돌 축조기술의 교육적 활용에 대한 연구")　〈그림 4-7〉 일본 고분 출토 '슈라(修羅)' 운반구 (이종철, "지석묘 상석운반에 대한 시론", 「한국고고학보」 50[2003])

    석재의 운반에서 중요한 또 한 가지 요소는 이동 동선의 조건이다. 발굴 조사를 통해 운반로가 확인된 바도 있지만, 채석하는 산에서 무덤까지 현재의 도로와 같은 운반로가 완비되었을 리 없다. 다만, 일종의 '동선 정리' 같은 기초 작업은 선행되었을 것이다. 운반 과정에서 돌의 중량감을 최소화함으로써 투입 노동력과 소요 시간을 절감하기 위해서는 운반로 개설 이외에도 마찰력을 줄이거나 흔들림을 방지하는 지렛대 원리가 필요하였다.

    석재의 이동 방식을 알 수 있게 된 중요한 계기는 진안 여의곡유적에서 발견된 석재 운반로이다.[5] 여기에서는 모두 세 종류가 확인되었다. 200m 정도 이어지는 A형의 길은 너비가 150~200m 이내로 일정한 간격을 평행하게 유지하고 있는 레일 형태이다. 길이 3~4m, 폭 10~20cm, 깊이 10cm 정도의 파인 흔적이 여러 겹을 이루는 것을 볼 때 상석을 운반하면서 사용했던 통나무의 흔적으로 추정된다. B형의 길은 두 줄의 도랑이 레일처럼 형성된 것으로서 잔존 길이는 34m, 25m 정도이고, 도랑 사이는 2~2.5m 정도로 나란하다. A형과 거의 유사한 형태이나, 폭이 넓고 도랑 내부에 자갈과 할석이 놓여 있는 점에서 차이를 보인다. C형은 지석묘군 내에서 확인된 유형으로, 먼저 축조된 고인돌에 연이어 새로운 고인

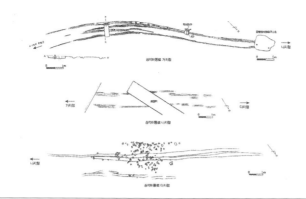

〈그림 4-8〉 A형 길

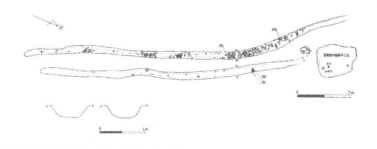

〈그림 4-9〉 B형 길

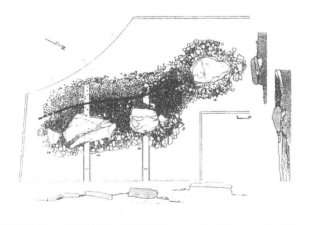

〈그림 4-10〉 C형 길

돌을 축조할 때에 개설한 길이다. 잔존 길이 12~13m, 너비 3m, 50~60㎝ 정도의 두께이다.

여의곡유적에서 드러난 길은 평탄한 강변 충적대지 위에 있었다. 경사면에서 운반하는 과정은 더 어려웠을 것이다. 인도네시아 숨바 섬에서 행해지는 고인돌 운반 작업을 보면, 내리막길에서는 굴림대를 깔지 않고 측면의 두 줄을 뒤에서 잡아당겨 일종의 브레이크용 보조 줄로 사용하였다.

고인돌을 만들던 사람들은 나름의 생활 속 지혜를 바탕으로 그들의 장묘문화를 발전시켰으며, 석재를 운반하기 위해서는 수십 명에서 많게는 수백 명 정도가 참여하였다. 이 과정은 죽음에 대한 애도 못지않게 집단의 화합과 안녕을 기원하는 축제의 형태를 띠었을 것이다. 거대한 고인돌을 축조하기 위해서는 이웃한 집단의 인력까지 동원되었으므로 당시 사회가 이웃 사이의 협동과 단합을 중요시한 사회였음을 보여준다.

4. 축조 기술과 종류

채석과 운반 과정은 고인돌을 완성하는 데에 필요한 재료를 마련하는 단계이지만 축조 단계는 죽은 자를 모시는 시설을 만드는 것이므로 어느 단계보다도 엄숙한 절차와 의식 행위가 필요하였다.

주검이 안치되는 무덤방은 다양한 종류가 있지만 모두 커다란 덮개돌을 무덤방에 얹음으로써 마무리된다는 공통점이 있다. 무덤방은 가공하지 않은 자연 석재(막돌, 강돌 등)를 수집해 주검의 신장이나 장법에 맞춘 규모로 완성한다. 종종 인공적으로 가공한 석재를 재료로 사용하는 경우

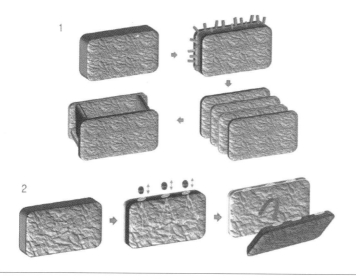

〈그림 4-11〉 석재 가공 기술(석재 분할 기법) 모식도 (윤호필·장대훈, "석재가공기술을 통해 본 청동기시대 무덤 축조과정 연구")

도 있어서 석재 가공 기술을 확인할 수 있다.

축조 1단계는 매장주체부의 축조이며 2단계는 묘역 축조이다.[6] 장례 행위에서 가장 중요한 것은 주검이 안치되는 무덤방을 구축하는 단계로서 삶의 공간과 죽음의 공간을 격리하는 밀봉 작업이다. 상자 모양의 돌널에 사용된 석재 간 맞닿은 부분의 틈을 최소화함으로써 죽음을 맞은 자가 현실 세계에 관여할 수 있는 여지를 방지하려고 하였다. 밀봉 행위를 위해 벽석의 윗면을 수평으로 맞추기 위한 조정 기법이 이루어지고, 장벽석과 단벽석의 연접면을 맞추기 위한 고안도 행하여진다.

석재 가공 기술을 살펴보면 석재의 선별적 활용을 통해 가공 시간과 투입 노동력을 최소화시켜 무덤 축조를 효율적으로 완성하고자 하는 지혜를 읽을 수 있다. 석재의 선별이나 가공, 사용까지 일정한 과정을 거쳐 생산된 판석은 전문 인력에 의해 체계화된 기술을 보여주는 반면, 나머지 축조 공정은 일회성 기술체계로 이루어지는데, 이는 고인돌 축조의 효

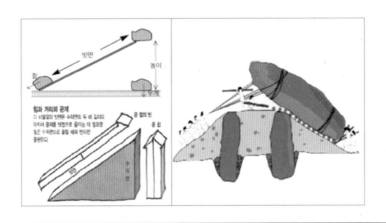

〈그림 4-12〉 빗면의 원리와 빗면을 이용한 덮개돌 올리기 모식도 (신경숙, "고인돌 축조기술의 교육적 활용에 대한 연구")

율성을 극대화하기 위함이다.[7]

　운반하여 묘역까지 이동된 덮개돌을 무덤방에 올림으로써 거석 기념 물이 완성된다. 덮개돌을 올리는 방법으로는 통나무를 이용하는 방식, 흙을 경사지게 쌓아올리는 방식, 가구된 통나무 위에 덮개돌을 놓고 무 덤방을 조립하는 방식 등이 거론되고 있다. 통나무를 이용하거나 흙을 경사지게 쌓는 방식은 모두 빗면 원리를 이용한 것으로, 수직면으로 바 로 들어올릴 때의 힘이 온 힘이라면 비스듬한 비탈길에서는 수직면으로 올릴 때의 반이면 충분하다는 원리를 이용한 것이다. 흙을 경사지게 돋 우는 방식은 발굴 조사 과정에서 확인된 덮개돌과 고임돌[支石] 사이, 혹 은 뚜껑돌 위에 남아 있는 압착된 흙의 존재로 증명된다.[8]

　거석문화가 화려하게 꽃피웠던 시기에는 특별한 도구도 없이 나무와 돌 그리고 동아줄 정도의 도구만으로 수 톤 내지 수백 톤에 이르는 돌을 채취하여 운반한 후 주검을 안치하는 장례 의식을 행하였다. 그 과정 속 에 반영된 여러 가지 지혜는 자연을 이해하고 극복하는 과정 속에서 발 생한 것이었다.

〈그림 4-13〉 인도네시아 숨바섬의 고인돌 축조 과정 (윤호필 2013)

목관묘와 목곽묘

1. 목관묘

1) 목관묘의 특징

목관묘는 기원전 3세기부터 기원후 2세기 전반까지 한강 이남의 각지에서 조영된 무덤의 한 종류이다. 영남 지역에서는 대구, 성주, 경산, 경주, 포항, 울산, 밀양, 부산, 김해, 창원, 함안, 마산, 합천 등 곳곳에서 발견되어서[9] 다른 지역에 비해 밀집도가 높은 편이다. 따라서 주로 영남 지역의 사례를 가지고 목관묘의 축조 공정을 살펴보겠다.

목관묘의 입지는 해발 고도가 그리 높지 않은 구릉의 경사면이나 평탄지에 해당된다. 구릉 경사면에 입지한 경우는 등고선 방향과 직교되는 사례와 평행한 사례가 모두 있는데 지역별로 차이가 있다. 대부분의 목관묘는 묘광 길이가 길고 너비가 좁아 평면 형태가 세장하다. 묘광 내부에 주검을 모신 목관을 넣고 목관과 묘광 사이의 공간에 철기·청동기 등의 금속 유물과 토기 등을 흙과 함께 채워 넣었다. 다호리 1호 목관묘처럼 주검의 허리 정도에 해당하는 바닥면을 파고 그 안에 유물을 넣은 바구니를 두는 시설[부장갱, 요갱]이 마련된 경우도 있다.

대부분의 목관묘는 묘광 안에 목관을 넣은 후, 묘광 내부에 흙을 채우고 그리 높지 않은 봉토를 만들었을 것으로 추정된다. 일부 연구자들은 목관 상면에서 묘광 상면까지는 흙을 채우지 않고 빈 공간으로 두고, 묘광 상면에 목판을 덮고 그 위에 흙을 쌓아 봉토를 만들었을 것으로 추정하기도 한다. 목관이나 묘광 상면 위에 놓은 목판이 썩으면서 봉토가 내려앉아 봉분의 원상이 훼손될 뿐만 아니라, 후대의 자연적, 인위적 훼손에 의해 지상에는 봉분 흔적이 확인되지 않는 경우가 대부분이다. 이는 5세기 이후 영남 각지에서 조영된 대형 고총의 봉분처럼 견고하게 쌓지 못한 토목기술의 한계를 보여준다. 이렇듯 목관묘에서는 봉토가 남아 있는 경우가 드물기 때문에 봉토 축조기술을 추정하는 것은 불가능하다.

2) 토목 도구

목관묘를 조성할 때 사용된 토목 도구로는 굴지구·운반구·분쇄구·다지는 도구 등을 예상할 수 있다. 묘광을 파는 과정에서 벽면이나 바닥면에 굴착 도구의 흔적이 확인되는 경우가 있다. 이를 통해 굴착 방식과 굴착에 사용된 도구, 즉 굴지구의 종류를 추정할 수 있다. 굴착 흔적은 대구 팔달동, 울산 신화리 교동, 부산 온천동, 함안 도항리유적 등의 목관묘에서 조사되었다. 팔달동 26호 목관묘의 굴지구 흔적은 묘광 바닥에서 확인되었는데, 방향이 일정하지 않고 무질서하다. 굴지구 너비는 5~7㎝ 내외이다. 71호 목관묘는 동쪽 단벽과 묘광 바닥의 북동 모서리에서 너비가 5~7㎝ 정도 되는 굴지구 흔적이 확인되었다.

굴지구로는 주조괭이·단조철부·판상철부·따비 등이 사용되었고 이 도구들은 목관묘 부장품으로도 이용되었다. 따라서 굴지구 흔적의 크기를 통해 부장품 중에서 굴착 도구로 사용했을 도구를 찾아낼 수 있다. 울산 신화리 교동 1호 목관묘에서는 묘광에서 너비 10㎝ 정도의 굴지 흔적이 확인되었는데, 무덤 내부에서 출토된 주조괭이 2점의 날[인부] 너비와 동일하였다. 따라서 부장된 주조괭이가 목관묘를 만들 때 주요한 굴지구로 사용되었을 가능성이 있다. 부산 온천동 1호 목관묘에서 확인된 굴지 흔적의 너비도 역시 부장된 판상철부의 인부 너비와 동일하여서, 판상철부가 굴지구로 사용되었을 가능성이 있다.

한편 함안 도항리 21호 목관묘의 굴지 흔적은 너비 8~10㎝, 길이 20㎝ 이상인데, 너비가 꽤 넓을 뿐만 아니라 길이가 길기 때문에 판상철부와 따비를 굴지구 후보로 들 수 있다. 그런데 함안 도항리의 목관묘에서 판상철부는 출토되었지만, 따비는 출토되지 않았다. 판상철부는 인부 너비가 매우 다양하지만, 목관묘에서 출토된 대부분의 따비는 인부 너비가 6~7㎝ 정도에 불과한 점을 고려하면, 21호 목관묘의 굴지구는 판상철부로 추정된다. 도항리 41호 목관묘에서 확인된 굴지 흔적은 너비 5~10㎝, 길이 20~30㎝이고, 59호 목관묘에서 확인된 굴지 흔적은 8~10㎝인데, 2기 모두 21호와 마찬가지로 판상철부가 사용되었을 가능성이 크다.

굴지흔이 여럿 발견된 대구 팔달동유적에서는 굴지흔의 너비가 3~5㎝부터 7~8㎝까지의 범위에 분포되어 있다. 5㎝ 이하라면 주조괭이·소형 단조철부·따비 등이 굴지구로 이용되었을 것이지만, 이 유적에서는 따비가 전혀 출토되지 않았기 때문에, 출토 수량이 많은 주조괭이와 단조철부가 유력한 후보가 된다.

이렇듯 묘광 굴착에 사용되었을 만한 도구로 주조괭이·단조철부·판상철부·따비 등을 제시하였는데, 실제로 나무자루가 끼워진 채 출토된 사례가 있다. 창원 다호리 1호 목관묘에서는 판상철부·주상철부·철부·따

비 등 많은 굴지구에 나무자루
가 붙은 채 발견되었다. 이 외
에도 많은 철제 굴지구가 발견
되었는데 대부분 인부가 결실
된 상태였다. 그 원인은 오랜
시간 땅속에 묻혀 있으면서 부
식되었을 가능성도 있고, 다른
한편으로는 사용의 결과일 수
있다. 나무자루가 끼워진 채 묻
힌 점을 고려하면 묘광을 굴착
한 후, 사용한 도구들을 그대
로 매납하였을 가능성도 있다.

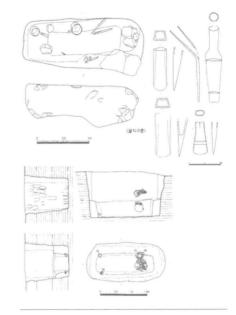

〈그림 4-14〉 부산 온천동목관묘와 함안 도항리목관묘의 굴지
흔적과 굴착 도구

파낸 흙을 옮기는 운반구의
실물은 아직 확인된 사례가 없다. 청동기시대의 하천 및 삼국시대의 습지
나 고분에서 출토된 사례가 있는 초본류로 만든 바구니나 망태기를 이용
하여 굴착된 흙을 다른 곳으로 옮기거나, 다른 곳에서 채취한 흙을 옮기
는 데 사용하였을 가능성이 있다. 사용 예는 다르지만, 창원 다호리 1호
묘의 요갱에는 부장품을 격납한 대바구니가 발견되어 당시 대바구니의
모습을 알게 한다. 파낸 흙을 푸는 도구로는 나무삽이 주로 이용되었을
것이다.

2. 목곽묘

1) 목곽묘의 특징과 변화

기원후 2세기 후반 무렵 영남 지역에서는 새로이 목곽묘가 나타났다. 목곽묘는 목관묘보다 훨씬 규모가 크고, 많은 유물이 부장되었다. 목곽묘의 전형적인 형태는 주검을 모신 목관과, 목관을 보호하기 위한 또 하나의 시설[곽]이 모두 갖추어진 것이지만, 때로는 목관이 없는 경우도 있다. 규모가 큰 목곽묘 중에는 부곽을 갖춘 것이 많은데, 주곽에는 피장자와 장신구, 무구류 등 귀중품이나 패용한 물품이 부장되고, 부곽에는 토기나 기타 일상용품 등 부피가 많이 나가는 물품이 격납되었다. 곽은 주검이 묻힌 관은 물론이고 부장 유물까지 보호하는 기능을 한다. 곽의 발생은 부장 유물의 다량 매납 및 이를 뒷받침하는 소유 관계의 차별성과 계급 사회의 출현을 전제 조건으로 삼는다.[10] 따라서 목곽묘 단계에 오면 신분이나 계급에 의해 무덤의 형태와 부장 유물의 질과 양에서 현격한 차이를 나타낸다.

영남 지역의 목곽묘는 경주 사라리 130호묘처럼 묘광 평면이 방형인 목관묘에서 비롯되었는데, 여기에 낙랑 지역 목곽묘의 영향을 받아 영남 고유의 목곽묘가 성립되었다. 2세기 중엽에 등장한 목곽묘는 5세기 전반 무렵까지 가장 보편적인 묘제로 사용되었다.

2세기 후반의 목곽묘는 길이가 너비보다 다소 긴 장방형이다. 3세기가 되면 길이:너비의 장단비가 1.5:1 내외로 장방형을 갖춘 경우와 방형인 경우로 나뉜다. 일부 목곽묘는 목곽과 묘광 사이에 기둥구멍이 있어서, 목곽을 지탱하기 위한 기둥을 세웠던 것으로 추정된다. 목관묘 단계에 비해 평면 규모는 커졌지만, 깊이는 1m 이하로서 그다지 깊지 않다. 3세기 이전의 목곽묘에서는 철제 꺾쇠가 보이지 않아서 목곽을 금속으로 결구하지 않았음을 알 수 있다. 4세기 전반이 되면, 평면 형태가 장방형인 경우와 세장방형인 경우로 구분된다. 장방형은 부산, 김해, 창원 등 낙동강 하구 지역, 세장방형은 경주를 중심으로 울산·양산·밀양·포항·경산 등 영남 동남부 지역에 분포하는 차이를 보인다.

피장자를 위해 여러 가지 물품들이 매납된 부곽을 가진 목곽묘를 주부곽식 목곽묘라 부르는데, 주곽과 부곽이 별도의 묘광에 위치한 이혈주부곽식과 하나의 묘광에 위치한 동혈주부곽식으로 구분된다. 이혈주부곽식은 김해 대성동고분군과 부산 복천동고분군 등 금관가야의 지배층 집단을 중심으로 김해 양동리·칠산동고분군 등에 조영되었고, 신라 지역에서는 경주 월성로고분군과 구어리고분군, 황성동고분군에서 확인된다. 동혈주부곽식은 경주와 울산·포항 등지에 분포하며, 경주형 또는 신라식 목곽묘라고 부르기도 한다.

부곽의 등장과 함께 묘광의 깊이가 2배 이상 깊어진 현상이 관찰된다. 복천동고분군의 경우, 4세기 1/4분기는 묘광 깊이가 1m 내외이나, 그다음 단계에 접어들면 주곽 깊이가 2m 이상으로 매우 깊어진다. 묘광 깊이가 깊을 경우에는 기둥을 세워서 봉토가 무너지는 것을 방지하였을 것이다. 목곽의 규모가 커지면서, 목곽을 구성한 목재를 고정하기 위해 철제 꺾쇠가 사용되었다.

묘광과 목곽 사이의 공간은 너비가 좁을 경우 30cm 정도, 넓을 경우 100cm 정도인데 이 사이를 물성이 다른 흙을 교호로 다져 넣거나 자갈, 돌을 채워 넣었다. 목곽묘는 목관묘보다 규모가 3~4배 이상 커졌기 때문에 봉분을 구성하는 토량도 훨씬 많아졌다. 하지만 목곽묘도 발굴 당시 봉토가 잘 확인되지 않는다. 그 이유는 처음에는 봉분이 조성되었으나 목곽이 부식되면서 목곽 위의 봉토가 묘광 안쪽으로 무너졌기 때문이다. 묘광 내부에 함몰된 토량을 감안하여 복원하면 봉분의 높이는 1m

내외, 평면은 묘광과 마찬가지로 장방형이었을 것으로 추정된다. 묘광 내부에 함몰된 봉토의 흙은 대부분 수평을 이루며, 점질토와 사질토를 교대로 배치한 사실을 확인할 수 있다.

2) 굴착 도구

목곽묘도 굴착 도구가 명확하게 밝혀진 사례가 없지만, 묘광 벽면에 남아 있는 굴지흔의 특징과 목곽 내부에 부장된 부장품을 통해 어느 정도 추정할 수 있다. 복천동 38호 주곽의 남쪽 단벽에서 확인된 굴지흔은 너비가 7㎝, 길이가 20㎝ 내외이고, 끝부분이 일직선을 이루고 있다. 굴지흔의 방향은 벽면 위쪽은 수직이고, 아래는 사방향이다. 이를 통해 볼 때, 인부 너비가 7㎝ 내외인 도구를 이용하여 수직, 그리고 사방향으로 지반을 굴착하였음을 알 수 있다. 목곽 내에서 출토된 도구 중 굴지구일 가능성이 있는 유물로는 주조괭이가 있다. 일반적으로 주조괭이의 선단부가 직선을 이루는 점을 고려하면 묘광의 남벽에서 확인된 굴지흔을 남긴 도구는 주조괭이일 가능성이 있다.

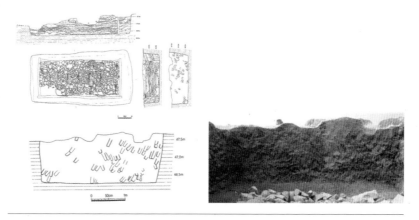

〈그림 4-15〉 부산 복천동 38호 무덤 주곽 평면도와 굴지흔

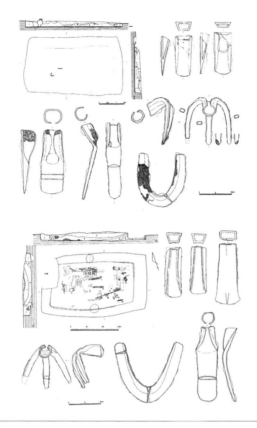

〈그림 4-16〉 목곽묘와 부장 굴착 공구(울산 하대 43·44호묘)

대구 팔달동 117호 목곽묘에서 확인된 굴지흔은 너비가 7㎝ 내외이고, 벽면과 바닥에 무질서하게 남아 있었다. 굴지흔 선단부는 직선인 것과 호선인 것이 병존하였는데, 직선을 이루는 것은 주조괭이, 호선을 이루는 것은 단조철부와 따비일 가능성이 있다.

정리해보면 목곽묘에 부장된 유물 중 굴착 도구일 가능성이 있는 것은 주조괭이·단조철부·따비·판상철부·쇠스랑·쇠호미 등을 들 수 있다. 이 가운데 주조괭이·단조철부·따비·판상철부 등은 이미 목관묘 단계에도 사용되었던 것들이다. 목곽묘에서 출토된 주조괭이와 따비는 목관묘 단계보다 날의 너비가 넓고, 길이는 줄어들었다. 이는 굴착 너비를 늘려 굴착 면적을 늘리기 위한 개량으로 추정된다.

쇠스랑은 흙덩이를 분쇄하는 기능을 발휘하였지만 지반을 굴착하는 데도 사용되었을 것이다. 흙덩이 분쇄 도구로서 쇠스랑의 등장은 목관묘보다 훨씬 많은 흙을 필요로 하였던 목곽묘의 봉분에 사용할 흙을 확보하기 위한 토목기술의 발전을 의미한다.

지반을 굴착한 흙을 다른 도구에 담거나 묘광 바깥으로 운반하는 데 사용한 운반 도구로서 U자 모양 삽날을 들 수 있다. U자 모양 삽날은 규모가 큰 목곽묘에 부장되었는데, 원래는 나무삽의 끝에 쇠로 만든 U자 모양의 삽날을 끼운 것이다. 삽날을 쇠로 만들었기 때문에 나무삽날보다 훨씬 용이하게 흙을 퍼 나를 수 있었다. 흙을 운반하는 도구는 확인되지 않았지만, 목관묘 조영에 사용된 운반 도구들이 그대로 사용되었을 것이다. 한편 이 단계에 이르면 소나 말 등의 축력을 이용하여 저지대의 실트 토나 점질토를 운반하였을 가능성도 생각해볼 수 있다.

고구려 고분

1. 고구려 고분의 구조와 변천

고구려의 고분은 외형에 따라 적석총과 봉토석실묘로 대별된다. 적석총은 석재를 쌓아 만듦으로써 겉으로 돌이 드러나는 형태인데 태왕릉, 장군총이 대표적이다. 반면 석재를 이용하여 석실을 만들지만 그 위에 흙을 덮어서 겉으로는 석재가 드러나지 않는 부류가 봉토석실묘이다. 발생시점은 적석총이 먼저이고 봉토석실묘가 나중이다. 봉토석실묘 중에는 석실 벽면과 천장에 고구려인의 생활상과 세계관을 생생히 보여주는 벽화를 그린 벽화묘가 포함된다. 벽화 주제는 시간성을 잘 반영하여서 초기에는 인물·풍속도가 유행하고 뒤이어 사신도가 더해지며, 마지막에는 사신도가 중심이 된다.

　고구려 고분은 두 번째 도성인 국내성이 위치하던 중국 지린(吉林)성 지안(集安)시에서만 1만3천 기가 넘게 발견되었다. 마지막 도성이었던 평양과 남포, 그리고 황해남도 안악 일대에도 수천 기에 달하는 고분이 모여 있다. 대개 구릉의 경사면이나 강가의 평지에 수 기에서 수십 기가 무리지어 있다. 적석총은 단독분으로 존재하는 경우도 있지만 무덤의 한 변을 잇대어 연접분을 만든 경우도 많다.[11]

고구려 고분의 변화 과정은 크게 세 단계로 나눌 수 있다. 첫 단계는 수혈식의 석곽을 매장주체부로 삼는데, 대체로 4세기 이전의 고분이 여기에 해당된다. 둘째 단계는 석실과 봉토, 벽화 등 새로운 요소가 등장하여 고구려 고유의 적석총과 봉토석실묘가 병존하는 단계로서 4~5세기 대에 해당된다. 셋째 단계는 적석총이 소멸되고 단칸 구조의 봉토석실묘가 크게 유행하는 6세기 이후이다.[12]

2. 고구려 고분에 담긴 과학 원리

1) 벽화를 그릴 때 발생하는 그을음 문제

어둠을 밝히는 등기구의 대표격은 등잔과 초이다. 등잔은 심지를 만들어 동물성이나 식물성 기름을 연소시켜 불을 밝히는 방식이다. 초에 비해 재료를 쉽게 구할 수 있고 간단한 방식으로 불을 밝힐 수 있다는 이점이 있다. 초는 어둠을 밝히는 데는 유용하지만 원재료를 구하기 어렵고, 만드는 방법과 과정이 복잡하다. 따라서 고대에는 등잔이 초에 비해 먼저 사용되고 보편적이었다.

공주 무령왕릉 현실 내부에는 벽면에 움푹 들어간 보주형(寶珠形)의 등잔 자리 5개를 설치하고 이 안에 종지 모양의 청자 등잔을 하나씩 놓았는데 그 안에는 심지가 남아 있었다. 신라에서는 경주 금령총에서 다등식(多燈式) 토제 등잔이 발견되었는데[13] 굽다리 위에 5개의 작은 등잔이 얹힌 형태이다. 고구려에서는 아직 등잔이 발견되지 않았지만 통구 사신총이나 오회분 4호묘와 같이 생동감 있는 벽화를 그리려면 등잔이 필요하였을 것이다.

〈그림 4-17〉 다등식 토제 등잔 (한국등잔박물관)

고분에 벽화를 그리는 작업은 석실이 완성된 이후에 진행된다. 화공이 벽화를 그리기 위해서는 석실 내부를 밝게 비춰주는 빛이 필수였으므로 등잔을 이용하여 조도를 해결했을 것이다. 밑그림에 채색을 하여 완성도를 높이기 위해서는 조도를 높여야 하므로 때로는 하나의 등잔에 2~3개의 심지를 달았을 가능성도 있다. 우리 속담에 어떤 일에 열의를 보일 때 "두 눈에 쌍심지를 켠다."는 말이 있다. 하나의 등잔에 두 개의 쌍심지를 붙이면 조도의 세기와 열

〈그림 4-18〉 백제 무령왕릉의 현실 보주형 등감 (동화출판공사, 1975)

기가 배로 상승되는 이치에서 따온 말이다.

고분 내부에서 등잔을 사용하면 원하는 조도를 얻는 대신 필연적으로 발생하는 문제가 있다. 즉, 그을음이 생성된다는 점이다. 이로 인하여 애써 그린 벽화가 손상될 수 있다. 뿐만 아니라 화공의 호흡기에도 악영향을 끼치기 때문에 무언가 해결책이 필요했을 것이다.

그렇다면 고구려인들은 그을음[14] 문제를 어떻게 해결하였을까? 아쉽게도 기록이나 실물 자료가 없어 정확한 내용을 알 수 없지만 깨끗하고 정교하게 그려진 고분 벽화를 볼 때, 무언가 중요한 고안을 하였음에 분명하다. 여기에서 소금을 떠올릴 수 있다. 소금[15]에는 심지가 빨리 타는 것

을 방지해주면서 조도는 한층 더 밝게 해주는 기능이 있다. 심지가 타면서 생기는 불완전 연소가 그을음의 발생의 주된 요인이라면, 소금은 연소 물질의 표면적을 넓혀주면서 연소를 촉진시키는 역할을 한다. 이를 통해 그을음을 억제할 수 있었을 것이다. 고구려인은 등잔의 연소 촉매제로 소금을 이용함으로써 연기와 그을음 문제를 해결했던 것 같다.

2) 귀접이천장 속에 숨겨진 고구려인의 도형 코드

고구려 고분의 천장은 벽화만이 아니라 독특한 구조와 가구 방법에서도 단연 돋보인다. 무덤에 묻혀 있는 묘주가 사후 누워 있는 자세를 취하게 되므로 어쩌면 벽면보다 천장이 더 중요하였을지도 모른다. 천장을 아름답게 꾸민 이유가 여기에 있을 것이고, 영혼이 하늘로 오른다고 믿는 내세관과도 관련될 것이다.

천장에는 아름다운 벽화를 그릴 수 있으며, 답답함을 해소할 수 있는 기교도 부릴 수 있다. 천장의 가구 방법을 발전시키는 이유는 안정도

〈그림 4-19〉 안악 3호분 (서울대학교출판부, 2000)

를 높이면서 천장고를 높임으로써 공간을 확대하기 위해서이다. 고구려 봉토석실묘에서 아름다움과 공간 감각을 가장 잘 반영하고 있는 부분이 천장인 셈이다.

특히 귀접이천장은 고구려 봉토석실묘의 중요 특징 중 하나로서, 말각조정천장(抹角藻井天障), 모줄임천장, 투팔천장(鬪八天障)이라고도 부른다. 석실의 벽이 올라가면서 형성된 넓은 네모 모양의 천장을 하나의 돌로 덮는 것이 아니

〈그림 4-20〉 오회분 4호묘 귀접이천장 (서울대학교출판부, 2000)

라, 위로 올라가면서 네 모서리를 반복적으로 접어서 천장의 면적을 줄이는 방식이다. 귀를 접듯 네 모서리의 가장자리를 꺾어 만들었다고 하여 귀접이천장이라고 불린다.

귀접이천장은 현재의 일반 건물에서는 거의 보이지 않고 이란의 종교 건축물에 일부 그 흔적을 남기고 있다. 인도에서도 신전의 천장으로 많이 사용되었다.[16] 『삼국사기』 옥사조 기록에서 4두품 이하의 신분에서는 조정(藻井), 즉 귀접이천장을 만들지 못하도록 금지한 것을 볼 때, 장식성이 강하여서[17] 신분적인 제약이 있었던 구조임을 알 수 있다.

귀접이천장은 닮은 도형의 성질을 이용한 것이다. 닮은 도형은 수학적으로 변의 길이, 비, 끼인각의 크기가 같은 것을 말한다. 네모라는 닮은 도형을 대각선 방향으로 반복함으로써 자율적이고 동적인 느낌을 살려준다. 이런 형태는 안악 2호분, 쌍영총, 삼실총, 사신총 등에서 잘 드러나 있다.

고분 천장의 재료는 석재이다. 석재는 친환경적인 재료로서 강도가 높고 불연성 재질로 내구성이 좋으며,[18] 외관상 장중하고 마모에 강하여 대

형 기념물이나 장식용으로 많이 사용된다. 반면, 다른 건축재에 비해 무거워서 운반하기 어렵고, 가공에 어려움이 있어 숙련된 치석 기술을 보유해야만 가능하다는 단점이 있다.

고구려인들은 건축재로 석재를 많이 사용하였는데 고분의 경우 10m를 넘는 높이에도 사용하고 있어 석재에 관

〈그림 4-21〉 석재의 압축력과 인장력 (김덕문·홍석일·신효범·문승현 『건축문화재 안전점검 기초와 실무』[국립문화재연구소, 2010])

한 지식과 기술이 매우 높은 수준에 이르렀음을 알 수 있다. 그들은 석재가 고분의 천장에 쓰이면 그 성질이 완성된 후에도 유지된다는 것을 알고 있었다. 석재는 압축력에는 강하지만 인장력에는 매우 취약하다는 성질도 파악하고 있었다. 왜냐하면 귀접이천장에서 보듯 한 장의 판석을 이용하여 덮은 것이 아니라 층층이 좁혀가며 쌓은 이유는 하중이 집중되면 판석에 균열이 생겨서 붕괴될 위험이 있다는 점을 알았기 때문이다. 이렇듯 고구려 고분의 귀접이천장은 공간 확대라는 목적도 있지만 석재의 인장력이 약하다는 속성을 천장 폭의 축소를 통해 극복한 묘책이었다.

3) 건축미 속에 과학 원리를 담아낸 안쏠림기법

기둥은 지붕을 떠받치며 상부의 하중을 지반으로 전달하는 수직 부재이다. 공간 형성에서 골격을 이루는 주요 부재 중 하나이며, 건축물의 높이를 결정하는 데에 직접적인 영향을 미친다. 기둥을 가리키는 한자로는 주(柱), 영(楹), 탱(撐), 찰(擦) 등이 있다. 현실로 가는 통로 좌우에 팔각기둥 2개가 세워졌다고 하여 쌍영총(雙楹塚)이라고 불리는 고구려 고분이 있는

데 여기에서는 기둥의 뜻으로 영(楹)을 사용하였다. 기둥 명칭은 일반적으로 재료·단면·입면·쓰임새에 따라 다양하게 불리고 있다.

기둥의 연출을 통해 건축물을 특징짓는 중요 기법 중 하나가 안쏠림과 귀솟음이다. 안쏠림이란 기둥을 세울 때 기둥머리 부분을 안쪽으로 향하게 하고 기둥뿌리는 바깥으로 향하게 하는 것으로 '오금'이라도 한다. 한국의 전통 건축에서 종종 볼 수 있으며, 고구려 쌍영총 현실 입구의 팔각기둥, 백제 정림사지 석탑, 신라 불국사 석가탑에서 경사진 안쏠림을 볼 수 있다.[19] 안쏠림기법은 전체적으로 사다리꼴 형태로 기둥이 세워지며, 눈으로는 거의 구분되지 않는다. 귀솟음은 건물 중앙에서 바깥쪽으로 갈수록 양쪽 귀가 솟았다고 하여 붙여진 이름으로서 양쪽 어깨 부분이 처진 것처럼 보이는 착시 현상을 교정하기 위한 방법이다. 안쏠림과 귀솟음은 시각적인 안정감을 줌과 동시에 하중을 가장 많이 받는 귓기둥을 높여줌으로써 구조적인 안정감을 더해준다.[20]

쌍영총과 같은 봉토석실묘의 기둥에까지 안쏠림기법을 발휘하였다는 점은 의미가 깊다. 쌍영총 기둥의 안쏠림기법은 봉토와 천장으로 구성된 상부의 하중을 분산시키는 데 효과적이고, 상부 하중으로 인한 축부의 변형·변위를 방지하였다. 즉, 고분의 건축 미관의 품격을 높이는 동시에 구조적인 문제까지 해결하고 있는 것이다. 어쩌면 쌍영총의 묘주는 생전에도 안쏠림기법으로 지어진 아름다운 집에서 살았던 것이 아닐까 싶다.

4) 토압을 이겨낸 배부른 벽

덕흥리고분은 평안남도 남포시 강서구역 덕흥리의 구릉 위에 자리한 봉토석실묘이다. 연도, 전실, 후실[주실·현실]로 이루어진 두칸무덤[二室墓]인데 무덤의 주인공은 성은 알 수 없으나 이름은 진(鎭)으로서 유주자사

를 역임했으며, 77세에 사망하여 408년
12월 25일에 묻혔다.

석실 벽면은 모두 수직선이 아니며
곡선을 이루며 올라간다. 밑부분은 완
만하게 안으로 들어가고 천장에 가까
워지면 급히 굽혀져서 벽면이 2중 곡
면을 이룬다. 전실과 현실의 모든 벽면
은 위에서 보았을 때 가운데 부분이 배
가 부른 배부름[胴張]기법을 취하고 있
다.[21] 배부름기법은 석실 바깥에서 밀고
들어오는 압력을 이기기 위한 고안으로
서 중국의 후한~위진남북조시대를 거
쳐 당대까지 나타나고, 일본에서는 고분
시대 석실묘에서 나타난다. 백제에서도
이 기법이 확인되는데[22] 성남 판교, 연

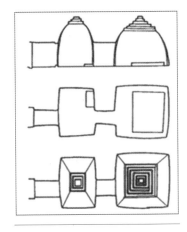

〈그림 4-22〉 덕흥리고분 석실 돌방 구조 (국립문
화재연구소, 2009)

〈그림 4-23〉 덕흥리고분의 묘주와 13태수 하례도

기 송원리, 공주 송산리 고분군 등이 대표적이다.

벽면을 직선상으로 만들지 않았던 이유는 결코 건축술이 미흡해서가
아니라 고분이 완성된 후 지속적으로 받을 수밖에 없는 외력, 즉 건축물
이 흙과 맞닿으면서 접촉면에 받는 토압으로부터 안정도를 높이기 위해
고안된 기술이다.

토압은 수압과 같이 구조물의 표면에 가해지는 압력인데 지표면에서
지하로 들어갈수록 더욱 커지게 된다.[23] 비가 와서 흙이 포화되어 그 압
력이 2~4배로 증가하더라도 덕흥리고분의 벽면이 원형을 잃지 않고 유지
될 수 있었던 비결은 무덤에 가해지는 힘의 크기와 방향을 고려하여 이
를 극복할 수 있도록 고안된 곡선상의 벽면이었던 것이다. 이는 직선의

취약점을 극복한 재발견이라 할 수 있다.

5) 기초부의 보강, 깬돌의 힘

자강도 시중군 노남리 남파동 33호분은 길이가 9m, 너비가 8m 정도 되는 소형의 기단적석총으로 중앙부에 2개의 매장주체부가 자리잡았다. 이 적석총에서 주목되는 점은 기초 공사가 매우 잘 되어 있다는 점이다. 우선 모래와 진흙으로 된 지표면을 30~40㎝ 깊이로 팠는데 나중에 무덤이 들어앉을 자리보다 사방으로 1m쯤 더 넓게 파고 그 안에 강돌을 다져 넣었다. 네 모서리에는 기단석만큼 커다란 깬돌을 박아 넣었다.[24] 깬돌을 박은 가장 기본적인 이유는 기초부의 강도를 높이기 위함이다. 아울러 장대석이나 판석이 아닌 깬돌을 사용함으로써 물이 침투하더라도 배수가 원활하게 진행되고, 깬돌이 지면과 맞닿아 있어서 기단부가 약간 띄워지는 것 같은 효과를 누릴 수 있다. 장군총처럼 규모가 방대한 적석총은 그렝이기법을 통하여 기단부의 안전성을 강화할 수 있었으나, 남파동 33호분처럼 작은 규모의 적석총은 깬돌을 이용함으로써 비교적 간단히 기초부를 보강할 수 있었다. 고구려의 기술자들은 축조물의 크기에 따라 서로 다른 기초 공법을 적용했던 것이다.

6) 태왕릉과 장군총의 축조기술에 담겨진 과학 원리

태왕릉(太王陵)은 중국 지린성 지안시 통구고분군 가운데 우산하고분군의 동남쪽에 자리한다. 돌 사이에서 "원태왕릉안여산고여악(願太王陵安如山固如岳)"이라는 명문 벽돌이 발견되어 태왕릉이라 명명되었고, 무덤의 주인공에 대해서는 광개토대왕이란 설이 유력하다. 이 무덤의 동북쪽

360m 되는 지점에 광개토왕릉비가 우
뚝 솟아 있다.

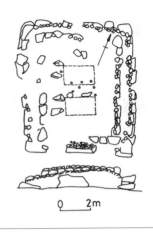

〈그림 4-24〉 남파동 33호분의 깬돌 (최무장·임연
철, 『고구려 벽화고분』 [신서원, 1990])

태왕릉은 장군총처럼 계단식 구조인
데 기단을 쌓고 기단 내부에 막대한 양
의 자갈 무더기를 채워 넣었다. 현재는
남변만이 원상을 그나마 유지하고, 다
른 변은 붕괴된 상태이다. 과거에는 7층
으로 추정하였으나,[25] 현재 8층이 확인
되어 총 11층이었을 것으로 추정된다.[26]
현재 높이는 14m 정도이고, 기초부는
동변 62.5m, 북변 68m, 서변 66m, 남변
63m로 평면은 거의 방형이며 장군총의
2배가 넘는 규모이다. 매장주체부는 잘
다듬은 돌로 쌓아올린 횡혈식석실이다.

〈그림 4-25〉 장군총 전경 (한국학중앙연구원)

각 변에 5개씩의 버팀돌을 비스듬히 기
대어놓아서 내부의 돌이 바깥으로 밀려 나오는 것을 방지하고 있다.

장군총은 중국 지린성 지안시 우산하(禹山下)고분의 가장 동쪽에 위치
한다. 계단식적석총으로서 일종의 단형 피라미드[Step Pyramid][27] 형태를
취하고 있는데 가장 잘 보존된 적석총으로서 동방의 금자탑, 동방의 피
라미드라는 별칭을 얻었다. 동변 30.15m, 남변 30.75m, 서변 31.1m, 북변
31.25m로서 정방형 평면을 취하고 있다. 총 7층의 계단을 이루는데 정상
까지의 높이는 지표에서 13.07m이다. 매장주체부는 횡혈식석실이며, 현실
한 변은 543~550㎝ 정도이다. 계단 둘레에는 커다란 버팀돌을 각 면마다
3개씩 세워놓았고 각 층의 계단은 안으로 1m 정도 들여 쌓았다. 계단 축
조에 사용된 장대석은 1,777매인데 현재 31매가 결실된 상태이다. 무덤의

주인공에 대해서는 광개토왕릉으로 보는 견해가 있지만[28] 장수왕으로 보는 견해도 만만치 않다.

(1) 돌과 돌의 마찰력을 이용한 그렝이공법

그렝이란 두 개의 부재가 만날 때, 어느 한 부재의 모양에 맞추어 다른 부재의 면을 가공해주는 기술을 말한다. 기둥만이 아니라 다방면에서 활용되고 있다.[29] 그렝이공법은 기초부의 강도를 높여준다. 특히 자연 암석의 존재가 다반사인 산성을 축조할 때, 자연석 위에 인공석을 결합시키는 데에 매우 효율적이다. 다만 석재를 원하는 형태로 다듬어 이가 딱 맞게 결합시키기 위해서는 고난도의 기술이 필요하다.

장군총의 경우 제1층의 장대석 밑면을 그렝이질하여 울퉁불퉁한 바닥돌에 맞춤으로써 움직이지 않도록 하였다.[30] 두 부재를 접촉시킬 때 외관상 보이는 접촉 면적에 비해 실제로 접촉된 부위는 아주 적을 수 있다. 이를 '진실접촉면적'이라고 부르는데[31] 그렝이질은 실제로 접촉되는 진실접촉면적을 크게 해주는 역할을 한다.

그렝이공법을 통하여 건축물을 떠받들고 있는 기단부가 구조체의 자중(自重) 및 지진 등의 외부 충격에도 견딜 수 있게 된다. 이렇게 그렝이질

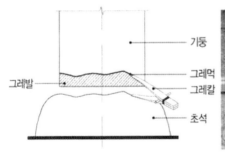

〈그림 4-26〉 그렝이와 그레발다듬기 (국립문화재연구소, 2010)

을 통해 두 부재가 정교한 교합을 이루게 되면 접촉면 사이에 생긴 마찰력에 의해 미끄러짐에 대한 대항력이 생겨 횡방향의 안정성이 높아진다. 상부로부터 내려오는 하중에도 힘의 균형이 유지되어 쉽게 기울어지지 않게 된다. 그 결과 초석 위에 그렝이질이 잘 된 기둥 하나가 덩그러니 있다 하더라도 안정적으로 서 있을 수 있는 것이다.

그렝이공법은 고구려만이 아니라 후대에도 계승되어 유용하게 활용되었다. 불국사 석벽에서도 보이며, 한옥을 지을 때에도 활용되었다. 화강암 암반 상면을 그렝이질한 것을 보면 그 기술의 수준에 놀라게 될 뿐 아니라 미학적으로도 천편일률적이지 않아 매우 자연스럽다. 그렝이공법은 석재를 다루는 치석(治石) 기술의 절정이라고 할 수 있다.

(2) 구조적인 안정감을 높여주는 들여쌓기

들여쌓기는 퇴물림쌓기라고도 불리는데 성벽이나 석조물을 쌓을 때 위로 올라가면서 약간씩 안으로 후퇴시켜 계단 형태로 들여서 쌓는 방법이다. 내어쌓기[내쌓기]의 역방향이며, 하단부가 상단부에 비해 넓게 됨으로써 구조체의 안정성을 높여주는 간단하면서도 유용한 방식이다.

들여쌓기가 수직쌓기보다 안정적인 이유는 무엇일까? 그것은 무게중심을 낮게 유지해서 여러 가지 충격으로부터 구조물을 보호할 수 있기 때문이다. 무게중심이 물체의 아래에 위치할 경우, 안정적인 상태가 되어 외부의 충격에도 잘 쓰러지지 않는다.[32] 무게중심이 아래로 내려가야 구조적인 안정성이 높아지기 때문이다.[33] 돌을 하나하나 쌓아올려 만드는 석조 건축물은 상부 하중을 받기도 하지만, 토압이나 수압을 받는 경우도 있으므로 구조적 안정성의 문제가 발생한다. 홍예[arch], 궁륭[vault], 돔(dome) 등의 구조가 개발된 이유도 여기에 있다.[34]

장군총의 각 층단에 사용된 계단석은 면을 다듬어서 전체적으로 부드

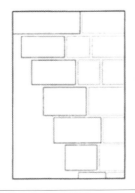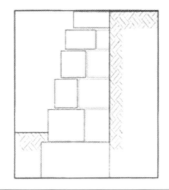

〈그림 4-27〉 내쌓기 (좌)와 퇴물림쌓기 (우)의 비교 (국립문화재연구소, 2010)

럽게 휘어진 모양을 이루는데, 하단석의 가장자리는 공통적으로 7cm 내
외로 도드라지게 턱을 만들어 상단석이 밀려나지 않게 하였다. 태왕릉도
가장자리에 턱을 만들어 상단석이 밀리지 않도록 방지하였다. 석재에 턱
을 조성함으로써 들여쌓기의 이점을 극대화시킨 것이다. 들여쌓기는 석
재에 작용하는 횡방향 압력에 대한 대응력을 높임으로써 구조물의 역학
적 안정감을 높여줄 뿐만 아니라 시각적인 안정감과 리듬감을 더해준다.

(3) 1,600년 동안 버텨온 버팀돌

장군총과 태왕릉의 각 변에는 높이가 4~6m에 이르고, 무게가 15~60t에
이르는 거대한 돌을 비스듬히 기대어놓았다. 일종의 버팀돌로서 각 단의
장대석과 그 내부의 냇돌, 자갈 무더기가 밖으로 밀려 나오지 않도록 버
티는 역할을 하게 했다. 이를 버팀돌, 둘레돌, 지탱돌, 호기석(護基石), 호분
석(護墳石)이라고 부른다. 장군총에는 각 변에 3개씩, 태왕릉은 5개씩 세
웠다.

　왜 버팀돌을 세웠을까? 장군총과 태왕릉과 같은 고구려 적석총은 이
집트의 피라미드처럼 내부까지 잘 다듬은 화강암으로 쌓아올린 구조

가 아니다. 비가 오면 무덤 안으
로 빗물이 스며들며 내부의 냇돌
과 냇돌 사이의 공간을 채워 압
력을 증가시켰을 것이고, 이로 인
해 장군총 외벽은 밀려나올 위
기를 맞게 된다. 장군총과 태왕
릉 모두 둘레돌이 파괴되어버린

〈그림 4-28〉 장군총 버팀돌 (문화콘텐츠닷컴)

변은 토압과 하중으로 인해 외형이 어그러져 있다.[35] 만약 버팀돌이 없었
다면 이 두 무덤이 지금까지 온전하게 남아 있었을까? 수직 하중과 수평
압력에 의해 내부에서 쏟아져 나온 돌무더기가 잘 다듬은 장대석 바깥
쪽에 어지럽게 뒤섞여 있는 모습이었을 것이다.

　고분을 비롯한 지구 위의 모든 구조물은 아무리 견고하게 만들어도 중
력을 피할 수 없고, 훼손과 붕괴에서 자유로울 수 없다. 만들어진 그 순
간부터 지속적이며 영구적으로 작용하는 여러 종류의 외력이 작용하기
때문이다. 장군총과 태왕릉은 버팀돌을 둘러놓아 외력에 대한 내력을 강
화하였다. 고분의 각 변에 띄엄띄엄 서 있는 버팀돌은 물리학과 지구과학
의 원리를 파악하고 평행 상태를 유지함으로써 1,600년 동안 자신의 임
무를 충실히 수행하고 있는 고분의 파수꾼인 셈이다.

백제 고분

1. 백제 고분의 구조와 변천

백제의 역사는 도성의 변천에 따라 한성기(?~475년), 웅진기(475년~538년), 사비기(538년~660년)로 나누어진다. 한성기에는 적석총, 즙석봉토분[목관봉토분, 즙석분구묘], 토광묘, 옹관묘, 석곽묘, 봉토석실묘 등 다양한 고분이 사용되었다. 석촌동고분군은 한성기 대부분의 묘제가 망라되어 있는 왕릉 구역인데 대표적인 무덤은 적석총이다. 석촌동 일대의 적석총은 축조 방식에 따라 고구려 적석총처럼 내부를 석재로만 채운 순수 적석총[1호분 남분·3호분]과 내부에 깨끗한 점토가 꽉 채워져 있는 백제식 적석총[1호분 북분·2호분·4호분]으로 구분된다.

석촌동 3호분은 한 변의 길이가 50m를 넘는 초대형이란 점에서 백제 전성기의 군주인 근초고왕, 혹은 그 아들인 근구수왕의 무덤으로 추정되고 있다. 4호분은 계단식적석총의 외형을 취하고 있으나 매장 시설이 분명치 않으며 내부가 점토로 꽉 채워진 독특한 구조이다. 즙석봉토분은 목관·토장·옹관을 매장주체시설로 마련한 후 이 위에 봉토를 덮고 마지막으로 얇은 돌을 1~2겹 입힌 특이한 구조로서 가락동 1·2호분, 석촌동 5호분이 대표적이다. 적석총은 약간의 변이가 있으나 고구려 적석총과의 관계를 부정할 수 없고, 즙석봉토분이나 토광묘는 백제 고유의 무덤으로 인정되고 있다.

한편 봉토석실묘는 4세기 무렵에 등장하여 서울과 경기, 충청 일원으로 점차 확산되었다. 석실의 구조는 평면 방형과 장방형으로 나뉘며 지하에 위치한 것이 특징이다. 현실의 벽은 전돌처럼 생긴 납작한 돌을 눕혀 쌓는 것이 특징이며 점차 위로 올라가면서 모를 죽여서 궁륭형, 즉 돔(Dome)의 형태를 취한 것이 일반적이다.

475년 고구려 군대에 의해 한성이 함락되고 지금의 공주로 천도하면서 웅진기가 시작된다. 백제 지배층들은 중국의 벽돌무덤[전실묘]을 본격적으로 수용하고 한성기 이래 발전하던 봉토석실묘의 구조적, 형태적 표준화를 꾀하게 된다. 백제가 점차 남으로 세력을 뻗치면서 백제 중앙의 장묘문화가 호남 지역으로 확산된다.[36]

벽돌무덤은 공주의 무령왕릉과 송산리 6호분, 교촌리 2·3호분이 대표적이다. 횡혈식석실묘와 구조[횡혈식]를 공유하지만 축조 재료가 벽돌이고, 웅진기의 공주 지역에서만 보인다는 한정성이 있다. 아울러 무덤의 평면이 장방형이 많은 점도 방형이 주류인 석실묘와 다른 점이다.

부여에 도성을 정한 사비기는 백제 무덤이 횡혈식석실묘로 단일화하는 시기이며 구조적으로도 공통성이 강해진다. 왕릉과 귀족묘가 밀집하는 능산리고분군(사적 제14호)이 대표적인 유적이다. 능산리 3~6호분은 석실 벽면 위에 장대석을 경사지게 올린 후 여기에 판석으로 천장을 덮어 단면이 육각형을 이루게 하였다. 이런 무덤을 능산리형 석실 또는 백제 후기형 석실이라고 부른다. 능산리형 석실의 출현을 기점으로 점차 석실의 소형화, 규격화가 진행되는데 이는 중앙에서 무덤에 대해 일정한 규제와 통제를 행한 결과이다.

2. 백제 고분에 담긴 과학 원리

1) 과학 원리의 최고봉, 무령왕릉

공주 무령왕릉은 1971년 7월 5일 송산리 6호분의 침수를 방지하기 위한 배수로 굴착 공사 중에 우연히 발견되었다. 연도에 놓인 묘지석에 "백제 사마왕(百濟斯麻王)이 523년 62세가 되던 5월 7일에 붕어하시고 27개월 동안 빈장을 거쳐 왕릉에 모셔졌다."는 기록이 있어서 무덤 축조 연대와 묻힌 자의 정체를 분명히 알 수 있게 된 삼국시대 유일의 왕릉이다.

구조적으로는 송산리 6호분과 마찬가지로 벽돌로 쌓은 전실묘이다. 봉분은 지름 20m, 높이 7.7m 정도이며, 동남쪽에서 봉분의 유실 방지를 위해 잡석을 4~5단 쌓아올린 호석열이 확인되었다. 평면이 장방형인 현실 남벽 중앙에 연도를 붙인 구조인데 현실과 연도 모두 터널[볼트]형이다. 현실 벽면은 4장의 전돌을 눕히고 그 위에 1장을 세우는 4평1수(四平一竪) 방식을 반복하여 의장적이면서 동시에 견고함도 갖추고 있다. 벽면에는 모두 5개의 벽감이 마련되었는데 중국산 청자 등잔과 함께 타다 남은 심지가 확인되었다. 무령왕 부

〈그림 4-29〉 무령왕릉 현실 북벽 (동화출판공사, 1975)

부를 모신 관대는 전돌을 넓게 깔아서 마련하였다. 송산리고분군 중에서 유일하게 도굴의 피해가 없어서 총 108종 2,906점의 유물이 출토되었다.

(1) 벽돌 쌓기

무령왕릉의 무덤방에 들어가면 우선 아름다운 반원형 곡면의 터널형 천장이 눈에 들어온다. 여기에 연꽃무늬를 새겨넣은 장식 벽돌이 공간의 아름다움을 배가시키고 있어서 벽화가 없어도 아쉬움을 전혀 느끼지 못할 정도이다. 벽돌의 번조와 무덤을 축조하는 과정에서 당시 전실묘가 번성했던 중국 남조 양의

〈그림 4-30〉 무령왕릉의 벽돌 쌓기 (동화출판공사, 1975)

기술자가 도움을 준 것으로 판단된다. 이는 인접한 송산리 6호분에서 출토된 양관와위사의(梁官瓦爲師矣)명 전돌을 통해서 알 수 있다.

무령왕릉의 벽돌 쌓기 방식이 4평1수인 데 비해, 송산리 6호분은 바닥은 10평1수, 그 위는 8평1수, 다시 그 위는 6평1수, 4평1수, 이런 방식으로 변화를 주고 있다. 무령왕릉과 6호분에서 전돌을 눕히거나 세운 이유는 벽에 작용하는 수평과 수직 방향의 압력에 저항하기 위해서이다.[37] 무령왕릉을 축조하는 데에는 수천 장의 전돌이 소요되었는데 30종류가 넘는다. 바닥에 깔기 위한 전돌, 벽을 구성한 전돌, 벽감과 천장부에 들어갈 전돌이 모두 달랐던 것이다. 따라서 무덤을 만들기 전에 미리 치밀한 설계를 거치고 이를 토대로 전돌의 종류별로 어느 정도 양이 필요한지 계산하고 생산했음을 알 수 있다. 벽돌 한 장 한 장에 당시 기술자들의 치밀함이 느껴진다.

(2) 왕릉의 품격을 높여준 볼트의 과학 원리

무령왕릉과 송산리 6호분은 전실묘라는 희소성 이외에 배럴 볼트(Barrel vault) 구조란 점에서 주목된다. 배럴 볼트는 신라의 석빙고에서도 볼 수 있는데 이 경우 건축재가 석재란 점이 다르다. 볼트(vault)는 아치[홍예]가 한 방향으로 연속된 입체적인 곡면 구조체이다. 돔(dome)도 아치의 발전형인데 중앙의 수직선을 중심으로 아치를 회전시켜 만든 점이 다르다. 아치는 천장을 갖추지 않은 평면적인 도형으로서 2차원적이라면, 볼트는 상부 구조를 갖춤으로써 3차원의 공간을 형성한다. 서양 건축물을 볼 때, 방형·장방형의 평면 구조 위에는 주로 배럴 볼트[반원통 궁륭], 크로스 볼트[교차 궁륭]를 이용하고, 돔은 원형 또는 다각형의 평면 구조 위에 사용되고 있다.

무령왕릉은 석실 평면이 남북으로 긴 장방형을 띠고 있으므로 처음부터 볼트 구조로 계획된 것이다. 볼트 구조를 통하여 건축의 3대 요소인 구조의 안전성, 목적의 부합성, 공간의 아름다움의 조화를 달성하게 된다. 특히 곡면상의 천장부에 비례하여 중앙부가 최고점을 형성함으로써 공간미와 함께 구조적 안정성도 동시에 얻을 수 있었다. 무덤의 주인공인 왕이라는 최고 신분에 걸맞도록 품격을 한층 올려주는 의미도 고려되었을 것이다.

볼트를 만들기 위해서는 임시 나무틀을 이용해 벽돌을 쌓고, 무덤이 완성된 이후 나무틀을 해체하는 방법을 택하였을 것이다. 이렇게 추정하는 이유는 벽면과 천장에서 발견된 쇠못 때문이다.[38] 일부는 나무틀의 흔적으로 보이고, 일부는 벽면을 장식하였던 휘장을 치기 위한 고정못으로 보인다.

볼트 구조의 조립에는 점토를 구어 만든 홍예전[홍예벽돌]을 이용하였다. 벽돌의 모양은 바닥에 깔린 것은 직사각형이 대부분이지만 벽과 천

〈그림 4-31〉 볼트 구조로 조성된 무령왕릉 (송산리고분군 모형 전시관)

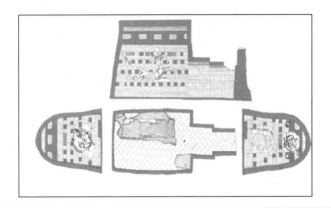

〈그림 4-32〉 공주 송산리 6호분 (사회평론, 2007)

장에 사용된 것은 내부와 외부의 곡률에 맞추어서 사다리꼴 모양으로 제작하였다. 홍예전은 볼트가 역학적으로 가지는 압축력에 의해 저절로 고정되는 역할을 한다.

볼트 구조물은 상부의 완만한 곡률을 이용하여 하중이 어느 한 지점에 집중되지 않고 고루 분산시키는 데에 효과적이다. 고구려 쌍영총과 달리 무령왕릉에 기둥이 없어도 하중에 잘 견딜 수 있었던 비결이 여기에 있다. 이런 원리를 간단히 보여주는 것이 인간의 발이다. 만약 발바닥이 중앙이 높은 아치 구조가 아니었다면, 체중의 분산이 제대로 이루어지지 않아 쉽게 피로해질 것이다. 전실묘가 볼트 구조를 이루는 이유가 여기에 있다.

(3) 벽면을 버텨주는 보축부의 과학 원리

무령왕릉과 송산리 6호분에 활용된 볼트는 로마의 욕장이나 바실리카 등 많은 건축물에 사용된 구조이다. 지금도 터널에 이용되고 있다. 볼트 구조의 강점은 둥근 천장에서 나온다. 볼트는 위에서 아래로 작용하는 하중을 옆으로 흘려보내기 때문에 압축력과 인장력을 최소화한다. 그러나 상부에서 압력이 면을 따라 아래로 전달되는 구조이므로 볼트면을 따라 하부에 두꺼운 벽체가 필요하다.[39] 게다가 아치와 마찬가지로 바깥으로 밀어내려 하는 추력(推力)이 발생하는데[40] 〈그림 4-34〉의 모식도와 같다. 안정성을 위해서는 두터운 벽체의 무게가 무덤방의 추력보다 세야 한다. 즉, 벽체가 무겁거나 넓을수록 안정성을 확보할 수 있게 되므로 볼트면을 따라가며 버팀벽이 필요하게 된다.[41]

기둥을 설치하지 않은 무령왕릉은 구조의 견고성을 위하여 천장 두께를 두껍게 함으로써 하중에 견디는 힘을 향상시켰다. 문제는 천장 무게가 많이 나간다는 점이다. 이를 해결하기 위해 두터운 벽면체가 필요했는데, 안정성을 높이기 위하여 보축부도 설치했던 것이다. 벽체는 눕혀쌓기와 세워쌓기를 혼용하여 필요한 만큼의 두께를 확보하였고

〈그림 4-33〉 아치 구조에서 힘이 분산되는 원리 (조선일보, 2015)

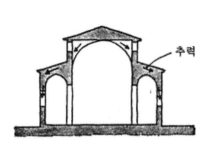
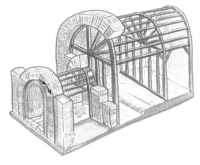

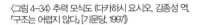

〈그림 4-34〉 추력 모식도 (다카하시 요시오, 김종성 역, 『구조는 어렵지 않다』 [기문당, 1997])

〈그림 4-35〉 추력을 지탱하기 위한 두꺼운 보축부 모식도 (김진호, 『과학이 깃든 고대고분』 [진인진, 2012])

이는 내력벽의 역할을 하기에 충분했을 것이다.

두터운 벽체는 공간미를 훼손한다는 큰 단점이 있으나 공학적으로는 필수적이다. 4평1수 방식으로 벽체를 만듦으로써 추력과 수직 압축력을 받아도 충분히 견더널 수 있게 고안된 것이다. 로마의 판테온(Pantheon, A.D. 118~128년경)은 상부 돔 직경이 43.3m인데 무려 6.2m나 되는 두터운 벽으로 추력을 처리하였다.

백제 기술자도 볼트 구조에 대한 정확한 이해를 통해 두터운 벽체를 설계했던 것이다. 압축력에 강한 소재인 벽돌을 이용한 것도 이와 유관하다. 추력이라는 역학 구조를 인지하고 이를 미학적으로 승화시켜 왕릉을 완성하였던 것이다.

2) 다양한 석실묘

(1) 구조역학 원리를 이용한 육각형 천장

천장은 반자(斑子)라고도 하며 지붕틀이 보이지 않도록 하며, 벽이나 바닥처럼 외부의 열, 빛, 소리의 영향을 차단하고 흡수하는 역할을 한다. 천장을 천정(天井)으로 쓰기도 하는데 천정은 우물 정(井)자 형태의 특수한 천장을 가리키는 것이므로 보편적인 명칭으로 사용하기에는 적합하지 않다.[42]

육각형 천장은 석실[돌방] 횡단면이 육각형이어서 붙여진 이름이다. 벽체 위에 평평한 장대석을 경사지게 올린 후 그 위에 천장석을 덮

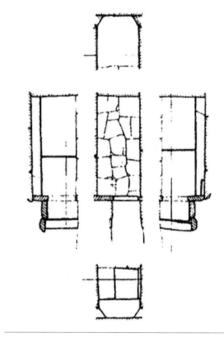

〈그림 4-36〉 능산리 36호분 육각형 천장 구조 (국립문화재연구소, 2001)

어 마무리한다. 사비기의 전형적인 석실 형태로서 부여 능산리, 논산 육곡리 등에 많이 남아 있다. 전체적으로 잘 가공한 대형의 평평한 장대석을 사용한 점이 특징이다. 사비기의 왕릉 구역인 능산리고분군에서 전형적인 예가 나타나므로 흔히 능산리식 석실이라고 말하기도 한다.

우리가 구조물을 만들 때 가장 중요시하는 요구 조건은 견고함이다. 이때 무엇보다 중요한 요소는 평형과 방향성이다. 육각형의 천장을 만들기 위해서는 우선 벽면 위에 장대석을 살짝 경사지게 올리는 과정이 필요하다. 장대석은 하중을 받더라도 변형되지 않고 안정적인 정지 상태를 유지해야 한다. 천장석과 접하는 위치와 끼인각의 크기가 동일해야 한다. 물론 양쪽 장대석의 무게도 거의 같아야 한다. 그래서 석실 내부에서 보면 장대석의 꺾임 각도가 동일하여 종이를 반으로 접었을 때처럼 양쪽이

대칭된다.

석실은 정지하는 상태를 유지하고 있으므로 힘의 평형을 보여준다. 꺾여 있는 양 장대석에는 두 힘이 작용하는데 상호 균형을 이루고 있다. 양 장대석의 힘의 크기가 같고, 두 힘이 서로 반대 방향으로 작용하고 있으므로 평형 상태가 유지되고 있는 것이다. 육각형 천장 구조는 균형과 평형의 원리를 이해함으로써 가능함을 증명하고 있다.

(2) 하중에 강한 삼각형 천장

삼각형 천장은 석실[널방]의 횡단면이 삼각형을 닮았다는 데서 붙여진 이름이다. 맞배식, 합장식, 꺾어올린천장 등의 이름으로도 부른다. 삼각형 천장은 육각형 천장에 비해 수가 적어서 충청남도 기념물 제7호로 지정된 공주 시목동(신관리) 1호분·2호분 정도만 알려져 있다.

삼각형 천장은 양쪽 장대석이 비스듬하게 경사지면서 마주보도록 만든 구조로서 천장부 중앙이 가장 높은 꼭짓점을 이룬다. 벽면에서 천장부 중앙으로 급격히 좁아드는 구조이기 때문에 시각적으로 느껴지는 공간감은 육각형 천장에 비해 떨어진다. 천장의 단면 형태는 육각형과 다르지만 장대

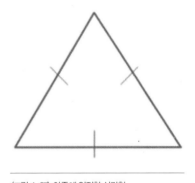

〈그림 4-37〉 하중에 안전한 삼각형

석의 경사각이 균형점을 이루면서 넓은 천장부를 한 번에 덮을 수 있도록 고안한 점에서는 서로 유사하다.

삼각형이란 구조는 하중의 작용에 모양이 변하지 않는 유일한 구조 형태이기 때문에 현재에도 다리나 철탑을 만들 때 자주 사용된다.[43] 우리가 어떤 물체를 손쉽게 세운다고 생각해보면 삼각형으로 세우는 모습을

떠올릴 수 있다. 이는 삼각형의 성질을 이용한 것으로 3변의 길이가 어느 정도 같으면 안정적인 구조체를 이룰 수 있는 장점이 있기 때문이다. 다만, 삼각형 천장은 중앙에 가해지는 하중으로 인해 바깥쪽으로 벌어지려는 추력이 발생한다. 이때 추력으로부터 자유로워지기 위해 인장재의 역할을 하는 구조가 필요하다.

고분에서 천장을 만들 때 삼각형의 성질인 힘의 크기, 방향, 작용점을 정확히 이해하여 조화로운 구조체를 만들었다. 잘 다듬어진 벽면에 천장석의 밑단을 맞물리게 함으로써 하중에 가해지는 문제를 해결했다. 특히 삼각형은 3변이 만나는 꼭짓점의 각과 변의 길이를 같게 함으로써 가장 안정적인 구조가 될 수 있다. 공주 시목동고분은 삼각형이라는 도형의 성질을 이해하여 횡단면이 가급적 정삼각형에 가깝도록 만들어 안정성을 극대화시키고 있다.

영산강 유역 고분

1. 영산강 유역 고분의 구조와 변천

영산강 유역에서는 고구려, 신라, 가야와 다르고 백제의 중앙과도 다른 독특한 고분문화가 발전하였다. 대부분 외피를 석재로 마감하지 않고 흙을 씌운 성토분이다. 분구나 봉토라고 불리는 흙더미를 통해 당시의 토목기술을 이해할 수 있다. 흙을 쌓아 만든 분구가 무너지지 않고 오랜 시간을 버티기 위해서는 다양한 과학기술이 필요하다. 게다가 돌에 비해 안식각이 낮은 흙으로만 축조한 구조물에서는 더욱 그러하다. 나주 대안리 9호분은 현재 남아 있는 높이가 무려 8.5m에 이르는데 이러한 구조물을 축조하기 위해서는 뛰어난 토목기술을 숙지하지 않고서는 불가능하다.

영산강 유역 고분은 기원후 3세기 후반부터 발전하여 5세기대에 들어와 본격적으로 대형 고분이 축조된다. 내부의 매장주체부 종류에 따라 목관고분, 옹관고분, 석실분, 석곽분 등으로 나눌 수 있다. 외형에 따라 제형[사다리꼴], 방형, 원형, 전방후원형[장고형] 등으로 나눌 수 있으며, 시간적인 변화도 이와 동일한 순서이다. 특히 옹관고분은 영산강 유역에서 크게 발전한 독특한 양식이다. 3세기대에는 일상용 항아리를 닮은 토기를 관으로 사용하지만, 점차 커져서 5세기대에는 캡슐형[U자형]으로 발전한다. 하나의 분구에 여러 기의 매장주체부가 마련한 일분다장식(一墳多葬式), 지상식 구조라는 점이 특징적이다. 이후 옹관고분은 봉토석실묘로 전환되는데 그 시기는 대체로 기원후 5세기 중·후엽에서부터 6세기 전반까지다. 6세기 중엽부터는 영산강 유역이 백제로 편입되면서 이전 전통이 모두 와해된다.

2. 영산강 유역 고분에 담긴 과학 원리

1) 고분의 외형을 완성하는 과학 원리, 안식각

건조된 토사를 지반에 쌓으면 중력에 의해 어느 정도 흘러내리다가 일정 수준에 이르면 정지하고 더 이상 움직이지 않게 되는데, 이때 토사의 표면과 원지반이 이루는 각도를 안식각이라고 한다.[44] 구조물에서는 자연 상태로 흘러내리지 않는 수평면과 이루는 최대 경사각을 가리킨다. 안식각(安息角), 휴식각(休息角), 정지각(靜止角), 자연경사각 등으로 부르며 영어로는 'Angle of Repose'라고 한다.

흙의 안식각은 함수, 마찰계수, 입경 등에 따라 다르지만 보통 20~45°에서 안정적인 상태를 이루게 된다. 보통 흙은 수분에 따라 건조한 것은 20~40°, 수분이 적은 것은 30~45°, 수분이 많은 것은 14~27°로 차이를 보이고 있으므로[45] 수분 함유도는 중요한 변수 중 하나이다. 흙의 안식각은 아무리 커도 최대 45°를 넘지 않는다.

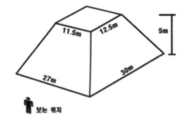

<그림 4-38〉 안식각 (과학문명백과: 공학)

〈그림 4-39〉 나주 신촌리 9호분의 분구 모식도 (한옥민, "분구 축조에 동원된 노동력의 산출과 그 의미", 『호남고고학보』 34[2010])

흙의 종류	상태	안식각
모래	습윤	30~45°
흙	습윤	25~45°
진흙	습윤	20~25°

〈표 4-1〉 흙의 종류별 안식각(조민수, 『건축시공기술사 용어해설』, [예문사, 2008])

영산강 유역의 고총고분은 5세기 중엽에 등장하는데, 남아 있는 잔존 높이를 기준으로 할 때 일반적으로 5m 이상이 된다. 이때 분구의 안식각은 25~35°의 경사각을 이루는 것이 많다. 나주 신촌리 9호분의 수학적 안식각을 산출하면[46] 정면은 33°, 측면은 29.7°라는 값을 얻을 수 있다. 25~35° 사이의 안식각을 갖추고 있음을 말해준다. 고분 축조자들은 흙을 쌓았을 때 밑면 규모, 윗면 규모, 높이 등과 조화를 이루면서 가장 자연스러운 안식각을 계산하였을 것이다.

나주 신촌리 9호분의 경우 분구를 완성한 후, 분구 사면에 적갈색 사질토를 덧붙이는 공정을 추가하였다. 이 적갈색 사질토는 뻘흙[개흙]을 매개로 덧붙여진 흙이지만, 시간의 경과에도 붕괴가 초래되지 않았다. 이를 위해서는 흙 입자 사이의 마찰력과 점착력이 뒷받침되어야 하지만, 무엇보다도 사면 경사각이 안식각의 범위 내에서 이루어졌기 때문에 안정성을 상실하지 않은 것이다.

안식각은 흙 입자 간의 상호 마찰력에 의해 발생하므로 마찰력의 최대치와 일치한다. 안식각의 유지는 마찰계수에 영향을 미치는 흙의 성질, 표면의 매끄러운 정도, 함수비 등에 따라 달라지는데 이에 필요한 정보를 사전에 습득했던 증거라 할 수 있다.

2) 기초부 강화를 위한 치환공법

치환공법이란 연약 지반을 보강하여 구조물의 기초를 강화하는 기술을 말한다.[47] 연약 지반이란 구조물의 안정에 문제가 발생하는 지반을 총칭한다.[48] 치환공법은 일종의 지반 개량으로서 고분뿐만 아니라 제방, 성 등 대규모 구조물에 활용되었던 토목기술이다. 4세기대의 저분구 고분인 함평 향교고분을 비롯하여 5세기대의 영암 자라봉고분·옥야리 방대형 1호분, 나주 가흥리 신흥고분 등에서 볼 수 있다. 제방이나 성과 같이 실제 생활에 필요한 시설에 쓰였던 기술이 비실용적인 고분의 조성에 이용되었다는 점에서 고분의 축조가 가지는 사회적 의미를 반영해준다.

고분의 축조는 흔히 구 지표면이라고 불리는 토층에서부터 시작된다. 대개 구 지표면은 공기와의 접촉, 부식된 낙엽과 잡초나 우수 등에 의해 오염되어 지반이 약하다. 이러한 연약 지반 위에 성토를 하면 붕괴할 우려가 있으므로 제거하지 않으면 안 된다. 실제 고총고분 발굴 조사에서 인공 성토층의 아래층은 대부분 오염되지 않은 자연층이었다. 이는 고분을 만들 때 당시의 구 지표면을 인위적으로 제거했기 때문이다.[49]

하나의 사례를 보자. 영암 자라봉고분은 구 지표면의 지반 개량 흔적을 잘 보여준다. 전체 길이 37m의 고분을 축조할 때, 고분이 들어설 전체 범위에 걸쳐 기초부 정지 작업을 실시하였다. 이 과정에서 연약 지반

〈그림 4-40〉 영암 자라봉고분의 지반 개량 모습 (대한문화재연구원, 2015)

인 구 지표면을 완전히 제거하지 않고 필요한 부분만 부분적으로 제거한 후, 습지에서 가져온 뻘흙[니질토]인 흑갈색 점질토를 전체적으로 수평다 짐하고 일부 지점은 흑갈색 점질토와 표토블록을 혼합하였다.

고분을 조성하기에 더없이 좋은 조건을 갖춘 곳이 선정되었더라도 적 절한 토목기술의 반영 없이는 구조물의 안정을 기대할 수 없다. 인천국제 공항이나 송도에 고층 건물이 들어설 수 있는 것도 바로 최고난도의 토목 기술, 특히 기초부를 견고하게 하는 작업 덕분이다. 영산강 유역 고총고 분의 기초부는 구 지표면이라는 연약 부위를 제거한 후에 다른 흙을 쌓 아 하중으로부터 충분한 지지력을 갖도록 개선됨으로써 침하 억제의 기 능을 강화하였다.

3) 성토부 속에 숨어 있는 토제

토제(土堤)란 경사진 지형에 큰 규모의 분구나 봉토를 견고하면서도 효율 적으로 쌓기 위한 고안이다. 토제가 조성된 위치는 매장주체부 사방, 봉

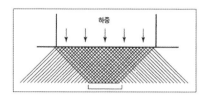

<그림 4-41> 중앙에 집중되는 하중 (김진호, 『과학이 깃든 고대고분』, [진인진, 2012])

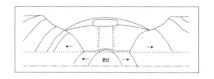

<그림 4-42> 토제의 하중 분산 (김진호, 『과학이 깃든 고대고분』, [진인진, 2012])

분의 하부 또는 중간 등이며 단면 형태는 삼각형·반구형·제형(사다리꼴) 등 다양하다.[50] 두둑 형상과 닮았다고 하여 제상성토(堤狀盛土), 흙둑쌓기라고 부르기도 한다.

영산강 유역에서 토제가 확인된 고분은 광주 명화동, 월계동 1·2호분, 함평 신덕, 영암 자라봉, 해남 용두리 등 전방후원형 고분을 비롯하여 화순 내평리고분, 나주 신촌리 9호분, 복암리 3호분, 고흥 길두리 안동고분 등 사례가 증가하고 있다. 비단 영산강 유역만이 아니라 영남 지역과 경기 지역에서도 공통적으로 확인되기 때문에 삼국시대 분구[봉토] 축조의 일반적인 토목기술로 볼 수 있다.

토제는 고분뿐만 아니라 토성이나 제방 등 흙을 쌓아서 만드는 여러 가지 토목공사에 이용되었다. 화성 길성리토성, 합천 성산토성, 진천 이성산성이 대표적인 예다. 길성리토성에서는 성벽이 자리잡을 지점의 안팎 두 군데에 생토 암반을 삼각형 모양으로 남겨두거나, 성토해 삼각형 모양의 흙둑을 만들고 이 부분을 버팀으로 삼아 그 내부를 성토했다. 토제 내부에 성토되는 흙은 평평하게 쌓기도 하지만 대부분은 경사지게 쌓는다. 이는 작업의 효율성을 고려한 측면 이외에 하중을 받는 토제의 윗면을 작게 해 수평압에 효과적으로 대응하기 위한 의도이다. 가장 대표적인 예가 서울 풍납토성이다. 이처럼 토제가 무덤이나 성곽에서 공통적으로 사용되는 사실은 고대 토목기술에서 무덤과 성곽이 동일한 원리에 의해

축조되었음을 보여준다.[51]

　고분에서 성토를 완성하면 토제는 육안으로 확인되지 않는다. 토제는 그 위치에 따라 보호하는 대상이 달라진다. 분구[봉분]의 기저부에 조성할 경우는 흙의 미끄러짐을 방지하기 위해서이다. 이때 토제는 도드라진 턱 역할을 하여 미끄럼에 효과적으로 대응할 수 있게 도와준다. 매장주체부의 사방에 조성된 경우는 피장자가 잠들어 있는 매장주체부 중앙으로 하중이 집중되지 않도록 힘의 방향을 고루 분산시키는 기능을 한다. 고분에 영구적이면서 고정적으로 가해지는 수직압을 최소화하는 역할을 하여 고분의 주인공과 부장품을 보호하기 위한 것이다. 한마디로 말하면 피장자에게 토제는 옹벽이나 보호막과 같은 존재라 할 수 있다.

4) 매장 시설이 지상에 올라온 이유

영산강 유역 고분의 특징 중 하나가 매장 시설의 위치이다. 현재의 무덤처럼 땅속에 위치하는 지하식이 아니라 인위적으로 지상에 쌓아올린 분구라는 흙무지 속에 매장주체부가 조성되어 있으므로 지상식 또는 공중식이라고 불린다. 백제 중앙의 고분이 지하에 매장 시설을 두는 방식과 달라서 따로 분구묘라고 부른다. 신라, 가야도 대부분 무덤 지하에 매장 시설을 두는데 이런 부류를 봉토묘로 분류한다.

　지상식 구조는 영산강 유역 고분에서 일반적으로 보이는 현상이고, 5세기대 고총고분의 전성기에는 분구 높이에 연동하여 지면에서 점점 더 올라가게 된다. 이러한 현상이 발생한 배경에는 축조 집단의 구성원들이 하나의 분구 속에 함께 묻히는 다장(多葬)을 통하여 동질성, 통합성을 높이려는 목적이 깔려 있을 것이다.

　실분 등에서 가장 잘 보이는데 대체로 밑변 30m 이상, 높이 5m 이상의 분구로 조성되었다. 지상식 구조가 6세기 무렵까지 이어지는 것은 세라믹질인 대형 옹관이 상부의 과중한 하중에 견디기에 탁월한 구조였기 때문일 것이다. 그래도 분구가 커질수록 토압에 대한 고민이 커졌을 것이다. 영산강 유역의 고분에서는 매장 시설이 대체로 바닥에서 위로 2/3지점에서 확인되는 경우가 많은데 만약 지하에 옹관을 묻었다면 원형을 유지할 수 있었을까? 분구를 높이 쌓는 것은 토목기술로 극복할 수 있지만 가장 중요한 매장 시설이 파괴된다면 무덤의 조영은 실패가 된다. 고분 조영 시 분구를 크게 만드는 것과 함께 매장 시설의 보호가 충족되어야 한다. 그 해결책의 하나로서 입체 도형에 대한 이해가 필요하다.

영산강 유역의 5세기대 고총고분은 정상부가 평탄면을 이루는 방대형 분이 상당수 조성된다. 이를 세로로 반절하면 단면은 사다리꼴을 띠게 된다. 이때 무게중심의 위치는 높이의 1/2지점에서 약간 내려온 1/3지점이 된다. 무게중심이 고분의 아랫부분에 위치하므로 외력에도 안전한 구조를 가진다. 매장 시설은 하중으로부터 안전성이 확보되는 지점인 2/3지

〈그림 4-43〉 지상식 구조의 옹관고분 (국립나주박물관 모형 전시실)

점을 선택하였다. 이는 사다리꼴이라는 입체도형에 대한 이해가 있었기에 가능했던 것으로 이해할 수 있다.

5) 흙의 취약점을 극복한 교호성토

교호성토란 서로 다른 성질의 흙을 깍지를 끼듯 엇갈리게 상하로 쌓아 성토층의 견고성을 높이는 기술이다. 흙 입자와 입자 사이를 치밀하게 붙게 하여 점착력과 결합력을 높여주는 동시에 깍지 형상으로 서로 맞물려줌으로써 흙의 취약점인 인장력을 강화시키는 효과가 있다. 서로 교차하여 켜켜이 맞물려 쌓여 있는 구조체의 단면을 보면 마치 원사를 이용하여 짜낸 직조물을 연상시키며 "공들여 쌓은 탑이 무너지지 않는다."라는 말의 의미를 새삼 확인하게 한다.

영산강 유역 고총고분의 또 다른 특징은 성질이 서로 다른 흙을 배합하여 사용한 점이다. 동일한 물성의 흙으로 단일 구조로 쌓는 것보다 다른 성분을 배합시켜 쌓으면 장점을 배가시킬 수 있다. 영암 옥야리 방대형 1호분, 나주 신촌리 9호분·복암리 3호분·신흥고분 등에서 보이고 있다.

나주 신촌리 9호분의 분구 성토 방법을 보자. 회갈색 점질토, 황갈색 점질토, 적갈색 사질토를 이용하여 교호로 다져 분형을 만들었다. 이때에 몇 개의 블록으로 나누어 쌓은 흔적이 있고 그 경계에는 회갈색 점질토가 놓여 있었다. 다음으로 분구의 외곽 사면은 주구를 파면서 나온 적갈색 사질토를 덧대어 분형을 다듬었는데 이때에도 경계부에는 회갈색 점질토를 이용하였다.[52] 이는 '개흙[mud]'이라고 불리는 미끄럽고 거무스레한 뻘흙을 말하는데 습윤 상태에서는 무르지만 건조되면 단단한 성질로 변한다. 점착력이 높은 개흙을 켜켜이 쌓은 성토층 사이사이에 넣으면 두

층을 붙여주는 접착제 역할을 한다.

6) 판축에 버금가는 압밀 공법, 다짐방식

한국 고대 토목사에서 가장 자주 이용되는 기술은 판축이다. 판축(版築)의 사전적 의미를 보면 판(版)은 흙을 대던 널빤지이고, 축(築)은 다질 때 쓰는 절구공이를 의미한다. 판축이 견고한 이유는 토질의 압밀 현상을 이용한 공법이기 때문이다. 흙을 다지면 흙 입자 사이의 물과 공기가 빠지면서 입자 사이의 간극이 줄어들게 된다. 입자 사이의 간극이 줄면 줄수록 단단해지게 되는데 이를 토질의 압밀 현상이라고 한다. 그런데 삼국시대에 정연한 판축 기술이 확인된 사례는 그리 많지 않아서 부여의 부소산성, 나성 정도가 언급될 수 있다.[53]

영산강 유역의 고분에서 교호성토는 확인되지만 아직까지 달고질 흔적이나 나무기둥[영정주], 횡장판의 존재가 확인되지 않으므로 전형적인 판축은 없는 셈이다. 하지만 흙의 압밀 현상을 이용하려면 단단하게 굳히는 작업 과정이 필수적이다. 흙을 손으로 치거나 발로 밟아서 해결될 수 있는 작업 과정과 규모가 아니다. 이런 점을 고려했을 때, 흙을 평평하게 고르면서 다져주는 도구가 이용되었다고 보는 것이 자연스럽다. 다져주는 도구는 조선후기 화성 축성 기록인 『화성성역의궤』에 소개된 돌달고(石杵), 나무달고(木杵) 그림을 통해서 추정할 수 있다.

흙은 다지는 과정에서 눌리면서 단단하고 견고해진다. 성토부의 견고

〈그림 4-44〉 나무 달고질(김진호, 『과학이 깃든 고대고분』, [진인진, 2012])

성을 위하여 흙과 함께 숯을 사용하기도 한다. 발굴 조사 과정에서 유심히 고분 성토층을 들여다보면 점질토 사이에 종종 숯 입자를 관찰할 수 있다. 성토층에 의도적으로 숯을 넣어가며 다졌던 것으로서 탄축법(炭築法)의 응용이며, 숯의 성질인 흡착성을 이용한 것이다. 해인사 장경판전의 기초부에 소금, 찰흙, 모래, 횟가루 등과 더불어 숯을 다져 넣은 것도 마찬가지 원리이다.

영산강 유역의 고분에서 전형적인 판축 기술은 보이지 않으나 이를 대신한 다짐법을 이용하여 성토부를 견고하게 조성했다. 당시 기술자들도 배합된 흙을 마른 상태로 다짐하면 흙의 성질이 변환된다는 것을 인식하였고 다짐법을 통한 흙의 압밀 현상을 이용하여 판축에 버금가는 효과를 내었음을 알 수 있다.

7) 다양한 성토재의 사용

성토재란 고분의 분구를 쌓을 때 사용되는 다양한 재료를 말한다. 성토의 재료로는 모래와 점질토가 주를 이루지만, 석재가 이용되기도 하며 강도를 더하기 위해서는 토기편, 기와편, 석회를 혼합하기도 한다. 최근에는 토낭, 표토블록, 점토블록, 점토브릭 등 다양한 성토재가 인식되기에 이르렀다.[54] 영남 지역 고총의 봉토 중에는 할석을 다량 채워 넣은 경우가 종종 보이는데 그 목적은 강도의 강화에 있다.[55] 영산강 유역의 고분은 흙을 주된 성토재로 사용하였으나 종종 1~2겹 돌을 씌워 마감하는 경우도 있다. 하지만 내부는 기본적으로 흙을 성토재로 이용한다는 공통점이 있다.

성토재 중에서 가장 특이한 것이 토낭이다. 토낭은 흙주머니 속에 흙을 넣은 채로 운반하여 그대로 분구[봉토]에 쌓아 만든 것으로 이해되고 있다. 1997년 일본 오사카 구라즈카(藏塚)고분 조사에서 처음으로 인식되기 시작하였고, 그 후 영남 지역에서도 유사한 사례가 확인되었다. 영암 자라봉고분에서도 토낭으로 추정되는 성토재가 발견되었으나 흙주머니의 존재가 명확하지 않아 흙덩어리, 토괴(土塊)로 명명하였다.

표토블록은 표토와 그 위에 자란 식물을 함께 절개하여 성토재로 사용한 것이다. 때로는 표토에 불을

〈그림 4-45〉 영암 자라봉고분의 점토블록과 채움토 (대한문화재연구원, 2015)

질러 단단해진 덩어리를 채취함으로써 초본류가 탄화된 모습도 볼 수 있다. 화성 길성리토성, 증평 이성산성 등의 토성에서 확인되고 영암 자라봉고분에서도 확인되었다.

점토블록은 점토를 덩어리로 잘라서 사용한 것이다. 무안 덕암고분, 광양 도월리고분에서 확인되며,[56] 영암 옥야리 방대형 1호분, 부산 연산동고분에서는 구획용, 토제 축조용으로 사용되었다. 점토블록은 서울 풍납토성, 김제 벽골제처럼 토성과 제방에서도 사용되었고 조선후기의 화성 만년제에서도 확인되고 있어서 넓은 범위에 걸쳐 장기간 사용되었음을 알 수 있다.[57]

흙은 분말 상태가 아니라 정형이든 비정형이든 덩어리 형태로 이용하는 것이 작업의 효율성을 높인다. 분구를 높게 쌓으려면 채취-운반-성토라는 일련의 과정에서 처음부터 덩어리 형태로 시작하는 것이 유리했을 것이다. 토낭, 표토블록, 점토블록 등이 사용된 이유가 여기에 있다. 이처

럼 다양한 성토재는 취향에 따른 사용이 아니라 기능과 관련된 것이다.

성토재의 쓰임에 따른 기능을 보자. 벽석 뒷채움 부위에서는 빈 공간의 채움보다는 하중의 분산을 유도하는 옹벽의 역할을 한다. 성토재의 레벨이 수평을 이루되 요철로 약간씩 높낮이를 달리하면 상부 토층과 견고하게 맞물리는 효과가 증가한다. 점질토 사이에 사질토 성분의 흙덩어리를 쌓으면 배수가 원활해진다. 분구를 성토하는 과정에서 작업 단위를 구분하기 위해 방사상·대각선 형태의 구획재로 쓰이는 경우도 많다. 이렇듯 고분 축조에서 성토재의 활용은 다양하다.

8) 대형 옹관에 담긴 과학

주검을 안치하는 옹관의 사용은 신석기시대까지 거슬러 올라갈 수 있지만 삼국시대에 들어와서 눈에 띄게 발전하고, 특히 영산강 유역에서 가장 발전을 이룬다. 성인의 주검을 신전장(伸展葬)하기에 충분한 크기의 대형 옹관을 제작하여 고대(高大)한 분구묘 속에 안치하는 것은 영산강 유역만의 고유한 특징이다. 초기에는 구연-동체의 굴곡이 심한 일상용 대형 옹을 사용하다가 차츰 U자형의 전용(專用) 옹관으로 변화된다.

영산강 유역의 옹관고분은 장기간 존속하면서 넓은 분포상을 보이는데 이를 백제 중앙과 구별되는 이 지역 정치체의 독자성을 입증하는 증거로 보기도 한다. 그 결과 이러한 무덤을 "대형 옹관고분"이라 부르고 이 사회를 "옹관고분 사회"라고 부르기도 한다. 영산강 유역 옹관고분의 특징은 오로지 주검을 모시기 위한 전용 옹관, 복수의 옹관이 모여 있는 다장 풍습, 지상식[공중식] 구조, 주구의 존재, 분구 조정 등을 들 수 있다.

옹관이라는 점토 세라믹[Clay Ceramics]을 제작하기 위해서는 고온에서 견딜 수 있는 태토(胎土), 가마 등의 기술력이 뒷받침되어야 한다. 제작 기술에 관한 과학적 연구는 아직 초보적인 단계이다. 특히 U자형의 대형 전용 옹관을 고온으로 구워내는 가마의 구조 복원은 구체적으로 진행되지 못한 실정이다. 대형 옹관 제작에 관한 연구[58]에서는 태토 준비→성형→가마 제작→소성의 과정을 거쳐 만들어진 것으로 이해하며 공통적으로 태토, 성형, 소성, 가마 구조 등을 살피고 있다.

신라와 가야의 고분

1. 석곽의 축조 기술

1) 효과적인 석재의 사용

고총고분에서 가장 중요한 부분인 매장주체부가 붕괴되면, 피장자의 사후 세계에 치명적인 손상을 주고 봉분의 함몰을 초래할 수 있으므로 여러 방안이 강구되었다. 봉토의 하중으로부터 매장주체부를 견고하게 유지하기 위해서는 우선적으로 매장주체부의 안정성과 견고성이 필수적이며, 이를 위해 다양한 공법이 적용되었다.

지하에 수혈식석곽을 마련한 부산 복천동 93·22·11·9·39·53호분은 도굴의 피해를 입지 않아 구축 당시의 상태를 비교적 잘 지니고 있다. 93호 석곽은 뚜껑은 나무를 사용하여 봉토 하중을 지탱하는 구조였지만, 나무뚜껑[목개]이 부식되어 봉토가 석곽 내부로 함몰되면서 내부 공간이 흙으로 메워져 벽체에 영향을 미치지 않았다. 벽체는 화강암제 막돌과 할석을 혼용하여 다소 무질서하게 구축되었다. 벽석의 좌우와 상하에는 점토를 넣어 상하·좌우의 벽석이 움직이지 않도록 고정되었다.

22·11·9·39·53호분 석곽에는 화강암제 뚜껑돌이 설치되었는데, 모두 4매이다. 22호 석곽은 장변의 충전 공간 너비가 0.8m 내외, 단변은 2.2m 내외로서 장변보다 단변이 넓다. 이 충전 공간에는 돌과 흙을 채워 넣었다. 뚜껑돌은 길이 270m, 너비 140cm, 두께 40cm 내외로서 무게가 2~3톤에 이를 만큼 무겁다. 11호분은 장변의 충전 공간 너비가

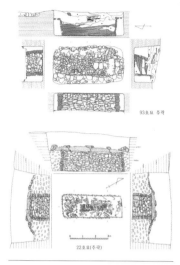

<그림 4-46> 부산 복천동 93호묘 주곽과 22호묘

각 140cm, 단변은 130cm이다. 충전 공간 내에는 벽석과 같은 크기의 할석을 빼곡하게 채우고, 사이사이에 점토를 넣어 고정하였다.

93호 석곽은 복천동고분군에서 가장 빠른 단계의 석곽임에도 불구하고 충전 공간이 거의 존재하지 않는데, 이는 뚜껑돌의 하중이 없어서 벽체가 밀려날 우려가 없기 때문이다. 그러나 22호 석곽부터는 벽체 상부에 거대한 크기의 뚜껑돌이 설치되어, 벽체가 뚜껑돌의 하중에 견딜 수 있는 방안이 필요하였다. 22·11·9·39호분 석곽은 길이가 짧고, 너비가 상대적으로 넓다. 벽석에는 할석을 사용하였는데 매우 정연하고, 좌우상하에 틈이 거의 나지 않도록 밀착하여 구축되었다. 22·11·9·39호분의 석곽 벽체는 한쪽 모서리에서 시작하여 3~4단 정도를 동시에 시계 반대 방향으로 구축하였는데, 이는 서로 맞물리지 않을 경우 맞물리지 않는 곳으로 힘이 작용하여 벽체가 밀려나가거나 붕괴될 위험을 방지하기 위한 기술적 고려이다.

53호 석곽은 장변의 충전 공간 너비가 100cm, 단변은 110cm 가량이고,

돌은 없고 흙이 충전되었다. 각 단벽을 별도로 구축하였지만, 먼저 쌓은 벽체 안쪽에 다른 벽체를 덧대어 구축하였다. 이는 먼저 구축한 벽체에 후에 쌓은 벽체를 덧댐으로써 압력이 미치더라도 다른 벽체가 이를 지탱 해주어서 안정성을 높일 수 있기 때문이다.

부산 연산동 고분군의 고총 18기 중 석곽이 확인된 것은 M3·M4·M7· M8·M10호분 등 5기이다. 모두 매장주체시설은 석곽이고, 뚜껑으로 돌을 사용하였으며, 벽체와 뚜껑돌은 대부분 화강암을 이용하였다. 석곽은 부분적으로 훼손되어 붕괴되었거나 뚜껑돌이 반절되어 무너져 내린 예도 있다.

M3호분은 주곽과 부곽을 별도로 구축하였고, M8호분은 생토 격벽을 두고 주곽과 부곽이 구축되었으며, M4·M7호분은 석곽을 구축한 후 내부에 격벽을 설치하여 주곽과 부곽이 구축되었고, M10호분은 주곽과 부곽을 구분하지 않았다. 묘광과 석곽 벽체 사이의 충전 공간은 대개 1.0m 정도로 매우 넓다. M8호분은 벽체 뒤쪽에 할석을 충전하였고, 할석과 묘광 벽 사이에는 점토를 충전하였다. M4호분은 할석과 점질토로 충전되었던 것 같다. M7호분은 조사가 이루어지지 않아 불확실하지만, 부분적으로 벽체 뒤쪽에 채움석이 확인되었다. M10호분은 벽체 뒤쪽에 다량의 할석이 충전되어 있었다. 이상 5기의 사례로 볼 때, 연산동 고총은 묘광과 벽체 사이의 충전 공간을 넓게 하고, 내부에 할석과 점토를 충전하여 봉분과 개석의 하중으로부터 벽체가 밀려나지 않도록 하였음을 알 수 있다.

석곽은 대부분 화강암제 할석으로 구축하였는데, 벽체 내면에 점토를 미장하고, 목곽을 설치한 이중곽의 구조이다. 뚜껑돌은 각 고분에 따라 매수가 다르지만, 두께가 50㎝ 내외이고 너비가 50~120㎝ 내외로 비교적 넓은 화강암이 사용되었다.

〈그림 4-47〉 부산 연산동 M3호분 봉토와 석곽

　M3호분은 이혈주부곽식으로 주곽은 남쪽에 길이 9.2m, 너비 6m 크기의 묘광과 길이 7.0m, 너비 2.3m, 높이 2.0m 내외의 석곽이 구축되었고, 부곽은 북쪽에 길이 9.8m, 너비 5.8m 크기의 묘광과 길이 약 7.5m, 너비 1.8m, 높이 1.8m 내외의 석곽이 구축되었다. 석곽 축조에 사용된 암질은 화강암제 할석이고, 평적하여 수직으로 쌓아올렸다. 벽체를 쌓으면서 묘광과 벽면 사이의 공간에는 벽석 축조에 사용된 것과 동일한 할석을 채우고, 사이사이에 점토를 넣어 돌들이 움직이지 않도록 하였다.

　주곽과 부곽의 벽체 상하와 좌우 벽석 사이 및 벽체 내면에는 점토를 발랐다. 주곽의 벽체 내면에 미장된 점토에 목판 흔적이 잔존하고, 또 목곽의 목재면이 점토 내면과 일치하는 점을 볼 때, 점토에 밀착하여 목곽이 설치된 것으로 보인다. 뚜껑돌을 덮기 전에 묘광 내면과 충전 공간 상면에 회색 또는 회황색 점토를 바르고 그 위에 초본류 잎을 까는 것을 3~4회 반복하여 마감하였다. 벽체 상면에는 회백색 점토를 깔고, 그 위에 각재를 길이 방향으로 놓고, 주곽에는 길이 3m, 무게 2~3톤에 달하는 뚜껑돌 8매를, 부곽에는 길이 3m 내외의 개석 7매를 놓았다.

M3호분의 주곽에는 모두 8매의 뚜껑돌이 설치되었는데, 그중 5매가 반절되었고, 2매는 석곽 안으로 떨어졌다. 특이한 점은 주곽의 중앙부에 설치된 뚜껑돌은 다른 뚜껑돌과 너비가 비슷하지만 반절되지 않고 구축 당시의 위치를 유지하고 있었다는 점이다. 이 반절되지 않은 뚜껑돌의 좌우에 있는 뚜껑돌 2매는 반절되어 석곽 안으로 떨어져서 석곽 중앙부가 봉토의 하중압에 가장 취약함을 보여준다. 그럼에도 불구하고 석곽 중앙부에 설치된 뚜껑돌이 반절되지 않고 구축 당시의 모습을 유지할 수 있었던 것은 다른 뚜껑돌보다 두께가 두꺼울 뿐만 아니라 전체적으로 좌우 너비가 동일하게 정연히 가공되었고, 풍화면이 없는 심부의 석재를 사용하였기 때문이다. 이러한 현상을 볼 때 봉토의 하중압을 정확히 이해하고 석곽을 구축하였음을 알 수 있다. 뚜껑돌과 틈새를 채운 할석 위에는 실트토를 층상으로 배열하고, 층 사이사이에는 초본류 잎을 깔았다.

연산동고분군 석곽의 또 다른 특징으로는 벽체와 묘광 사이의 충전 공간을 넓게 한 점이다. M3호분은 충전 공간의 너비가 장벽 쪽은 1.7m, 단벽 쪽은 1.4m 정도로서 장벽 쪽이 넓다. 충전 공간에는 벽체에 사용한 것과 동질의 할석과 괴석을 채워 넣고, 돌 사이에는 실트토를 채워 넣었다.

석곽을 구축하고 주검과 부장품을 안치한 후 뚜껑돌을 덮기 전에, 묘광 내면과 충전 공간에 두께 2~3mm로 회색 또는 회황색 점토를 바르고 그 위에 초본류 잎을 까는 것을 3~4회 반복하여 마감하였다. 이는 충전 공간에 채운 돌이 직하압과 횡압에 의해 움직이지 않고 고정되어 벽체가 밀려나가지 않도록 하여 벽체의 붕괴를 방지하기 위한 공법이다. 점토 사이에 초본류 잎을 깐 것은 압밀 변형을 일으켜서 부동침하를 일으키거나, 마르게 되면 체적의 감소율이 커 금이 가기 쉬운 점질토의 단점을 보완하고, 밀봉토 간의 밀착력을 높여 외부의 압력에 저항할 수 있도록 하기 위한 일종의 부엽공법의 적용이었다.

충전 공간의 너비는 장벽 쪽이 넓고, 양쪽 단벽쪽이 좁은데, 이는 장벽의 벽체가 길뿐만 아니라 봉토의 하중을 받고 있는 뚜껑돌의 하중압이 단벽보다 장벽에 크게 미치기 때문에 장벽체가 견딜 수 있는 방안을 강구하기 위해서이다. 단벽은 뚜껑돌이 수평을 유지하기 위해 받쳐주는 보조적 역할을 수행하기 때문에 장벽체보다 상대적으로 견고하지 않아도 된다. 따라서 벽체와 묘광 벽 사이의 충전 공간에 채운 흙이나 돌이 움직이지 않도록 특별한 공법을 적용하지 않아도 원상의 유지가 가능하다.

2) 점토 미장 기술

주곽과 부곽의 벽체를 완성한 후 벽면 내면에 점토를 미장한 사례가 있다. 미장토는 초본류가 혼합되지 않은 고운 점토를 사용하여 벽석재가 거의 노출되지 않도록 하였다. 그 사례로는 복천동 22호묘의 석곽을 비롯하여 연산동 M3호분, 창녕 송현동 15·16호분 석곽[59]과 지산동 73호분 묘광내 서순장곽, 74호분 주석곽과 북순장곽 등을 들 수 있다.[60]

복천동 22호의 경우, 석곽 벽면 내면에 점토 미장이 되었다는 보고는 없지만,[61] 보고서의 도판 사진을 관찰해보면 내면에 점토가 부분적으로

〈그림 4-48〉 연산동 M3호분 부곽 석곽 벽 내면의 점토 미장의 포 압흔

〈그림 4-49〉 고령 지산동 73호분 묘광 내 서순장곽 벽체의 점토 미장의 포 압흔

붙어 있고 석곽 안쪽 바닥면을 따라 점토가 쌓여 있는 모습이 부분적으로 관찰된다. 벽면 안쪽 바닥에 쌓인 점토는 벽면에 미장한 점토가 떨어진 것이다. 송현동 15·16호분은 벽면에 붉은 점토를 미장하였다. 그리고 고령 지산동 73호분 묘광 내 서순장곽의 미장된 점토 표면에는 포 압착 흔적이 선명하게 확인되었다. 이 순장곽은 목관이 설치되지 않았고, 석곽 벽 내면에 점토가 미장되었다. 벽면에 점토를 미장한 후, 미장토가 굳기 전까지 떨어지지 않도록 하기 위해서는 점토를 밀착시키는 방법이 필요하므로 미장토 표면에 천을 붙인 것이다. 최근에 조사된 수혈식석곽의 벽면 내면을 점토로 미장한 사례가 증가한 점을 고려하면, 규모가 큰 석곽이나 고총에서도 대부분의 석곽 내면을 점토로 미장하였을 가능성이 높다.

3) 벽체 상면 점토 적재와 각재 설치

벽체 상면에 점토를 올린 후 개석을 덮은 사례는 동래 복천동 22·11호 수혈식석곽이 알려져 있었다. 최근에 이루어진 고총 조사를 통해서 고령 지산동 73호분 묘광 내 서순장곽, 74호분 주 석곽, 74호분 남순장곽과 북순장곽, 73·74호분 주변 제2호묘 석곽, 부산 M3호분 석곽, 함안 말이산 22호분 석곽 등이 새로 알려지게 되었다.

복천동 22호 석곽은 벽체 상면의 점토 위에 목탄이 길이 방향으로 놓여 있었는데,[62] 어느 정도 길이와 폭을 가지고 있어서, 점토를 바른 후 그 위에 벽체의 길이 방향으로 놓았던 각재일 가능성이 있다. 목탄으로 남게 된 이유에 대해서는 앞으로 검토되어야 하지만, 각재가 뚜껑돌의 압을 받으면서 부식되었기 때문일 수도 있다.

〈그림 4–50〉 연산동 M3호분 부곽 벽체 상면 각재 흔적 　〈그림 4–51〉 고령 지산동 73·74호분 주변 제2호묘 석곽 　〈그림 4–52〉 복천동 22호 석곽의 벽체 상면 각재 흔적

　고령 지산동 73·74호분 주변 제2호 석곽묘는 뚜껑돌 아래의 점토 상면에서 목질이 확인되었다. 보고서에는 이 목질의 기능에 대해 구체적으로 언급하지 않았지만,[63] 잔존한 목질의 결이 석곽의 장축 방향으로 향하고 있어 뚜껑돌을 정해진 위치에 놓기 위한 시설로서 벽체 상면 위에 점토를 깔고 그 위에 각재를 놓은 사례일 가능성이 있다.

　벽체 상면에 점토를 놓고 그 위에 각재를 놓은 사례는 극히 일부 확인되어 일부의 석곽에만 적용된 기술로 볼 수도 있지만, 이는 크고 무거운 뚜껑돌을 놓기 위해서 필요한 기술이다. 석곽이 무너지지 않게 뚜껑돌을 놓기 위해서는 벽체 위에 점토를 바르는 것만으로는 충분하지 않았을 것이다. 복천동 22호 석곽, 연산동 M3호분의 예로 보면 큰 규모의 뚜껑돌이 놓인 석곽은 벽체 상면에 점토를 깔고 그 위에 각재를 놓았을 가능성이 있다.

　연산동 M3호분의 주곽 벽체 상면에는 각재를 놓은 후, 주곽에는 길이 3m 내외, 너비 0.7~1.4m, 두께 0.5~0.7m 내외, 무게 2~3톤에 달하는 뚜껑돌 8매를 놓았고, 부곽에는 길이 3m, 폭 0.7~1.3m 내외의 뚜껑돌 7매를 놓았다. 뚜껑돌과 뚜껑돌 사이의 틈새에는 사람 머리 크기만 한 할석을 채워 공간을 막았고, 뚜껑돌의 양쪽 가장자리에는 20~30cm 크기의 화강암 또는 40~70cm가량의 점판암을 사용하여 밀봉하였다. 뚜껑돌 사이와 뚜껑돌과 벽체 사이의 틈을 메운 뒤, 회백색 점질토를 사용하여 매장주체부 전체를 밀봉하였다. 이 회백색 점질토는 여러 겹 발랐는데 점질토층 사이에 초본류를 깔았고, 점질토 상면에도 갈대로 추정되는 초본류를 전면에 깔아 덮었다. 매장주체부 밀봉에도 일종의 부엽공법을 적용하였음을 알 수 있다.

밀봉면 위에 갈대 줄기와 잎을 깐 예와 유사한 사례로는 최근에 조사된 창녕 교동 7호분과 고령 지산동 73호분 묘광 내 남순장곽을 들 수 있다. 교동 7호분은 매장주체부 밀봉토 위에 초본류로 엮은 발로 추정되는 제품을 덮었다.[64] 고령 지산동 73호분 묘광 내 남순장곽은 석곽 규모가 크지 않음에도 불구하고, 뚜껑돌 위에 초본류를 엮은 제품을 덮은 흔적이 확인되었다.

2. 적석목곽분의 축조 기술

1) 적석목곽분 개요

적석목곽분은 지하나 지상에 목곽을 설치하고 그 사방에 돌을 채우고, 목곽 위에 일정 부분을 돌로 채워 적석부를 만든 후 다시 흙을 덮어 봉분을 만든 구조이다. 5세기부터 6세기 전반까지 신라 중심지인 경주 분지와 일부 주변 지역에 분포하는 독특한 고분 형식이다. 적석목곽분은 다른 지역에서는 보기 드물고, 내부에서 금관·이식·과대금구 등으로 이루어진 착장형 장신구와 금속 용기, 장식 마구 등 화려한 금공품이 출토되어 일찍부터 주목을 끌어왔고, 신라 중앙의 정체성을 나타내는 표상으로 인식되고 있다.

적석목곽분의 발생에 대해서는 낙랑 목곽묘를 수용한 이 지역의 목곽

묘에 대구 대봉동지석묘의 적석 시
설이 결합되었다고 본 견해가 이
미 오래전에 제기된 바 있다. 그 후
적석목곽분의 계통론은 크게 재
지 목곽 + 고구려 적석총의 적석
기법 채용,[65] 북방 아시아 쿠르간

〈그림 4-53〉 황남대총 남분 주곽 상부 모습

(Kurgan)의 전파,[66] 자체 발생한 후 점진적인 확대 발전,[67] 신라 최고 지배
층의 정체성을 표현하기 위한 신라 중앙인의 자체 성립[68] 등 4가지 견해
로 구분된다.

경주 일대에 대한 발굴 조사 결과, 5세기 초 이전까지 경주 분지 내에
조영된 묘제는 목곽묘였고, 가장 이른 단계의 적석목곽분은 황남동 109
호분 3-4곽과 월성로 가 13호분이다. 성립기 적석목곽분의 특징을 보면,
우선 조영지가 미고지인 점, 이혈주·부곽식 묘형, 묘광 너비가 넓은 장방
형의 평면 형태, 목곽 결구에 꺾쇠 사용, 상부 적석·봉토·착장형 금공 위
세품[관·이식·경식·과대금구·식리 등] 부장, 유리잔·장식 마구 등이다.
적석목곽분 조영지가 미고지인 점은 선행하던 동혈주부곽식 목곽묘의
대부분이 구릉지에 조영되었던 점과 다르다. 이혈주부곽식이란 사실도
동혈주부곽식과 명백한 차이점이며, 평면 형태가 장방형인 점도 세장방
형의 동혈주부곽식 목곽과 연결되지 않는다. 또 목곽 결구에 사용한 도
구가 동혈주부곽식에서는 확인되지 않는다. 목곽과 묘광 사이에 돌을 충
전하고 꺾쇠가 확인되지 않는 경주형 목곽묘는 목곽 사방에 적석이 되어
있음을 강조하여 사방적석식 목곽묘라고도 불리고 있다. 사방적석식 목
곽묘의 상부에 적석이 이루어지면서 상부 적석식 적석목곽분으로 발전
하였다는 도식이 성립되기도 하였다. 그러나 앞서도 언급한 바와 같이 등
장기의 적석목곽분과 사방적석을 한 목곽묘 간에는 묘형·구조·규모 및

분포 지역 등에서 연결되지 않으므로 계기적인 발전은 인정되기 어렵다.

이혈주부곽식 묘형으로는 황남동 109호 3-4곽과 월성로 가-13호분보다 빠른 목곽묘인 경주 구어리 1·2호묘와 쪽샘지구 C10호묘 등이 있으며, 비록 전모가 확인되지 않았지만 월성로 가-29호묘와 31호묘도 여기에 해당될 가능성이 있다. 왜냐하면 월성로 가-29·31호묘는 묘광 폭이 3m 이상으로 넓을 뿐만 아니라 꺾쇠가 출토되어 목곽 조립에 꺾쇠가 사용되었음을 알 수 있기 때문이다. 묘광 폭이 3m 이상으로 넓은 점은 평면 형태가 장방형일 가능성을 높게 한다. 경주 쪽샘지구 C10호묘의 평면 형태가 장방형인 점도 이 가능성을 높게 한다. 그리고 이보다 늦게 등장하는 적석목곽분의 목곽 평면 형태도 장방형이고 이혈주부곽식인 점을 볼 때, 적석목곽분은 평면 형태가 세장한 경주형 목곽묘를 계승한 것이 아니라, 4세기 전반 경주 월성 일대에 조영된 이혈주부곽식 목곽을 계승하였음이 분명하다.[69]

2) 구축 토목기술

적석목곽분은 미고지에 조영되었는데, 2기가 연접한 표형분도 있지만, 연접되기 전의 평면형은 원형 또는 타원형이다. 매장주체시설이 지하에 위치한 사례는 적고, 대부분 지상에 위치한다. 이는 봉분의 고대화를 지향한 것과 무관하지 않다. 미고지에 조영된 고분이 웅장하게 보이기 위해서는 매장주체시설을 지상에 구축하고 이를 감싸는 봉분을 높게 구축하지 않으면 안 된다. 당시의 토목기술로 흙으로만 봉분을 고대하게 구축하기 어려웠고 경주 분지에서 돌을 쉽게 구할 수 있었으므로 봉토의 재료로 돌을 사용하였다. 이는 경주 분지의 지질과 자연 환경을 적절하게 활용한 지혜였다. 그리고 적석부로 우수가 스며들지 않고 봉분을 더 높일 수

〈그림 4-54〉 금관총

있도록 적석부 위에 흙을 성토하여 봉분을 조성하였다.

적석목곽분은 황남대총 남·북분, 봉황대고분·서봉황대고분 등 봉분 밑변 직경이 80m 이상인 초대형분에서부터 25m 내외의 소형분에 이르기까지 다양하며, 지금까지 알려진 예만 하더라도 200여 기 이상이고, 조사된 수는 수십여 기에 이른다. 일제강점기와 2000년 이전 시기에 이루어진 적석목곽분의 발굴 조사는 대부분 유물 획득에 관심이 집중되었기 때문에 축조에 적용된 토목기술을 구명하기 어려웠다.[70]

2000년대 이후, 경주 쪽샘지구 일대의 E41호분과 44호분 등 직경 23~30m 내외의 소형 적석목곽분 2기가 조사되었다. 2015년도에는 일제강점기에 조사된 금관총의 재발굴 조사가 이루어지면서 적석목곽분의 구조에 대한 이해가 어느 정도 가능하게 되었다. 일제강점기의 조사에서 금관총의 봉분 규모는 밑변 직경이 45m, 높이 6.6m로 추정되었는데, 2015년의 재조사를 통해 일제강점기에 추정한 직경과 큰 차이가 없는 것으로 확인되었다.[71]

금관총의 재조사 결과, 구 지표면을 걷어내고 그 위에 흑색 점질토를 두껍게 깔아 바닥층을 만들고, 중심부는 이 바닥층을 39.4cm 정도 깊이로 파고 그 안에 사람 머리 크기만 한 냇돌을 2~3겹 깐 후 그 위에 목곽이 설치되었음이 확인되었다. 적석부는 최대 길이 20.7m이고, 평면 형태는 말각방형으로 추정된다. 적석부의 잔존 최대 높이는 3.6m이고, 적석부의 사면 경사는 50° 내외로 추정된다. 조영 당시의 최대 높이는 현 잔존 높이의 1.5배 정도였을 것으로 추정되므로 5.0m 내외였을 것이다.

적석부 안쪽[외측 목곽 바깥] 및 적석부 외연을 따라 버팀목 기둥 구멍이 확인되어서, 적석부에 목조 가구가 설치되었음도 알게 되었다.

무덤의 조성 공정은 다음과 같이 추정된다. 우선 목곽을 설치하

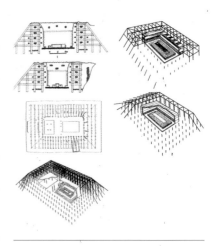

〈그림 4-55〉 황남대총 남·북분 복원도(좌: 남분, 우: 북분)
(문화재관리국 문화재연구소, 1993, 보고서 전재)

고 주검과 부장품을 매납한 후 적석부를 조성할 공간에 일정한 간격으로 나무기둥을 세우고, 나무기둥과 기둥을 횡으로 연결한 횡가목을 설치하고 가장자리에는 경사지게 버팀목을 기대고, 수직목과 횡가목 사이에 각재 또는 나무판을 붙여 일정한 공간을 만들었을 것으로 추정된다.

일정한 공간을 만들지 않고, 황남대총 남북분 적석부의 목조 가구처럼 복원하였을 경우, 각 구간을 차단하는 차단벽이 만들어지지 않아 냇돌을 적석하게 되면 바깥으로 무너져 내릴 위험성이 있다. 그러나 차단벽을 만들어 일정한 공간을 만들고 그 안에 냇돌을 채워 넣으면, 냇돌이 사방으로 무너지지 않고 적석부를 완성할 때까지 채워 넣은 형태를 유지하게 된다. 그리고 적석부 외측에는 수직목에 50° 경사지게 버팀목을 세워 일정한 간격으로 고정하고 그 사이에 돌을 채워 넣으면 바깥으로 무너지지 않고 형태가 유지된다. 결국 목조 가구는 적석부를 조성하기 위한 방안으로서 크고 높은 봉분을 만들기 위한 토목기술이었다.

목조 가구틀은 황남대총 남분과 북분에서도 확인되었다. 남분은 봉분 밑변 지름이 80m, 높이가 22.24m, 적석부의 규모는 동서 27.2m, 남북

19.7m 정도이다. 북분은 밑변 지름이 80m, 높이가 22.93m이고, 적석부는 밑변 지름이 24m 내외이다. 금관총은 밑변 지름이 45m, 높이가 6.6m 내외이고, 적석부의 밑변 지름이 20.7m, 높이 5.0m 내외이다. 그렇다면 밑변 지름이 40m 이상이고, 적석부의 밑변 지름이 20m이고 높이가 4.0m 이상인 적석목곽분은 목조 가구틀을 이용하여 적석부를 만들었을 것으로 추정된다. 적석부의 표면에는 점토를 피복하여 밀봉한 후, 적석부의 사면 경사도를 고려하여 회색 점질토, 황색 점질토, 갈색 사질토를 교대로 쌓았다.

중소형 적석목곽분의 축조 과정은 대형의 적석목곽분과 유사하게 목조가구틀을 설치하여 적석을 하였거나 목조가구틀을 설치하지 않고 축조한 예가 있다. 경주 쪽샘 44호분은 봉분의 밑변 지름이 27×23m의 타원형이고, 적석부 규모는 남북 단축이 16.0m 내외, 높이는 4.0m 내외이다. 적석부에서 목주 흔적이 확인되어 목조가구틀이 설치되었음을 나타낸다.

쪽샘 E41호분은 적석부에 목조 가구틀의 흔적은 확인되지 않았고, 전 미추왕릉 지구에서 적석부와 봉분이 있는 적석목곽분에서도 목조 가구틀의 흔적이 확인되지 않았다.

황남대총 남·북분과 금관총의 재발굴과 쪽샘지구 41호분의 발굴 조사 결과, 대형 적석목곽분과 일부의 중·소형 적석목곽분의 조성에는 토목기술에서 차이가 있었음을 알 수 있다. 대형 적석목곽분은 구 지표 정지→중심부 굴착 및 냇돌을 2~3단 깔고 목곽 설치→목조 가구틀 설치→적석부 조성→상부 적석→봉분 및 호석 조성이란 축조 공정을 하였고, 일부의 중·소형 적석목곽분은 구 지표 정지→목곽 설치→하부 적석부 조성→봉분 하부 및 호석 설치→중간 적석부 및 봉분 조성→상부 적석→상부 봉분 조성의 공정을 거쳤다. 대형 적석목곽분에는 적석부를 감싸는 봉토부를 가장 나중에 만드는 '봉분 확대형' 조성 원리가 적용되었지만, 소형 적석목곽분에는 적석 하부와 봉분 외연을 먼저 조성하는 '봉분 축약형' 조성 원리가 적용되었을 가능성이 있다.

적석목곽분은 미고지에 위치하여 봉분이 작으면 과시적인 효과가 반감되므로 이를 극복하기 위해서는 크고 높게 조성할 필요가 있었다. 봉분을 크고 높게 조성하기 위해서는 많은 양의 성토재가 필요한데, 이를 쉽게 조달할 수 있는 재료가 경주 분지에 널려 있는 냇돌이었다. 그런데 냇돌을 경사 각도를 유지하면서 쌓아올리기 위해서는 목조 가구틀이 필요하였던 것이다. 적석부 상부의 봉토는 적석부를 피복하는 기능을 병행하기 때문에 적석부의 법면 경사도를 고려하여 성토하였다. 그러므로 토제를 조성할 필요가 없었고, 적석부 상부에 하중감속토도 성토할 필요가 없었다.

3. 고총의 토목기술

1) 매장주체시설의 위치와 봉분 조성

봉토를 쌓는 방식은 무덤의 입지, 규모, 분형, 높이와 경사도, 시기 등에 따라 다양한데, 상사향식(上斜向式), 수평식, 내사향식으로 구분된다. 상사향식은 기저부에서 봉분 정상부로 향하여 볼록하게 쌓는 방식으로서 양파형으로 부르기도 한다. 수평식은 매장주체부의 밀봉토 위에서부터 흙을 수평으로 쌓아올린 방식이다. 내사향식은 봉분 기저부를 어느 정도 쌓은 후, 봉분 중심부를 향해 아래로 경사지게 쌓아올린 방식으로서 삼국시대의 가장 일반적인 봉토 성토 방식이다. 그렇지만 봉분을 완성하기 위해 하나의 성토 방식만 활용되는 것이 아니라, 부위에 따라서 혹은 매장주체부의 형태와 위치에 따라서도 달라진다.

(1) 지하식

고분은 시기와 지역에 따라 위치한 입지가 구릉의 능선 정상부 또는 사면, 평탄지 등 다양할 뿐만 아니라, 규모와 평면 형태, 매장주체부와 봉분의 관계에 따라서도 구축 방식과 기법이 다를 수 있다. 봉분 조성을 결정짓는 중요한 인자는 매장주체시설이 수혈식인가 아니면 횡구·횡혈식

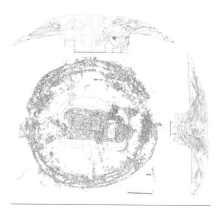

〈그림 4-56〉 고령 지산동 73호분

인가 하는 점, 그리고 지하, 반지하 또는 지상인가 하는 점이다. 여기서는 매장주체시설의 구축 위치를 기준으로 지하식·반지하식·지상식으로 나누어서 검토한다.

지하식이란 매장주체부의 뚜껑돌이 묘광 상면보다 아래에 위치하거나 또는 묘광 상면 바로 위에 놓여 있는 경우를 지칭한다. 매장주체시설이 지하에 구축된 사례는 상당히 많이 알려져 있지만, 봉분 조성을 제대로 관찰할 수 있는 사례는 그렇게 많지 않다. 부산 연산동 M3, M6호분, 고령 지산동 73호분,[72] 함안 도항리 6호분[73] 등이 대표적인 예이다.

매장주체부가 지하에 구축된 고총의 봉분 성토 과정 및 방식과 기법을 검토한 결과, 개별 고분의 차이(조성 입지·규모·평면 형태 등)가 있음에도 불구하고, 봉토 구축에서 공통된 과정 및 성토 기법을 확인할 수 있었다. 그것을 정리하면 다음과 같다.

가장 특징적인 점은 봉분의 외연을 먼저 만든 후, 외측에서 내측으로 성토해 나가는 점을 들 수 있다. 즉, 고분을 구축할 지점의 구 지표면을 정지한 후, 낮은 지점을 대상으로 당초 설계한 봉분 외측에서 내측으로 일부, 또는 매장주체부를 구축하기 위해 굴착한 묘광 가까이까지 어느 정도의 두께로 성토하여 사면의 높이를 맞추면서 동시에 상

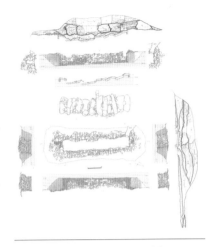

〈그림 4-57〉 함안 도항리 6호분 봉분과 석곽

면을 평탄하게 하여 넓은 공간을 마련하는 공통성이 있다. 이는 봉분의 외연을 만든 후 위로 성토하면서 평면 범위를 좁혀가는 '외연 우선형' 조성 방식이다.

따라서 봉분 법면의 기본적인 경사도는 이미 이 단계에 결정되고, 위로 성토하면서 기저부에서 조성된 법면 경사도의 범위 내에서 경사도를 조정해간다. 이 경우, 봉분 법면의 경사도가 상대적으로 낮을 수밖에 없다. 왜냐하면 봉분 기저부부터 법면 경사도가 심할 경우, 다음 단계의 성토가 어렵게 될 뿐만 아니라 봉분 조성에 많은 노동력이 소요되고 가파른 법면을 유지할 수 있는 토목 공법이 필요해지기 때문이다.

둘째는 묘광 상면과 거의 같은 높이에 넓은 평탄면을 만든 점이다. 이 평탄면은 지면이 상대적으로 높은 면과 높이를 맞추기 위해 낮은 부위의 봉분 외연에서 안쪽까지 단일층을 성토하여 조성하였는데, 성토층의 두께와 길이 및 평면 범위는 개별 고분의 입지와 규모에 따라 다양할 것이다. 원 지면이 낮은 부위를 성토하여 높은 쪽의 정지면 높이에 맞추기는 하였지만, 해발 높이가 동일하지는 않다. 당초 계획한 규모의 봉분 범위

를 정지한 후, 고저 차이가 심할 경우 정지면 높이가 낮은 구간을 대상으로 전체적인 높이를 적절하게 조정한 후 매장주체부의 구축을 시작으로 고분을 조성하였다. 사방 전체의 상면 높이를 정확하게 맞추지는 않고, 고저차가 심하지 않은 대응 방향의 지면 높이는 동일하게 맞추고, 심한 방향은 원 지면 높이의 고저차를 최소화하는 방향으로 높이를 맞추고자 했다.

셋째는 봉분 성토의 효율성을 높이기 위한 기법으로서의 토제(土堤) 설치이다. 경사가 심하거나 봉분을 크고 높게 만들고자 할 경우, 일반적인 기술로는 성토하기 어려우므로 묘광을 따라 단면 '⌒', 혹은 삼각형 모양의 흙둑을 쌓기도 하는데, 이를 토제라 하고, 토제를 만들어 성토하는 방식을 토제기법이라 한다. 토제는 묘광 주위에 원형 또는 삼각형, 장방형, 반원형 등 필요에 따라 만든다. 묘광 주위에 토제를 설치하는 것은 매장주체부가 위치한 고분의 중심부 일대에 넓은 구덩이가 만들어져 토제에서 중심부로 향해 흙을 쉽게 하치함과 동시에 둑이 있기 때문에 성토한 흙이 바깥으로 흘러내리지 않는 이점이 있기 때문이다.

토제 기법은 매장주체부가 지하 또는 반지상에 위치하여 봉분의 최정상부와 높이 차가 많이 나는 경우에 적용할 수 있는 기법이다. 매장주체부 주위를 감싸는 토제를 만듦으로써 매장주체부가 지하 깊숙이 위치하는 효과도 꾀하였을 것이다.

넷째는 봉분 성토에서 안으로 비스듬히 경사진 내사향식 성토 기법을 적극적으로 활용한 점이다. 내사향식 성토는 세 가지로 나눌 수 있다. 우선 앞서 설명하였듯이 토제를 설치한 후, 내사향식 성토를 한 예이다. 그 다음은 단위 토층의 두께를 달리하여 내사향식 성토를 한 예이다. 이는 외측의 층 두께를 두껍게 하고, 내측으로 향하면서 얇게 하여 외측의 높이를 높이고 내측의 높이를 낮게 하는 방식이다. 마지막으로 다른 구간

보다 정지면이 높은 곳에서 낮은 방향으로 내사향식으로 성토한 예이다. 이 방식은 고분의 입지와 관련이 높은데, 주로 평지 또는 구릉 경사면에 조영된 고분의 봉분 조성에 활용되었다.

(2) 반지하식

반지하식이란 매장주체부의 상부, 1/2 또는 1/3 이상이 지상에 위치한 경우를 지칭한다. 봉토를 완전히 제토하였거나 매장주체시설의 개석 위까지만 조사한 예가 상당수 있음에도 불구하고, 분석이 가능한 사례가 많지 않다. 합천 옥전 M1·M2·M3·M4·M6호분, 성주 성산동 39·58·59, 대구 화원 성산리 1호분, 불로동 91호분[74] 등이 반지하식에 해당된다.

매장주체부가 반지하식인 경우, 경사가 낮은 부위는 바깥쪽을 두껍게 하여 안쪽으로 향하면서 층을 얇게 하는 방식을 반복하여 수평으로 성토하여 봉토의 전체적인 높이를 어느 정도 맞춘 후, 뚜껑돌 높이까지 수평식으로 성토하고 뚜껑돌 위부터는 기저부와 같이 층 끝부분의 두께가 두껍고 중심으로 향하면서 두께를 얇게 하는 내사향식으로 성토하였다. 한 층이 끝에서 중심부까지 이어지지 않고, 중간에 성분이 다른 층을 쌓는 방식을 반복하여 8부 높이까지 내사향식과 수평식 성토를 반복하여 봉분을 만든 후, 그 위부터는 상사향식으로 성토하여 봉분이 완성되었다. 매장주체부가 반지하식인 경우, 규모가 크더라도 토제를 만든 경우가 거의 없는데 이는 매장주체부의 일부 또는 절반 이상이 지상으로 올라오면 토제를 만들어 성토하는 방식이 매우 어렵기 때문이다. 매장주체시설이 반지하식인 봉분의 성토는 대개 유사판축 또는 일반 성토 기법이 대부분이다.

〈그림 4-58〉 성주 성산동 39호분

〈그림 4-59〉 대구 불로동 91호분

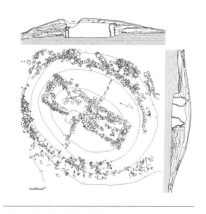

〈그림 4-60〉 합천 옥전 M3호분

(3) 지상식

지상식이란 매장주체시설의 벽체 일부분(대략 벽체의 최하단)만 지하에 위치하고, 대부분의 벽체를 지상에 구축한 것으로서 횡혈식석실과 횡구식석실이 매장주체시설인 고분의 대부분이 여기에 해당한다. 지상식의 사례는 다수 알려져 있는데, 봉분과 매장주체시설의 조성 과정과 구축 기법을 어느 정도 파악할 수 있는 영일 냉수리고분, 창녕 계성Ⅲ지구 1호분, 합천 옥전 M11호분, 거제 장목고분, 의령 경산리 1호분, 합천 저포리 D지구 1호분 등이 이에 해당된다.

매장주체부가 지상에 위치할 경우, 봉분과 매장주체부를 동시에 축조하여야 하므로 봉분은 상사향식 또는 수평식으로 성토할 수밖에 없다. 경사가 심한 부위는 끝부분의 두께를 두껍게 하고 안으로 가면서 층의 두께를 얇게 하는 방식을 수차례 반복하여 매장주체부의 바닥면 높이까지 성토하여 평탄면을 만든 후, 매장주체부의 벽체를 무너지지 않게 구축하면서 동시에 봉분 형태도 고려하며 성토해야 한다. 이 경우 하부는 수평식이고, 위로 향하면서 상사향식으로 성토하는 경우가 일반적이다. 봉분 정상부로 향하면서 상사향의 각도가 심해진다.

매장주체시설이 지상식인 봉분 조성의 특징으로는 다음의 몇 가지를 들 수 있다. 첫째는 봉분을 내측에서 시작하여 점차 외측으로 확장해가면서 최종적으로 당초 설계된 설계도에 맞게 봉분 범위와 형태를 완성하는 점이다. 단, 매장주체시설의 바닥보다 낮은 사면 부위는 매장주체시설을 구축하기 이전 사면부에 성토를 하여 매장주체시설의 바닥면과 같은 높이로 조성하였다. 매장주체시설이 지상에 위치한 고분의 봉분은 확대형 봉분 조성 방식으로서 매장주체부가 지하에 위치한 봉분이 축약형 봉분 조성인 점과는 정반대이다.

둘째는 상사향식 방식으로 성토한 점이다. 지면이 낮은 정지면 위에는 상사향식으로 성토하였다. 상사향식 성토 기법으로 하나의 긴 토층을 성토할 경우 외측의 두께를 두껍게 하고 내측으로 가면서 두께를 얇게 하여 경사도를 줄이고, 길이가 짧은 토층을 성토할 경우 내측은 성토한 토층의 수를 줄이고 외측으로 가면서 여러 층을 성토해서 두껍게 하여 내측과 외측의 높이 차이를 줄이면서 매장주체시설의 바닥면 높이와 어느 정도 맞추는 방식으로 성토되었다. 매장주체시설의 바닥면보다 낮은 부위는 상사향식 성토를 하되 매장주체시설의 바닥면과 거의 같은 높이에 이르면 상층 토층의 윗면은 수평으로 조성하였고, 이후부터는 다른 부위와 동일하게 상사향식 성토를 하였다. 매장주체시설의 바닥면보다 높이가 낮고 경사가 있는 지면을 성토한 토목기술은 고분의 입지 활용에도 큰 변화를 가져온 요인이 되었다. 즉, 종래 구릉 능선부의 돌출된 자연 구릉을 최대한 활용하여 조영한 방식에서 탈피하고 구릉 사면부로 고총고분의 묘역 이동이 이루어지게 되었다. 그 대표적 고분이 영일 냉수리고분과 합천 옥전 M11호분, 의령 경산리 1호분 등이다.

봉분 조성에서 상사향식 성토를 하게 됨으로써 토제는 어울리지 않게 되었다. 토제를 만들지 않고서도 토제 공법을 적용한 고분의 봉분보다 법면의 경사도를 높이면서도 조성할 수 있게 된 점에서 토목기술의 현저한 진보인 셈이다.

셋째, 봉분을 구성하는 단위 토층의 길이가 짧고, 두께가 얇은 점을 들 수 있다. 지상식 매장주체시설인 고분의 토층에서 나타나는 이 현상은 매장주체시설이 지하식이거나 반지하식인 경우에는 관찰되지 않는다.

넷째, 단위 토층면의 경사도를 증가하여 봉분 외면의 법면 각도를 증가시킨 점이다. 즉, 봉분의 법면 각도를 증가시켜 고대한 봉분을 표현하였고, 여기에 조응하여 평면 형태는 타원형에서 원형으로 변하게 된다.

매장주체시설이 지상에 위치할 경우, 봉분은 내측에서 외측으로 확장하는 방식으로 조성되었다. 이 경우 봉분은 매장주체시설을 보호하는 목적을 가지면서 성토되기 때문에 당초 봉분 외연 기저부부터 성토하지 않는다. 그리고 매장주체시설의 구축과 병행해서 봉분을 성토하기 때문에 매장주체시설이 위로 구축될수록 성토층은 상향하는 각도가 증가할 뿐만 아니라 외연 범위도 넓어진다. 성토 법면의 경사도가 심해짐에 따라

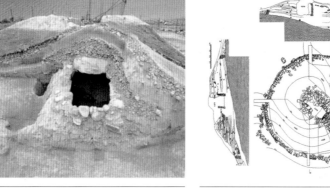

〈그림 4-61〉 영일 냉수리고분   〈그림 4-62〉 합천 옥전 M11호분

성토의 외연을 넓히지 않으면 성토는 물론 당초 설계도상의 봉분 형태와
규모에 도달하기 어렵기 때문이다. 즉, 매장주체시설의 규모, 특히 높이와
기울기에 따라 성토하는 토층의 경사도와 외연 범위의 설정은 상당히 밀
접한 관계를 가지고 있음을 알 수 있다.

다섯째, 지상에 구축된 매장주체부가 외측으로 밀려나지 않도록 가장
자리에서 중심을 향해 힘을 밀어주는 성토 방식이다.

여섯째, 지하식 또는 반지하식의 봉분 구축에서 봉분을 1/2 또는 1/3
로 구획한 후 동시에 성토하는 소위 구획성토 방식이 확인되지 않는다.
봉분을 구획해서 구축하지 않는 것은 봉분 구축 당초부터 작업 구획을
설정하지 않고 봉분 전 면적을 동시에 동일 성토재를 사용해서 구축할
수 있었기 때문이다. 구획하지 않고서도 견고하게 높은 봉분을 조성할
수 있었던 것은 물성이 다른 성토재를 얇은 띠상으로 교호로 반복해서
성토하는 새로운 기법을 적용했기 때문이다.

2) 고분의 입지와 분형

(1) 구릉 능선 정상부

고총은 입지에 따라 봉분의 조영 방식에 차이가 있을 수 있다. 고총의 입지는 지형에 따라 다양하지만, 크게 구릉 능선의 정상부, 즉 능선이 돌출된 부위에 조영된 예, 구릉의 사면에 조영된 예, 평탄지에 조영된 예 등으로 구분할 수 있다.

구릉 능선의 정상부에 조성된 고분은 능선 돌출부의 중앙부에 매장주체시설이 설치되어 사방의 묘광 상면 높이가 대부분 같지만, 봉분이 조성될 지표면의 높이는 동일하지 않다. 대개 능선 위쪽의 높이가 상대적으로 높고, 나머지 3면은 매장주체부가 설치될 지점보다 높이가 낮아 경사면을 이룬다. 구릉 능선 정상부에 고분이 조영될 경우, 능선 정상부를 어느 정도 정지한 후 묘광을 굴착하고 매장주체시설을 설치한다. 그리고 능선의 아래부터 성토하지 않고 능선의 5~6부선부터 성토하고, 봉분의 외면 각도는 고분이 조영된 부위의 자연 경사면 각도와 대개 일치시킨다. 능선 정상부에 고분을 조영할 경우, 능선 하부의 자연 경사면을 이용하여 토량과 노동력을 적게 투입하고도 봉분을 크게 보이게 할 수 있다.

그런데 구릉 능선 정상부에 조성된 고분은 경사도가 있기 때문에, 경사면을 그대로 유지한 채 성토를 하면 성토 작업의 능률이 저하될 뿐만 아니라 흙이 바깥으로 흘러내릴 가능성이 있고 원활한 작업 공간의 확보에도 문제가 있을 수 있다. 그리고 매장주체시설의 구축재인 돌과 뚜껑돌의 이동 및 부장품과 주검의 이동도 원활하지 않을 수 있다. 무엇보다도 매장주체시설을 구축하고 부장품과 주검을 안치한 후, 밀폐하기 전에 행하는 매장 의례의 공간 확보를 위해서도 능선 사면을 성토하여 적당한 평탄면을 만들지 않으면 안 된다.

평탄면을 조성하는 방식은 3가지로 나눌 수 있다. 첫째는 묘광을 굴착한 후, 매장주체시설을 구축하기 전 또는 뚜껑을 덮기 전에 평탄면을 조성한 경우이다. 평탄면을 이루는 층이 매장주체시설과 접한 부분이 확인되지 않아 매장주체시설을 구축하기 전에 평탄면을 조성하였는지 여부를 토층을 통해 확인한 사례는 없다. 다만 매장주체시설의 구축을 위한 재료 및 부장품의 적치와 주검과 그것을 포장한 포장물을 놓기 위한 공간을 확보하기 위해서는 매장주체시설을 구축하기 전에 하였을 가능성이 있다. 산청 생초 M2호분이 이에 해당한다.

둘째는 매장주체시설을 완성하고 밀봉토를 성토한 후, 봉분 가장자리 일대에 평탄면을 조성한 예이다. 이 경우는 봉분 기저부 외연과 봉분 각도를 설정함과 동시에 봉분 전체의 높이를 일정하게 조정한 후 사방에서 동시에 성토하기 위한 기초 작업 단계이다. 대구 화원 성산리 1호분이 이에 해당한다. 매장주체시설을 완전히 밀봉한 후 평탄면을 조성할 경우, 매장주체시설 구축을 위한 재료 및 부장품과 주검을 포장한 포장물의 적치와 매장 의례 공간은 구 지표면을 평탄하게 조성하여 이용하였을 것으로 추정된다.

봉분의 평면 형태가 타원형이기 때문에 봉분 직경의 대소가 중요한 기준이 되고, 높이는 상대적으로 낮은 점이 특징이다. 이는 봉분의 고대화(高大化)를 지향하지 않고, 길이의 장대화(長大化)를 지향한 점이 봉분 조성의 1차 목적이었을 가능성을 의미한다. 봉분의 장대화는 자연지형을 최대한 이용하지만, 역으로 자연지형을 활용하여 최소한의 비용을 투자하여 최대의 효과를 내려는 의도도 있었을 것이다. 지역 수장의 무덤을 돌출된 구릉에 마련한 것은 그리 높지 않은 성토 봉분만으로도, 구릉 전체가 큰 고총처럼 보이는 착시 효과를 노렸기 때문이다. 한편으로는 사면이나 평지에 거대한 성토 봉분을 조성할 수 있는 토목기술이 충분히 발달하지 않은 점도 영향을 미쳤을 것이다.

타원형 봉분이 주로 조영된 시기는 5세기 후반에서 6세기 전반이다. 평면 형태가 타원형을 이루게 되는 원인은 구릉 능선이 한 방향으로 길고 다른 방향은 경사가 심하여, 장축 길이만큼 면적을 늘리면 토량과 작업량이 증가할 뿐만 아니라 길이 방향과 좌우의 고저 차이가 심하여 경사도를 줄이기 어렵기 때문이다.

(2) 구릉 사면부

원형 봉토는 동서와 남북의 직경이 거의 1:1이거나 또는 근사치를 보이는 형태이다. 타원형 봉분과의 차이점은 평면 형태에서뿐만 아니라 길이와 너비의 비율 차이가 없다. 봉분의 평면 형태가 타원형에서 원형으로 변화한 배경에는 토목기술의 진보, 매장주체시설의 변화가 있다.

원형으로 봉분의 형태가 바뀌면서 법면 경사도를 증가시키는 효과를 가져왔고, 이로 인해 봉분의 고대화가 가능해졌다. 평면 형태가 원형인 고분은 평지, 구릉 사면과 능선 정상부 모두에서 확인된다. 시간적으로는 5세기부터 10세기까지의 삼국 말~통일신라시대에 걸쳐 분포하며 지역적으로는 서울, 경기에서부터 충청, 호남, 영남을 망라한다.

고총의 입지는 구릉에서 사면으로 이동하는 경향성을 보인다. 6세기 전반기의 낙동강 동안 지역, 특히 경북 북부의 고총과 창녕 지역의 고총 중 일부는 구릉 사면이나 경사가 완만한 지점에 조영되고, 평면 형태도 원형에 가깝다. 반면 구릉 능선 정상부에 조영된 대부분의 고총, 특히 가야 권역의 고총은 6세기 전반까지도 평면 형태가 타원형이다가 6세기 2/4분기의 고령 지산동 45호분 단계가 되어서야 원형으로 변화한다.

(3) 구릉 사면으로의 이동에서 보이는 변화

6세기 전반 이후가 되면 고총의 입지가 구릉 능선 정상부에서 사면으로 이동한다. 사면으로 이동하면서 고총의 평면 형태는 타원형에서 원형으로 변화하고 매장주체시설의 종류와 위치, 규모의 축소 양상도 나타난다. 이는 구릉 사면을 적절하게 변형할 수 있는 토목기술의 구사를 기초로 삼고 있다.

고분 입지가 구릉 사면으로 이동하면서 나타나는 가장 큰 변화는 대부분의 봉분 평면 형태가 원형이 되는 점이다. 구릉 사면에 고총 봉분을 조성할 경우, 등고선 방향으로 길이를 길게 하면 우수가 봉분을 정면으로 치기 때문에 봉분이 쉽게 유실될 뿐만 아니라, 매장주체시설을 보호하는 봉분 면적이 좁아져서 소규모의 봉분 유실에도 매장주체부가 노출될 우려가 높아진다. 반면 봉분 평면 형태를 원형으로 하고 높은 쪽 사면에 주구를 설치하면, 우수의 직접적인 충격을 피할 수 있을 뿐만 아니라 충격을 받더라도 곡선을 이루기 때문에 충격을 완화할 수 있다. 그리고 매장주체부의 사방을 균일하게 포장하여 안전성을 높일 수 있는 장점도 있다. 게다가 사면의 지형을 적절하게 이용할 수 있는 평면 형태는 타원형보다는 원형이 더 유리하다. 타원형은 성토해야 할 사면부 면적이 넓어 노동력이 증대하고 낮은 지면의 성토 범위가 넓어질 뿐만 아니라, 성토 후 무너지지 않게 하기 위한 고도의 토목기술이 요구된다. 이렇듯 비용과 조성 후의 유실 우려 등으로 인해 구릉 능선 정상부보다 사면이 선호되었을 것이다.

그다음은 매장주체시설의 지상화, 즉 수혈식석곽에서 횡혈식석실 또는 횡구식석실로의 변화이다. 수혈식석곽은 지하 또는 반지하 상태로 구축되기 때문에 매장주체시설이 먼저이고 봉분이 후에 조성되므로 외연부터 조성하고, 법면 경사도가 낮아서 완만한 경사도를 가진 지형에 조성해도 웅대하게 보인다. 그러나 매장주체부가 지상화하면 봉분의 높이가 상대적으로 높아진다. 추가 매장을 하는 횡혈식·횡구식 석실의 경우는 석실 내부에서 사람이 작업하는 데 필요한 높이를 확보하기 위해 수혈식 석곽보다 더 높아져야 한다.

셋째는 경사면의 인위적 평탄화 공정의 도입이다. 경사진 사면을 굴착해서 매장주체부의 바닥을 수평으로 조성하기 위해서는 경사가 높은 쪽의 지면을 깊게 파지 않으면 어렵고, 깊게 파려면 노동력의 투입이 증가한다. 그리고 사면에 조영된 고총의 매장주체시설은 하부에서 상부로 가면서 안으로 들여쌓기를 하므로 안으로 무너지는 것을 방지하기 위해 벽석 뒤쪽에 흙을 채워야 하는데, 이곳에 흙을 채우려면 적어도 벽체가 안으로 기우는 부위는 지상이어야 한다.

벽체가 안으로 기우는 높이는 매장주체부의 평면 형태 및 천장 형태와 밀접한 관련을 가지는데, 벽체 기울기가 가장 심한 형식은 평면 형태가 방형에 궁륭형 천장이며, 장방형이면서 아치형·터널형 천정, 평천장 등의 형식은 기울기가 약해진다. 매장주체부의 규모에 의해서도 기울기에 차이가 있다. 그렇지만 대부분 매장주체부의 벽체는 안쪽으로 기울기 때문에 지상에 구축하는 것이 일반적이다. 지면을 깊게 굴착하지 않고서도 매장주체부를 구축하는 기술의 구사가 필요한데, 그것은 바로 사면부에 성토하여 지면을 평탄하게 만드는 토목기술이다.

4) 봉분 조성의 세부 토목기술

(1) 토제

토제는 경사진 지형에 큰 규모의 봉분을 견고하면서도 효율적으로 쌓기 위한 기술이다. 토제가 조성된 부분은 매장주체부 사방, 봉분 하부 또는 중간 등 다양하다. 토제의 단면 형태는 △(삼각형)·⌒(반구형)·◻(사다리꼴) 등이 있다. 토제의 평면은 봉분 기저부 전체를 돌거나 C자형으로 만들어

트인 부분을 작업로로 이용한 경우, 남·북 또는 동·서로 대칭되게 배치한 경우, 특정한 지점에만 조성한 경우 등 매우 다양하다. 단면 및 평면형태가 어떻든 간에 둑을 만든 후, 그 위에서 안쪽으로 내사향식으로 성토한 공통점이 있다.

토제를 설치할 때 지형의 고저 차이가 있으면 이를 감안하여 낮고 경사가 심한 부위는 너비를 넓히고 높이를 높게 하는 등 지형과 봉분의 규모를 고려하였다. 매장주체부 주위에 조성된 토제는 석곽 벽석의 옹벽 기능을 겸하며, 뚜껑돌과 봉토로 인해 매장주체부에 집중되는 하중을 사방향으로 분산시키는 역할도 하게 된다.[75] 이러한 예로는 고령 지산동 73호분을 들 수 있다.[76]

봉분 기저부에 토제가 조성된 예로는 부산 연산동 M6·M10호분이 있다. M6호분은 동·서·북쪽에 단면 삼각형의 토제를 만든 후, 내측으로 경사지게 점토와 자갈이 포함된 사질토를 번갈아가면서 성토되었다. 토제를 구성한 성토재는 풍화암반편이 많이 들어 있는 사질토를 사용하였다. M6호분은 자연지형이 높은 남쪽은 토제를 만들지 않고 동-북-서쪽만 만들어 평면 형태가 'C'자형이고, 경사가 가장 심한 서쪽은 너비가 넓고 높이가 높은 토제를 만들었다.

(2) 교호성토와 판축

매장주체시설이 횡혈식·횡구식석실인 고총 봉분 조성의 또 다른 특징으로는 교호성토층의 길이를 짧고 두께를 얇게 하여 좌우, 상하층이 서로 중첩되도록 성토한 점이다. 층의 두께가 얇고 길이를 길지 않게 하여 아래위 단위 토층의 1/2 이상이 겹치도록 하되, 사질토 또는 사질토와 점질토가 혼합된 흙과 점질토를 교대로 성토하거나 성분이 다른 사질토층의 일부가 아래위로 겹치도록 번갈아가면서 성토하였다.

〈그림 4-63〉 토제 (고령 지산동 73호분[좌]과 부산 연산동 M6호분[우])

〈그림 4-64〉 토제 평면 모식도

　단위 토층의 길이는 대개 100~150㎝이고, 길더라도 200㎝ 이하로서
봉분의 전체 직경 또는 반경에 비해 상당히 짧은 편이다. 단위 토층의 두
께도 대개 10~20㎝ 내외로서 얇다. 이러한 교호성토의 사례로는 영일 냉
수리고분, 창녕 계성 Ⅲ지구 1호분, 김해 구산동고분, 순흥 읍내리벽화고
분, 합천 저포리 D지구 Ⅰ호분 등이 있다.

　일반적으로 교호성토에 사용된 흙은 사질토와 점질토, 그리고 입자가
치밀한 실트토 등 세 종류이다. 세 종류의 흙을 얇은 띠 모양으로 번갈
아 수평으로 쌓아올려 성토층의 침하와 유실을 방지하고, 원형을 오래
지속시킬 수 있게 하였다. 매장주체부가 횡혈식·횡구식석실인 고총은 수
혈식석곽을 매장주체로 삼는 고총보다 봉분의 높이가 높아지고 법면 경
사도도 심해졌기 때문에 우수나 바람 등 자연적인 요인에 의해 봉분의
유실 가능성이 높아진다. 이에 대비하기 위한 공법으로 판축과 유사한

교호성토를 시공한 것으로 보인다.

판축과 교호성토는 물성이 다른 흙을 교대로 다진다는 공통점이 있지만 차이점도 많다. 판축은 나무 판을 사용하고, 층의 두께가 고르고 수평이어야 하며,[77] 달구질에 의한 요철면, 횡장판이나 영정주 등의 존재가 필요조건이라고도 한다.[78] 종전의 고분 조사에서는 봉분 축조에 대한 관심이 적어서 성토 기법에 대한 정보가 매우 부족하였다. 창녕 교동 1·3호분이나 양산 북정리 1호분처럼 호석 외측에 주혈이 배열되었을 때, 이 주혈을 영정주로 파악하고 판축의 흔적으로 보는 견해도 있다.[79] 하지만 주

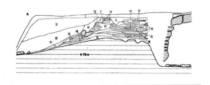

〈그림 4-65〉 김해 구산동고분 토층도 (교호성토 사례)

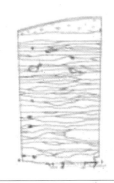

〈그림 4-66〉 읍내리 벽화고분 토층도 (교호성토 사례)

〈그림 4-67〉 합천 저포리 D지구 Ⅰ-1호분 토층 (교호성토 사례)

혈 이외에 물성이 다른 흙의 교호성토, 달구질에 의한 요철면, 횡장판의 흔적은 확인되지 않았기 때문에 판축으로 인정하기 어렵다.

그런데 사질토와 점질토를 띠처럼 교호성토한 토층을 자세하게 관찰해 보면, 요철면이 확인된다. 합천 저포리 D지구 Ⅰ호분의 토층 사진을 보면 (그림 4-67 참조) 얇은 띠 모양의 적갈색 점토면이 수평이 아니고 요철 형태로 형성되어 있는데, 이 요철면은 다짐에 의해 생겼을 가능성이 있다. 타법에는 착축(搗築)·박타(拍打)·답실(踏實)의 3종류가 있다. 층준(層準)이 수평하지 않고 일부 경사져 있거나, 층후(層厚)가 고르지 않은 경우는 박타의 가능성이 있다.[80] 김해 구산동 1호분의 경우도 점성이 강한 회황색

〈그림 4-68〉 합천 저포리 E지구 2호분　〈그림 4-69〉 김해 구산동고분　　〈그림 4-70〉 합천 저포리 D지구 I호분
(판축 가능성이 있는 토층 사례)

·회흑색·암갈색 등의 사질토가 성토되었는데, 개별 층이 수평을 이루지 않고 심한 요철면을 이루고 있다. 이 층들은 매우 단단하다. 간격이 짧은 요철면이 있고 매우 단단한 것은 다짐에 의해 생성되었음을 보여준다. 영주 순흥 읍내리벽화고분의 토층에도 요철면이 생성되어 있다.

위의 예에서 보이는 요철면과 단단한 점 등은 이 층들을 성토할 때 다졌기 때문에 나타난 결과로 판단된다. 그리고 띠 모양의 얇은 층은 특별한 도구를 사용하지 않고 일반적인 성토 기법으로는 쌓기 어려우므로 정연한 횡장판은 아니더라도 이와 유사한 도구를 사용하였을 개연성이 있다. 요철면과 층의 단단함을 증가시키기 위해서 달구질을 할 때, 위에서 아래로 전달되는 압력에 의해 흙이 옆으로 밀려나가는 것을 방지하는 도구를 사용하지 않으면 달구질하기 어렵기 때문이다. 토성처럼 면적이 넓고 외면이 수직에 가까운 급경사를 이룰 경우, 횡장판과 영정주의 흔적이 남을 가능성이 높아진다. 그러나 고분은 평면적이 좁을 뿐만 아니라 법면이 곡률을 이루기 때문에 영정주가 사용되었다 하더라도 흔적이 남아 있을 가능성은 상대적으로 낮을 수밖에 없다. 또 성벽의 축성에 사용한 것과 같거나 유사한 도구가 사용되지 않고 고분의 봉분 구축에 적절한 도구가 사용되었을 가능성도 배제할 수 없다.

합천 저포리 D지구 I호분 봉분의 B-B′ 트렌치의 B측 단면 뒤편의 토층도 사진[보고서 도판 4의 상·하 사진]에 의하면,[81] 토층 단면 한 부분

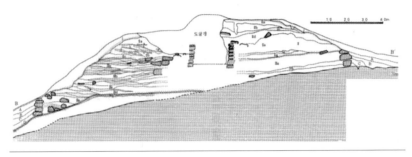

<그림 4-7> 사면부 성토와 내탁식 성토(합천 옥전 M11호분)

이 수직선을 경계로 좌우의 층이 연결되지 않을 뿐만 아니라 층의 두께
가 다르다. 좌우의 층이 수직으로 단절된 현상은 성토할 때 판을 사용한
결과일 가능성이 있다. 이와 유사한 예는 김해 구산동고분의 봉토에서도
확인된다.

이상의 사례를 종합해보면, 층후가 얇고 층장(層長)이 짧은 사질토와
점질토를 교호로 성토할 때는 목판으로 만든 틀을 사용한 판축 또는 그
와 유사한 성토법이 사용되었을 가능성이 있다.

(3) 연약 지반 치환

구 지표면은 공기의 접촉이나 썩은 낙엽과 잡초, 우수 등에 의해 오염되
어 지반이 약하므로 이를 제거하고 성토하여야 한다. 실제 고총고분 발
굴 조사에서 오염되지 않은 자연층이 성토부의 바닥면을 이루는 현상은
고분 조영 당시 구 지표면을 미리 제거했기 때문이다. 구 지표면을 제거
했더라도 고분을 조성할 지점의 지질이 약할 경우, 이 연약 지반을 제거
해야만 성토 구조물의 토대가 견고해진다. 발굴 조사를 통해 구 지표면
을 제거한 후, 다시 연약 지반을 삭토한 사례를 볼 수 있다.

부산 연산동 M3호분은 구릉 능선부의 돌출 지점에 위치하는데, 돌출
지점의 7~8부 지점을 수평으로 삭평하고, 7부 이하는 구 지표면을 삭토

하여 자연 봉분을 조성하였다. 봉분의 평면 형태는 남북으로 긴 타원형인데, 동쪽은 암반으로 이루어져 지반이 강하지만, 남-서-북쪽은 적갈색의 점질토인 연약 지반으로 이루어져 있다. 암반으로 이루어진 동쪽은

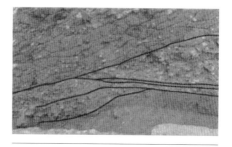

〈그림 4-72〉 연약 지반 제거와 지반 강화(부산 연산동 M3호분)

평탄면 끝에서 구 지표층을 제거한 면을 그대로 유지하지만, 점질토인 다른 부위는 수평면이 끝나는 지점에서 봉분 자락 쪽으로 점질의 기반토를 '⌒'자형으로 커팅하였다. 커팅한 부위에는 굵은 풍화암반편이 혼입된 사질성 흙을 채워 다졌다. 연약 지반인 점질토를 제거하고, 그 부위에 사질성 흙을 채워 다져서 강한 지반으로 치환한 토목기술이 적용되었음을 알 수 있다.

(4) 성토 공정과 휴지기

봉분의 토층을 분석 파악한 후, 물성이 현저하게 다르거나 성토 방식에 차이가 있는 층을 기준으로 성토 단계를 구분해 봉분의 축조 공정을 나눈 연구가 다수 알려져 있다. 유사한 물성의 흙을 사용했다면 거의 같은 시기에 성토가 이루어졌을 가능성이 있고, 물성이 다르거나 성토 방식이 다를 경우 상하의 성토에 어느 정도의 휴지기가 존재했을 가능성도 있다. 예를 들면, 성토층의 두께가 얇거나 두꺼워도 기본적으로는 다짐 작업이 수반되지만, 어느 정도 높이까지 동시에 성토한 후 계속 성토하면 압을 받아 붕괴될 우려가 있으므로 무너지지 않을 정도의 높이까지 성토한 후 일정 기간 동안 휴지기를 가질 필요가 있다. 현대의 토목 현장에서도 기계에 의한 강제 다짐이 이루어지지 않을 경우, 성토층이 어느 정

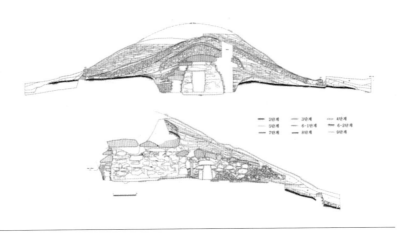

<그림 4-73> 단계별 성토 사례(영일 냉수리고분)

도 침하되어 견고해질 때까지 작업을 중지하는 휴지기를 설정하고 있다.

삼국시대에는 도구와 기술의 한계로 인해 성토층을 완벽하게 다지는 것이 불가능하였다. 한계 성토 높이만큼 성토한 후, 성토층을 다졌더라도 완전히 다져지지 않는다. 자연 침하하여 견고해지면 다시 그 위에 성토하는 방식을 반복하였을 가능성이 높다. 따라서 성토 공정을 구분할 수 있는 단위를 단순한 성토재의 차이가 아닌 성토 공법의 차원에서 이해할 필요가 있다. 즉, 재하(載下) 기간 중에는 압밀에 의한 강도가 수반되므로 이를 고려하여 한계 성토만큼 성토하고, 이를 반복하여 압밀에 의해 충분한 강도 증가를 기대할 수 있도록 천천히 시공하는 완속재하(緩速載下) 공법의 관점에서 파악할 필요가 있다. 공정 단계면 사이의 흙의 부식 정도라든가 성토재의 차이 등을 면밀하게 검토하면 완속재하 공법의 시행 여부를 파악할 수 있다. 실제 성토 단계가 구분되는 토층 사이에서 얇은 간층이 확인되는 경우가 있는데, 이 간층이 휴지기를 반영하는 것으로 추정된다.

(5) 하중 분산 및 감속(減速) 기술

직경이 25m 이상인 대형 봉분은 높이가 최소 5m 이상이므로 하중이 상당하다. 매장주체시설이 수혈식석곽이고 하중에 약한 석재를 뚜껑으로 사용한 경우, 봉토 하중을 견디지 못하고 갈라지면서 석곽이 무너지고 중앙부가 함몰되어 원형을 유지하기 어려워진다. 따라서 봉토의 하중이 뚜껑돌에 직접 미치는 것을 차단시켜 하중을 사방으로 분산 감소시키는 기술이 필요하다.

부산 연산동 M3호분은 주곽과 부곽을 포함해 전체 길이가 16m이고 너비가 2.3m로서 석곽 길이가 길고 하중을 받는 면적이 넓어 뚜껑돌이 깨어질 위험이 높다. 뚜껑돌 위에 성토한 봉토와 그 위의 봉토에 뚜렷한 차이가 확인되었다. 뚜껑돌을 덮고 점토로 뚜껑돌 상부를 밀봉한 후, 뚜껑돌 위를 중심으로 묘광의 범위를 벗어난 일정한 면적에 걸쳐 풍화암반편이 많이 들어 있는 사질토가 성토되었다. 이 성토재는 묘광 범위 내는 두께가 50cm로 두껍고, 외연으로 가면서 얇아진다. 이 성토재 윗부분에는 점성이 강한 소형의 점토괴를 성토하여 성토 방식에서 확인한 차이가 있다. 뚜껑돌 위에 풍화암반편이 많이 들어 있는 흙을 두껍게 성토한 것은 상부의 봉토 하중을 차단하여 뚜껑과 석곽을 안전하게 유지하기 위한 방법이다.

이와 유사한 양상은 대구 화원 성산 1호분에서도 확인되었다. 석곽 뚜껑을 덮은 후 성토한 밀봉토[보고서 도면3의 71·78층]가 석곽을 중심으로 상당한 범위까지 걸쳐 있다. 이 층은 풍화암반편이 섞인 황갈색 사질점토이다. 그런데 석곽 뚜껑 위에 점질토를 얇게 발라 밀봉하는 예가 일반적임을 감안하면, 화원 성산 1호분에서 밀봉토로 보고한 층은 점질토가 아니고 성토된 두께도 두꺼워서 밀봉토로 보기는 어렵다. 이 성토층 위의 층은 길이도 짧고 두께도 매우 얇아 성토재의 물성과 성토 방법이 다르다. 따라서 밀봉토로 보고한 층은 상부의 하중이 뚜껑돌과 석곽에 직접 미치는 것을 방지하기 위한 목적의 성토층으로 판단된다.

창녕 교동 7호분도 밀봉석 위를 황색과 흑갈색의 점질토로 얇게 밀봉한 다음 매장주체부와 주위를 판상의 니암편과 모래가 다량 혼입된 흙으로 두껍게 성토하였다. 상부의 성토재 및 성토 기법과 다른 것은 봉분을 이루는 토층 중에서 이 층만의 특징이다.

이상 세 가지 사례에서 보듯 상부 하중이 뚜껑돌과 석곽에 직접 미치는 것을 분산시켜 감소시키는 완충재로서 풍화암반편이 많이 들어 있는 사질토를 성토한 경우는 매장주체시설이 수혈식석곽인 고총고분에 다수 있을 것으로 예상된다.

(6) 작업로와 구획

연산동 M3호분 봉분 조성 기술의 최대 특징은 장축인 남북 방향으로 두 군데에 작업로를 만들어 자연스럽게 봉분을 3등분 구획한 점이다. 작업로는 남쪽과 북쪽에서 봉분의 남북 장축과 직교하는 것이 확인되었다. 각 구획된 부위는 성토재의 물성과 색상에서 차이가 있지만, 동시 병행해서 단계별로 성토되었다.

남쪽 구획과 작업로는 주곽의 남쪽에서 3·4번째 개석이 놓인 지점에 해당되고, 북쪽 구획과 작업로는 부곽의 남쪽 첫 번째 개석이 놓인 지점에 해당된다. 구획의 규모는 부곽이 있는 북쪽이 길고, 남쪽이 그다음이고, 중앙부가 가장 짧다. 이는 부곽보다 주인공이 매장된 주곽의 안정에 더 중점을 둔 봉분 조성이었음을 나타낸다.

작업로를 설정한 이후의 성토는 현재 잔존 높이와 부위에 따라 성토 단계에 차이가 있지만, 봉분이 가장 양호하고 높은 중앙부에서는 최대 8단계가 확인되었다. 각 단계의 성토층 두께는 일정하지 않고 차이가 있다.

〈그림 4-74〉 구획과 작업로(부산 연산동 M3호분)

〈그림 4-75〉 구획(창녕 교동과 송현동고분군 1군 7호분)

〈그림 4-76〉 구획(의성 대리리 3호분)

중앙과 북쪽 구역은 점질의 얇은 덩어리가 주 성토재로 사용되고, 국부적으로 자갈이나 돌을 넣거나 사질토가 간층으로 배치되었다. 남쪽 구역은 작업로를 메운 성토재로 점질토가 사용되었고, 대부분은 황색의 사질토 또는 점질이 있는 사질토가 성토되었다. 작업로의 좌우면은 일직선으로 수직이지 않고 요철이 있고, 폭이 일정하지 않고 넓고 좁음이 있다. 이는 작업로의 좌우에 칸막이를 설치하지 않고 성토하였음을 나타낸다.

봉토를 쌓아 봉분을 조성할 때 일정 부분씩 구역을 나누어서 성토한 방식을 분할성토 또는 구획성토라고 한다. 분할이란 일정 부분으로 나눈다는 의미로서 위아래의 분할이 일치하지 않을 수도 있지만, 구획은 당초부터 설계도 같은 것에 근거해서 구획된 부분을 완성한다는 의미로서 차이가 있다. 이 의미에서 본다면, 분할성토는 정확한 구획 없이 면적과 작업 공정을 고려하여 임의적으로 성토하기 때문에 좌우와 위아래 흙의 겹침이 일정하지 않을 수 있다. 구획성토란 봉분을 여러 단위로 구획하여 구획된 매 구간 성토 부위의 좌우가 구분되는 특징이 있으므로 구분해서 사용해야 한다. 그러나 최근에는 분할성토보다 구획성토란 용어가 일반적으로 사용되고 있다.

봉분 조성 과정에서 구획성토의 양상을 잘 보여주는 것이 의성 대리 2호분이다.[82] 이 고분에서는 모두 11개소에서 석열이 확인되었는데 석열의 설치 위치와 지점은 동일하지 않다. 이는 석열의 설치 시점에 차이가 있어서, 모든 석열이 동시에 설치되지는 않았음을 의미한다. 이렇듯 봉분을 구획해서 성토하는 방식은 규모가 큰 봉분을 효율적이고 견고하게 조성하기 위한 기술이다.

(7) 침전수 배출 시설

창녕 교동 7호분의 봉분 조사에서는 내부의 침전수를 배출하는 시설이 확인되었다. 지형이 높은 서쪽의 봉토 공정 I단계에서 석열이 정연하게 열을 이루면서 봉분 중앙까지 이어지는데, 방사상으로 배열되어 있었다. 조사자는 봉분 내로 유입된 물이 매장주체부로 흘러들어가지 않고 외부로 배수되도록 한 일종의 암거 시설로 보았다.[83] 비교적 큰 돌을 사용하여 석열 사이에 공극이 만들어져 있고, 봉분 중앙이 높고 외연으로 오면서 아래로 경사져 있을 뿐만 아니라, 지형이 높은 서쪽에 집중해 있고 낮은 동쪽에는 확인되지 않는 점 등을 고려하면 그럴 가능성은 매우 크다. 봉분에 스며든 침전수를 외부로 배출하는 것은 침전수에 의한 세굴로 봉분의 균열과 침하, 누수 현상을 막기 위함이다.

교동 7호분에서 확인된 암거 시설과 유사한 사례는 창녕 계남리 북5호분과 계남리 1호분, 대구 화원 성산 1호분, 성주 성산동 58호분 등을 들 수 있다. 화원 성산 1호분은 봉분 기초부를 성토한 위에 회갈색 점질토와 암반편 및 천석 등을 섞어서 석열을 설치하였는데, 주곽 중앙에서 외측으로 방사상으로 모두 11개의 석열이 배치되었다. 석열은 봉분 중앙에서 외연으로 가면서 경사졌고, 석열의 두께와 길이 등은 보고되지 않았지만 높이는 20~30㎝ 내외로 높지 않았을 것으로 추정된다.

성주 성산동 58호분의 석열은 바로 아래의 성토층에 잡석을 포함시켜 공극을 크게 하였다. 이는 봉분 내부에서 발생한 물을 여과시켜 바깥으로 배출시키기 위한 암거 시설

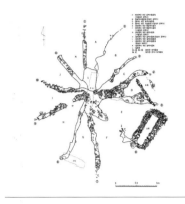

〈그림 4-77〉 암거 시설 가능성이 있는 석열(대구 화원 성산1호분)

로 파악된다. 이렇듯 석열이 확인된다고 하여 모두 구획성토와 관련된 것으로 볼 수는 없고, 봉분 성토 하부에 설치된 석열은 내부의 물을 바깥으로 배출하는 암거시설로 보는 것이 타당할 것이다.

남북국시대의 고분

1. 통일신라 고분의 구조와 변천

1) 왕릉과 지방 고분

통일신라시대의 묘제는 횡혈식석실묘·횡구식석실묘·수혈식석곽묘·토광묘·화장묘 등 다양하다. 규모가 작은 고분은 지하에 매장주체시설을 설치하고 상부에 간단하게 성토를 하여 봉분을 조성하였지만, 오랜 세월이 지나면서 봉토가 유실되어 봉분이 남아 있지 않은 경우가 대부분이거나 지상에 아예 봉분을 조성하지 않은 것도 있다. 규모가 큰 횡혈식석실묘와 횡구식석실묘는 지상에 매장주체시설을 구축하고, 이 매장주체시설을 보호하고 시각적 효과를 높이기 위하여 봉토를 쌓았다. 특히 왕경 주위의 산록에 위치한 왕릉으로 불리는 무덤과 귀족묘, 지방 지배층의 고분 조영에는 자연지형의 삭평, 평탄 작업 등 각종 토목공사가 전개되었다.

통일신라 왕릉 중 감포의 대왕암을 제외하면, 피장자의 신분이 확인된 왕릉은 서악동의 무열왕릉 1기가 유일하다. 현재 왕릉으로 비정되어 있

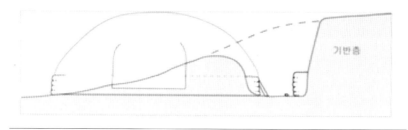

〈그림 4-78〉 경주 신당리 1호분 묘역 조성 모식도 (계림문화재연구원)

는 사례 중 경주시 안강읍 육통리에 소재한 흥덕왕릉만 왕릉명과 피장자
가 동일할 가능성이 있고, 그 외의 왕릉은 주인공을 알 수 없는 이른바
전칭(傳稱) 왕릉으로 보아야 한다. 즉, 어떤 왕의 무덤이라고 전해지지만
실상은 그렇지 않을 경우가 대부분이란 논리이다. 통일신라 왕릉 중에는
당대에 수즙되거나 후대에 보수 정비가 이루어져서 원상을 간직하지 않
은 경우가 있기 때문에, 현재의 형태를 근거로 왕릉을 비정하는 시도가
별로 의미 없는 작업일 수도 있다.

통일신라 왕릉의 최대 특징은 반구형의 봉분 및 이를 감싼 병풍석[호
석], 지대석과 난간석의 시설이다. 여기에 당의 능묘제도를 참고하여 돌로
만든 사자[석사자]와 인물[석인], 기둥[석주] 등의 석물을 펼쳐놓았다. 전
성덕왕릉과 전 원성왕릉(괘릉)은 봉분 앞에 석물들이 배치되어 있으며 흥
덕왕릉에는 석사자가 봉분의 4방향에 배치되어 무덤을 수호하고 있다.[84]
병풍석과 난간석, 석인과 석수, 석주 등 새로이 추가된 요소는 이후 고려
와 조선시대의 왕릉으로 계승되었다.

왕릉의 주인공을 정확히 비정하기는 어렵지만, 고분의 조영 방식, 묘역
정지와 봉분 조성 방식과 기술을 통해 왕릉 급인지의 여부 정도는 판별
할 수 있다. 전 헌강왕릉, 신당리 1호분, 황성동고분, 용강동고분 등이 여
기에 해당된다.

신라 왕경에는 6세기 전반까지 크고 작은 적석목곽분이 경주 분지의 평지에 집중적으로 조영되었다. 적석목곽분은 매장주체시설이 지상에 조영되었고, 목곽 사방과 상부에 적석이 이루어졌는데, 봉분의 규모가 직경 70~80m, 높이 20m에 이르는 초대형 적석목곽분과 대·소형 적석목곽분의 조영에는 엄청난 양의 흙이 소모되었다. 경주는 남쪽과 북쪽, 서쪽 모두 하천이 흐르고 있어 강 건너로부터 흙을 채취하여 운반해 오기는 어려웠을 것이다. 거리도 가깝고, 하천을 건너지 않고도 토취가 가능한 대상지는 낭산이다. 따라서 낭산의 북서쪽 자락이 적석목곽분의 봉분을 조성한 흙의 공급원이었을 것으로 추정되며 이 흙을 운반하기 위한 도로망의 준비와 각종 운반 도구의 마련이 진행되었을 것이다.

그런데 통일신라시기에 접어들면서 왕릉과 귀족묘가 왕경 주위의 산록으로 이동하는 현상이 본격화되고, 수십 기의 고분이 군을 이루던 종전 방식에서 1기 내지 3~5기가 구릉 능선에 일렬로 배치되는 형태로 변화한다. 이때 지면을 삭평하고 성토하여 묘역을 조성하는 등 지형의 변경을 수반한 토목공사가 실시되었다.

7세기 말부터는 누구의 왕릉이라고 알려진 무덤이 1곳에 1기씩 독립해 입지하면서 넓은 묘역이 조성되었다. 대표적인 예가 경주시 배반동에 위치한 전 신문왕릉이다. 전 신문왕릉의 묘역은 현재 35,283m^2로서 매우 넓다. 묘역 전체가 전 신문왕릉 조영 당시의 모습 그대로라고 확신하기 어렵지만, 왕릉이 위치한 곳이 낭산의 남서쪽 구릉 말단부로서 현재의 평탄면을 조성하기 위해 상당히 넓은 면적에 대한 삭평과 성토 공사가 실시되었음은 분명하다. 무덤 자체의 규모는 축소되지만 묘역이 넓어지는 것이 이전 신라 고분과의 차이점이다. 통일신라의 전칭 왕릉은 봉분 앞쪽에 석상·석인·석수·묘비 등을 배치하여 묘역을 장엄하게 장식하는 경우가 많은데 이 경우 더욱 넓은 공간이 필요하였다. 자연히 고분 자체에 대한

토목적인 배려 못지않게 묘역의 조
경적인 측면이 강조되기 시작하였
다. 전 신문왕릉과 유사한 입지와
형태를 보이는 사례로는 전 효소왕
릉·전 신덕왕릉·흥덕왕릉·전 경덕
왕릉 등이 있다.

왕릉은 아니지만 경주 신당리 1
호분을 통해 통일신라시대 대형 고
분의 조영 방식을 파악할 수 있다.

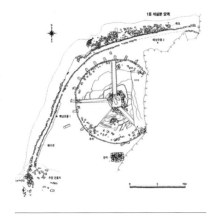

〈그림 4-79〉 경주 신당리 1호분

이 고분은 야산의 북쪽 구릉 사면을 'L'자 형태로 삭평하면서 생토층을
평면 원형으로 깎아 봉분의 하부를 만들고, 지면이 낮은 남쪽은 성토하
여 평탄면을 조성하였다. 북쪽의 법면은 수직이 아니라 경사지고, 석축을
하여 법면이 유실되는 것을 방지하였고, 석축 앞쪽 바닥면에는 석축열을
따라 동서 방향으로 배수구를 설치하여 우수가 봉분에 영향을 미치지
않고 좌우로 배출되도록 하였다. 생토를 깎으면서 나온 흙으로 봉토를 올
리고, 그 아래의 중앙부를 'ㄷ'형으로 굴착하여 묘광을 만들고 내부에 매
장주체시설을 마련하였다. 신당리 1호분처럼 지형을 삭평하고 성토를 한
예로는 전 민애왕릉, 남산 동편에 위치한 전 헌강왕릉·전 정강왕릉 등이
있다.

드물지만 평지의 삼국시대 능원 구역과 그 주변에 조영한 통일신라 고
분도 확인된다. 노동동의 쌍상총과 마총, 황성동 906-5번지 석실분과 용
강동고분 등이 대표적이다. 쌍상총과 마총은 석실 내부만 조사되어 지
형 개변의 양상은 확인되지 않았지만, 인접한 곳에 조영된 금관총의 발
굴 조사 결과를 참고하면, 대지 조성을 위해 오염된 구 지표면 제거 정도
의 토목공사는 이루어졌을 것으로 추정된다. 경주 외곽의 평지에 위치한

황성동 906-5번지 석실과 용강동고분에서도 오염된 연약 지표면을 제거하는 수준의 대지 조성 공사는 이루어졌지만 산록을 본격적으로 개변한 전칭 왕릉과는 차이가 있다.

7세기 후반부터 8세기 전반의 지방 고분은 구릉 경사면 중에 돌출부를 선정하여 조성되었고, 수 기 또는 수십여 기가 군을 이루어 분포한다. 구릉 경사면의 돌출부를 이용하였기 때문에 대대적인 지형의 변경을 수반할 정도의 토목공사는 이루어지지 않았고, 부식된 표토를 제거하고 봉분 후면부에 주구를 굴착하는 정도의 토목 행위가 이루어졌다. 김해 유하리 전칭 왕릉과 합천 옥전 28호분, 저포 E지구 25호분 등이 여기에 해당한다.

8세기 후반 이후가 되면, 수십 기 이상의 고분이 군을 이루는 사례도 있지만, 구릉 말단부에 1기 내지 2~3기만 배치한 사례도 증가한다. 영동 가곡리고분은 구릉 말단부의 저평한 지대에 단 1기만 위치하는데, 봉분과 석실만 조사되어 대지 조성 공사의 유무는 확인되지 않았다. 안동 안막동고분도 이와 유사한 사례이다.

2) 고분 구축과 토목기술

통일신라시대의 다양한 묘제 가운데서 지금까지 봉분이 남아 있는 예들은 왕경 주위의 산록과 지방 각지에 조영된 규모가 큰 횡혈식석실묘와 횡구식석실묘들이다. 통일신라시대의 봉분 평면 형태는 경주 구정동 방형분을 제외하면 대부분 원형이다. 봉분을 조성한 공법은 입지 조건에 따라 차이가 나타난다. 구릉 사면을 'ㄴ'자 모양으로 조성하고 낮은 곳은 성토하여 평탄면을 조성한 대지나 평탄 지형에 조성된 고분과, 구릉 사면에 조성된 고분의 봉분 조성 방법에는 차이가 있다.

통일 이전 신라 횡혈식석실묘에서는 석실을 만드는 공정과 봉토를 올리는 공정이 동시에 진행되었다. 그리고 봉분의 심부를 조성한 후, 심부를 수차례 감싸는 성토를 통해 봉분의 직경을 확대하고 높이를 높여 완성하였다. 이 공법은 통일 이후에도 계승되었다. 8세기 후반 이후 횡혈식석실과 횡구식석실의 높이가 높아짐에 따라 봉분의 높이도 높아졌지만 기저부 직경은 상대적으로 넓어지지 않아서, 봉분의 법면 경사도가 훨씬 증가하여 40° 내외에 달한다. 봉분의 법면 경사도가 증가함에 따라 봉분을 조성하는 토목기술도 함께 발전하였다. 8세기 중엽에 축조된 경주 신당리 산7번지 1호분은 경사가 있는 구릉을 절토하면서 생토면에 봉분 기저부를 조성하고 그 위에 성토하였다. 생토로 된 봉분 기저부는 성토 봉분의 최대 직경보다 짧게 하고, 외측에 일정한 간격으로 'Ω'자 형태로 홈을 파고 그 홈에 점질토를 넣어 토심을 만들었다. 이 토심은 생토와 성토층이 쉽게 분리되지 않도록 고정해주는 역할을 하도록 한다.

2. 발해 고분의 구조와 변천

1) 정의와 분포 양상

발해 고분이란 발해라는 국가가 존재한 시기에 발해 영토 내에서 축조된 무덤이다. 발해 국가의 존속 연대를 고려하면 698년에서 926년까지 축조된 무덤, 발해 영토를 고려하면 중국 동북 지방의 대부분과 한반도 북부, 그리고 연해주 일대에 존재하는 무덤이 그 대상이 된다. 발해 고분의 경우에는 시간과 공간 이외에 종족성이란 변수가 추가된다. 발해 국가를 구성한 주민이 고구려계 유민과 말갈족이란 사실은 널리 알려진 사실이다. 이러한 종족적인 차이로 인해 묘제에서도 두 집단은 서로 다른 구조의 무덤을 사용했던 것으로 설명되고 있다.

발해에서는 크게 보아 석실묘 계통과 목곽묘 계통의 무덤이 장기간 공존하는데 전자는 고구려 묘제의 계승, 후자는 말갈족 묘제의 계승으로 이해된다. 물론 발해인의 종족적 구성이 이렇게 간단히 양분되는 것이 아니어서 지나치게 단순화된 도식이기는 하지만 대세를 반영한다고 판단된다. 말갈족의 목곽묘는 기본적으로 한반도의 삼한 지역 목곽묘나 부여의 묘제와 유사하다. 고구려계 석실묘는 횡혈식석실묘의 범주에 포함되므로 고구려의 토목기술과 별 차이가 없다. 다만 발해 사회에서 새롭게 등장한 묘제에 대한 이해가 필요하다. 그것은 고구려와 당의 영향이 공존하는 전실묘이다. 따라서 이 글에서는 묘제별로 대표적인 유적을 들어가며 살펴보고자 한다.

발해 유적에 대한 고고학적 조사가 시작된 것은 일제강점기부터이다. 하지만 고분에 대한 본격적인 조사는 2차 대전 종전 이후 중국 학자들에 의해 이루어졌다. 1949년 지린성 둔화(敦化) 육정산고분군에서 정혜공주묘가 발굴된 것이 발해 고분 연구의 본격적인 출발이라고 할 수 있다. 특히 묘비가 출토되어 발해 고분의 편년, 피장자의 위계 등을 파악하는 데 결정적인 정보를 제공하였다. 당시 조사에서는 정혜공주묘를 포함하여 총 7기의 고분이 조사되었고 이후에도 조사가 이어지면서 발해 고분 연구의 기초가 완성되었다.

1950년대와 1960년대에 걸쳐 영안현 대주둔, 두도하자, 임구현 북참진, 사하자, 해림 북참둔, 합달둔, 산저자 등지에서 발해 고분이 조사되었다. 1970년대에는 화룡현 팔가자 하남둔과 북대고분군에서 중요한 조사가 진행되었다. 1980년 화룡현 용두산고분군의 조사 과정에서 정혜공주의 동생인 정효공주의 무덤이 발굴되었다. 묘비가 발견되어 피장자의 신분을 분명히 할 수 있었을 뿐만 아니라 인물을 그린 벽화의 존재, 무덤 위에 세워진 탑 등 발해 고분문화를 이해하는 데에 필요한 중요한 정보가 많이 확보되었다. 1982년에도 용두산고분군이 조사되면서 이 고분군은 각각 석국구역, 용해구역, 용호구역 등 3개의 지군으로 구성되었음을 명확히 할 수 있었다.

1982~1984년에는 목단강시 화림 석구장에서, 1984년에는 해림 합달만에서 발해고분의 조사가 이루어졌다. 1980년대 말부터 1990년대 중반에 걸쳐 진행된 흑룡강성 상경 삼릉둔고분군의 발굴은 왕릉 급으로서 정혜공주묘, 정효공주묘 발굴에 버금갈 정도의 중요한 조사였다.

한편 러시아 연해주 일대에서도 발해 고분이 발견되었다. 한국과 러시아 양국에 의해 공동으로 발굴 조사된 크라스키노 고분군은 바닷가의 동서방향으로 200여 기가 세 구역으로 나누어져 있는 대규모 고분군이다. 그 구조는 지상에 봉토가 있고 지하에 묘실을 만든 것이다. 이 외에 체르냐치노고분군이 한국 발굴단에 의해 발굴 조사 되었는데 대개 소형분이 주를 이루고 있다.

발해의 남경남해부와 관련되어 함경북도 청진시 일대에서 많은 발해 고분이 발견되었다. 청진시 부거리 연차골고분군이 발굴 조사되었으며, 화대군, 회령시, 북청군, 신포군, 흥원군, 이원군, 길주군 등지에도 분포한다.

2) 횡혈식 무덤의 구조와 특징

다양한 발해의 묘제 중에서 횡혈식 묘제에 한정하여 살펴보고자 한다. 중경현덕부에 해당되는 지린성(吉林省) 허룽시(和龍市) 일원의 룽먼향(龍門鄕) 창런촌(長仁村)의 장인고분군, 시청향(西城鄕) 장샹촌(獐項村)의 장항고분군, 룽수이향(龍水鄉) 룽하이촌(龍海村) 서산(西山)의 용두산고분군에서는 많은 수의 횡혈식석실묘가 발굴 조사되었다. 최초의 도성인 구국(舊國)이 소재한 둔화시에서는 육정산고분군, 상경용천부가 위치하던 헤이룽장성(黑龍江省) 닝안시(寧安市)

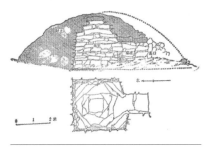

<그림 4-80> 장인고분군의 횡혈식석실 구조

에서는 산링향(三陵鄉)의 삼릉둔(삼령둔[三靈屯] 고분군으로도 불림), 홍준어장고분군이 대표적인 고분군이다.

장인고분군에서 발견된 23기는 모두 횡혈식석실에 봉토를 씌운 석실봉토묘이다. 납작한 할석을 눕혀 쌓아 벽석을 올리고 대형 판석으로 모를 줄여 천장을 만든 방식이 전형적인 고구려의 석실과 상통한다. 인접한 지역의 장항고분군도 유사한 구조이다.

용두산고분군은 용해(龍海)·용호(龍湖)·석국(石國) 고분군으로 이루어져 있다. 중심은 용해고분군에서 1980년에 정효공주묘가 발견되었고, 2004년에는 발해 3대 문왕의 비인 효의황후, 9대 간왕의 비인 순목황후의 무덤이 발견되었다.

정효공주는 발해의 3대왕인 문왕의 넷째 딸로서, 757년에 태어나 792년 6월에 36세로 사망하였다. 무덤의 구조는 횡혈식인데 재료는 주로 벽돌을, 일부 판석을 섞어서 쌓았다. 묘도(墓道)·묘문(墓門)·선도(羨道)·현실(玄室)·탑(塔)의 다섯 부분으로 구성되어 있다. 벽돌을 쌓아 막아놓은 묘문을 지나면 현실에 이르는데, 그 중간에 돌문과 나무문을 설치하였고 안쪽에는 묘지가 세워져 있었다.

현실은 남북 길이 3.1m, 동서 너비 2.1m, 높이 1.9m이다. 가운데에 벽돌을 쌓아 남북 길이 2.4m, 동서 너비 1.45m, 높이 약 0.4m의 널받침[棺

〈그림 4-81〉 발해 정효공주묘

臺]을 만들었다. 천장은 장방형(長方形) 벽돌과 장대석을 이용하여 여러 단의 평행고임을 한 뒤에 큰 판석을 동서로 몇 개 덮어 만들었다. 현실의 동·서·북쪽 벽과 널길의 동·서쪽 벽에 인물화가 그려져 있다.

무덤 상부에 전돌로 평면 방형(方形)의 탑을 쌓는 탑장(塔葬)의 형태를 취하고 있다. 탑은 이미 무너져 남북 길이 5.65m, 동서 너비 5.5m인 기초만 남아 있다. 탑장을 한 탑묘는 당, 서하와 위구르에서도 보인다. 수천 장의 전돌로 구성된 탑의 무게가 수직 방향의 하중으로 고스란히 현실로 전달됨에도 불구하고 현실이 붕괴 없이 유지된 비결을 분명히 알 수는 없으나 하중의 적절한 분담에 있었을 것이다.

지린성 둔화시 육정산(六頂山) 고분군은 대규모 고분군으로서 제1고분군과 제2고분군으로 나뉜다. 제1고분군의 중·남부에는 정혜공주(貞惠公主) 무덤을 비롯한 대형 석실묘가, 그 북부에는 작은 무덤들이 자리잡고 있다. 이보다 동쪽에 해당되는 있는 제2고분군에서는 석실묘 27기, 석관묘 1기, 토광묘 4기가 발굴 조사되었다. 대형 석실묘는 현실 앞에 선도와 묘도가 딸리고 봉토가 조성되어 있으며, 봉토 위에서 기와도 발견되었다. 정혜공주는 발해 3대왕인 문왕(文王)의 둘째 딸로서 737년에 태어나 777년 4월에 40세를 일기로 사망하였다. 정혜공주묘는 제1고분군의 중앙에 위치하는 대형 묘이다. 현실의 남쪽에 연도와 묘도가 딸려 있다. 현실은 방형이며 현무암을 쌓아 만들었는데, 전체 높이는 2.68m이고 묘벽 높이

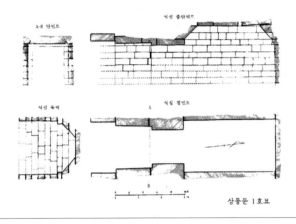

<그림 4-82> 삼릉둔 1호묘

는 1.68m이다. 천장은 고구려 무덤에서 특징적인 말각조정천장(抹角藻井天障)을 하였는데, 1~2단의 평행고임을 한 뒤에 2단 정도의 삼각고임을 하고 마지막으로 판돌을 덮었다. 지상에는 1.5m 높이의 원형 봉토를 하였다. 정효공주묘와 정혜공주묘는 당의 영향을 받은 전실묘와 고구려식의 석실묘가 발해 왕실에서 공존하였음을 상징적으로 보여준다.

상경용천부가 소재하는 헤이룽장성 닝안시의 산링향 산싱촌(三星村)에는 삼릉둔, 혹은 삼령둔(三靈屯) 고분군이라 불리는 왕릉군이 있다. 고분군을 평면 'ㅂ'자형으로 감싼 한 변 길이 450m 정도의 흙벽은 능역을 표현하고 있다. 2호묘와 3호묘는 1호묘에서 각각 30m쯤 거리를 두고 북동쪽과 북서쪽에 위치하여 서로 삼각형을 이룬다. 1호묘는 남향한 반지하식으로서 현실, 3단 연도, 묘도로 구성되어 있다. 현무암을 정교하게 가공하여 서로 맞물리면서 남북으로 긴 장방형의 현실을 쌓았는데, 벽에는 회칠한 흔적이 있다. 현실은 길이 3.9m, 너비 2.1m, 높이 2.4m이며 단면은 육각형이다. 연도의 평면은 방형으로서 평천장을 취하고 있다. 봉토위에 주춧돌이 동서로 길게 줄지어 각각 4개씩 있고, 주변에 기와편들이 널려 있어서 탑묘였을 가능성이 높다. 고구려식의 횡혈식석실묘에 당의 영향에 의한 탑이 부가된 셈이다.

<그림 4-83> 홍준어장고분군의 석실묘 구조

2호묘는 남향한 지하식이며, 역시 현실, 연도, 묘도로 구성되었다. 현실은 현무암으로 7층 정도를 쌓았고, 규모가 3.9×3.3×2.45m이다. 현실 천장은 3층의 말각천장(抹角天障)이고, 연도는 평행고임천장이다. 현실과 천장에 벽화를 그렸다.

닝안시 보하이진(渤海鎭) 홍준어장(虹鱒魚場)고분군은 2개의 나지막한 모래언덕에 소재하는데, 총 323기의 고분이 발굴 조사되었다. 대부분 횡혈식석실이며 위에 나지막한 봉토를 올린 형태이다. 할석으로 벽석을 쌓았는데 외곽으로도 할석이 이어진다. 그 결과 현실에 인접한 부분은 적석부, 외곽으로 가면서 성토부가 나타나서 적석부와 성토부가 함께 봉분을 이루는 방식을 취하고 있다. 이러한 특이한 구조는 현실이 지상에 있으면서 장대한 돌이 아닌 작은 할석으로 현실을 구축하는 과정에서 선택한 공법으로 추정된다.

이외에 닝안시 보하이진(발해진)의 대주둔(大朱屯)고분군은 석실묘와 석곽묘로 구성되어 있으며, 무딴지앙시(牧丹江市) 화린진(樺林鎭) 석장구(石場溝)고분군과 하이린시(海林市) 차이허진(柴河鎭) 양초구(羊草溝)고분군에서도 석실묘가 발굴 조사되었다.

전체적으로 발해 고분이 고구려 등 삼국시대에 비해 그 규모가 축소되었음은 분명한 사실이다. 왕릉 급을 제외하면 석실묘는 그 규모가 작았기 때문에 고구려 고분을 축조한 경험이 있는 기술자들에게는 어려운 일이 아니었을 것이다. 왕릉 급이라고 하더라도 전실이나 석실의 구조에서,

봉토의 토압을 고려하면 그 크기는 제한적일 수밖에 없다.

한편 전실묘의 경우는 전돌의 생산과 수급, 석실묘와는 다른 전돌 쌓기 등에서 전혀 새로운 고분 축조기술을 필요로 하였을 것이다. 전실묘나 석실묘의 상부에 탑을 세우는 탑묘의 경우는 전돌을 이용한 탑의 축조라는 건축적인 과제와 함께, 탑의 하중으로 인한 왕릉 붕괴의 방지라는 과제를 해결하

〈그림 4-84〉 대주둔고분군의 현실 내부

는 것이 관건이었다. 만약 봉토가 현실 내부로의 함몰로 인하여 일부라도 붕괴될 경우에는 탑 기초부의 부등침하로 탑이 붕괴되었을 것이다. 이런 점에서 탑이 대부분 남아 있지 않은 이유를 이해할 수 있다.

고려의 왕릉

1. 묘제의 변천 과정

고려 왕조 의례의 근간을 이루는 오례는 길례, 흉례, 군례, 빈례, 가례의 순서였다. 죽음과 관련된 흉례는 두 번째에 배치되어 있어서 중국의 당 (唐), 후대의 조선이 흉례를 가장 뒤에 배치한 점과 다르다. 다만 국가의 흉례, 즉 국휼에 관한 의식은 따로 제정되지 않았는데 이는 명 이전의 중국도 동일하다.[85] 그 이유는 죽음에 관한 의례를 꺼렸기 때문일 수도 있고, 왕릉의 내역이 상세히 공개됨으로 인한 도굴의 위험성을 줄이려는 실제적인 이유도 있었을 것이다. 고려의 국상은 유교적인 측면과 불교적인 측면이 공존하였다. 따라서 왕실에서는 유교적 예법에 따라 왕릉을 조성하고, 종묘에 신주를 봉안하였으나, 민간에서는 불교의 영향으로 화장하는 경우도 많았다.[86]

고려의 묘제는 석실묘, 석곽묘, 목곽묘, 화장묘 등으로 다양한데 석실묘는 개경과 강화에만 존재하며 최고 위계, 즉 왕릉으로 알려져 있다. 태조 왕건부터 공양왕에 이르기까지 36명의 왕이 재위하였으며 『고려사』에는 87기의 능호가 기록되어 있으나 현재까지 확인된 왕릉은 58기 정도이며 피장자가 비정된 무덤은 31기이다.[87] 초기에는 대부분의 왕릉이 개경 주위[88]의 산록에 분포하며 그 위치를 고증할 수 있으나, 무신란 이후 왕권이 쇠약해지면서 위치를 알 수 없게 되는 경우가 생겼다. 강화로 천도한 이후에는 왕릉이 강화에 조영되었다가 원간섭기에는 다시 개경에 조영된다.

귀족의 무덤 중에는 왕족의 석실과 유사한 구조의 석곽을 갖춘 경우가 있는데 판석으로 벽을 이룬 점이 다르다. 그중 파주 서곡리와 밀양 고법리고분, 거창 둔마리고분은 화려한 벽화의 존재로 잘 알려져 있다. 이러한 무덤 내부에는 칠관이나 석관을 안치하였으며, 봉분 전면에 석등과 비석을 세운 경우도 있다. 이보다 신분이 낮은 사람의 무덤은 토광을 파서 목관을 안치하고 도기나 자기 몇 점을 부장하는 간단한 구조의 무덤에 매장되었다.

고려 왕릉의 조사는 일제강점기부터 시작되었고, 남북 분단 이후에는 북한 연구자들에 의해 이루어졌다. 대부분 훼손이 심하고, 조선시대에 고려 왕릉의 수즙이 이루어지면서 조영 당시의 원상을 잃은 경우가 많다. 그동안의 조사가 왕릉의 내부 시설인 석실 조사에만 치중하고 정밀도도 떨어지기 때문에 묘역 조성 방법과 사용 도구, 봉분에 사용된 흙과 성토방식 등 토목기술을 파악할 수 있는 정보는 거의 없다. 게다가 후대에 봉분이 훼손되어 거의 남아 있지 않은 예가 대부분이다. 비교적 원형을 잘 간직한 것은 개성에 소재한 현릉(태조), 소릉(원종)이어서 이를 통하여 구조를 살펴볼 수 있다.

고려 왕릉은 야산의 남사면에 남향한 상태로 조영되었는데 철저하게 풍수에 의지하여 명당에 입지하였다. 대체로 능역은 동서 18m, 남북

36m 정도의 장방형 평면을 이루고, 그 내부에 3~4개의 계단식 단을 설치했다. 최상단에는 12지상을 조각한 호석을 두른 봉분, 그리고 봉분을 둘러싼 난간, 좌우에 석수, 능 앞쪽 정면에 석상, 좌우에 망주석을 배치하고, 2·3단에는 문인석·무인석과 장명등을, 최하단에는 정자각을 세웠으며 비석을 세웠던 귀부의 존재로 인하여 능비도 세웠음을 알 수 있다.[89]

전체적으로 고려 왕릉은 통일신라의 왕릉을 답습하지만 봉분 규모가 상당히 축소된 대신 묘역을 장엄하게 장식하는 변화가 일어났다. 통일신라 왕릉에서는 볼 수 없었던 장명등, 망주석, 정자각이 새로 부가된 점이 대표적이다.

봉분의 평면 형태는 대부분 원형인데, 높이는 3~5m 정도, 직경은 6~9m 정도이다. 매장주체부, 즉 현실은 남쪽에 입구가 있는 석실이 대부분이다. 통일신라 이전의 석실과 다른 점은 연도가 소멸된 점이며, 엄밀한 의미의 횡혈식석실이라 말할 수는 없다. 그렇다고 횡구식석곽이라 하기에는 입구부가 지나치게 크기 때문에 적절한 용어가 아니다. 따라서 "연도가 소멸된 횡혈식 석실" 정도로 정의하는 것이 좋다. 석실의 규모는 대개 길이 10척, 너비 9척, 높이 7~8척이며 네 벽에는 회를 바른 후 사신도를, 천장석 내면에는 별자리를 그린 경우가 일반적이다.[90] 공민왕의 현릉에서는 머리에 십이지신상이 그려진 관을 쓰고 조복을 입고 홀을 든 문인 12명을 동서북 벽에 표현하였다.[91]

왕릉을 조영하기 위해 기초 작업으로서 자연 능선을 굴착하고 성토하여 평평한 계단식 대지를 만들었는데, 앞쪽에는 할석으로 석축을 만들었다. 최상단에 봉분을 만들기 위해 구릉을 수직으로 파서 직경 14~15m 정도의 평탄 대지를 조성하였다. 이때 지면 굴착과 성토의 토목공사가 이루어진다.

묘광의 바닥에는 전돌을 깔고 그 위에 자리를 깔고 목관을 안치한다.

목관이 안치될 지점에는 석제 관받침이 설치되는데 그 재료는 정다듬한 막대형 석재, 할석 등 다양하다. 관의 좌우에는 명기, 청자류, 의복 등을 부장하고 문을 닫고 밀폐하였다. 봉분과 석상의 사이에 묘주를 밝히는 지석을 밀봉하고 매립하였다.

고려 왕릉은 삼국시대의 고총과는 비교할 수 없을 정도로 봉토의 규모가 축소되었기 때문에 매장주체부인 석실이 받는 하중은 축소되었다. 벽을 수직으로 세웠지만 하중으로 인해 벽이 붕괴된 경우는 드물다. 천장석을 이루며 수적(數的)으로 정형화된 대형의 판석 3매는 가공의 정도나 강도가 뛰어나서 봉토와 난간석의 하중을 지탱하기에 충분하였다. 봉토의 높이와 각도 역시 천장석의 한쪽으로 하중이 몰리는 것을 방지하도록 설계되었을 것이다. 그렇지 않다면 천장석이 붕괴되어 봉토와 난간석이 현실 내부로 함몰되는 양상은 찾아보기 어려운 현상을 설명하기 어렵다. 이 점에서 천장의 붕괴로 봉토가 내부로 심하게 함몰된 삼국시대 석실묘에 비해 매장주체부의 보존이란 측면에서는 진일보한 것으로 평가할 수 있다.

2. 주요 왕릉의 구조

흔히 왕건릉이라고 불리는 태조 현릉(顯陵)은 태조가 사망한 943년에 만들어졌는데 태조와 신혜왕후 류씨가 합장되어 있다. 전란에 임하여 몇 차례 이장(천장)을 거듭하였으며 조선시대에 들어와서는 영조대에 석물과 정자각을 수리하였다. 이후에도 여러 번 보수하면서 원형이 변하였고, 1994년의 대대적인 보수 작업을 거쳐 현재에 이르렀다. 구조적으로는 통

〈그림 4-85〉 태조 현릉 (장경희, 2013)

일신라 왕릉을 계승하였는데, 봉토는 직경 12.8m, 높이 4.4m로서 다른 왕릉들의 규모가 대부분이 직경 8~12m, 높이 3~4m 정도임에 비하면 대형이다. 지하에 돌로 현실을 마련하고 그 위에 봉토를 올렸다. 봉토의 축조 방식은 현실의 천장석 위에 점질토를 발라 밀봉한 후 점성이 있는 점질토를 성토하여 다짐하고, 그 위에 다시 사질토와 점질토를 성토하는 방식이다.

봉토 주변에는 호석(병풍석), 지대석, 난간석을 둘렀는데 병풍석과 난간석의 면수를 12로 일치시키고, 병풍석에는 12지를 정교하게 가공하였으며 그 높이는 1m 내외이다. 통일신라의 난간석의 면수가 통일되지 않는 점에 비하면 정형화를 꾀하였음을 알 수 있다. 봉토 주위에는 석사자 4마리, 망주석, 석인, 석상, 장명등 등을 배치하였다. 석상과 장명등, 망주석의 존재는 통일신라에서는 보이지 않던 고려 특유의 고안이다. 통일신라 왕릉의 석주가 봉분 앞 석상의 좌우로 이동하여 망주석이 되었다. 석인의 모습도 문인과 무인, 혹은 호인을 표현하던 방식에서 관모를 쓴 문인의 모습으로 변화하였다.[92] 다만 이러한 형태는 오랜 세월에 걸친 보수의 결과이므로 원래의 모습을 어느 정도 간직하고 있는지는 의문이다.

1992년 발굴 조사 당시 봉분의 북측 500m 되는 지점에서 왕건 상과 각종 장신구가 출토되었다. 왕건 상은 통천관을 쓰고 앉아 있는 자세를 취하고 있는데 의복이 모두 부식되어 벌거벗은 형상이다. 몸에 남아 있는 흔적을 볼 때 금동제임을 알 수 있다. 묘주의 초상이 능에서 멀리 떨어진 곳에 매납된 특이한 사례로서 왕건 상이 아님을 주장하는 이들의 근거가 된다.

현릉의 축조 이후 정릉(貞陵: 왕건의 비인 신성황후 김씨), 창릉(추존 세조 용건과 위숙왕후), 온혜릉(추존 원창왕후), 순릉(順陵: 혜종), 안릉(安陵: 정종), 헌릉(憲陵: 광종), 영릉(榮陵: 경종), 원릉(元陵: 경종비 헌정왕후), 건릉(乾陵: 추존 안종), 강릉(康陵: 성종), 태릉(泰陵: 추존 대종), 선릉(宣陵: 현종), 경릉(景陵: 문종), 성릉(成陵: 순종), 유릉(裕陵: 예종), 장릉(長陵: 인종), 희릉(禧陵: 의종), 지릉(智陵: 명종), 양릉(陽陵: 신종)을 거치면서 고려 왕릉은 지속적인 변화를 겪지만 기본적으로는 현릉을 모델로 삼고 있다. 현릉이 통일신라 왕릉을 모델로 삼은 점을 고려하면 통일신라의 왕릉이 고려로 계승 발전된 셈이다.

유릉은 1978년도에 발굴 조사가 진행되었다. 현실은 지하식이며 길이 305cm, 너비 185cm, 높이 190cm로서 장방형의 평면형을 취하고 있다. 벽은 막돌로 쌓고 진흙을 바른 후 그 위에 회를 바른 형태이다. 천장석은 3매의 돌로 덮고 역시 회로 마감하였다. 현실 바닥에는 한 변 32-33cm 정도 크기의 전돌을 깔고 그 위에 석제 관대를 마련하였다. 현실에는 연도가 없이 입구에 목문을 마련하였다.[93]

명종과 의정왕후의 합장묘인 지릉은 봉토 직경 6.3m, 높이 1.8m 정도밖에 남아 있지 않으며 조선시대에는 석양과 석호가 4기, 장군석 3기가 있었다고 하지만 현재는 봉분과 석인 한 쌍이 남아 있을 뿐이다. 현실은 지하식의 단실 석실묘로서 벽체는 정교하게 가공한 장대석으로 올렸으며, 판석 3매로 천장을 덮었다. 현실의 크기는 길이 360cm, 너비 288cm, 높이 213cm 규모이며 연도는 없고 남벽 중앙에 입구를 마련하고 판석 1장으로 막았다. 현실 바닥에는 한 변 30cm 정도 되는 전돌을 깔았으며, 그 중앙에 액자 모양의 관대를 설치하였다. 벽면에는 회를 칠하고 벽화를 그린 흔적이 있다.[94]

고종에서부터 원종대, 즉 1232년에서 1270년까지 39년 동안 임시 수도였던 강화에는 많은 무덤이 남아 있다. 그중 왕릉은 홍릉(高宗)·석릉(碩陵: 熙宗)·석릉(碩陵: 元宗의 비인 順敬太后)·곤릉(坤陵: 康宗의 비인 元德太后) 등 7기가 남아 있다. 풍수에 입각한 입지, 연도가 없는 석실, 능역을 3~4단으로 조성하며 석인, 석수와 정자각을 배설하는 등 공통점이 강하다.

2001년도부터 국립문화재연구소가 왕릉과 왕후묘를 대상으로 발굴 조사를 진행한 결과, 강화도 시기 고려 왕릉의 대체적인 양상을 파악할 수 있게 되었다.[95] 일단 발굴 조사는 이루어지지 않았지만 홍릉(洪陵)이 고종의 무덤으로서 1259년에 조영되었다는 사실은 인정된다. 발굴 조사가 진행된 석릉(碩陵: 熙宗)·가릉(嘉陵: 元宗의 비인 順敬太后)·곤릉(坤陵: 康宗의 비인 元德太后) 등 3기를 통하여 강화 천도 시의 고려 왕릉의 구조와 형식, 변천 과정을 파악할 수 있게 되었다. 다만 현재 정해진 명칭과 실제 피장자 사이에 모순이 발생하고 있다. 능내리고분이 실제 가릉이고, 가릉으로 전해지는 무덤은 실제의 소릉이며, 곤릉과 석릉은 서로 바뀌었다는 견해가 제기된 것이다.[96] 그럴 가능성이 높다고 판단되지만, 이 글은 왕릉 피장자를 정확히 밝히는 것이 목적은 아니므로 현재 불리는 명칭을 따라서 설명하고자 한다.

홍릉의 능역은 3단으로 되어 있으며 가장 아래에 정자각, 중간 단에 석인상, 상단에 능이 배치된 구조이다. 봉분의 네 모서리에 석수가 하나씩 배치되어 있었다고 하나 현재는 남아 있지 않다.[97]

현재 석릉으로 지정된 왕릉의 묘역
은 3단으로 구성되어 있으며 난간석
의 흔적이 남아 있다. 2단에 석인상 1
기, 그리고 최상단(1단)의 곡장에 기
대어 석인상 1기가 있으나 원래의 위
치를 잃은 것으로 판단된다. 발굴 조
사 결과, 매장주체부는 지하에 할석
으로 구축한 평면 장방형의 석실로
서 벽석은 할석, 천장석은 판석 3매,
그리고 입구인 남벽은 바닥의 문지방
석과 윗면의 문미석, 좌우 문주석에

〈그림 4-86〉 가릉

판석 1매를 끼워 넣는 구조임이 확인
되었다. 현실 내 중앙부에는 4매의 장
대석을 이용하여 액자 형태로 만든
조립식 관대가 놓여 있었다. 봉분의
가장자리에는 가공한 석재를 8각형
으로 설치하여 호석을 만들고 그 내
부에 봉토를 성토한 구조임이 확인되

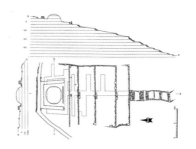

〈그림 4-87〉 강화의 석릉

었다. 호석 외측에는 얇은 돌을 깔고, 가장자리에는 가공한 돌을 놓아 구
획을 하고, 그 바깥쪽에는 곡장을 두른 점이 특징이다.

가릉으로 정해진 왕릉의 묘역은 3단의 층을 이루고 있으나 곡장은 없
고 원상을 잃은 석인과 석수가 서 있다. 봉토를 제거하자 8각형의 병풍석
하단이 나타났고 그 내부와 외부를 할석으로 가득 채운 형상이었다. 병
풍석은 큰 판석으로 구성된 천장부 위에 놓여 있었다. 매장주체부의 구
조는 장대석을 5단으로 눕혀 쌓아서 현실의 벽을 만들고, 3매의 판석으

로 평천장을 형성하였다. 연도는 없다. 벽면 전체에 회칠을 하였는데 서벽 일부에서 붉은색 안료가 확인되어 벽화가 그려져 있었음을 알 수 있다. 현실은 지상식인데 내부 공간의 규모는 남북 길이 255㎝, 동서 너비 168㎝, 높이 178㎝이다. 바닥은 생토면을 정지한 후 막대형 석제 4개를 반 정도 파묻어서 관받침으로 삼았다. 이러한 관받침은 재료와 형태의 변화를 보이면서 조선시대 왕릉으로 이어진다. 동서 장벽의 입구 쪽 상하단에 구멍을 파고 목재 문을 설치하고 그 밖에 문지방석과 문주석, 그리고 그 밖에 석제 문비석 1매를 세우는 방식으로 입구를 폐쇄하였다.

곤릉으로 정해진 왕릉의 묘역은 3층의 단을 이루고 있으며 문인석과 무인석이 있었다고 하지만 현재 망실된 상태이다. 봉분 하단에 평면 12각의 병풍석이 돌아가고 있으며, 그 주변의 석재를 볼 때 난간석도 있었던 것으로 판단된다. 병풍석 아래에 커다란 판석으로 만든 천장이 존재하는 점, 장방형의 현실 평면, 벽면에 회를 바른 점, 석제 관받침의 존재, 문미석과 문지방석 문주석의 존재, 입구 폐쇄 방식은 가릉과 동일하다. 다만 벽석은 장대석이 아닌 부정형 할석으로 8단 이상 쌓은 점, 현실 바닥에 전돌을 깐 점, 관받침의 가공 정도가 다르다. 현실의 규모는 가릉보다커서 내부 공간이 남북 길이 310㎝, 동서 너비 250㎝, 높이 220㎝ 정도이다.

왕릉일 가능성이 높은 능내리석실분은 강화의 왕릉에서는 보기 드물게 병풍석과 난간석, 곡장, 석수 등이 잘 남아 있다. 현실의 내부 공간은 길이 260㎝, 너비 196㎝의 장방형이며 높이는 203㎝이다. 잘 다듬은 장대석으로 5단의 벽을 쌓고, 천장은 판석 3매로 덮었다. 벽면에는 회를 바른 흔적이 확인된다. 입구는 문미석과 문지방석, 문주석을 마련하고 판석으로 막는 형태로서 앞에서 살펴본 가릉, 곤릉과 동일하다. 다만 관받침이 납작한 막대석으로 되어 있으며 내부에 돌을 깔고 회를 바른 흔적이

<그림 4-88> 강화의 곤릉

남아 있는 점이 다르다.

　이상 살펴본 강화도 시기의 왕릉은 몽골과의 전쟁을 치르는 어려움 속에서 조영되었고, 개경으로 천도할 때 천장할 목적으로 비교적 소규모로 조영되었다. 그럼에도 불구하고 왕릉의 축조 방법, 구조 등에서 공통성이 매우 강하며 전 단계부터 이어져오던 묘제를 벗어나지 않고 있다.

　고려 왕릉의 제도가 변화한 것은 고려 사회가 크게 요동치던 원간섭기 이후이다. 이 시기에 조영된 왕릉은 10기이지만 소릉(韶陵: 원종), 고릉(高陵: 제국대장공주), 명릉(明陵: 충목왕), 총릉(聰陵: 충정왕)을 제외한 6기의 행방을 알 수 없는 상태이다. 원간섭기에 조영된 왕릉에서는 석물 구성에서 변화가 관찰된다. 이 변화는 원의 세조 쿠빌라이의 딸이자 충렬왕의 비인 제국대장공주의 고릉에서부터 시작되어 공민왕릉 등 원간섭기에 축조된 왕릉에서 지속된다. 기존의 석사자는 사라지고, 호랑이와 양의 모습을 표현한 석물이 이를 대신하였다. 석물의 조형이 갑자기 우수해진 배경에는 원의 석공의 간여가 추정된다. 제국대장공주는 원에서 목장(木匠)을 불러

다가 자신의 거처를 축성한 일도 있었기 때문에 원의 석공을 불렀을 가능성은 높다.[98]

<그림 4-89> 공민왕릉과 노국공주의 현정릉 (장경희, 2013)

고릉의 석실은 반지하식으로서 길이 385cm, 너비 330cm, 높이 235cm로서 장방형이지만 방형에 가까워진 평면형을 보여준다. 화강암을 다듬어 6단에 걸쳐 벽석을 쌓고 회를 발랐으며 천장은 3매의 화강암으로 덮었다. 현실 바닥에는 화강암으로 관대를 마련하였다.

고려시대 왕릉의 변천사에서 가장 큰 획기는 노국대장공주의 정릉(正陵)이다. 1365년 노국대장공주가 사망하자 공민왕은 몹시 비통해하면서 고릉을 본받아 정릉을 설계하고 1366년 5월부터 공사를 직접 감독하였다. 1372년부터는 정릉 옆에 자신의 수릉을 축조하기 시작하였고 1374년 사망하자 수릉에 묻히고 현릉(玄陵)이라 불리게 되었다. 공민왕 부부의 현릉과 정릉은 왕과 왕비의 능을 따로 조영하던 이전 시기의 전통을 깨고 봉분이 잇대어 있는 형태의 쌍릉으로 조성되었다. 봉토의 규모도 전대에 비해 훨씬 커져서 웅장한 모습을 보인다.

왕과 왕비의 현실 사이에는 작은 구멍이 뚫려 있는데, 부부의 혼이 통하기 위한 장치라고 한다. 봉분의 아래쪽에는 12각의 병풍석을 세웠으며 난간석은 2기의 봉토가 연접해 있기 때문에, 겹치는 부분을 생략하여 12각이 아닌 10각으로 마무리하였다. 지대석은 2중으로 마련하여 아래에서 볼 때 더욱 웅장하게 보이는 시각적 효과를 유도하였다. 왕릉과 정자각 사이에는 3개의 층단을 만들고 가장 위의 1단에 석상과 망주석 1쌍, 2단에 문석인 2쌍, 아래의 3단에 무석인 2쌍을 배설하였다. 봉분 주위에는 석사자를 대신하여 석양과 석호를 배설하였다.[99] 현정릉은 고려 왕릉 중 석인과 석수의 조각 기술이 가장 우수하며, 8명의 문석인과 8명의 무석 인이 정연하게 마주보고, 석호 4구와 석양 4구가 교대로 봉분을 지키고 있는 모습이 정형화되었을 뿐만 아니라, 갑옷을 착용한 무석인을 배치한 최초의 무덤이기도 하다.[100]

조선의 왕릉

1. 장제와 상제

조선왕조는 1392년 개국하여 519년 동안 지속되었다. 왕은 1대 태조 이성계부터 순종에 이르기까지 27대가 승계되었으며, 이 기간 동안 모두 42기의 왕릉을 조성하였다. 이 가운데 개성시에 소재하는 2기(1대 태조왕비의 제릉, 2대 정종의 후릉)를 제외하면 모두 남한에 있다. 2009년에는 서울특별시 및 경기도에 소재하는 40기의 왕릉이 그 가치를 인정받아 세계문화유산에 등재되었다.

조선시대의 무덤은 묘주의 신분에 따라 다르게 지칭되어서 능(陵)·원(園)·묘(墓)로 구분된다. 역대 왕·왕비, 태왕비의 무덤을 능이라고 하고, 왕세자·왕세자비, 왕의 생부모의 무덤은 원이라고 한다. 능과 원 급에 포함되지 못하는 일반 무덤은 묘로 통칭한다.[101] 조선시대 왕족의 무덤은 모두 119기가 있는데, 왕릉 42기, 원 13기, 대군 등 왕족 무덤 64기로 구성된다. 연산군과 광해군은 폐위되어 왕릉이 아닌 묘로 조성되었고, 덕종

(성종의 부친), 원종(인조의 부친), 진종(정조의 양부), 장조(정조의 친부), 문조(현종의 부친) 등은 추존되어 그 무덤이 각각 경릉, 장릉, 영릉, 융릉, 수릉으로 조성되었다.[102]

조선왕조에서 최초의 국상은 1396년에 태조의 계비인 신덕왕후(神德王后)가 사망하였을 때이다. 국상을 치르기 위한 도감이 조선왕조에서는 처음으로 설치되고 시신을 담은 재궁을 모시는 빈전을 설치하였으며, 소렴과 대렴 등의 의례를 치르며, 왕릉의 축조, 신주의 봉안, 혼전도감의 설치, 사찰에서 대상재(大祥齋)를 베푸는 절차가 진행되었다.[103] 아직 조선왕조다운 왕릉의 조영, 제사 등의 흉례는 정연하게 정리되지 않은 상태였으므로 『주자가례』를 모델로 삼았다.[104] 고려의 제도가 운용되어서 4도감, 13소가 설치되었는데 고려의 4도감 13색과 유사한 것으로 추정된다.

정종과 태종의 친모인 신의왕후 한씨는 1391년에 사망하였고 그 무덤은 제릉(齊陵)이라 불렸다. 1406년부터 제릉의 보수가 논의되다가 마침내 1410년에 완성되었는데 전체적으로 공민왕릉을 계승하여 3단으로 공간을 구성하고, 병풍석과 난간석, 석물을 갖추고 있다.[105]

조선시대 왕릉은 대체로 고려시대의 능묘제를 계승하였다. 그 이유는 고려 말 공민왕과 노국공주의 무덤인 정릉(正陵)과 현릉(玄陵)의 축조를 주도한 김사행(金師幸)이 조선왕조 개창 이후에도 왕릉의 축조를 주도하였기 때문이다. 김사행이 죽은 이후에는 그를 보좌하던 박자청이 태종대의 토목사업을 주도하였다. 조선 왕릉의 전범이라고 할 수 있는 태조 이성계의 건원릉 축조도 박자청이 주도하였기 때문에 고려 말의 능묘제가 조선에 굳게 뿌리내린 것이다.[106]

1408년 태조의 죽음으로 인한 조선왕조 최초의 정식 왕릉인 건원릉의 조영은 이러한 분위기에서 이루어진 것이었다. 이후 1412년 정종의 비인 정안왕후, 1429년에 정종, 1420년에 태종의 비 원경왕후, 1422년 태종의 상이 연이어지자 『주자가례』를 기본으로 하면서도 여러 가지 시험적인 시행을 거치게 된다. 하지만 아직도 불교적인 잔재가 남아 있는 상태였다.[107] 마침내 1451년에 『세종실록오례(世宗實錄五禮)』가 제정되면서 조선왕조다운 흉례의 내용이 정리되었으며, 이후 1474년의 『국조오례의(國朝五禮儀)』, 1758년의 『국조상례보편(國朝喪禮補編)』, 1788년의 『춘관통고(春官通考)』를 거치면서 변화·보완되어갔다.[108] 여러 가지 의례 중에서도 특히 흉례에 대한 제정과 보완이 많이 이루어진 이유는 왕의 죽음과 장례, 제사가 다른 모든 의례보다도 중요하다고 여겨졌기 때문이다. 사대부의 흉례는 『주자가례(朱子家例)』에 따랐다. 사대부 층에서도 다른 의례에 비해 흉례가 가장 중요시되었으나 왕실의 흉례에 비할 바 못 되었다. 이렇듯 흉례가 중요시되었기 때문에 여기에 동원된 물량과 인력은 다른 의례를 압도하였으며 구체적인 절차를 규정한 의주(儀註), 장례용품을 그린 도설(圖說)이 많이 생산되었다.[109]

다양한 자재 운반도구

앞의 고인돌 석재 운반 과정에 대한 설명에서 잠깐 살펴보았듯이 무거운 석재를 운반하는 과정에서는 다양한 방법이 동원되었다. 삼국시대 이후에도 다양한 도구가 사용되었을 것이다. 대표적인 것이 소와 말 등의 가축에 짐을 지우거나 축력을 이용한 수레, 사람이 끄는 수레, 뗏목과 선박, 썰매 등이다. 강이나 바닷가에서는 뗏목과 선박이 무거운 자재를 옮기는 데에 효과적이었다. 도로가 개통되지 않았거나, 눈이나 얼음이 많은 조건에서는 수레보다도 오히려 썰매가 유리하였다. 삼국시대에 해당되는 썰매는 아직 발견되지 않았으나 일본에서는 나무로 만든 썰매의 일종인 슈라(修羅)가 발견되었다. 후지이데라시의 한 고분의 주구에서 대·소규모의 슈라 2점이 출토되었는데 대형은 그 길이가 8.75m, 소형은 2.82m이다. 형태는 동일하여서 영어의 V자를 가늘고 길게 늘린 모양이다. 슈라의 기능은 커다란 돌이나 목재를 운반하기 위한 것인데, 거대한 고분의 축조가 중지된 중세에 들어와서도 각종 토목공사에 소요되는 자재를 운반하는 슈라의 모습이 여러 회화에 묘사되어 있다.[110]

조선시대의 운반 도구 중 끌개[駒板]가 일본의 슈라와 가장 유사한 형태이다. 끌개는 커다란 나무 2개를 영어의 V자처럼 엮고 줄로 잡아당기는데 그 아래에 통나무를 레일처럼 깔아서 미끄러지게 한 것이다. 이 외에 썰매[雪馬], 단기(單機), 담기(擔機)가 있다. 썰매는 2개의 긴 판자를 세우고 그 사이에 여러 개의 나무 봉을 끼

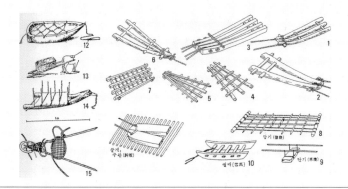

〈그림 4-90〉 조선과 일본의 각종 운반 도구

운 다음 그 위에 물건을 올려놓은 채 줄로 끄는 형태이다. 담기는 쇠가죽, 새끼 등의 끈과 나무를 이용한 들것의 일종으로서, 2명 이상이 앞뒤로 들고 그 위에 무거운 물건을 올리고 운반한다. 『화성성역의궤』에서 그 형태를 알 수 있다. 담기는 굵은 나무 봉 사이에 종횡으로 작은 나뭇가지를 촘촘하게 엮고 그 위에 자재를 올리는 것이다. 단기는 반반하고 두터운 나무판을 2개의 목봉에 느슨하게 묶어 늘어뜨리고 그 위에 자재를 올린 채 인력으로 옮기는 원리이다.

〈그림 4-91〉 일본 고분시대의 목제 슈라

왕릉 조성 위치는 대체로 능행 거리, 관리의 편리성 등을 고려하여 '도성에서 10리 밖, 100리 안'에 조성되는 것이 특징이다. 조선 왕릉의 전체 공간 구성은 크게 진입 공간, 제향 공간, 능침 공간의 3부분으로 나뉜다. 산 자가 머무는 진입 공간(능의 입구에서 홍살문까지), 죽은 자와 산 자가 만나는 제향 공간(홍살문에서 정자각까지로 실제 제례 의식이 치러지는 공간), 죽은 자가 머무는 능침 공간(정자각 뒤로 이어지는 신교부터 봉분을 중심으로 한 공간)이다. 진입-제향-능침 공간을 통해 속세에서 영혼의 세계로, 지상에서 천상의 세계로 연결시키는 구조인 것이다.[111]

왕릉의 배치 방식은 왕이나 왕비의 무덤을 단독으로 조성하여 1인의 무덤이 하나의 능역을 이루는 경우[單陵], 왕과 왕비의 무덤을 나란히 배치하고 하나의 곡장으로 능역을 이룬 쌍릉, 왕과 왕비를 하나의 봉분 안에 함께 모신 합장릉, 하나의 능침에 왕과 왕비, 계비를 함께 모신 삼합장릉(三合葬陵: 同封三室陵), 하나의 정자각, 하나의 정자각 뒤로 하나의 언덕의 다른 줄기에 왕과 왕비의 무덤을 각각 조성한 동원이강릉(同原異岡陵), 왕과 왕비의 무덤을 같은 언덕의 상하에 별도로 모신 동원상하릉(同原上下陵), 왕과 왕비, 계비의 무덤을 별도로 나란히 배치한 삼연릉(三連陵) 등으로 구분된다.[112] 단릉은 장릉(단종), 건원릉(태조), 정릉(중종) 등 15개소로서 전체의 36%, 쌍릉은 8개소로서 19%를 점한다. 합장릉은 조선 초 『국조오례의』에서 정한 조선 왕실의 기본 능제로서 9개소, 21%를 점한다. 합장릉 중 동봉삼실합장릉은 왕·왕비·계비를 함께 합장한 형태로 유릉(순종)이 유일하다. 삼연릉은 24대 헌종의 경릉이 유일하며, 동원이강릉은 성종 14년 정희왕후가 세조의 능 옆 언덕에 모셔짐으로써 동원이강 형식을 이룬 광릉이 효시다.[113]

2. 왕릉의 조영

왕의 죽음에서 비롯된 장례와 왕릉 조영[114]은 조선왕조에서 가장 중요한 행사였기 때문에 구체적인 내용을 상세하게 기록으로 남겼다. 가장 큰 변화는 왕릉의 구조가 석실에서 회격으로 변화하는 것이다. 이 점을 기준으로 삼아 전체 조선 왕릉의 구조적 변화는 4단계로 나눌 수 있다. 1기는 돌로 만든 매장주체부, 병풍석과 난간석이 설치된 왕릉 조영기로서 문종의 현릉(1452년)까지이다. 2기는 현궁을 석실 대신 회격으로 대체하고 병풍석을 제거하며 난간석만 남겨둔 단계이다. 세조의 무덤인 광릉(1468년)에서부터 천장한 세종의 영릉(1469년), 예종의 창릉(1469년), 성종의 비 공혜왕후 순릉(1474년), 정희왕후 광릉(1483년)까지가 여기에 해당된다. 3기는 사라졌던 병풍석이 다시 부활하여 사용된 단계로서 성종의 선릉(1495년), 중종의 정릉(1544년), 인종의 효릉(1545년), 명종의 강릉(1567년), 선조의 목릉(1608년), 인조의 장릉(1649년), 천장 전의 효종 영릉(1659년) 등이 여기에 속한다. 마지막 4기는 다시 병풍석을 제거하고 난간석만 설치되는 시기이다. 1674년에 천장한 효종 영릉 이후 원칙적으로 병풍석 없이 난간석만 설치되지만 약간의 예외적인 경우가 없지는 않았다.[115] 이렇듯 외형의 변화는 반복되었으나 2기 이후 회격이 계속 유지된 점은 변화가 없었다.

이런 점에 유의하여 석실로 된 현궁의 사례로서 태조의 건원릉, 회격으로 변한 이후의 정조의 건릉으로 나누어 왕릉 조영 과정을 복원해보았다.

1408년 5월 24일 태조가 승하하였다.[116] 태종은 『주자가례』에 따라 장례를 치르도록 하였다. 빈전(殯殿)도감, 국장(國葬)도감, 조묘(造墓)도감, 재(齋)도감 등 4개의 도감, 그리고 상복(喪服), 옥책(玉冊), 복완(服玩), 관곽(棺

梓), 제기(祭器), 유거(柳車), 법위의(法威儀), 상유소조(喪帷小造), 산소(山所), 영반(靈飯), 의장(儀仗), 묘소포진(墓所鋪陳), 반혼(返魂) 등 13색을 설치하여 각 도감에 소속시켰다. 고려와 비교할 때, 4개의 도감은 명칭이 동일하지만 13색은 일부 상이한 점이 주목된다.

조묘도감 제조 박자청이 공역을 시작하였다. 충청도에서 3,500명, 풍해도(황해도)에서 2,000명, 강원도에서 500명 등 총 6,000명의 군정을 징발하여 7월 그믐부터 역사가 시작되었다. 석실을 사용할 것인지 회격을 사용할 것인지 갑론을박을 거친 후, 7월 26일 석실로 결정되었다. 8월 17일 하윤 등이 산릉공역을 주도하게 되었고 8월 25일 개토제가 실행되었다. 9월 9일 유해가 매장되었으니 사망에서부터 100여 일이 지나 장례가 종료된 셈이다. 그러나 이후에도 2개월 정도 봉분과 석물 배설에 더 시간이 소요되었다.

건원릉의 내부 구조를 상세히 알 수는 없으나, 정종과 정안왕후의 후릉(厚陵)의 구조가 『세종실록』에 상세하게 기록되어 있다. 그 내용과 다른 무덤의 양상을 종합하여 조선 초기 석실로 구성된 왕릉의 상황을 파악할 수 있다.

유해를 안치하는 현궁(玄宮), 즉 현실의 규모는 길이 11척, 너비 8척, 높이 7척으로 설계된다. 바닥에 돌을 깐 후에 동, 서, 북벽이 각각 한 장의 큰 돌로 세워진다. 재궁(梓宮: 목관)을 받친 석제 받침석[117]을 깐 후 천장석 2장으로 덮고 이 위에 한 장의 돌을 더 얹는다. 현실 내부에 사신도를 그린 후 목관을 안치한다. 문지방석과 기둥석을 이용하여 입구를 2장의 돌[門扉石]로 폐쇄하고 바깥쪽을 판석으로 한 번 더 봉쇄한다. 그 후 현실의 외곽을 삼물로 밀봉한 후 목탄을 채운다. 현실 상부에 대석 12개를 깔고, 12지신을 새긴 병풍석을 설치하고 그 내부에 봉토를 쌓았다. 병풍석의 외면에는 12면 난간석을 배치하고 병풍석과 난간석의 사이 빈 공간에는 돌(박석)을 깔아 누수를 방지하였다. 그 후 외곽으로 석물, 곡장을 마련하여 외관을 완성시킨다. 태종의 헌릉, 세종과 그 비 소헌왕후의 무덤인 영릉도 마찬가지의 석실 구조이며 규모도 동일하였다. 영릉은 현실이 하나의 봉토 안에 나란히 배치된 쌍릉이지만 기본적인 구조는 동일하다.

　무덤에서 회를 사용하는 것은 『주자가례』에서부터 논의되었으니 "회는 나무뿌리를 막고 물과 개미를 방지한다. 석회는 모래를 얻으면 단단해지고, 흙을 얻으면 들러붙어서, 여러 해가 지나면 굳어서 전돌이 되어 개미와 도적이 가까이 오지 못한다."고 하여 그 효용을 설명하고 있다. 중국에서는 석회 1, 강모래와 황토 2의 비율로 섞은 데에 비하여 조선에서는 석회 3, 황토 1, 세사(가는 모래) 1의 비율로 섞고 느릅나무 껍질을 달인 물에 섞은 것을 삼물(三物)이라고 불렀다.[118] 삼물로 관곽 주위를 다진 후 봉토를 올린 무덤이 회격묘이다.[119]

　회격의 사용에 대한 논의는 태종대부터 시작되었으나 정작 회격이 왕릉에 채택된 것은 세조의 광릉부터이다. 세종 이후 문종대에 이르면서 왕릉 조영에 많은 인원이 동원될 뿐만 아니라 거대한 돌을 가공하고 운반하여 석실을 조립하는 과정에서 인명 피해가 늘게 되자 세조는 자신의 무덤을 회격으로 하라는 명을 미리 내렸다. 세조의 명령은 장사에서 검소한 기풍을 일으키기 위한 것이었다. 이에 1468년 세조의 광릉(光陵)이 회격묘로 조영되었으며 병풍석이 생략되었다. 이후 천장한 세종의 영릉(英陵), 1469년 예종의 창릉(昌陵)도 모두 회격으로 되면서 조선의 왕릉으로서 회격묘가 정착하게 된다. 특히 숙종의 특명으로 석실과 병풍석을 영구히 사용하지 않도록 되면서 회격묘에서 석실묘로 돌아갈 가능성은 줄어들었다.[120] 그럼에도 불구하고 종친에서 석곽을 사용하거나 이로 인한 제재와 관련된 기사가 잔존하는 것을 보면 석실에서 회격으로의 전환이 일거에 이루어진 것은 아님을 알 수 있다.[121]

회격묘의 조성에 대해서는 영조의 원릉과 정조의 건릉 축조에서 상세히 전해지므로 이 두 가지 사례를 통해 복원해본다.

영조가 1776년 3월 5일 승하하였다.[122] 왕세손(훗날의 정조)은 국상 절차를 마련하도록 지시하고 10일부터 본격적인 산릉 조영에 착수하였다. 미리 지정해두었던 장소가 마땅치 않게 되자 여러 후보를 두고 논란을 거듭한 끝에 한 달이 넘은 4월 9일에야 동구릉의 옛 영릉 자리로 결정되었다. 이에 일정이 정하여졌는데 그것은 4월 19일 공사 시작, 24일 북방부터 땅을 파기 시작, 5월 16일에 옹가 건조, 27일 묘광이 자리할 금정 열기, 6월 2일 외재궁 내리기, 7월 12일 발인 등이다. 그러나 실제는 공역을 단기간에 마치는 것이 불가능하여 일정이 순연되었다.

실제 작업에서는 산릉도감이 삼물소, 조성소, 노야소, 대부석소, 보토소, 소부석소, 수석소 등 7개소와 별공작, 분장흥고, 번와소를 설치하여 공역을 진행하였다. 삼물소가 중심이 되어 재궁이 안치될 공간을 다지고 금정기를 이용해 파 내려갔다. 필요한 석회는 518석 10두였고 황토는 망우리에서, 세사는 노량에서 채취하여 옮겨 왔다. 6월 15일 녹로를 이용하여 외재궁을 내린 후 동, 서, 북 삼면을 13회에 걸쳐 회다짐하고 상면에 천회를 한 번 더 다져 쌓았다. 금정기를 철거하고 그 위에 반구형으로 삼물을 7차례 다져서 봉분을 조성하고 잔디를 입혔다. 7월 3일 퇴광 자리에 금정기를 설치하여 내재궁을 내릴 준비를 한 후 4일에 곡장 설치 작업 착수, 16일 석양, 석호 수립, 22일에 문석인과 무석인, 석마, 석망주를 세웠다. 23일 내재궁을 내릴 준비를 한 후 26일 왕의 시신이 정자각에 봉안되었다. 27일 한 차례 예행연습을 한 후 재궁을 내려 윤여에 올린 후 현궁에 밀어넣었다. 그 후 삼물을 다져서 밀봉하고 28일 묘지석과 혼유하전석을 배설한 뒤 수도각을 철거하였다. 29일 구봉기와 금정기를 철거하고 봉분은 완성시켰다. 그 후 나머지 정리 작업을 한 후 8월 3일 산릉도감의 작업이 완료되었다.

정조의 건릉 축조 과정은 아래와 같다.[123] 1800년 6월 28일 정조가 승하하였다. 당일 여러 제의를 행하고 염을 한 후 다음 날인 29일 입에 쌀과 조개를 물리는 반함, 시신의 아래에 얼음을 두는 설빙, 명정 세우기, 소렴, 빈전 설치 등이 이루어졌다. 7월 3일 대렴이 행하였고 시신을 정식으로 빈전에 모셨다. 7월 4일 왕세자 이하 상복을 입을 자들이 상복을 입는 성복이 진행되었고, 세자가 즉위하였다. 7월 6일 대신들이 모여 정조의 능호를 "건릉(健陵)"으로 의결하고, 7월 7일 산릉을 살치기 위해 관리가 파견되었다. 11일에 순조에게 그 위치를 보고하고 11일에는 사도세자의 무덤인 현륭원에 산릉 조성의 사유를 고하는 제사를 지냈다. 15일에 왕릉이 들어설 자리가 결정되었다.

8월 2일에 공사가 시작되어 터를 닦기 시작하였다. 흙을 파내고 채우는 공사를 반복하면서 왕릉을 조영하는 한편, 정자각의 축조와 각종 석물의 마련이 동시에 진행되었다. 9월 19일 왕릉의 묘광을 파는 작업이 마무리되고, 20일에 바닥에 회를 다졌다. 29일에 외재궁이 도착하여 30일에 외재궁을 내리고 회로 삼면을 다졌다. 10월 2일 상면까지 회를 다지고, 3일에는 곡장 공사가 시작되었다. 16일부터 석난간의 공사가 시작되었고, 18일에 봉분을 조성하는 작업이 시작되어 21일에 완료되고 잔디를 덮었다. 22일에 정자각 안에 찬궁을 배설한 후 11월 6일 마침내 현궁에 재궁을 내리고 회를 다짐으로써 매장이 완료되었다. 이후에도 석물을 배치하고 봉분에 잔디를 입히고 옹가를 철훼하는 등의 후속 작업이 진행된 후 11월 13일 최종적으로 복명하였다. 왕릉의 조영 공사가 시작된 후 약 100일 정도의 시간이 소요되어 왕릉의 축조와 매장이 완료된 셈이다.

『정조건릉산릉도감의궤(正祖健陵山陵都監儀軌)』에는 당시 전체 조감도인 유문도(帷門圖)가 남아 있으나 왕릉이 위치할 부분이 표현되어 있지

않은 한계가 있으므로 순
조 인릉의 유문도를 참고
할 때 특징적인 사실은 옹
가(甕家)의 사용이다. 옹가
는 항아리를 엎어놓은 것
과 같다고 하여 생긴 이름
인데, 묘광을 판 후 재궁(목
관)이 안치될 현궁(현실)과
봉토를 축조하는 동안 눈
비로 인한 피해를 막기 위

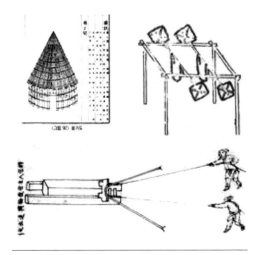

〈그림 4-92〉 옹가와 녹로와 윤여 (정해득, 2013)

한 일종의 가건물로서 능상각(陵上閣)이라고도 한다. 마치 유목민의 텐트
와 같은 형태를 취하고 있는데 왕릉에서는 능상각, 원에서는 원상각, 묘에
서는 묘상각이라고 불리었다. 나무기둥을 세우고 능상각의 남측 중앙에
는 수도각(隧道閣)이란 가건물을 연결하여 연도 역할을 하는 퇴광을 보호
하도록 하였다. 결국 옹가와 수도각으로 인하여 현실이 들어설 자리와 연
도가 들어설 자리가 가건물로 보호되고 작업은 그 안에서 진행되는 셈이
다. 봉분이 완성되고 잔디를 입힌 후 옹가와 수도각을 철훼하고 그다음
날 불로 태워버렸다.

3. 왕릉에 반영된 과학기술 원리

한 왕조의 왕릉이 온전한 상태로 원형을 유지하기는 쉽지 않다. 당대 최
고 권력자의 무덤 속에는 진귀한 보물이 들어 있을 것으로 예상되기 때

문에 도굴의 위험이 늘 상존한다. 그러나 조선의 왕릉은 임진왜란 때 도굴 당한 선릉(성종)과 정릉(중종) 2기 외에는 도굴의 피해를 입지 않았다. 물론 가장 큰 이유는 국가 차원에서 왕릉을 엄격히 보호, 관리하였기 때문일 것이다. 그러나 그것만으로 설명될 수 없는 부분이 있다. 그것은 도굴하기 어려운 조선 왕릉의 구조이다.

왕릉의 석실은 두께가 70㎝를 넘는 두꺼운 화강암을 사용했다. 석재의 끝은 비스듬히 파서 이음매 부위를 서로 끼워 맞췄다. 거기다가 工자 형태의 철제 고리로 두 석재를 고정해 석실 전체를 하나로 엮었다. 입구에도 60㎝ 정도 되는 두꺼운 돌을 두 겹으로 세워 외부의 접근을 막았다. 석실 주변에는 시멘트와 비슷한 삼물을 1.2m 두께로 둘러쌌다. 삼물은 시간이 지나면서 단단하게 굳어서 물과 공기를 차단하는 역할을 하였다. 삼물 바깥에는 숯가루를 15㎝ 정도 두께로 감싸 나무뿌리가 침입하는 것을 막고, 마지막으로 주변을 잡석과 흙으로 다져 봉분을 쌓아올렸다.[124] 석실 대신 회격이 왕릉의 내부 매장주체부로 바뀐 이후도 마찬가지이다.

이와 관련하여 2006년에 있었던 서오릉 순창원(13대 명종의 아들 순회세자 무덤)의 도굴 미수 사건을 돌이켜볼 필요가 있다. 당시 문화재청(국립문화재연구소)의 현장 조사 결과 "도굴 갱은 봉분 뒤편에 거의 수직으로 2.7m 깊이까지 파여져 있었으나 단단한 목탄층에 막혀 더 이상 파내려가지 못하고 도굴이 미수에 그친 것으로 보인다."고 하였다. 이렇듯 현재 기술력으로도 도굴이 쉽지 않다는 점은 당시의 무덤이 얼마나 단단하게 조성되었는지를 말해준다.

조선 왕릉이 도굴되지 않은 또 다른 비밀은 부장품에 있다. 중국이나 고려왕조와 달리 조선은 왕릉 안에 들어가는 부장품을 모조품으로 넣었고 엽전도 종이를 이용한 모조지폐를 사용했다. 부장품의 종류와 내용을 『산릉도감의궤』에 상세히 남겼으므로 모조품만 부장된 조선 왕릉은 도굴의 표적에서 제외될 수 있었다.[125]

조선 왕릉이 현재까지도 잘 보존된 이유는 아마도 500여 년 이상을 이어온 왕조이고, 무덤의 주인공을 정확히 어느 왕인지 알고 있었고, 무덤을 보호하는 제도가 완비되었기 때문일 것이다. 또한 능역 전체가 왕을 위한 구도와 그것을 지키는 석물과 숲으로 조성되어 풍수지리적 경관이 이끌어내는 신들의 공간, 즉 신성한 공간이라는 인식도 한몫을 했을 것이다.

풍수지리설은 도성, 절, 집, 묘 등을 만들 때 방향이나 땅속의 기운, 산의 모양, 물의 흐름 등의 자연 현상과 그 변화가 인간 생활에 큰 영향을 미친다는 생각이다. 우리나라에는 삼국시대에 풍수사상이 도입되고 신라 말에 활발해져 고려시대에 전성기를 이루며 널리 보급되었다.[126] 조선시대는 유교사상인 효와 결부되어, 특히 조상의 무덤 입지를 선정하는 데 크게 영향을 주었다. 조선의 건국자인 태조도 도성 건설 시 풍수지리설의 원리에 의해 결정할 정도였다. 그러나 국가 기틀이 마련되자 국가적·정치적 차원에서 풍수지리설을 지양함으로써 점차 조상의 묘를 쓰는 음택 풍수로 중심이 이동한다. 태조의 무덤인 건원릉은 풍수에서 말하는 최고의 길지여서 무덤을 둘러싼 송림과 앞으로 탁 트인 경관이 탁월한 입지조건을 가지고 있다.[127] 만약 풍수 측면에서 부족한 점이 있으면 비보(裨補) 차원에서 인공의 산[假山]을 조성하거나 압승림, 연못을 조성하였다.

원래의 풍수지리는 부모의 은혜로움에 유골만이라도 평안하도록 정성을 다하는 효도사상의 발현이었다. 부모의 뼈라도 오래 보존된다면 자신과 육체적으로나 정신적으로나 밀접한 관계가 성립할 수 있다고 믿어 부모의 시신이 오래 보존될 수 있는 곳을 찾았으며, 그런 장소를 명당이라고 부른다. 지관들은 명당을 확인하는 방법으로 주로 달걀을 사용한다.

보통 달걀을 땅에 파묻으면 곧바로 썩지만 명당에서는 몇 달이 지나도 생생하게 보존된다. 한 실험에서 명당의 혈처 지점과 보통의 땅에 달걀을 묻어놓고 76일 만에 꺼내보니 혈처에 묻은 달걀은 전혀 부패되지 않은 채 처음 상태를 유지한 반면, 보통 땅에 묻은 달걀은 형체조차 알아볼 수 없을 정도로 부패해 있었다. 두 흙 모두 화강암 잔적층이라는 점은 동일했지만 일반 흙의 pH는 4.88이었고, 명당의 흙은 6.90이었다. 이것은 일반 흙은 산성이고 명당의 흙은 중성임을 뜻한다.[128]

이와 관련하여 선조 때의 사건을 살펴볼 수 있다. 선릉(성종)과 정릉(중종)은 선조 때 일어난 임진왜란 중 왜군에 의해 파헤쳐지고, 재궁이 불태워지는 수모를 겪는다. 선릉은 잿더미만 남았지만 정릉 옆에서는 유해가 나와 혹시 중종일지도 모른다는 가능성 때문에 대신부터 나인에 이르기까지 살펴보게 하였다. 중종이 승하한 지 50여 년이 지나서 용안을 아는 사람이 없었고 기록에 적힌 모습과 일치하지 않아 섣불리 결론내리지 못하였다. 이에 선조는 시신을 잘 묻어주라고 하명하고 이로써 사건은 일단락된다. 그 결과 선릉과 정릉은 유해 없이 모셔진 왕릉으로 남게 된다. 지금까지 그 유해에 대한 의문은 남아 있지만, 여기에서 주목되는 점은 당시에 반세기가 지난 후까지도 시신이 심하게 부패하지 않았을 가능성이다.

풍수지리에서 죽은 자가 땅을 접하면서 가장 이상적인 공간으로서 생기를 얻을 수 있는 길지를 선택했을 것이다. 조선시대에 일반인들도 조상을 길지에 모시기 위해 최선을 다하는 것이 후손이 해야 할 당연한 도리로 여겼다. 일반인도 이러한데, 최고 권력자인 왕과 왕비를 모시는 못자리는 최고의 격식을 갖추어 음택풍수에 의거한 명당에 모시려고 했을 것이다. 이는 명당의 조건 중 하나인 적정한 pH지수를 고려했음을 짐작할 수 있는 부분이다. 자료의 부재 상황에서 단언하기 어렵지만, 조선 왕릉지의 pH지수는 명당 흙의 수치인 7에 가까울 것이다. 또한 재궁을 모시는 구조가 삼물을 이용하여 진공 상태를 만든 점도 주목된다.

4. 왕릉의 부속시설

일반적으로 조선 왕릉의 공간 구조는 진입공간-제향공간-전이공간-능침공간으로 구분된다. 진입공간은 재실, 연지, 금천교, 홍살문까지로 속의 공간이며, 제향공간과 전이공간은 속과 성이 교차하는 공간, 능침공간은 곡장과 석물이 배설된 성의 공간이다. 이러한 관념에 입각하여 각종 부속 시설물이 설치되었다.[129]

그중 정자각(丁字閣)은 제례공간의 핵심적인 시설로서, 왕릉에서 제향을 올리는 용도로 사용된 건물이며 침전(寢殿)이라고도 한다.[130] 평면이 한자의 정(丁)자를 닮아서 정자각이라 하며 지붕은 대개 맞배지붕으로 되어 있다. 능실의 남쪽에 위치하면서 북에서 남을 바라보는 구조이다. 제향을 지낼 때는 혼령이 출입한다는 북쪽의 신문(神門)을 열어놓고 능을 바라보게 하였다. 계단은 동쪽과 서쪽에 두었는데, 이는 동입서출(東入西出)의 유교적 격식을 고려한 것이다.

제향에 필요한 간단한 준비를 위한 부속 건물이 그 아래의 좌우에 배치되어 있다. 정자각 서쪽 뒤에는 축문을 태워 묻는 석함(예감)이 있고, 그 맞은편에는 제향을 마친 제관이 산신에게 제를 올리는 산신각이 있다. 동쪽에는 비를 보호하기 위한 비각이 놓인다. 비각 아래에는 제사를 관리하는 하급 관리들의 숙소인 수복방이 배치되고, 맞은편에는 제사 음식을 준비하던 수라간이 배치된다. 정면으로는 참도 형식의 참배로가 깔려 있고, 참배로 끝에는 신성한 곳임을 알리는 홍살문이 놓인다. 홍살문 오른쪽에는 배위(拜位)가 있는데, 왕이 제사를 지내러 왔을 때 홍살문 앞에서 내려 절을 하고 들어가는 곳이다.[131]

정자각은 위에서 살펴보았듯, 산 자와 죽은 자가 서로 만나기 위해 준비하는 공간이다. 우리가 능을 관람하고자 방문했을 때, 홍살문을 지나 정자각에 들어서는 과정을 거친다. 그러나 정작 정자각에서도 능이 한눈에 들어오지 않는데, 한 번에 바로 보는 것은 무례로 여겼던 사상이 반영된 것이다. 정자각 뒤로 펼쳐지는 능침 공간에 대해 우리가 신성한 공간으로 느끼는 것도 이러한 과학적 코드가 숨어 있기 때문이다. 따라서 모든 조선 왕릉은 언덕처럼 일정한 경사각을 가지게 조성되었다. 제향을 치러서 예를 갖춘 후 비로소 만날 수 있다는 점이 공통적이다.

정자각이 능침보다 해발 고도가 낮은 지점에 조성되는 이유도 여기에 있다. 참도에서 바라보는 왕릉의 경관은 정자각에서 시야가 차단되어 꺾여버린다. 관람자의 시야 각도를 조정함으로써 왕릉에 대한 권위를 증대시키기 위함일 것이다. 즉, 정자각에서 왕릉을 바라보면 하늘에 떠 있는 천상의 공간으로 착각될 정도이다. 능역은 정자각을 지나서야 비로소 볼 수 있는 시야와 절차를 고스란히 담고 있다. 왕릉은 당대의 왕과 왕비의 유체를 모시는 단순한 무덤 공간이 아님을 말해준다.

조선 왕릉의 정자각을 이와 같이 조성한 이유에는 엄숙한 성역의 공간으로서 품격을 높이고, 제사를 지냄으로써 통치의 정당성과 정통성을 공고히 하려는 정치적인 의도가 있었을 것이다. 이러한 의례는 반복적으로 진행됨으로써 한 나라를 통치하는 데 최고 이념인 충·효를 동시에 실현하는 좋은 발현체 역할도 하였다.

조선 왕릉의 독특한 특징인 중 하나가 사초지의 조성이다. 사초지는 낮은 곳에서 경건하게 우러러보도록 의도적으로 설계된 것이다. 능침이

자리하는 곳까지 점차 경사각이 올라가고 있어 정적인 공간에서 동적인 생동감으로 변화를 주고 있다. 시야의 각도를 처리하는 데서도 이에 상응하는 원칙이 있었음을 시사하며, 죽은 왕의 위상은 능침 아래를 배경으로 전개되는 경사각을 통해서도 증명되는 셈이다. 즉, 광활한 능역과 산 아래를 조망하는 입지 선택에서도 왕릉의 위용이 느껴지지만, 의도화된 사초지(언덕)의 경사각을 통해 권위 표현을 완성했다고 볼 수 있다. 정자각-능침 간의 각도는 대체로 15~20° 내외를 보이고 있다. 현재, 스키장의 상급 난이도는 경사각이 대체로 20° 내외인 점을 참고하면, 조선 왕릉의 격상 수준이 어느 정도였는지를 짐작할 수 있다.

조선시대 왕릉의 부속 시설 중에 특징적인 것이 연지이다. 총 42개의 능 중에서 연지가 확인된 것은 21개 릉이고 25개의 연지가 확인된다. 그중 9개의 능에 11개소가 보존되어 있으며,[132] 문헌에는 있으나 매몰되거나 멸실된 것이 14개의 능에 14개이다.[133] 현존하는 연지 중에는 방지무도형이 2개, 방지원도형이 4개, 방지반월돌출형이 1개, 원지형 1개, 원지원도형 1개, 차원형 1개, 곡지형 1개 등 다양한 반면 멸실된 14개는 방지원도형이 7개, 방지무도형이 7개로서 모두 방지형으로 추정된다.[134] 전체적으로 조선시대 왕릉의 연지는 방지형이 압도적으로 많으며 그 내부에 원도를 갖춘 것이 없는 것보다 약간 많다. 방지와 원도의 조합은 하늘은 둥글고 땅은 모났다는 천원지방설에 근거를 두고 있다.[135] 화성 융건릉 주변에 위치한 만년제의 구조도 방지원도형에 포함되므로 단순한 수리관개 시설이 아니라 풍수지리에 입각한 연지의 일종으로 간주할 수 있다.

5. 양반층의 회곽묘

조선 초기에는 왕이 아닌 경우에도 돌로 무덤을 조영하는 경우가 있었지만, 태종 6년(1406)에 대신들의 석실 사용이 금지되며 왕릉의 차별성이 강조되었다. 태종 18년(1418)에 종친의 석실 사용도 금지한 것은 이런 맥락이었다. 이후 양반의 무덤은 야산의 경사면에 묘광을 파고 목관을 넣은 후 나지막한 봉토를 씌우는 목관봉토묘가 주류를 이루었다. 왕실에서 석실을 대신하여 회격의 조영이 논의되는 추세에 맞추어 민간에서도 회를 이용한 회곽묘의 조영이 시작되었다.[136]

석회석이나 조개껍질에서 생산된 회로 구조물의 강도를 높이는 공법은 삼국시대에 이미 나타났다. 백제의 개로왕대에 한성의 경관을 바꿀 정도의 대규모 토목공사에서 "증토축성(烝土築城)"이란 표현이 나타났는데, 흉노계 국가인 대하(大夏)의 통만성(統萬城)의 사례를 참조할 때 이 기술이 고대의 콘크리트를 만들기 위한 석회의 사용이었음은 이미 앞에서 언급하였다.

삼국시대의 횡혈식석실묘 축조 과정에서 할석으로 이루어진 울퉁불퉁한 벽면을 고르게 하거나 벽화를 그리기 위한 기초 작업으로서 회가 많이 사용되었다. 울산 약사동제방처럼 제체를 만들면서 조개껍질을 인위적으로 까는 양상도 확인된다.

고려 왕릉에서도 석실 벽면과 천장에 회를 바르고 벽화를 그리는 것이 일반화되어 있었다. 왕릉이 아닌 경우에도 회가 발견되는 경우가 없지 않다.

그러나 무덤의 조영에 회를 가장 효과적이면서 본격적으로 사용하게 된 것은 조선시대부터이다. 회격묘와 회곽묘의 관계에 대해서는 전자를 왕릉, 후자를 사대부의 무덤에 적용시키고 구조적, 형태적인 차이를 강조하는 견해[137]와, 양자가 기본적으로 동일한 실체에 대한 표현의 차이라는 견해[138]로 나뉜다. 이 글에서는 회격은 당시의 문헌 기록의 표현, 회곽은 현재의 묘제에 대한 정의로 구분하고 양자에 본질적인 차이는 없는 것으로 보는 후자의 견해에 따른다.

사대부 무덤에서는 15세기 말, 혹은 16세기 초 이후 회곽묘가 크게 성행하게 된다. 시간의 변화와 지역, 계층의 차이에 따른 변이는 있으나 대체로 묘광을 굴착한 후, 목탄을 깔고 그 위에 삼물(석회, 가는 모래, 황토의 혼합물)을 깐 후에 관이 들어갈 공간만큼 목판을 세워 막고 그 주변은 다시 삼물로 채워 넣는 공통성을 갖고 있다.

석회의 생산

삼국시대 이후 토목, 건축물에 석회를 사용하면서 그 수요는 급증하였을 것이다. 삼국시대 횡혈식석실묘의 벽석에 남아 있는 회를 분석해보면 조개껍질이 남아 있는 경우를 자주 볼 수 있다. 따라서 조개껍질을 태워 석회 성분을 얻었음을 알 수 있다. 하지만 석회를 생산하던 가마 등의 생산 시설은 삼국-고려시대의 사례에서는 아직 발견되지 않았다.

조선시대의 석회 가마는 비교적 여럿 조사되었다. 대표적인 유적은 충북 보은 적암리 일대에서 발견된 11기의 가마이다.[139] 구릉의 사면에 2~3기씩 짝을 이루며 배치되어 있는데 전면작업장(배재부 포함), 연소부, 소성부로 구성되어 있다. 전면작업장은 긴 타원형의 평면 구조를 지녔으며 소성부는 원형, 연소부는 전면작업장과 소성부의 중간에 해당된다. 가마의 주변에서는 방해석의 찌꺼기와 자기, 도기 등이 혼합되어 있는 폐기장도 확인되어 석회 생산 공정을 복원할 수 있는 열쇠를 얻게 되었다.

가마의 내부와 주변에서 수습된 재료를 분석해본 결과 방해석(方解石)이 주 성분인 것으로 밝혀졌다. 방해석은 천연 탄산칼슘($CaCo_3$) 광물 중 가장 흔한 부류이다. 인근에 방해석 광산이 널리 분포하고 있다.

조선시대의 석회 가마는 이 외에 파주 당하리와 운정, 청양 광대리, 괴산 검승리, 대전 원신흥동 등지에서도 발견되었다. 그 시기는 대개 조선후기로 추정된다. 민간에서 무덤의 조영에 회를 사용하면서 석회의 수요는 급증하였을 것이다. 시기가 흘러가면서 회곽묘의 규모가 축소되는 현상은 석회의 절감을 위함이 일차적인 원인이었을 것이다. 아울러 무덤 축조 경험의 축적에 의해 최소 필요량의 석회만 사용하고도 시공이 가능해졌기 때문일 것이다.

5장

맺음말

1. 전통시대 토목문명사의 의미

한국의 전통문화와 기술을 오롯이 간직한 정수로서 자주 논의되어온 것은 고구려의 벽화, 백제의 와당, 신라의 금관, 가야의 철기, 고려의 청자와 불화, 조선의 백자, 한옥 등일 것이다. 이러한 유적, 유물은 동아시아는 물론이고 세계 어디에 내놓아도 부끄럽지 않은 한국 전통문화의 정수임이 분명하다.

하지만 자연의 재해, 외부의 침입으로부터 공동체를 보호해주던 수리시설과 성곽, 지배자의 위엄을 과시하기 위해 만들어진 도성과 왕릉 등은 그곳에 투여된 인력과 재화의 양, 기술의 다양함에서 앞에서 논의한 유물들에 비할 바가 아니다. 비록 세련된 아름다움과는 거리가 먼 투박한 이미지를 지니고 있으나 흙과 돌, 나무로 만들어진 거대한 토목구조물이야말로 당시 사회의 과학기술의 도달점을 잘 반영하고 있는 최고의 문화유산이다. 지상에 조영된 이후 오랜 세월을 거치면서 원상을 그대로 간직한 경우는 없으나, 중력과 자연재해, 인간의 파괴 행위를 극복하고 짧게는 수백 년, 길게는 수천 년의 세월을 버틴 거대한 구조물의 모습은 경이롭기까지 하다.

우리는 고구려 고분 벽화를 통해 고대인들의 복식, 주거, 식생활, 놀이문화, 종교, 가족 구성, 저승세계에 대한 관념 등 다양한 면모를 엿볼 수 있다. 하지만 중국 길림성 집안 시내에 남아 있는 장군총과 태왕릉과 같은 거대한 왕릉을 보면서 비로소 고구려인의 웅혼한 기상, 왕권의 도달점, 과학기술의 발전 양상을 단번에 느낄 수 있다. 명품 반열에 오른 백자 달항아리를 감상하면서 조선시대 선비의 정서를 느낄 수 있지만 그것만으로는 부족하다. 서울에 남아 있는 궁궐을 답사하고 한양 성곽을 밟으면서 조선왕조 500년의 역사를 오롯이 느낄 수 있다. 그동안 우리 사회가 명품으로 인정받는 동산(動産)에는 환호하였지만 정작 거대한 토목구조물에 대해서는 그 가치를 제대로 인정하지 못하였음을 절감하게 된다.

토목구조물을 만들기 위한 학문적 기초, 즉 재료의 준비에서부터 시공에 이르는 수많은 공정, 수백~수천 명의 인력을 효율적으로 동원하고 관리하기 위한 인력관리체계와 이들을 먹여 살리기 위한 사회체제 등을 이해하면 우리는 전혀 새로운 세계로 들어갈 수 있다. 이른바 명품만으로는 도저히 도달하지 못하던 당시 사회의 깊숙한 부분까지 들어가볼 수 있게 되는 것이다. 좀 더 강조하자면 거대 토목구조물이야말로 당시 사회를 제대로 이해하기 위한 첩경이기도 하다. 고속도로와 고속전철, 방조제와 초고층 건물을 제외하고 현대 한국을 제대로 이해할 수 있을까?

자연을 개변하여 삶을 풍요롭게 하기 위한 노력은 세계 곳곳에서 공통적으로 진행되었다. 인간은 선사시대부터 자연을 변조하는 행위를 지속적으로 반복, 발전시켰다. 인류 기술의 진보란 달리 말하면 자연 상태의 물질에 인공을 가하는 행위가 심화되는 과정이라고 할 수 있다.

돌을 깨서 석기를 만들고, 취침을 위해 돌을 옮기고, 짐승을 잡기 위해 함정을 파는 행위는 구석기시대의 초보적인 토목 행위라고 할 수 있다. 가옥을 만들기 위해 땅을 굴착하기 시작한 신석기시대, 고인돌을 만들기 위한 채석과 운반, 마을을 감싸는 환호와 토루의 축조가 시작된 청동기시대를 거치면서 토목기술은 급격히 발전하였다. 일상적인 삶에서 토목이 차지하는 비중은 점차 증대되었고 토목문명사라고 부를 만한 모습을 갖추게 된다.

삼국시대에는 토목건축기술사에서 큰 변화가 일어났다. 왕권이 강화되고 고대국가체제가 정비되면서 지배 세력은 자신들의 권력을 과시하는 방편으로 거대 토목구조물의 축조에 몰두하게 된 것이다. 일반적인 가옥과는 비교할 수 없을 정도로 크고 화려한 궁궐, 무덤의 축조가 이어졌다. 전쟁이 심화되면서 공동체를 방어하기 위한 시설로서 다양한 종류의 성곽이 발전하였다. 크게 늘어난 인구를 부양할 필요성과 쌀농사의 비중이 증대되는 분위기가 맞물려 국가권력이 주도하는 대규모 수리관개시설의 축조가 활발하게 진행되었다. 안정된 물의 관리로 인한 농업의 성공은 수확물의 증대를 낳았고, 이는 곧 국가재정의 확충으로 이어졌다. 여기에 낙랑을 경유하거나 직접적으로 중국 왕조와 교류하거나, 혹은 이주민을 수용하는 등의 다양한 경로를 통하여 외부의 과학기술이 전통적인 과학기술과 결합되면서 학문적 수준은 크게 높아졌다. 중국 남북조와 수, 당

시기의 도성제가 수용되면서 왕성은 거대 규모의 도시, 즉 도성으로 확장되었고 이 과정에서 온갖 토목·건축기술이 발휘되었다. 불교가 수용되면서 불상을 모신 금당, 강론이 펼쳐지는 강당, 승려가 모여 사는 승방, 이들 건물을 이어주는 회랑 등 종전에는 볼 수 없던 새로운 건물이 등장하였다. 나무나 돌을 재료로 한 거대한 탑은 사원의 상징물로서 가장 중심적인 위치에 자리잡게 된다. 거대한 건물과 탑을 축조하기 위해서는 자연지형을 크게 개변하여 평탄화하고 다지는 공정이 우선되었다. 거대 사원의 축조도 토목기술의 발달 없이는 불가능하였다.

한반도에서 발전한 토목문명은 고스란히 일본열도에 전래되었다. 신석기시대에 해당되는 죠몽(縄文)시대의 일본에도 나름의 초보적인 토목문명은 존재하였다. 그러나 본격적인 문명의 시작은 야요이(彌生)시대부터이다. 대략 기원전 5세기 무렵부터 일본열도에는 종전과는 다른 완전히 새로운 문명이 수입되기 시작한다. 한반도의 금속문명, 쌀농사와 수리시설, 방어취락 등이 고스란히 일본열도에 전해진 것이다. 흔히 일본학계에서는 대륙계 문물이라고 애매하게 표현하고 있으나, 야요이문화의 시작을 알리는 여러 가지 물질적 지표가 한반도 남부에서 비롯되었음은 움직일 수 없는 사실이다. 초창기의 세형동검과 동과, 동모, 거울, 방울 등은 모두 한반도에서 제작된 후 배에 실려 전달된 것들이다. 점차 일본에서 자체 제작되면서 크기가 커지고 실용성보다는 제의적 목적으로 바뀌게 되지만 그 형태적 특징은 지속되기 때문에 한국 청동기문화의 일본판이라고 볼 수 있다. 벼를 재배하기 위한 논의 개척, 물을 안정적으로 관리하기 위한 보(狀)나 저수시설도 한국 청동기문화에서 비롯되었다. 쌀농사의 발전, 금속 무기의 개발로 인한 사회적 긴장도가 높아지면서 환호, 토루, 목책으로 감싸 방어력을 극대화시킨 방어취락의 등장이 야요이 문화의 특징 중의 하나이지만 이 역시 한반도 방어취락에 그 계보를 두고 있다.

이러한 흐름은 삼국시대에 들어오면서도 동일하였다. 중국에서 수입한 외래 기술이 한국 전래의 기술과 융합되어 새로운 차원으로 발전하고, 그 기술이 다시 일본열도로 전해지는 양상이 당시 문화 교류의 대세였다. 도성제, 사원과 탑파의 건축, 수리관개시설의 정비, 산성의 출현, 쉽게 무너지지 않는 거대한 봉토분의 축조 기술 등이 대표적인 예이다. 아스카쿄(飛鳥京)와 후지와라쿄(藤原京) 등 일본의 고대 도성은 중국을 경유하여 한국에서 정리된 도성제를 모델로 삼고 있다. 초기의 불교 사원은 가람 배치, 목탑의 축조, 와당 등 일본의 여러 면에서 백제에서 직접 전래된 모습을 잘 보여주고 있다. 사야마이케(狹山池)나 사츠마이케(薩摩池) 등 긴키(近畿) 지역의 거대한 제방은 문헌과 전승, 출토 유물에서는 물론이고 기술적 계보를 추적해보더라도 백제와 신라에 닿아 있다.

일본열도에 본격적인 산성이 만들어지기 시작하는 시점은 백제가 멸망한 이후이다. 각종 문헌에는 큐슈에서 긴키에 이르는 중요 길목에 만들어진 산성이 백제 유민들에 의해 축조되었음이 기록되어 있으며 실제 발굴 조사 결과 기술적인 계보가 백제에 닿아 있음이 증명되고 있다.

삼국이 하나로 통합되면서 고구려와 백제, 가야의 공장(工匠) 집단이 신라로 유입되었다. 그 결과 각국의 다양한 기술이 혼합되면서, 통일신라의 건축·토목문화는 중국의 성당(盛唐) 시기와 대등한 기술적 수준과 예술적 완성도를 갖추게 되었다. 통일신라 후기에는 이전의 전통을 계승해 나가 큰 기술적 변화는 없었으며 고려 초기의 건축·토목기술로 직접 연결된다.

대표적인 사례가 왕릉이다. 통일신라에 접어들어 완성된 왕릉의 입지, 구조, 조경, 축조 원리는 고스란히 고려와 조선으로 계승된다. 이런 점에서 통일신라는 한국 전통시대 토목문명의 완성기라고 할 수 있다. 통일신라의 능제는 고려로, 다시 조선으로 이어진다. 유네스코 세계문화유산에 등재된 조선 왕릉의 기본적인 틀은 이미 통일신라시대에 만들어진 것이다.

앞 시기에 존재하던 다양한 기술이 융합되는 모습은 다방면에서 확인된다. 청동기시대의 채석과 돌가공 기술은 삼국시대의 석성, 고구려의 적석총, 대형 판석으로 조립한 고구려와 백제, 통일신라, 고려, 조선의 석실로 연결된다. 채석에서 운반, 가공과 조립에 이르는 전 과정에 대한 학습이 장기간 이어진 셈이다.

토성을 축조하는 과정에서 콘크리트와 같은 강도를 얻기 위해 사용한 석회는 무덤의 축조에도 활용되었다. 할석으로 만들어 면이 고르지 못한 석실 내부의 벽면을 매끄럽게 해주고, 벽화의 밑바탕이 되었다. 석회를 처음 사용한 시점은 삼국시대인데 그 후 남북국시대, 고려와 조선왕조로 이어졌다. 특히 조선시대에는 왕릉의 매장주체부가 석실에서 회격으로 대체되고, 사대부 무덤에서도 회곽묘가 보편적인 묘제로 자리잡으면서 석회의 생산이 크게 증대하게 된다.

석실에서 회격으로 왕릉 묘제를 변경한 이유는 유교적인 예법의 확산, 상장의 간소화를 들 수 있다. 왕릉이 매장주체부를 석실로 할 경우 6,000명의 역부가 필요하지만 회격으로 할 경우 3,000명이면 족하다고 한다.[1] 그런데 이것만이 이유는 아니었다. 거대한 판석(전석)을 운반하는 과정에서 역군들이 많이 다치고 죽는 현실에서 백성들의 희생을 막기 위한 애민 정신도 발휘되었던 것이다. 이렇듯 소중한 가치를 담고 있는 "조선 왕릉"이 논란의 여지 없이 유네스코 세계문화유산에 수월하게 등재될 수 있었던 이유가 여기에 있다.

조선시대에 왕릉을 회격으로 조영하는 방식은 유네스코 세계문화유산인 "명청황제릉"과도 완전히 다르고 일본의 천황, 장군묘와도 다르다. 동북아시아 공유의 유교적인 상장제가 한국 고유의 토목기술과 결합하여 새롭게 탄생한 유산인 것이다. "수원화성"이나 "남한산성" 역시 우리 고유의 성곽 축조 기술의 자체적인 발전 과정과 외부 기술의 수용 및 자기화 과정을 잘 반영하고 있었기 때문에 의문의 여지 없이 세계문화유산에 등재된 것이다.

청동기시대 이후 쌀농사의 보급과 함께 발전하던 수리관개시설은 토목기술의 발전에 힘입어 삼국시대에는 거대한 제방의 축조로 발전하게 된다. 김제의 벽골제, 영천의 청제, 상주 공검지, 제천 의림지 등 유명한 제방은 모두 삼국시대에서 통일신라에 걸쳐 조영된 것들이다. 조선시대에 접어들면 수리관개라는 제방의 본래적 용도에 더하여 풍수적인 기능이 가미되면서 왕릉의 부속 시설로 연지가 중요한 역할을 하게 된다. 풍수사상을 매개로 삼아 수리관개시설과 왕릉이 결합된 것이다. 풍수적 관점에서 보기에 불리한 지형 조건을 극복하기 위한 식목, 조경과 성토 행위도 동일한 맥락에서 이해할 수 있다.

그 결과 토목의 여러 분야는 서로 결합되면서 새로운 분야를 만들어냈다. 그 절정기는 조선시대이다. 이때에 완성된 전통 토목문명은 일제강점기를 거치면서 일부 변형되기는 하였으나 현대의 우리에게 이어지고 있다.

3. 전문성의 강화와 분야별 통합

공동체의 규모가 작았던 선사시대에도 전문적인 기술을 지닌 장인이 존재하였다. 청동기의 제작을 위한 원료의 채취, 주조, 가공이란 공정을 고려할 때, 고도의 전문성을 지닌 장인의 존재를 상정하는 것은 어렵지 않다. 토목에 특출한 능력을 발휘하는 전문가 집단의 존재를 보여주는 증거는 아직 없다. 다만 사회의 복합도가 증대되면서 다양한 기술적 수요에 응하여 분야별 전문성이 강조되어갔을 것이다.

사회적인 부의 증대와 불평등한 분배, 계층 사회의 도래와 지배 계급의 출현이라는 과정을 거치면서 토목문명은 급속히 발전하였다. 피지배층과 구분되는 지배자만을 위한 특수한 가옥, 특히 왕궁의 조영을 위해서는 건축기술만이 아니라 토목, 금속, 목공 등 다양한 기술이 뒷받침되어야 한다.

왕궁과 짝을 이루는 다양한 시설물, 특히 종교적인 사원의 건축은 사회의 통합과 유지를 위해서 반드시 필요한 장치였다. 일반적인 수혈 가옥과는 차원이 다른 거대한 사원은 부지의 확보와 지반 강화가 선결되어야 하므로 이에 조응한 각종 토목기술이 개발되었다. 일반 민간의 가옥은 청동기시대 이래의 전통적인 구조와 기술을 서서히 발전시킨 것임에 비해, 궁궐과 관아, 사원 등의 대형 구조물은 전통적인 기술과 외래 기술을 융합하여 새롭게 만든 한국적 토목문화의 결과물이었다.

죽은 왕의 시신을 온전하게 모시는 본연의 임무를 넘어서서 일반 민중에게 왕실과 국가의 존엄성을 강조하고 과시하기 위한 방편으로 특별한 고분, 즉 왕릉이 출현하였다. 왕릉의 축조에는 높고 큰 봉토, 혹은 적석부를 만들기 위한 여러 가지 기술을 필요로 하였다. 왕릉의 붕괴를 막기 위한 여러 가지 지구과학적, 공학적 지식도 발휘되었다. 왕궁과 사원 건축에서 발휘되던 기술, 특히 자연지형을 정지하고 지반을 강화하는 기술은 왕릉 조영에도 동일하게 발휘되었다. 특히 왕릉의 주변에 담장과 계단, 부속 건물이 들어서는 통일신라 이후의 왕릉 조영에는 건축과 토목기술이 망라되었다. 조선시대에 들어와 연지가 왕릉의 부속 시설로 추가되면서 수리관개기술이 결합되고, 인공적인 조림이 행해지면서 조경도 중요하게 취급되었다.

도성제가 본격화되면서 왕궁과 종교 시설, 귀족과 평민의 주거를 포함하는 도시가 형성되었고, 그 외곽에 고분군이 마련되었다. 정치, 경제, 외교의 중심 역할을 하던 도시가 도성으로, 중심 고분군은 왕릉 묘역으로 승격되었다. 도시를 보호하기 위한 방어시설로서 토성과 석성, 평지성과 산성 등 다양한 성곽이 출현하였다.

농업의 비중이 증대되는 추세에 더하여 물을 안전하고 효율적으로 관리할 필요가 증대하였다. 이에 수문학적 지식과 토목적인 지식을 겸비한 수리 전문가도 등장하였다.

이러한 과정을 거치면서 토목기술을 몸에 익힌 전문가가 출현하였다. 토목 및 건축기술은 장인 중심의 도제 제도에 의한 전승이라는 형태로 지속되어왔으며, 이론을 바탕으로 하지만 시도와 오류라는 실험적 방법론에 의해 그 기술이 정립되는 특징이 있다. 그럼에도 불구하고 이들을 확보하기 위한 국가 차원의 교육이 이루어졌다.

고대의 토목기술자들은 건축, 조경, 수리는 물론이고 철물, 와전 등의 수공업 생산, 회화, 천문, 지리, 역법, 술수, 풍수 등에도 능한 경우가 대부분이었다. 이러한 세부 분야는 상호 융합되어야 큰 효과를 낼 수 있었다. 가령 도성을 만들기 위해서는 토목이나 건축에 한정된 지식만으로는 불가능하였다. 목재와 석재, 철물의 생산과 운반이라는 큰 과제를 함께 풀어야만 하였다. 조선 왕릉의 축조에는 산릉의 위치 선정을 위한 풍수, 능역을 조성하기 위한 토목 작업, 식생과 조림(조경), 정자각 등 부속 건물의 건축, 물의 관리(수리), 공역에 필요한 각종 자재의 생산과 수급, 현실 내부의 벽화 등 다방면의 기술이 동원되었던 것이다. 결국 기술자들은 세부 분야들을 어떻게 조합하고 조직하는가 하는 과제를 잘 풀어야 했다. 중국과 한국의 각종 기술서의 항목과 기술자 집단의 분류 방식이 변화하는 것은 사회의 변화와 수요에 조응하였기 때문이다. 고려와 조선에서 토목, 건축 분야를 관장하던 공조의 속사와 속아문의 변화 양상이 그 증거이다.

현재 우리가 생각하는 토목과 건축의 분류와는 다른 차원의 분류가 전통시대에 이루어진 것은 사회적 발전 수준의 차이가 개재하기 때문일 것이다. 다른 차원에서 보자면 또 다른 형태의 분류 기준이 필요한 사회가 미래에 도래할 가능성을 보여준다.

4. 토목유산의 현재와 미래

세계 각국은 자국의 자연유산, 기록유산, 무형유산, 문화유산을 유네스코 세계유산에 등재하기 위한 노력을 경주하고 있다. 세계문화유산에 이미 등재된 국내 유산 중에는 토목구조물의 비중이 매우 높다. 근래에는 전통시대의 토목, 건축, 수리시설만이 아니라 근현대의 역사를 반영하는 다양한 유산으로 등재 대상이 확장되고 있는 추세이지만 앞으로도 전통 토목유산의 비중은 결코 줄어들지 않을 것이다.

2015년도에 "백제역사유적지구", 2018년도에 "산사, 한국의 산지승원", 2019년에 서원이 세계문화유산에 등재되었다. 현재 "백제역사유적지구"의 확장 등재와 "가야고분군"의 신규 등재가 추진 중이다. 이미 등재된 유산 중에는 "경주역사유적지구", "불국사와 석굴암", "남한산성", 북한의 "고구려고분군", "개성역사유적지구" 등이 주목된다.

"백제역사유적지구"는 시간적으로 백제 웅진기(475~538년)와 사비기(538~660년), 지역적으로는 공주와 부여, 익산에 소재하는 유산을 대상으로 한다. 구체적으로 살펴보면 공주에서는 공산성, 송산리고분군 등 2개소, 부여에서는 나성, 관북리와 부소산성, 정림사지, 능산리고분군 등 4개소, 익산에서는 미륵사지, 왕궁리유적 등 2개소가 선정되었다. 총 8개의 유산은 왕궁 및 방어시설, 왕릉, 국가적 종교 시설 등 3개의 범주에 포함되며 이를 관통하는 키워드는 도성제이다.

문제는 시간적으로 백제사의 절반 이상을 차지하는 한성기(?~475년)의 유산이 통째로 누락된 점, 그리고 공주, 부여, 익산에 소재하는 유산 중 그 가치가 높음에도 불구하고 누락된 경우가 적지 않다는 점이다. 전자와 관련해서는 서울 풍납토성, 몽촌토성, 석촌동고분군을 대상으로 확장 등재 움직임이 일고 있고, 후자와 관련해서는 공주, 부여, 익산의 새로운 유산을 선정하고 그 가치를 규명하는 작업이 진행 중이다. 유력한 후보로는 공주의 대통사지, 부여의 능산리사지와 왕흥사지, 익산의 쌍릉과 제석사지 등이 거론되고 있다.

"가야고분군"은 김해, 고령, 함안, 합천, 고성, 창녕, 남원 등지에 분포하는 가야고분군을 대상으로 하며, 그 발생과 발전, 소멸의 과정을 보여주는 방식으로 등재 운동이 준비 중이다. 김해의 대성동고분군은 금관가야, 고령의 지산동고분군은 대가야, 함안의 말산리고분군은 아라가야, 합천의 성산리 옥전고분군은 다라국, 고성의 송학동고분군은 소가야의 왕릉군에 해당된다. 창녕 교동과 송현동고분군은 비자벌의 왕릉에 해당되며 남원 유곡리와 두락리고분군을 남긴 실체는 문헌에 나오는 기문국과 관련된 것으로 추정된다. 이렇듯 경남과 경북, 전북의 중요 고총들이 대거 포함되어 있는 점에 "가야고분군"의 특징이 있다.

그런데 이 모든 유산들은 이미 앞에서 여러 번 거론한 토목유산에 속한다는 공통점을 지니고 있다. 풍납토성과 몽촌토성은 도성제와 토성 항목에서 다루었고, 석촌동고분군과 송산리고분군, 능산리고분군, 쌍릉은 백제 고분 항목에서, 가야고분군은 신라와 가야고분군이란 항목에서 다루었다. 정림사지와 미륵사지 등의 사지는 이 책에서 본격적으로 다루지는 않았으나 도성제와 지형의 변형이란 항목에서 일부 언급이 있었다.

결국 세계유산에 등재되었거나 미래에 등재될 유산의 대다수가 토목, 혹은 건축유산이란 점이 확인된다. 이는 이웃한 중국이나 일본, 베트남도 마찬가지여서 고대와 중세의 성과 도시, 왕릉, 사원과 신사, 수리관개시설은 세계문화유산의 주요 대상이 된다. 세계유산학에서 넓은 의미의 토목문명[2]이 얼마나 큰 비중을 차지하는지를 잘 보여주는 현상이다. 그렇다면 한국 전통시대의 토목문명사 연구는 자연스럽게 세계유산학과 연결된다.

"백제역사유적지구"의 OUV(Outstanding Universal Value)로 기준 2번과 3번이 채택되었는데 그중 2번은 국제 교류에 무게가 두어진다. 현재 등재운동이 추진 중인 "가야고분군"이나 일본의 "사이토바루(西都原)고분군"역시 2번 기준을 내세울 가능성이 높다. 토목구조물이야말로 국제적인 기술과 인간, 관념과 사상의 교류를 가장 잘 보여주기 때문이다.

유네스코가 추구하는 목표가 세계평화란 점을 감안하면 자국과 자민족의 우수성을 강조하는 방식보다는 국가 간, 지역 간 평화로운 교류의 가치를 보다 높게 평가하는 것은 당연하다. 이 점에서도 우리의 토목유산은 중요한 역할을 할 수 있다. 토성과 석성의 축조 기술, 도성의 구조와 운영체제, 고분 축조 기술, 그리고 기술자와 기술서의 보급 등에서 중국과 한국, 일본 등 동북아시아 3국은 상호 긴밀한 관계를 맺어왔다.

그중에서도 많은 사람을 풍요롭게 해주는 농업유산은 앞으로 활용도가 매우 높다. 동북아시아 삼국은 전통적으로 농업을 주요 산업으로 발전시켜왔으며 이에 필요한 수리관개시설을 발전시켰다. 고대 한국의 수리관개유산으로는 김제 벽골제, 제천 의림지, 영천 청제, 상주 공검지, 울산 약사동제방, 함안 가야리제방이 대표적이다. 구조와 원리에서는 약간의 차이가 있으나 도강언(都江堰), 안풍당(安豊塘), 정국거(鄭國渠) 등도 중국의 대표적인 수리관개시설이다. 일본에서는 미즈키(水城), 사야마이케(狹山池), 사츠마이케(薩摩池) 등 고대 한국의 수리관개시설의 영향에서 만들어진 유산들이 규슈(九州)와 혼슈(本州)에 많이 분포한다. 몇몇 연구자들은 중국과 한국, 일본의 수리관개유산을 연속 유산으로 묶어서 세계문화유산에 등재할 것을 고려하고 있다. 가까운 미래에 실현될지 여부는 알 수 없으나 전근대의 토목구조물이 세계문화유산으로, 그것도 과거의 평화롭던 시대를 상징하는 유산으로 활용될 수 있음을 보여준다. 거대 토목구조물이 자국, 자민족의 우수한 민족문화를 선전하는 도구로 이용되던 시대를 넘어서 평화와 교류의 상징으로 자리매김할 날이 올 것이다.

1장 머리말

1. "周公制禮而有九數, 九數之流則九章是矣.", "漢北平侯張蒼·大司農中丞耿壽昌皆以善 算命世. 蒼等因舊文之遺殘, 各稱刪補, 故校其目則與古或異, 而所論多近語也."[劉徽, "劉徽九章算術注原序",『九章算術』(四部叢刊本)].

2. 陳直, "九章算術著作的年代",『西北大學學報(自然科學版)』1期(1957).

3. 유일본(孤本)으로 잔권(殘卷) 전오권(前五卷)만 남아 있다.

4. 李約瑟, "數學",『中國科學技術史』(北京: 科學出版社, 2012), 57쪽.

5. 金虎俊, "九章算術·綴術與朝鮮半島古代數學教育",『數學史研究論文』第4輯(1993).

6. 呂變庭, "營造法式的技術哲學思想探析",『井岡山大學學報(社會科學版)』6期(2010), 44쪽.

7. "元祐六年十月丙子; … 有手藝者試驗, 改刺充工匠."(『續資治通鑒長編』卷467).

8. "比類增減"[李誠 著, 鄒其昌 點校,『營造法式』卷2 (北京, 人民出版社, 2006), 18쪽].

9. 李華東, "韓國高麗時代木構建築和營造法式的比較",『建築史論文集』1期(2000).

10. 溫廷寬, "天工開物簡介",『文物』3期(1959).

11. 常佩雨, "17世紀科技巨著-'天工開物'",『文史知識』3期(2016).

12. 전상운,『한국과학기술사』(과학세계사, 1966).

13. 최주,『천공개물』(전통문화사, 1997).

14. "王命西部大人蓋蘇文, 監長城之役."(『三國史記』卷20, 高句麗本紀, 榮留王25年).

15. 수 양제의 고구려 정벌 과정에서 도로와 성지 구축에 참여했던 염립덕도 이와 같 은 맥락으로 볼 수 있다.

16. 『三國史記』卷23, 百濟本紀, 多婁王6年;『三國史記』卷23, 百濟本紀, 己婁王40年.

17. 『日本書紀』卷14, 雄略天皇7年.

18. "一日王與夫人欲幸師子寺至龍華山下大池邊, 彌勒三尊出現池中, 留駕致敬. 夫人謂王

曰, '須創大伽藍於此地. 固所願也.' 王許之. 詣知命所問塡池事, 以神力一夜頹山塡池

爲平地. 乃法像彌勒三會·塔·廊廡各三所創之, 額曰彌勒寺. 國史云王興寺, 眞平王遣

百工助之, 至今存其寺."(『三國遺事』, 卷2 紀異).

19. "三月, 創造皇龍寺塔, 從慈藏之請也."(『三國史記』卷5, 新羅本紀, 善德王14年).

20. "貞觀十七年癸卯十六日, 將唐帝所賜經·像·袈裟·幣帛而還國, 以建塔之事聞於上. 善

德王議於群臣, 群臣曰 請工匠於百濟然後可. 乃以寶帛請於百濟. 匠名阿非知受命而

來經營木石, 伊干龍春 一云龍樹. 幹蠱率小匠二百人. 初立利柱之日匠夢本國百濟滅亡

之狀. 匠乃心疑停手, 忽大地震動, 晦冥之中有一老僧一壯士自金殿門出乃立其柱, 僧

與壯士皆隱不現. 匠於是改悔畢成其塔."(『三國遺事』卷3, 塔像).

21. 朴南守,『新羅手工業史』(신서원, 1996), 264-266쪽.

22. "十三年(470년), 築三年山城 三年者, 自興役始終三年訖功, 故名之."(『三國史記』卷3,
    新羅本紀, 慈悲 麻立干13年).

23. "九年, 春二月, 置神宮於奈乙. 奈乙始祖初生之處也."(『三國史記』卷3, 新羅本紀, 炤
    知 麻立干9年).

24. "十八年(531년), 春三月, 命有司修理堤防."(『三國史記』卷3, 新羅本紀, 法興王18年),

25. "二十七年, 春二月, 祇園·實際二寺成."(『三國史記』卷4, 新羅本紀, 眞興王27年).

26. 이충선, "조선전기 관영수공업 체제의 재건과 운영"(한신대학교 석사학위논문,
    2011), 12-15쪽.

27. 이현진,『왕의 죽음, 정조의 국장』(글항아리, 2015), 69쪽.

28. 이충선, 앞 글, 21-22쪽.

29. 이현진, 앞 책, 14쪽.

30. 정해득, "正祖時代 顯隆園 造成과 水原 移邑 硏究"(경기대학교 박사학위논문,
    2008), 27-33쪽.

31. 쇠가죽, 새끼 등의 끈과 나무를 이용한 들것의 일종, 2명 이상이 앞뒤로 들고 그 위
    에 무거운 물건을 올리고 운반한다.『화성성역의궤』에서 그 형태를 알 수 있다.

32. 이현진, 앞 책, 85쪽.

33. 김선희, "華城留守 趙心泰 연구",『조선시대사학보』, 50(2009).

34. 1789년부터 1799년까지 현륭원과 관련하여 무려 526만여 그루의 나무가 식수되
    었으며 도토리를 비롯한 종자의 파종량도 엄청났다. (정해득, 앞 글, 100쪽). 따라서
    대규모 토목공사에 수반한 조경공사의 재원, 인력동원, 기술도 중요한 연구주제임
    을 알 수 있다.

35. "景公新成柏寢之室, 使師開鼓琴, … 曰"(『晏子春秋』卷6, 內篇).

36. "幷移舊社·舊巷·棟宇·物色惟舊. 士女老幼相携路首, 各知其室."(『西京雜記』卷2).

37. "以軍匠從起郏, 入漢, 後爲少府, 作長樂·未央宮, 築長安城先就."(『漢書』卷16, 功臣表).

38. "封都匠仇延爲邯淡里附城."(『漢書』卷99).

39. "王景字仲通, 樂浪誹邯人也. …辟司空伏恭府. 時有薦景能理水者, 顯宗詔與將作謁者王吳共修作浚儀渠. 吳用景堰流法, 水乃不復爲害. …明年, 遷廬江太守. 先是百姓不知牛耕, 致地力有餘而食常不足. 郡界有楚相孫叔敖所起芍陂稻田. 景乃驅率吏民, 修起蕪廢, 教用犁耕."(『後漢書』卷76, 循吏列傳, 王景).

40. "妖賊盧悚晨入殿庭, 游擊將軍毛安之等討擒之."(『晉書』卷9, 帝紀).

41. "郭善明甚機巧, 北京宮殿, 多其製作."(『魏書』卷91, 列傳).

42. "沖機敏有巧思, 北京明堂·圓丘·太廟, 及洛都初基, 安處郊兆, 新起堂寢, 皆資於沖."(『魏書』卷53, 列傳).

43. "掌天下百工, 屯田, 山澤之政令."(『唐六典』卷7).

44. "掌供邦國修建土木工匠之改令, 總四署·三監·百工之官屬, 以供其職事."(『唐六典』卷23).

45. "國初二閻擅美匠學, 楊·展精意."(『歷代名畫記』卷1, 論畫山水樹石).

46. "凡興建修築, 材木·工匠則下少府·將作, 以供其事"原註: "少府監匠一萬九千八百五十人, 將作監匠一萬五千人, 散出諸州, 皆取材力强壯·伎能工巧者."(『唐六典』, 工部).

47. "勅東都已來九行宮, 宜令度支郎官一人, 領都料匠, 緣路簡計及雒城宮闕, 與東都留守商議計料分析聞奏."(『冊府元龜』卷14).

2장 성곽과 토목

1. 황보은숙, "신라의 왕경과 지방도시", 중앙문화재 엮음, 『신라고고학개론 上』(진인진, 2014), 59-60쪽.

2. 이은석, "왕경의 성립과 발전", 『통일신라의 고고학』(제28회 고고학대회 발표요지문, 2004), 10쪽.

3. 방리제의 시행은 기존에 존재하던 단위정치체로서의 부의 자치력과 독자성이 약화되었다는 의미이다. [노태돈, 『한국고대사』(경세원, 2014), 89쪽] 이런 점에서 신라

사회의 질적인 변화를 상징하는 사건이다.

4. 이은석, 앞 글, 12-13쪽.

5. 최병현,『신라고고학연구』(일지사, 1992).

6. 홍보식, "신라 도성의 건설과 구조", 대한문화재연구원 엮음,『삼국시대 고고학개론 I
―도성과 토목편―』(진인진, 2014), 155쪽.

7. 이은석, 앞 글, 13쪽.

8. 이은석, 같은 글, 14쪽.

9. 신창수, "신라의 왕경",『강좌 한국고대사』7 (가락국사적개발연구원, 2002).

10. 황보은숙, 앞 글, 83쪽.

11. 황보은숙, 같은 글, 77쪽의 표 2.

12. 이은석, 앞 글, 15쪽.

13. 여호규, "고구려 國內城 지역의 건물유적과 都城의 공간구조",『한국고대사연구』,
66(2012), 45쪽.

14. 여호규, "고구려 도성의 구조와 경관의 변화", 대한문화재연구원 엮음,『삼국시대 고
고학개론 I ―도성과 토목편―』(진인진, 2014), 70-85쪽.

15. 영남문화재연구원,『경주 모량·방내리 도시유적』(2015).

16. 홍보식, 앞 글, 191쪽.

17. 권오영, "토목기술과 도성조영", 대한문화재연구원 엮음,『삼국시대 고고학개론 I ―
도성과 토목편―』(진인진, 2014), 50쪽.

18. 김동욱,『실학 정신으로 세운 조선의 신도시』(돌베개, 2002), 64-70쪽.

19. 김재홍, "경주 월성의 고고·역사학적 의미와 발굴타당성 검토",『경주 월성의 보존
과 활용』(국립경주문화재연구소, 2013).

20. 八賀晉, "都城造營の技術",『都城の生態』(東京: 中央公論社, 1987), 164-165쪽.

21. 곽종철 외, "신라의 토목", 중앙문화재연구원 엮음,『신라고고학개론 上』(진인진,
2014), 356쪽.

22. 심정보, "성곽문화재 조사의 현재와 미래", 한국문화재조사연구기관협의회 편,『성
곽 조사방법론』(사회평론아카데미, 2013), 24쪽.

23. 김동욱, 앞 책, 72-73쪽.

24. 奈良國立文化財研究所·朝日新聞大阪本社企劃部,『平城京展』(奈良: 朝日新聞大阪
本社企畵部, 1989), 14쪽.

25. 홍보식, 앞 글, 162쪽.

26. 박순발, "백제 도성의 시말", 『중앙고고연구』, 12(2013), 16-17쪽.

27. 김동욱, 앞 책, 86-87쪽.

28. 김동욱, 같은 책, 134쪽.

29. 김낙중, "백제의 도성", 대한문화재연구원 엮음, 『삼국시대 고고학개론Ⅰ ―도성과 토목편―』(진인진, 2014), 131쪽.

30. 황보은숙, 앞 글, 75쪽.

31. 곽종철 외, 앞 글, 352쪽.

32. 여호규, "고구려 國內城 지역의 건물유적과 都城의 공간구조", 56쪽.

33. 여호규, 같은 글, 73쪽.

34. 山本孝文, "백제의 사비천도와 주변취락의 동향", 한일취락연구회 편, 『한일취락연구』(서경문화사, 2013).

35. 박순발, "웅진천도 배경과 사지도성 조영과정", 『백제도성의 변천과 연구상의 문제점』(국립부여문화재연구소, 2003).

36. 이성호, "역사도시 연구를 위한 고대 지형복원 ―백제 사비도성을 중심으로―"(한양대학교 석사학위논문, 2012).

37. 이명호, "익산 왕궁성의 대지조성과 성벽 축조방식에 관한 연구", 『익산 왕궁리유적의 조사성과와 의의』(국립부여문화재연구소, 2009).

38. 허진아, "성토대지 조성을 통해 본 사비도성의 공간구조 변화와 운용", 『호서고고학』, 22(2010).

39. 곽종철 외, 앞 글, 350쪽.

40. 이은석, 앞 글, 13쪽.

41. 이은석, 같은 글, 9쪽.

42. 이기봉, "신라왕경의 범위와 구역에 대한 지리적 연구"(서울대학교 박사학위논문, 2002).

43. 이근직, "신라 왕경의 형성과정과 사원", 『동악미술사학』, 11(2010).

44. 곽종철 외, 앞 글, 365쪽.

45. 담장 내부의 황룡사 내부 면적은 82,000m^2에 달한다. (곽종철 외, 같은 글, 376쪽) 따라서 지반 조성이 이루어진 면적은 이보다 넓었던 셈이다.

46. 곽종철 외, 같은 글, 376-377쪽.

47. 곽종철 외, 같은 글, 378-379쪽.

48. 석굴암에 대한 종합적인 연구 성과와 과제에 대해서는 동국대 신라문화연구소 편,

『石窟庵의 新研究』(경주시 신라문화선양회, 2000) 참조.

49. 이경찬, "백제 후기 익산 왕궁리유적의 도성계획사적 의미", 『고대 동아세아 도성과 익산 왕궁성 —상—』(국립부여문화재연구소, 2014).

50. 홍보식, 앞 글, 184쪽.

51. 여호규, "한국 고대의 지방도시", 『강좌 한국고대사』 7 (가락국사적개발연구원, 2002), 123쪽.

52. 송기호, "발해 오경제의 연원과 역할", 『강좌 한국고대사』 7 (가락국사적개발연구원, 2002), 240쪽.

53. 이정희, "백제도로의 축조기술 연구" (충북대학교 석사학위논문, 2015); 이판섭, "백제 교통로의 고고학적 연구" (충남대학교 박사학위논문, 2015).

54. 국립문화재연구소 편, 『風納土城XI』(국립문화재연구소, 2009), 335-338쪽.

55. 한성백제박물관, "한국고고학 중요유적 —몽촌토성 내 백제시대 도로 확인", 『(2014)한국고고학저널』(국립문화재연구소, 2015).

56. 나건주, "한국고고학 중요유적 —부여 쌍북리유적", 『(2014)한국고고학저널』(국립문화재연구소, 2015), 46-51쪽.

57. 8세기 중엽 이곳에 지방관으로 파견되어 있던 백제왕경복(百濟王慶福)이 백제 멸망 후 일본으로 이주한 의자왕 후손임을 감안할 때 백제의 토목기술이 일본에 전래된 또 하나의 증거가 될 것이다.

58. 이은석, 앞 글, 16쪽.

59. 박방룡, "신라 도성 연구" (동아대학교 박사학위논문, 1998).

60. 곽종철 외, 앞 글, 380쪽.

61. 이은석, 앞 글, 22쪽.

62. 소배경, "통일신라시대 간선도로의 구조와 특징", 이상길교수추모논문집간행위원회 편, 『우행 이상길 교수 추모 논문집』(진인진, 2015), 916-918쪽.

63. 소배경, 같은 글, 930-931쪽.

64. 황보은숙, 앞 글, 74-75쪽.

65. 이은석, 앞 글, 15쪽.

66. 국립부여박물관, 『백제 중흥을 꿈꾸다 —능산리사지』(2010), 42쪽.

67. 정해득, 앞 글, 106-107쪽.

68. 여호규, "고구려 國內城 지역의 건물유적과 都城의 공간구조", 83쪽.

69. 곽종철 외, 앞 글, 367쪽.

70. 中野義文, "金銀山開發をめぐる鉛需要ついて", 『大航海時代の日本と金屬交易』 (京都: 思文閣出版, 2014), 115쪽.

71. 歷史民俗博物館 외, 『東アジア中世海道 -海商·港·沈沒船-』 (東京: 每日新聞社, 2005), 130-135쪽.

72. 곽종철 외, 앞 글, 389쪽.

73. 여호규, "고구려 國內城 지역의 건물유적과 都城의 공간구조", 80-81쪽.

74. 권오영, "백제 한성기의 도성과 지방도시", 『고고학』, 11-3(2012), 88-93쪽.

75. 박순발, "백제 한성기의 지방도시", 『백제의 왕권은 어떻게 강화되었나 ―한성백제의 중앙과 지방―』 (한성백제박물관, 2014).

76. 여호규, "한국 고대의 지방도시", 113쪽.

77. 박태우, "통일신라시대의 지방도시에 대한 연구", 『백제연구』 18(1987).

78. 박태우, 같은 글, 62-63쪽.

79. 영남문화재연구원, 『상주 복룡동 397-5번지 유적』 (2006); 영남문화재연구원, 『상주 복룡동 256번지 유적』 (2008); 영남문화재연구원, 『상주 복룡동 10-4번지유적』 (2009); 영남문화재연구원, 『상주 복룡동 230-3번지유적』 (2009).

80. 박달석, "통일신라시대 사벌주의 리방제 검토", 『대동고고』, 1(2007).

81. 이은석, "상주 복룡동유적과 경주 왕경", 『영남문화재연구』 24(2011), 161쪽.

82. 홍성우, "통일신라시대 康州(菁州)의 치소연구", 이상길교수추모논문집간행위원회 편, 『우행 이상길 교수 추모 논문집』 (진인진, 2015).

83. 삼강문화재연구원, 『진주 무촌V』 (2011); 삼강문화재연구원, 『진주 무촌VI』 (2011).

84. 조현정, "진주 무촌유적과 신라의 지방관아", 이상길교수추모논문집간행위원회 편, 『우행 이상길 교수 추모 논문집』 (진인진, 2015).

85. 박태우, 앞 글, 60-62쪽.

86. 국립청주박물관 편, 『국원성·국원소경·중원경』, (통천문화사; 청주박물관, 2012).

87. 여호규, "한국 고대의 지방도시", 156쪽.

88. "自今凡有造營, 并先定地圖, 然後興工, 不得隨時改革." (『續資治通鑑長編』卷71).

89. "掌天下城郭·宮室·舟車·器械·符印·錢幣·山澤·苑有·河渠之政. 凡營繕, 歲計所用財物, 關度支和市, 其工料, 則筋少府, 將作監檢計其所用多寡之數." (『宋史』卷163, 職官).

90. 中國科學院自然科學史研究所, 『中國古代建築技術史』 (北京: 科學出版社, 1985), 509쪽.

91. (宋) 任廣, 『書敍之南』, 文淵閣四庫全書 第920冊, 564-565쪽.

92. "郎中一員, 外郎一員, 主事二人, 令史十二人, 書令史二十一人, 亭長六人, 掌固八人. 郎中·員外郎之職, 掌經營興造之衆務. 凡城池之修濬, 土木之繕葺, 工匠之程式, 鹹經度之. 凡京師·東都有營繕, 則下少府·將作, 以供其事."(『舊唐書』卷43).

93. "若制作·營繕·計置·採伐所用財物, 按其程式以授有司, 郎中, 員外郎參掌之. 其工料, 則飭少府·將作監檢計其所用多寡之數. … 監掌宮室·城郭·橋梁·舟車營繕之事, 少監爲之貳, 丞參領之. 凡土木工匠板築造作之政令總焉. 辨其才幹器物之所須, 乘時儲積以待給用, 庀其工徒而授以法式；寒暑蚤暮, 均其勞逸作止之節."(『宋史』卷163)；"凡營造有計帳, 則委官覆視, 定其名數, 驗實以給之."(『宋史』卷163).

94. "隸戶·工部, 掌覆實營造材物·工匠價直等事."(『金史』卷55).

95. 劉俊文, 『唐律疏義箋解』(北京: 中華書局, 1996), 1208쪽.

96. 天一閣博物館, 『天一閣藏明鈔本天聖令校訂』(北京: 中華書局, 2006), 187쪽, 343쪽.

97. (明) 失名, 『諸司職掌』, 續修四庫全書 第748冊, 745쪽.

98. "壕寨使, 掌造營·浚築及次舍下寨."(『資治通鑑』卷288, 胡三省注).

99. "郡守趙朝奉亦嘗借到壕寨李忠相視計料."[(宋) 黃榦, 『勉齋先生黃文肅公文集』, 宋集珍本叢刊 第66冊].

100. "南京(開封)提擧京城所提擧一員, 正七品. 同提擧一員, 從七品. 掌本京城壁及繕修等事, 不常置. 上京管勾一員, 正八品, 掌佐繕治. 受給官一員, 掌收支之事. 壕寨官一員, 掌監督修造."(『金史』卷57).

101. "至元十九年, 罷宮殿府行工部, 置大都留守司, 兼本路都總管, 知少府監事."(『元史』卷90, 百官).

3장 수리와 관개

1. 성정용, "우리나라 先史~中世 水利施設의 類型과 發達過程", 『韓國上古史學報』 87(2015), 77-98쪽.

2. 성정용, 같은 글, 77-98쪽.

3. 다음 백과사전, "벼의 생육환경", http://100.daum.net/encyclopedia/view/b09b2781b006 (2019. 2. 23 접속).

4. 尹武炳, "金堤 碧骨堤 發掘報告", 『百濟硏究』, 7(1976), 67-92쪽. (尹武炳, 충남대학교

백제연구소, "金堤 碧骨堤 發掘報告", 『百濟考古學研究』 7 [百濟研究所, 1992], 345-376쪽에 전재)

5. 成正鏞, 『唐津 合德堤』 (忠南大學校博物館, 2002).

6. 계명대학교 한국학연구원, 『한·중·일의 고대 수리시설 비교연구』 (2006).

7. 김주용, "의림지 2차조사성과 ─의림지 축성물과 호저퇴적층 산상연구를 중심으로─", 『의림지의 탄생배경과 그 역사성』 (충북대학교 중원문화연구소 제천의림지 국제학술회의 발표자료집, 2009), 25-46쪽; 양기석, "제천 의림지의 역사성과 가치", 『의림지의 탄생배경과 그 역사성』 (충북대학교 중원문화연구소 제천의림지 국제학술회의 발표자료집, 2009), 125-146쪽; 성정용, "고대 수리시설의 발달과정으로 본 의림지의 특징과 의의", 『중원문화연구』 14(2010), 1-13쪽.

8. 대한문화유산연구센터·우리문화재연구원, 『古代 동북아시아의 水利와 祭祀: 鳥城里에서 藥泗洞까지』 (대한문화유산연구센터, 2010).

9. 김상호, "조선전기의 수전농업연구 ─조방적 농업에서 집약적 농업으로의 전환", 『문교부 학술연구보고』 인문과학편 (문교부, 1969).

10. 장호, "벽골제와 그 주변의 지형 및 지리적 변천에 관한 고찰", 『문화역사지리』 1 (한국문화역사지리학회, 2008).

11. "以巫言遣內侍奉說決金堤郡新築碧骨池堰." 무당의 말을 믿고 내시 봉설을 파견하여 김제군에서 새로 수축한 벽골지의 언을 터놓게 하였다. (『高麗史』 卷17, 仁宗 24年 庚申)

12. 金義中·成正鏞, "서·중앙아시아의 지하관개수로", 『水利·土木考古學의 現狀과 課題』 ((財)우리文化財研究院·水利土木研究會 共同 國際學術發表會 資料集, 2014).

13. 권오영, "동남아시아 고대국가의 수리시설과 수자원 관리체계", 『韓國上古史學報』 92(2016), 5-33쪽.

14. 필자는 하천에서 나눈 물을 수로를 통해 끌어가 관개한다는 의미에서 이러한 체계를 '인수관개유형(引水灌漑類型)'이라 불렀던 바 있으며, 이와 함께 축제저수관개유형(築堤貯水灌漑類型) 및 축제보전유형(築堤保田類型)을 설정한 바 있다. (성정용, "동아시아 고대 수리토목기술의 발달과 확산", 『한국고대의 수전농업과 수리시설』 [서경, 2010]) 그런데 인수관개체계는 기본적으로 하천의 물을 나누어 인공적으로 만든 수로를 통해 흘려보내 농경지를 관개하는 것이기 때문에, 인수보다는 '분수(分水)'체계로 표현하는 것이 좀 더 의미를 전달하기 용이할 것으로 생각된다.

15. 보는 일반적으로 하천 수심보다 조금 높거나 낮게 축조하여 유속을 늦추는 한편

인공수로로 흘려보내고도 남는 물이 있을 경우 자연스럽게 보 전체에서 넘치도록 되어 있다. 이에 비해 우리가 흔히 보는 저수지들도 하천을 막는다는 점에서는 보와 차이가 없는 것 같지만, 저수를 위해 만든 댐이 하천 물을 완전히 막아 가두어 두고 넘치는 물은 제방 한쪽 끝에 만든 무너미[餘水吐]를 통해 흘러가도록 만든 점에서 차이가 있다. 4대강에 설치된 대형 보들은 수문을 닫음으로써 물을 완전히 가두어둘 수 있다.

16. 벼는 전술한 대로 고온성 작물이라 수온이 조금만 차가워도 냉해를 입기 쉽기 때문에, 산에서 내려오는 차가운 물을 막아 한동안 햇볕을 쬐임으로써 조금이라도 수온을 상승시킨 다음 논에 물을 공급하는 것이 바람직하다. 우리가 주변에서 흔히 볼 수 있는 관개용 저수지들은 모두 이러한 역할을 일정하게 담당하고 있다.

17. 李弘鍾·朴性姬,『麻田里 遺蹟』(高麗大學校 埋藏文化財研究所, 2004).

18. 고경진, "한국의 수리시설—조성리 저습지유적 洑를 중심으로—",『고대 동북아시아의 水利와 祭祀』(대한문화유산연구센터, 2011), 342-373쪽.

19. 고경진, 앞의 논문, 348쪽.

20. 당진 합덕수리민속박물관에 전시되어 있는 구만리보에 대한 설명을 인용하였다.

21. 성정용, "우리나라 先史~中世 水利施設의 類型과 發達過程", 77-98쪽.

22. 어취(魚嘴)라 불리기도 함.

23. 비사언(飛沙堰)이라 불리기도 함.

24. 보병구(寶甁口)라 불리기도 함.

25. 王双恢, "중국 고대 수리시설의 특징과 변천양상",『중원문화연구』14(2010).

26. 王双恢, "중국 고대 수리공사의 건축법식 및 관련 기술 —鄭國渠 관개공사를 중심으로—",『고대 동북아시아의 水利와 祭祀』(대한문화유산연구센터, 2011), 448-466쪽.

27. 盧茂村, "說話 '七門堰'",『農業考古』86-1期(1986).

28. 성정용, "우리나라 先史~中世 水利施設의 類型과 發達過程".

29. 성정용, "고대 수리시설의 발달과정으로 본 의림지의 특징과 의의".

30. 박정화, "상주 공검지의 축조과정과 그 성격",『한중일의 고대수리시설 비교연구』(계명대학교 출판부, 2007); 경상북도문화재연구원, "상주 공검지 복원·정비 사업부지내 공검지 제방 유적",『學術調査報告』第204冊(2013).

31. 이보경, "울산 약사동 제방유적",『고대 동북아시아의 水利와 祭祀』(대한문화유산연구센터, 2011), 193-226쪽; 우리文化財研究院,『울산 우정혁신도시부지 2구역 1차

C2-B구간 내 蔚山 藥泗洞遺蹟』, 學術調査報告 53冊(2012).

32. 아치 구조는 건축학적으로 가장 안정된 구조의 하나로서 쐐기 모양 부재를 이용해 아치 모양을 만들 경우 아치에 가해지는 추력을 가장 효과적으로 분산시켜 안정성을 유지할 수 있다. 고분에서는 대표적으로 무령왕릉을 들 수 있으며 아치 모양으로 만든 터널 또한 추력을 분산시키기 위한 대표적인 구조물이다. 한편 아치 구조가 사방으로 연속된 것이 곧 돔형 천장이며, 고분의 궁륭형 천장이 이에 해당한다. (성정용, "우리나라 先史~中世 水利施設의 類型과 發達過程", 주 7).

33. 농림부·농업기반공사, 『농업생산기반정비사업계획설계기준 —필댐편—』 (이화, 2012), 254쪽.

34. 성정용, "우리나라 先史~中世 水利施設의 類型과 發達過程".

35. 1972년 8월 18~19일 제천 지역의 기록적인 호우(452mm)로 의림지 제방이 붕괴될 위험에 처하게 되자 주민들이 위험을 무릅쓰고 제방 한 부분을 터 물을 흘러나가게 함으로써 나머지 제방을 보존할 수 있었으며, 이때 제방 단면이 드러나면서 화강암 기반 위에 점토와 직경 30~50cm의 대목(大木)으로 기초를 만들고(이른바 內心壁) 그 위에 점질토와 부엽층이 있으며, 상부에는 점질토와 사질토를 이용하여 축조한 모습이 관찰되었다고 한다. (鄭印九, "義林池 築堤에 關한 一考察", 『韓國林學會誌』 23[1974]; 鄭印九, "千餘年前의 땜 築堤技術과 龍頭山의 林相 變遷", 『韓國庭苑學會誌』 1[1982]).

36. 성정용, "우리나라 先史~中世 水利施設의 類型과 發達過程".

37. 노중국, "한국 고대의 수리시설과 농경에 대한 몇 가지 검토", 『한국 고대의 수전농업과 수리시설』 (서경문화사, 2010), 11-49쪽.

38. 『後漢書』 列傳 76, 循吏列傳 66, 王景條; 『三國志』, 魏書, 武帝紀.

39. 성정용, "동아시아 고대 수리토목기술의 발달과 확산".

40. "重修碑郡之南十五里 許有大堤名曰碧骨 古人擧金堤古名因以爲號郡亦因是堤之築 改今名焉 堤之長六萬八百四十三尺 堤內周回七萬七千四百步 開五渠灌漑水田凡 九千八百四十結九十五負 古籍所載也 其第一曰水餘渠跨一水流至萬頃縣之南 第二曰長生渠跨二水流至萬頃縣之西潤富之源 第三曰中心渠跨一水流至古阜之北扶寧之東 第四曰經藏渠 第五曰流通渠竝跨一水流入仁義縣西 五渠所灌土皆沃饒是堤也." (『新增東國輿地勝覽』, 金堤郡 古跡條, 碧骨堤 所引 重修碑).

41. 노중국, "백제의 水利施設과 김제 벽골제", 『百濟學報』 4(2010), 27-41쪽.

42. 成正鏞, "金堤 碧骨堤의 性格과 築造時期", 『한중일의 고대수리시설 비교연구』 (계

명대학교 출판부, 2007); 곽종철, "청동기시대~초기철기시대의 수리시설", 『한국 고대의 수전농업과 수리시설』(서경문화사, 2010), 231-315쪽.

43. 황상일, "김제평야 충적층 규조분석을 통한 벽골제 초축 기능 연구", 『수리사적 측면에서 본 벽골제』(마한·백제문화연구소 사적 제11호 김제 벽골제 학술대회, 2019).

44. 성정용, "우리나라 先史~中世 水利施設의 類型과 發達過程".

45. 손정태, 『守山』(서울인쇄소, 1990).

46. 수산제의 성격에 대한 여러 견해들은 權純康·李保京, 「密陽水山堤の再檢討」, 『大阪府立狹山池博物館研究報告』 8(2014)의 논문에 잘 정리되어 있다.

47. 박종안, "密陽 水山堤에 대한 檢討", 『密陽文化』, 2005-6.

48. 權純康·李保京, 앞의 글, 23쪽.

49. 국농호 주변 충적지를 발굴 조사한다면 그 실체가 명확히 밝혀질 수 있을 것이나, 이 주장을 검증하기 위해 발굴 조사한다는 것은 현실적으로 어려운 일이다.

50. 우리文化財硏究院, 『咸安 伽倻里堤防』(2010).

51. 권순강, "함안 가야리 제방유적", 『고대 동북아시아의 水利와 祭祀』(대한문화유산 연구센터, 2011), 276쪽.

52. 박흥수, "신라 및 고려의 양전법에 관하여", 『학술원논문집(인문사회과학편)』 11 (학술원, 1972).

53. 金顯峻·張澈熙, "수문학적 분석을 통한 고대수리시설의 농업생산력에 관한 고찰", 『수리·토목고고학의 현상과 과제』(우리문화재연구원·수리토목연구회 공동 국제 학술발표회 논문집, 2014), 118쪽.

54. 권순강, 앞 글, 275쪽.

55. 성정용, "우리나라 先史~中世 水利施設의 類型과 發達過程".

56. 金義中·成正鏞, 앞 글.

57. 한국지리정보연구회, 『자연지리학사전』(한울아카데미, 2006).

58. 金義中·成正鏞, 앞 글.

59. 권오영, 앞 글.

60. 권오영, 같은 글.

61. 권순강, 앞 글.

62. 하천의 경우 제방을 쌓아 보호하는 곳이 제내지로 보는 것에는 전혀 문제가 없다. 다만 저수지의 경우 담수하는 곳을 제 내부로 흔히 부르고 있는 것과는 차이가 있

어 혼동의 여지가 없지 않은데, 일단 기준 통일을 위해 저수지의 경우에도 하천 구분을 준용하기로 한다.

63. 전덕재, "통일신라의 수리농법과 영천청제", 『한·중·일의 고대수리시설 비교연구』 (계명대학교 출판부, 2007). 한편 일본 오사카(大阪)의 사야마이케(狹山池)에서는 초축 당시 나무로 만든 수통이 발굴 조사 결과 확인된 바 있다. (小山田宏一, "狹山 池の堤の構造", 『大阪府立狹山池博物館研究報告』3 [大阪狹山: 大阪府立狹山池博 物館, 2006]).

64. 노중국, "한국 고대의 수리시설과 농경에 대한 몇 가지 검토".

65. 세조실록 권17 세조 5년 8월 신축조에 "堤堰 無洩水木桶 則易致決毀 請設水桶 大 堤三 中堤二 小堤一"라는 기록이 있다.

66. 노중국, "백제의 水利시설과 김제 벽골제".

67. 尹武炳, "金堤 碧骨堤 發掘報告".

68. 당시에는 준천(濬川)이란 표현을 사용하였다.

69. 『濬川稧帖』에 의하면 방민(坊民) 15만, 고정(雇丁) 5만 명, 전(錢) 35,000민(緡), 쌀 2,300석이 소요되었다고 한다. (『濬川稧帖』 [漢城: 濬川司, 1760]).

70. "七年 秋九月 高麗人 百濟人 任那人 新羅人並來朝. 時命武內宿禰 領諸韓人等作池 因以名池號韓人池." (『日本書紀』 卷10, 應神天皇 7年).

71. 권오영, "연구 동향: 일본 나라분지 남부의 최신 발굴조사 성과", 『백제학보』 3(2010), 104쪽.

72. 殷滌非, "安徽省壽縣安豊塘發現漢代閘壩工程遺址", 『文物』 60-1期(1960).

73. 이보경, "울산 약사동 제방유적"; 우리文化財研究院, 『울산 우정혁신도시부지 2구 역 1차 C2-B구간 내 蔚山 藥泗洞遺蹟』.

74. 수리시설 발달 과정 가운데 청동기~고려시대 부분은 필자의 전고(성정용, "우리나 라 先史~中世 水利施設의 類型과 發達過程", 89-93쪽)를 일부 수정 인용하였다.

75. 허의행, "湖西地域 靑銅器時代 灌漑體系와 展開樣相", 『湖南考古學報』 41(2012), 35-66쪽.

76. 성정용, "우리나라 先史~中世 水利施設의 類型과 發達過程".

77. 허의행, 앞 글, 59쪽.

78. 성정용, "우리나라 先史~中世 水利施設의 類型과 發達過程".

79. "命國人開稻田於南澤." (『三國史記』 卷24, 百濟本紀, 古爾王9年).

80. 성정용, "우리나라 先史~中世 水利施設의 類型과 發達過程".

81. 國立扶餘文化財研究所, 『宮南池』, 國立扶餘文化財研究所 學術研究叢書 第21輯 (1999).

82. 성정용, "우리나라 先史壩中世 水利施設의 類型과 發達過程".

83. "新築矢堤 岸長二千一百七十步"(『三國史記』卷3, 新羅本紀, 訥祗麻立干 13年).

84. 한국민족문화대백과사전, "영천 청제비", http://encykorea.aks.ac.kr/Contents/Search Navi?keyword=%EC%B2%AD%EC%A0%9C%EB%B9%84%20%EC%A0%95%EC%9B%90%EB%AA%85&ridx=0&tot=3 (2019. 2. 24 접속).

85. 노중국, "한국 고대의 수리시설과 농경에 대한 몇 가지 검토".

86. "始開碧骨池, 岸長一千八百步"(『三國史記』卷2, 新羅本紀, 訖解尼師今 21年); "訖解王二十一年, 始築堤長一千八百步, 高麗時再修築後廢棄本朝."(『新增東國輿地勝覽』, 金堤郡 古跡所引 碧骨堤); "金堤縣, 本百濟碧骨郡, 新羅景德王改爲金堤郡, 高麗初爲全州屬縣, 仁宗二十一年置縣令有碧骨堤. [新羅訖解王二十一年始開 岸長一千八百步] 屬縣一."(『高麗史』卷57, 地理志, 全羅道 金堤縣).

87. "以宗基爲侍中 增築碧骨堤 徵全州等七州人興役."(『三國史記』卷10, 新羅本紀, 元聖王 6年).

88. 成正鏞, "金堤 碧骨堤의 性格과 築造時期", 『한중일의 고대수리시설 비교연구』(계명대학교 출판부, 2007).

89. 권순강, "함안 가야리 제방유적".

90. 金顯峻·張澈熙, "수문학적 분석을 통한 고대수리시설의 농업생산력에 관한 고찰".

91. 成正鏞, 『唐津 合德堤』(忠南大學校博物館, 2002).

92. "密直提學白文寶上箚子, 江淮之民爲農而不憂水旱者水車之力也, 吾東方人治水田者必引溝澮不解水車之易注故, 田下有渠曾不足尋丈之深下瞰而不敢激是以汚萊之田什常八九宜命首官造水車使效工取樣可傳於民閒此備旱墾荒第一策也又民得兼務於下種揷秧則亦可以備旱不失穀種."(『高麗史』卷79, 食貨志, 恭愍王 11年).

93. 〈국역 고려사〉 공민왕 11년.

94. 성정용, "우리나라 先史~中世 水利施設의 類型과 發達過程".

95. 李泰鎭, "15·6세기 韓國 사회경제의 새로운 동향: 底地 개간과 인구 증가", 『東方學志』 64(1989); 김현희·최기협, "한국 전통관개시설의 유형과 입지특성", 『응용지리』 13(1990), 65-140쪽.

96. 이 시기 해안 간척에 대해서는 『高麗史』卷104, 列傳 第17 金方慶條에 그가 "서북면 병마판관이 되었을 때 몽고군이 침공해 왔으므로 여러 성(城)들에서 위도(葦島)

에 들어가 관청을 유지하고 인민들을 보호하게 되었다. 이 섬에는 평탄한 땅으로서 경작할 만한 곳이 10여 리가량 있었으나 조수물이 밀려들어오곤 하였기 때문에 개간하지 못하고 있었다. 그래서 김방경이 방파제를 쌓고 파종하게 하였는데 백성들이 처음에는 이것을 고통스럽게 여겼으나 가을에 이르러 곡식이 잘되었으므로 그 덕택에 살아나갈 수가 있었다. 또 섬에는 우물이나 샘이 없어서 항상 육지에 나가서 물을 길어 왔는데 때때로 물 길러 나간 사람들이 붙잡혀갔다. 그래서 김방경이 비가 오면 그 물을 저축하게 하여 못을 만들었으므로 그러한 근심이 드디어 없어졌다."고 한 기록에서 잘 엿볼 수 있다. (後爲西北面兵馬判官蒙兵來攻諸城入保葦島島有十餘里平衍可耕患海潮不得墾 方慶令築堰播種民始苦之及秋大熟人賴以活島又無井泉常陸汲往往被虜 方慶貯雨爲池其患遂絶.)

97. 李泰鎭, 앞 글.

98. 만년제는 방축수(防築修)라 불리던 제방으로서, 정조가 1795년 만년제라 명명하고 1798년에 대규모 토목공사를 실시하였다.

99. 『新增東國輿地勝覽』 卷33, 全羅道 金堤郡 古蹟條 所引, "碧骨堤重修碑".

100. 제언사목의 10번째 규정에 "무릇 큰물은 대개 사천(沙川)이므로 한갓 진흙으로만 가로막는다면 한 차례 비에도 바로 무너지는 경우가 자주 있다. 이 같은 곳은 반드시 큰 나무를 비스듬히 세우고 가로로 얽어맨 다음 그 뒤를 받쳐 가옥의 간살 모양처럼 요동하지 못하도록 해야 하고, 제방 아래에는 돌을 많이 쌓아야 한다. 돌이 없으면 소나무 가지를 많이 쌓아서 물이 넘치거나 파괴될 걱정을 예방해야만 곧 견고하게 될 것이다."라고 하여 제방을 견고하게 유지하는 방법이 나와 있다. 이처럼 수일(水溢)과 충파(衝破)를 방지하기 위해 큰 나무를 결구하는 한편 제방 하부에 돌이나 소나무가지 등을 부설하도록 권고하고 있다. 후자는 소위 부엽공법으로서, 거의 모든 제방의 기저부에서 보이는 토목 공법이다. 또 제방 안쪽에 나무를 설치하는 모습이 당진 합덕제에서도 조사된 바 있어(成正鏞, 『唐津 合德堤』) 기록과 부합한다.

101. 한국학대백과사전, "제언사"; 이광린, 『李朝 水利史 硏究』 (한국연구원, 1961).

102. 『備邊司謄錄』 159冊, 正祖 2年 1月 13日.

103. "一, 堤堰初無水桶, 故注水之不便, 築土之多決, 職由於此, 今番修築後, 必設水桶, 以爲開閉之地, 而鋤畢後, 仍匏閉水, 俾無濫洩之患爲白乎矣, 至於湖南, 則全州羴金堤及秀岩新堰, 始設水桶, 而其制甚善, 其效亦大云, 列邑次次倣而行之, 則可省決堤注水之勞, 依此擧行爲白旀, 水桶木段, 毋論松田與私山, 報本司取用爲白齊."(『備邊司謄錄』159冊, 正祖 2年 1月 13日).

104. 李泰鎭, "15·6세기 韓國 사회경제의 새로운 동향: 底地 개간과 인구 증가".

105. 곽종철, "부록: 시대별·지역별 각종 수리시설", 『한국 고대의 수전농업과 수리시설』(서경문화사, 2010), 494-540쪽.

106. 『承政院日記』1802冊, 正祖 22年 12月 16日.

107. 한창균·구자진·김근완, "대천리 신석기유적 탄화곡물의 연대와 그 의미", 『韓國新石器硏究』28(2015), 41-60쪽.

108. 곡물에 대한 직접적인 탄소 연대 측정 결과 보리나 밀은 주거지의 목탄과 비슷한 연대를 보여주었으나, 쌀 4점은 B.C. 200~A.D. 400년 사이로서 연대 편차가 대단히 커 과연 이들이 동일 시기의 것인지 의문이 들 수밖에 없다. 다만 탄화 곡물들이 모두 신석기시대의 동일한 주거면에서 출토되었고 교란된 흔적도 보이지 않아 고고학적으로는 동 시기로 보아도 좋으나, 연대 측정 결과가 이처럼 차이가 나게 된 이유에 대해서는 보고자들도 명확히 설명하기 어렵다고 하였다. (한창균·구자진·김근완, 같은 논문).

109. 소위 천수답(天水畓)이라 불리는 곳이 바로 좋은 땅이라 할 수 있다.

110. 성정용, "金堤 碧骨堤의 性格과 築造時期".

111. 성정용, "우리나라 先史~中世 水利施設의 類型과 發達過程".

112. 고려 초에 만들어졌다고 전하는 합덕제도 입지나 규모 등이 비슷하여 제 안쪽과 바깥쪽 주민들 사이에 제방을 없애고 내부를 농경지로 만들 것인지 여부에 대해 항상 갈등을 벌여왔다.

113. "馬韓… 凡五十餘國 大國萬餘家 小國數千家 總十餘萬戶"(『三國志』, 魏書 東夷傳, 韓條).

114. 천관우, "마한제국의 위치 시론", 『東洋學』, 9(1979), 199-239쪽; 박순발, "前期 馬韓의 時·空間的 位置에 대하여", 『馬韓史 硏究』(忠南大學校 出版部, 1998), 7-50쪽.

115. "國本有五部 三十七郡 二百城 七十六萬戶"(『三國史記』6卷, 百濟本紀, 義慈王20年).

1. 국립문화재연구소,『한국고고학사전』(학연문화사, 2001).

2. 이상균, "고창 지석묘군 상석 채굴지의 제문제",『한국상고사학보』32(2000), 14쪽.

3. 윤호필·장대훈, "석재가공기술을 통해 본 청동기시대 무덤 축조과정 연구",『한국고고학보』70(2009), 58-61쪽.

4. 신경숙, "고인돌 축조기술의 교육적 활용에 대한 연구",『야외고고학』13(2012), 62-65쪽.

5. 이종철, "지석묘 상석운반에 대한 시론",『한국고고학보』50(2003), 33-38쪽.

6. 윤호필·장대훈, 앞 글.

7. 윤호필·장대훈, 같은 글, 58-59쪽.

8. 신경숙, 앞 글, 62쪽.

9. 형산강 수계와 태화강 수계, 회야강 수계의 목관묘 및 목관묘군의 자료는 한국문화재조사연구기관협회,『신라 형성기의 유적』(한국문화재조사연구기관협회, 2011)을 참조하였다.

10. 李在賢, "木槨墓에 대하여",『金海禮安里古墳群Ⅱ』(釜山大學校博物館, 1993).

11. 강현숙, "고구려 고분",『한국고고학전문사전—고분편—』(국립문화재연구소, 2009), 62-63쪽.

12. 강현숙, "고구려 고분의 구조적 특징",『고구려의 역사와 문화유산』(서경, 2004), 462-463쪽.

13. 낙랑과 한(漢)의 다지(多支) 및 칠지 등은 여러 개의 등잔이 나뭇가지 형태 위에 얹혀져 각기 독립된 형태를 유지하지만, 신라의 다등식은 4~6개의 등잔이 하나의 둥근 원통관에 연결되어 기름을 부으면 여러 개의 등잔이 일정한 유량을 유지하면서 불을 밝힐 수 있도록 고안되었다. (한국등잔박물관, "옛 등기의 기원과 변천", http://www.deungjan.or.kr/s3/s3a_3.asp [2019. 2. 11 접속]에서 발췌).

14. 그을음의 해결을 위해 조선시대 부엌처럼 앞을 틔우는 박스형의 집을 만들어 그 속에 등잔을 넣어 사용했을 가능성도 있겠으나, 이 역시 환기공을 내야 하므로 그을음과 연기 등의 문제를 해결할 수 있는 근본책이라고 보기 어렵다. 또한 사방에 조도를 공급하지 못하고 한 면을 통해서만 발산되는 빛이라는 한계를 가지고 있어 조명구로서의 역할이 충분히 발휘되지 못한다.

15. 고대 한반도에서 소금을 만들던 방법에 대해서는 별로 알려진 것이 없다.『삼국지』

위지동이전의 고구려조, 『삼국사기』, 『고려사』 등에 염(鹽)이 보이기는 하지만 제염법에 관한 것은 기록되지 않아 알 수 없다. 『세종실록』에는 동해안과 서해안의 제염법에 관해 간략하게 기록되어 있다. (김건수, "소금과 민족지고고학", 『소금과 새우젓』 (민속원, 2010, 16쪽).

16. 김왕직, 『그림으로 보는 한국건축용어』 (발언, 2000), 174쪽.

17. 김왕직, 『알기 쉬운 한국건축 용어사전』 (동녘, 2007), 269쪽.

18. 김덕문·홍석일·신효범·문승현, 『건축문화재 안전점검 기초와 실무』 (국립문화재연구소, 2010), 119쪽.

19. 박언곤, 『한국건축사강론』 (문운당, 1998), 166쪽.

20. 김왕직, 『그림으로 보는 한국건축용어』, 59쪽.

21. 윤장섭, 『한국의 건축』 (서울대학교출판부, 2008), 107쪽.

22. 김진호, 『과학이 깃든 고대고분』 (진인진, 2012), 68쪽.

23. 김덕문·홍석일·신효범·문승현, 앞 글, 32쪽.

24. 최무장·임연철, 『고구려 벽화고분』 (신서원, 1990), 211쪽.

25. 주남철, 『한국 건축사』 (고려대학교출판부, 2002), 89쪽.

26. 여호규, "태왕릉", 『한국고고학전문사전—고분편—』 (국립문화재연구소, 2009), 1314쪽.

27. 주남철, 앞 책, 86쪽.

28. 여호규, "장군총", 『한국고고학전문사전—고분편—』 (국립문화재연구소, 2009), 1086쪽.

29. 김왕직, 『그림으로 보는 한국건축용어』, 58쪽.

30. 주남철, 앞 책, 88쪽.

31. 이한영, 『마찰마모공학』 (태일사, 2005), 33쪽.

32. 김진호, 앞 책, 86쪽.

33. 권오영, "토목기술과 도성조영", 대한문화재연구원 엮음, 『삼국시대 고고학개론 I —도성과 토목편—』 (진인진, 2014), 32쪽.

34. 김덕문·홍석일·신효범·문승현, 앞 글, 129쪽.

35. 김진호, 앞 책, 88쪽.

36. 국립문화재연구소, 앞 책, 474쪽.

37. 김진호, 앞 책, 108쪽.

38. 김진호, 같은 책, 76쪽.

39. 김진호, 같은 책, 109-110쪽.

40. 다카하시 요시오, 김종성 역,『구조는 어렵지 않다』(기문당, 1997), 15쪽.

41. 이주나·박찬수,『건축과 구조』(기문당, 2010), 125쪽.

42. 김왕직,『알기 쉬운 한국건축 용어사전』, 265쪽.

43. 이승환,『구조역학 이야기』(성안당, 2009), 136쪽.

44. 조민수,『건축시공기술사 용어해설』(예문사, 2008), 86쪽.

45. 김방식·김삼석·박창화·박철수·조태룡,『최신 토목시공학』(구미서관, 1997), 39쪽.

46. 나주 신촌리 9호분의 안식각을 구하는 산출 공식과 산출 과정은 한옥민, "분구 축
   조에 동원된 노동력의 산출과 그 의미",『호남고고학보』34(2010), 105-107쪽의 견
   해를 따랐다.

47. 경기문화재단 편,『화성성역의궤 건축용어집』(경기문화재단, 2007), 226쪽.

48. 박운용,『토목시공학』(형설, 2003), 253쪽.

49. 홍보식, "고총고분의 봉분 조사방법과 축조기술", 대한문화재연구원 엮음,『삼국시
   대 고총고분 축조기술』(진인진, 2013), 61쪽.

50. 홍보식, 같은 글, 69쪽.

51. 김진호, 앞 책, 53-54쪽; 권오영, "토목기술과 도성조영", 34-35쪽.

52. 국립문화재연구소, 나주시,『나주 신촌리9호분』(국립문화재연구소, 2001).

53. 권오영, "토목기술과 도성조영", 14-15쪽.

54. 임지나, "영암 자라봉고분의 조사방법과 축조 기술", 대한문화재연구원 엮음,『삼국
   시대 고총고분 축조기술』(진인진, 2013), 195-196쪽.

55. 권오영, "토목기술과 도성조영", 20쪽.

56. 김진호, 앞 책, 62-63쪽.

57. 권오영, "토목기술과 도성조영", 23쪽.

58. 이정호, "대형옹관의 제작과 가마에 대한 검토",『영산강유역 대형옹관 연구성과와
   과제』(국립나주문화재연구소, 2007), 24-33쪽; 전용호, "영산강유역 대형옹관에
   대한 실험고고학적 연구",『대형옹관 생산과 유통 연구의 현황과 과제』(국립나주
   문화재연구소, 2013), 228-229쪽.

59. 국립가야문화재연구소 편,『창녕송현동고분군Ⅱ』(2012).

60. 曹永鉉 외,『高靈 池山洞 第73~75號墳』(대가야박물관·대동문화재연구원, 2012).

61. 부산대학교 박물관,『동래복천동고분군Ⅱ』(1990).

62. 부산대학교 박물관, 같은 책.

63. 曺永鉉 외, 앞 책.

64. 조성원, "창녕 교동 7호분의 봉토 축조기법 검토", 대한문화재연구원 엮음, 『삼국시대 고총고분 축조 기술』(진인진, 2013), 215쪽.

65. 姜仁求, "新羅積石封土墳의 구조와 계통", 『韓國史論』7 (1981).

66. 최병현, "新羅 積石木槨墳 起源 再論", 『崇實史學』12 (1998).

67. 李熙濬, "慶州 月城路 가-13호 積石木槨墓의 연대와 의의", 碩晤尹容鎭敎授停年退任紀念論叢刊行委員會 편, 『碩晤尹容鎭敎授停年退任紀念論叢』(新興印刷所, 1996).

68. 김두철, "積石木槨墓의 구조에 대한 비판적 검토", 『고문화』73 (2009).

69. 金大煥, "古墳 資料로 본 新羅의 國家 形成", 한국고고학회 편, 『국가 형성에 대한 고고학적 접근: 제31회 한국고고학전국대회』(한국고고학회, 2007).

70. 적석목곽분의 구축 공정 단계와 특징에 대해서는 김두철, 앞 글; 심현철, "신라 積石木槨墓의 구조와 축조공정", 『한국고고학보』88 (2013)를 참조.

71. 국립중앙박물관·국립경주박물관, 『금관총』(2015).

72. 曺永鉉 외, 『高靈 池山洞 第73~75號墳』(대가야박물관·대동문화재연구원, 2012).

73. 東亞細亞文化財研究院 편, 『咸安 道項里 古墳群―咸安 도항리 6-1호분―』(東亞細亞文化財研究院, 2008).

74. 慶尙北道文化財研究院, 『大邱 不老洞古墳群 發掘調査報告書―91·93號墳―』(2004).

75. 권오영, "고대 성토구조물의 성토방식과 재료에 대한 시론", 『漢江考古』5 (2011).

76. 조영현, "5世紀代 大加耶 高塚의 築造推移 ―池山洞 73·74·75號墳을 중심으로―", 『5세기대 일본열도의 고분문화』(제1회 대동문화재연구원 초청강연회 발표문, 2008).

77. 최종규, "鳳凰土城의 特徵에 대한 摸索", 慶南考古學研究所 편, 『鳳凰土城』(慶南考古學研究所, 2005).

78. 권오영, "고대 성토구조물의 성토방식과 재료에 대한 시론".

79. 曺永鉉, "古墳封土의 區劃築造に關する研究", 『古墳構築の復元的研究』(東京: 雄山閣, 2003).

80. 최종규, 앞 글.

81. 윤용진, 『陜川 苧浦里 D地區遺蹟: 慶北大學校 考古人類學科 調査報告書 第4冊』(慶尙南道, 1987).

82. 慶尙北道文化財硏究院, 『義城 大里里 二號墳』(2012).

83. 조성원 외, "창녕 교동7호분 발굴조사 개보", 『(2012)연구조사발표회』(영남지역문화재조사연구기관협의회, 2013).

84. 정해득, 『조선 왕릉제도 연구』(신구문화사, 2013), 53-55쪽.

85. 이현진, 『왕의 죽음, 정조의 국장』(글항아리, 2015), 37쪽.

86. 이현진, 같은 책, 40쪽.

87. 이상준, "강화 고려왕릉의 피장자 검토", 『중앙고고연구』(중앙문화재연구원, 2017), 65쪽.

88. 현재의 행정구역으로는 개성을 중심으로 한 개풍, 장단 일대에 해당된다.

89. 장경희, 『고려왕릉』 증보판 (예맥, 2013), 42쪽.

90. 정재훈, "분묘와 왕릉", 한국방송통신대학교 문화교양학과 편, 『한국문화와 유물유적』(한국방송통신대학교출판부, 2007) 80쪽.

91. 장경희, 앞 책, 44-45쪽.

92. 정해득, 앞 책, 61-64쪽.

93. 장경희, 앞 책, 95쪽.

94. 장경희, 같은 책, 예맥, 96쪽; 정재훈, 앞 책, 80쪽.

95. 국립문화재연구소, 『江華 高麗王陵 ―嘉陵·坤陵·陵內里石室墳―』(國立文化財硏究所, 2007). 이하 가릉, 곤릉, 능내리석실분에 대한 상세한 서술은 위의 책을 정리한 것이다.

96. 이상준, 앞 글.

97. 강화고려역사재단 편, 『두 개의 수도, 하나의 마음: 개성과 강화, 과거와 현재를 넘어 미래를 보다』(강화고려역사재단, 2014), 90쪽.

98. 정해득, 앞 책, 72쪽.

99. 정해득, 같은 책, 74-78쪽.

100. 장경희, 앞 책, 151쪽.

101. 정종수, "朝鮮初期 喪葬儀禮 硏究"(중앙대학교 박사학위논문, 1994), 216쪽.

102. 문화재청 엮음, 『한국의 세계유산』(눌와, 2010), 116-117쪽.

103. 이현진, 앞 책, 41쪽.

104. 이현진, 같은 책, 45쪽.

105. 정해득, 앞 책, 88-91쪽.

106. 정재훈, 앞 글, 80쪽.

107. 이현진, 앞 책, 47쪽.

108. 이현진, 같은 책, 22-23쪽.

109. 이현진, 같은 책, 25쪽.

110. 大阪府立近飛鳥博物館, 『修羅!』 (平成11年度春季特別展, 1999).

111. 송명석·박재호·김은주, 『우리나라의 세계문화유산 1―유네스코 선정편―』 (반석 출판사, 2013).

112. 문화재청 엮음, 앞 책, 114-117쪽.

113. 이우상, 『조선 왕릉―잠들지 못하는 역사 1―』 (다할미디어, 2009); 이상필, "조선 왕릉과 연지", 『조선왕릉 연지의 비밀을 찾아서 ―崇陵蓮池를 중심으로―』, (대한 문화재연구원개원8주년기념학술대회자료집, 2015), 46-47쪽.

114. 왕릉의 조성 과정은 국가 전례서에 치장(治葬)이란 항목에 소개되어 있다. (이현 진, 앞 책, 220쪽)

115. 정해득, 앞 책, 150-156쪽.

116. 이하 태조의 장례와 건원릉 축조에 대해서는 정해득, 앞 책, 91-96쪽을 참조하였 다.

117. 이를 석체(石砌)라고 하는데 물이 스며드는 것을 방지하고 목관에 지기가 통하게 하기 위한 액자틀과 같이 가운데를 파낸 섬돌이다. (정해득, 같은 책, 126쪽)

118. 김현우, "조선시대 회곽묘 편년 연구" (서울대학교 석사학위논문, 2012), 13쪽.

119. 정종수, 앞 글, 246쪽.

120. 정해득, 앞 책, 140쪽.

121. 김현우, 앞 글, 31쪽.

122. 이하의 내용은 정해득, 앞 책, 203-221쪽을 정리한 것이다.

123. 이하의 내용은 이현진, 앞 책, 220-238쪽을 정리한 것이다.

124. 이종호, 『역사로 여는 과학문화유산답사기 1 ―조선 왕릉편―』 (북카라반, 2014).

125. 윤완준, "조선 왕릉엔 '다빈치 코드' 뺨치는 '컬처 코드'가…", 〈동아일보〉, 2009. 6. 29; 이재웅, "도굴막은 조선 왕릉 건축기술", 〈동아일보〉, 2012. 7. 6.

126. 이영규 외, "풍수지리설", 『학습용어 개념사전』 (아울북, 2010).

127. 문화재청 엮음, 앞 책, 117쪽.

128. 이종호, "창릉", 『역사로 여는 과학문화유산답사기 1 ―조선 왕릉편―』 (북카라반, 2014).

129. 이상필, 앞 글, 46쪽.

130. 이현진, 앞 책, 207쪽.

131. 김왕직, 앞 책; 이정근,『신들의 정원, 조선 왕릉』(책보세, 2010).

132. 광릉(2개), 英陵(홍살문 남쪽 연지), 莊陵(능말못), 효릉, 章陵, 숭릉, 영릉, 건릉, 洪陵(2개) 등이다.

133. 동구릉의 건원릉, 貞陵, 英陵(재실 남쪽 연지), 寧陵, 莊陵, 서오릉의 경릉과 익릉, 선릉, 靖陵, 예릉, 희릉, 태릉, 강릉, 長陵, 의릉 등이다.

134. 이상필, 앞 글, 48-51쪽.

135. 이상필, 같은 글, 43쪽.

136. 김현우, 앞 글, 14쪽.

137. 김우림, "서울·경기지역의 朝鮮時代 士大夫 墓制 硏究"(고려대학교 박사학위논문, 2007).

138. 김현우, 앞 글.

139. 宋錫重·尹亨洛,『報恩 赤岩里 遺蹟』(중원문화재연구원, 2011).

5장 맺음말

1. 정종수, "朝鮮初期 喪葬儀禮 硏究"(중앙대학교 박사학위논문, 1994), 256쪽.

2. 건축과 조경, 수리관개를 포함한 의미이다.

표 일람

그림 일람

〈참고문헌〉

1. 사료

1) 한국

『高麗史』

『三國史記』

『備邊司謄錄』

『三國遺事』

『世祖實錄』

『承政院日記』

『新增東國輿地勝覽』

『濬川楔帖』

2) 중국

『舊唐書』

『九章算術』

『金史』

『唐六典』

『勉齋先生黃文肅公文集』

『三國志』

『西京雜記』

『書敍指南』

『續資治通鑒長編』

『宋史』

『晏子春秋』

『歷代名畫記』

『營造法式』

『元史』

『魏書』

『資治通鑑』

『諸司職掌』

『晉書』

『冊府元龜』

『漢書』

『後漢書』

3) 일본

『日本書紀』

2. 국문 자료

1) 단행본

강화고려역사재단 편, 『두 개의 수도, 하나의 마음: 개성과 강화, 과거와 현재를 넘어 미래를 보다』 (강화고려역사재단, 2014).

경기문화재단, 『화성성역의궤 건축용어집』 (2007).

경남고고학연구소·창녕군, 『昌寧 桂城 新羅 高塚群』 (2001).

경북대학교 고고인류학과, 『陜川苧浦里D地區遺蹟』 (1987).

慶尙北道文化財研究院, 『大邱 不老洞古墳群 發掘調査報告書 ―91·93號墳―』 (2004).

경상북도문화재연구원, 『義城 大里里 二號墳』 (2012).

경상북도문화재연구원, 『상주 공검지 복원·정비 사업부지내 공검지 제방 유적』, 學術調査報告 第204冊 (2013).

계명대학교박물관, 『星州星山洞古墳群 ―第38·39·57·58·59號墳―』 (2006).

계명대학교 한국학연구원, 『한·중·일의 고대 수리시설 비교연구』 (2006).

국립가야문화재연구소, 『창녕송현동고분군Ⅱ』 (2012).

국립경주문화재연구소·경주시, 『쪽샘 44호분』 (2015).

국립광주박물관, 『光州新昌洞 低濕地遺蹟 I』 (1997).

국립광주박물관, 『光州新昌洞 低濕地遺蹟 II』 (2001).

국립문화재연구소, 『나주 신촌리9호분』 (2001).

국립문화재연구소, 『한국고고학사전』 (학연문화사, 2001).

국립문화재연구소, 『江華 高麗王陵 ―嘉陵·坤陵·陵內里石室墳―』 (國立文化財研究所, 2007).

국립문화재연구소 편, 『風納土城XI』 (2009).

國立扶餘文化財硏究所, 『宮南池』, 國立扶餘文化財硏究所 學術硏究叢書 第21輯 (1999).

국립부여박물관, 『백제 중흥을 꿈꾸다 ―능산리사지』 (2010).

국립중앙박물관·국립경주박물관, 『금관총』 (2015).

國立中原文化財硏究所, 『堤川 義林池 시·발굴조사보고서』 (2014).

국립청주박물관, 『국원성·국원소경·중원경』 (통천문화사; 청주박물관, 2012).

김낙중, 『영산강유역 고분 연구』 (학연문화사, 2009).

김동욱, 『실학 정신으로 세운 조선의 신도시』 (돌베개, 2002).

김방식·김삼석·박창화·박철수·조태룡, 『최신 토목시공학』 (구미서관, 1997).

김왕직, 『그림으로 보는 한국건축용어』 (발언, 2000).

김왕직, 『알기 쉬운 한국건축 용어사전』 (동녘, 2007).

김진호, 『과학이 깃든 고대고분』 (진인진, 2012).

노태돈, 『한국고대사』 (경세원, 2014).

다카하시 요시오, 김종성 역, 『구조는 어렵지 않다』 (기문당, 1997).

대동문화재연구원, 『高靈 池山洞 第73-75號墳』 (2012).

대한건축학회, 『석굴암 구조안전진단 조사연구 보고서』 (1997).

동아대학교박물관, 『밀양 수산제 수문지 기초조사보고서』 (1993).

東亞細亞文化財硏究院 편, 『咸安 道項里 古墳群―咸安 도항리 6-1호분―』 (東亞細亞文化財硏究院, 2008).

동양대학교박물관, 『국도 2호선(서후=평온) 확포장구간 내 2파 발굴조사 결과 약보고서』 (2008).

동양대학교박물관, 『안동 저전리유적 발굴조사보고서』 (2010).

문화재청 엮음, 『한국의 세계유산』 (눌와, 2010).

박남수, 『新羅手工業史』 (신서원, 1996).

박언곤, 『한국건축사강론』 (문운당, 1998).

박운용, 『토목시공학』 (형설, 2003).

부산대학교박물관, 『동래복천동고분군II』 (1990).

삼강문화재연구원, 『진주 무촌V』 (2011).

삼강문화재연구원, 『진주 무촌VI』 (2011).

성림문화재연구원, 『울산 우정혁신도시 약사동 제방유적 전시관 설치공사부지 입회조사 보고서』 (2015).

成正鏞, 『唐津 合德堤』 (忠南大學校博物館, 2002).

손정태, 『守山』 (서울인쇄소, 1990).

송명석·박재호·김은주, 『우리나라의 세계문화유산 1—유네스코 선정편—』 (반석출판사, 2013).

宋錫重·尹亨洛, 『報恩 赤岩里 遺蹟』 (중원문화재연구원, 2011).

영남문화재연구원, 『상주 복룡동 397-5번지 유적』 (2006).

영남문화재연구원, 『상주 복룡동 256번지 유적』 (2008).

영남문화재연구원, 『상주 복룡동 10-4번지유적』 (2009).

영남문화재연구원, 『상주 복룡동 230-3번지유적』 (2009).

영남문화재연구원, 『경주 모량·방내리 도시유적』 (2015).

우리文化財研究院, 『咸安 伽倻里堤防』 (2010).

우리文化財研究院, 『울산 우정혁신도시부지 2구역 1차 C2-B구간 내 蔚山 藥泗洞遺蹟』, 學術調査報告53冊 (2012).

윤용진, 『陜川 苧浦里 D地區遺蹟: 慶北大學校 考古人類學科 調査報告書 第4冊』 (慶尙南道, 1987).

윤장섭, 『한국의 건축』 (서울대학교출판부, 2008).

이광린, 『李朝 水利史 硏究』 (한국연구원, 1961).

이기백, 『新羅政治社會史硏究』 (一潮閣, 1977).

이승환, 『구조역학 이야기』 (성안당, 2009).

이우상, 『조선 왕릉—잠들지 못하는 역사 1—』 (다할미디어, 2009).

이정근, 『신들의 정원, 조선 왕릉』 (책보세, 2010).

이종호, 『역사로 여는 과학문화유산답사기 1 —조선 왕릉편—』 (북카라반, 2014).

이주나·박찬수, 『건축과 구조』 (기문당, 2010).

이한영, 『마찰마모공학』 (태일사, 2005).

이현진, 『왕의 죽음, 정조의 국장』 (글항아리, 2015).

李弘鍾·朴性姬, 『麻田里 遺蹟』(高麗大學校 埋藏文化財研究所, 2004).

李弘鍾 外, 『馬田里遺蹟-C區域』(高麗大學校埋藏文化財研究所, 2004).

장경희, 『고려왕릉』 증보판 (예맥, 2013).

전상운, 『한국과학기술사』(과학세계사, 1966).

정해득, 『조선 왕릉제도 연구』(신구문화사, 2013).

조민수, 『건축시공기술사 용어해설』(예문사, 2008).

조영제·유창환, 『宜寧 慶山里古墳群』(경상대학교박물관, 2004).

주남철, 『한국 건축사』(고려대학교출판부, 2002).

최무장·임연철, 『고구려 벽화고분』(신서원, 1990).

최병현, 『신라고고학연구』(일지사, 1992).

최주, 『천공개물』(전통문화사, 1997).

충북대학교박물관, 『의림지 정밀기초조사』(2000).

韓國古代社會研究所編, 『譯註 韓國古代金石文』제2권 (駕洛國史蹟開發研究院, 1992).

한국문화재조사연구기관협회, 『신라 형성기의 유적』(2011).

한국지리정보연구회, 『자연지리학사전』(한울아카데미, 2006).

2) 논문

강우방, "石窟庵에 응용된 '調和의 門'", 『美術資料』38 (1987).

강우방, "石窟庵 佛敎彫刻의 圖像解釋", 『美術資料』57 (1996).

강인구, "新羅積石封土墳의 구조와 계통", 『韓國史論』7 (1981).

강현숙, "고구려 고분의 구조적 특징", 『고구려의 역사와 문화유산』(서경문화사, 2004).

강현숙, "고구려 고분", 『한국고고학전문사전 ―고분편―』(국립문화재연구소, 2009).

고경진, "한국의 수리시설―조성리 저습지유적 洑를 중심으로―", 『고대 동북아시아의
水利와 祭祀』(대한문화유산연구센터, 2011).

곽종철, "발굴조사를 통해 본 우리나라 고대 수전도작", 『한국 고대의 도작문화』(국립
중앙박물관, 2000).

곽종철, "청동기시대~초기철기시대의 수리시설", 『한국 고대의 수전농업과 수리시설』
(서경문화사, 2010).

곽종철, "부록: 시대별·지역별 각종 수리시설", 『한국 고대의 수전농업과 수리시설』(서
경문화사, 2010).

곽종철 외, "신라의 토목", 중앙문화재연구원 엮음, 『신라고고학개론 上』(진인진, 2014).

국립가야문화재연구소, "고령 지산동고분군 518호분", 『2013년 발굴조사 현장설명회 자료집』(2013).

권병탁, "청제문부 자료해설", 『민족문화논총』7 (1986).

권순강, "함안 가야리 제방유적", 『고대 동북아시아의 水利와 祭祀』(대한문화유산연구센터, 2011).

권순강·송영진·김성미·이수용·김지현, "함안 가야리유적 사례로 본 조선시대 제방축조에 관한 연구", 『第32回 韓國考古學全國大會 發表資料集』(한국고고학회, 2008).

권오영, "연구 동향: 일본 나라분지 남부의 최신 발굴조사 성과", 『백제학보』, 3(2010).

권오영, "고대 성토구조물의 성토방식과 재료에 대한 시론", 『漢江考古』5 (2011).

권오영, "고대 성토구조물의 재료에 대한 재인식", 『백제와 주변세계』(진인진, 2012).

권오영, "백제 한성기의 도성과 지방도시", 『고고학』11-3 (2012).

권오영, "토목기술과 도성조영", 대한문화재연구원 엮음, 『삼국시대 고고학개론 I ―도성과 토목편―』(진인진, 2014).

권오영, "동남아시아 고대국가의 수리시설과 수자원 관리체계", 『韓國上古史學報』92 (2016).

김건수, "소금과 민족지고고학", 『소금과 새우젓』(민속원, 2010).

김낙중, "백제의 도성", 대한문화재연구원 엮음, 『삼국시대 고고학개론 I ―도성과 토목편―』(진인진, 2014).

김대환, "지배층묘를 통해 본 신라 중심지역의 형성", 『과기고고연구』8 (2002).

金大煥, "古墳 資料로 본 新羅의 國家 形成", 한국고고학회 편, 『국가 형성에 대한 고고학적 접근: 제31회 한국고고학전국대회』(한국고고학회, 2007).

김덕문·홍석일·신효범·문승현, 『건축문화재 안전점검 기초와 실무』(국립문화재연구소, 2010).

金度憲, "先史·古代 논의 灌漑施設에 대한 검토", 『湖南考古學報』18 (2003).

김두철, "積石木槨墓의 구조에 대한 비판적 검토", 『고문화』73 (2009).

김상호, "조선전기의 수전농업연구―조방적 농업에서 집약적 농업으로의 전환", 『문교부 학술연구보고』인문과학편 (문교부, 1969).

김선희, "華城留守 趙心泰 연구", 『조선시대사학보』50 (2009).

김우림, "서울·경기지역의 朝鮮時代 士大夫 墓制 硏究" (고려대학교 박사학위논문, 2007).

金義中·成正鏞, "서·중앙아시아의 지하관개수로", 『水利·土木考古學의 現狀과 課題』

(財우리文化財研究院·水利土木研究會 共同 國際學術發表會 資料集, 2014).

김재홍, "경주 월성의 고고·역사학적 의미와 발굴타당성 검토", 『경주 월성의 보존과 활용』(국립경주문화재연구소, 2013).

김주용, "의림지 2차조사성과──의림지 축성물과 호저퇴적층 산상연구를 중심으로─", 『의림지의 탄생배경과 그 역사성』(제천의림지 국제학술회의 발표자료집, 2009).

김진만·손수원, "공학적 분석에 의한 고대 수리시설 제방 원형복원", 『韓國上古史學報』 89 (2015).

김현우, "조선시대 회곽묘 편년 연구" (서울대학교 석사학위논문, 2012).

金顯峻·張澈熙, "수문학적 분석을 통한 고대수리시설의 농업생산력에 관한 고찰", 『수리·토목고고학의 현상과 과제』(우리문화재연구원·수리토목연구회 공동 국제학술 발표회 논문집, 2014).

김현희·최기협, "한국 전통관개시설의 유형과 입지특성", 『응용지리』13 (1990).

나건주, "한국고고학 중요유적 ─부여 쌍북리유적", 『(2014)한국고고학저널』(국립문화재연구소, 2015).

노용필, "신라의 벼농사와 수리", 『역사학연구』36 (2009).

노중국, "한국 고대의 수리시설과 농경에 대한 몇 가지 검토", 『한국 고대의 수전농업과 수리시설』(서경문화사, 2010).

노중국, "백제의 水利시설과 김제 벽골제", 『百濟學報』4 (2010).

노중국, "한국 고대의 저수지 축조와 사적 의의", 『고대 동북아시아의 水利와 祭祀』(대한문화유산연구센터, 2011).

盧重國, "한국 고대 수리시설의 역사성과 의미", 『신라문화』45 (2015).

농림부·농업기반공사, 『농업생산기반정비사업계획설계기준─필댐편─』(이화, 2012).

농촌진흥청, 『고농서의 현대적 활용을 위한 온고이지신』제2권 (농촌진흥청, 2008).

대한문화유산연구센터·우리문화재연구원, 『古代 동북아시아의 水利와 祭祀: 鳥城里에서 藥泗洞까지』(대한문화유산연구센터, 2010).

동국대학교 신라문화연구소 편, 『石窟庵의 新研究』(경주시 신라문화선양회, 2000).

문중양, "제3장 조선후기의 농업발달과 수리시설", 『한국의 흙과 물─고려·조선의 농업과 수리시설(제Ⅱ편)』(한국농어촌공사 농어촌연구원, 2008).

박달석, "통일신라시대 사벌주의 리방제 검토", 『대동고고』1 (2007).

박방룡, "신라 도성 연구" (동아대학교 박사학위논문, 1998).

박상현 외, "벽골제의 방조제 가능성에 관한 연구", 『한국관개배수』제10권 제1호 (한국

관개배수위원회, 2003).

박수진, "한반도 지형의 발달사적 특성과 전통수리시설의 입지", 『한국 고대의 수전농업과 수리시설』(서경문화사, 2010).

박순발, "웅진천도 배경과 사지도성 조영과정", 『백제도성의 변천과 연구상의 문제점』(국립부여문화재연구소, 2003).

박순발, "前期 馬韓의 時·空間的 位置에 대하여", 『馬韓史 研究』(忠南大學校 出版部, 1998).

박순발, "백제 도성의 시말", 『중앙고고연구』12 (2013).

박순발, "백제 한성기의 지방도시", 『백제의 왕권은 어떻게 강화되었나 ―한성백제의 중앙과 지방―』(한성백제박물관, 2014).

박영한·오상학, 『조선시대 간척지 개발―국토의 확장과정과 이용의 문제』(서울대학교 출판부, 2004).

박정화, "상주 공검지의 축조과정과 그 성격", 『한중일의 고대수리시설 비교연구』(계명대학교 출판부, 2007).

朴鍾安, "密陽 水山堤에 대한 檢討", 『密陽文化』, 2005-6.

박태우, "통일신라시대의 지방도시에 대한 연구", 『백제연구』18 (1987).

박흥수, "신라 및 고려의 양전법에 관하여", 『학술원논문집(인문사회과학편)』11 (학술원, 1972).

北山峰生, "일본 고대의 수리개발과 사쓰마(薩摩) 유적의 저수지", 『고대 동북아시아의 水利와 祭祀』(대한문화유산연구센터, 2011).

山本孝文, "백제의 사비천도와 주변취락의 동향", 『한일취락연구』(서경문화사, 2013).

成正鏞, "金堤 碧骨堤의 性格과 築造時期", 『한중일의 고대수리시설 비교연구』(계명대학교 출판부, 2007).

成正鏞, "제5장 百濟의 土木技術", 『百濟의 建築과 土木』, 百濟文化史大系 研究叢書15 (忠淸南道歷史文化研究院, 2007).

성정용, "동아시아 고대 수리토목기술의 발달과 확산", 『한국고대의 수전농업과 수리시설』(서경, 2010).

성정용, "고대 수리시설의 발달과정으로 본 의림지의 특징과 의의", 『중원문화연구』14 (충북대학교 중원문화연구소, 2010).

성정용, "우리나라 先史 中世 水利施設의 類型과 發達過程", 『韓國上古史學報』87 (2015).

소배경, "통일신라시대 간선도로의 구조와 특징", 이상길교수추모논문집간행위원회 편, 『우행 이상길 교수 추모 논문집』(진인진, 2015).

小山田宏一, "고대 일본의 堰의 구조와 敷葉工法", 『고대 동북아시아의 水利와 祭祀』 (대한문화유산연구센터, 2011).

송기호, "발해 오경제의 연원과 역할", 『강좌 한국고대사』7 (가락국사적개발연구원, 2002).

신경숙, "고인돌 축조기술의 교육적 활용에 대한 연구", 『야외고고학』13 (2012).

신영훈, "石佛寺 石室金堂構造論", 『석굴암의 제문제』(한국정신문화연구원 인문과학연구부, 1991).

신창수, "신라의 왕경", 『강좌 한국고대사』7 (가락국사적개발연구원, 2002).

심정보, "성곽문화재 조사의 현재와 미래", 한국문화재조사연구기관협의회 편, 『성곽 조사방법론』(사회평론아카데미, 2013).

심현철, "신라 積石木槨墓의 구조와 축조공정", 『한국고고학보』88 (2013).

양기석, "제천 의림지의 역사성과 가치", 『의림지의 탄생배경과 그 역사성』(제천의림지 국제학술회의 발표자료집, 2009).

양삼열·조영배, "옹관의 소성온도 및 물성조사", 『영암 내동리 초분골 고분』(국립광주박물관, 1986).

양필승, "대형옹관의 산지추정 연구" (한서대학교 석사학위논문, 2004).

여호규, "한국 고대의 지방도시", 『강좌 한국고대사』7 (가락국사적개발연구원, 2002).

여호규, "장군총", 『한국고고학전문사전 ―고분편―』(국립문화재연구소, 2009).

여호규, "태왕릉", 『한국고고학전문사전 ―고분편―』(국립문화재연구소, 2009).

여호규, "고구려 國內城 지역의 건물유적과 都城의 공간구조", 『한국고대사연구』66 (2012).

여호규, "고구려 도성의 구조와 경관의 변화", 대한문화재연구원 엮음, 『삼국시대 고고학 개론 I ―도성과 토목편―』(진인진, 2014).

염정섭, "조선 초기의 水利정책과 김제 벽골제", 『농업사연구』6-2 (2007).

염정섭, "제2장 조선전기의 토지개발과 수리시설", 『한국의 흙과 물―고려·조선의 농업과 수리시설(제II편)』(한국농어촌공사 농어촌연구원, 2008).

염정섭, "제3장 조선후기의 농업발달과 수리시설", 『한국의 흙과 물―고려·조선의 농업과 수리시설(제II편)』(한국농어촌공사 농어촌연구원, 2008).

오상학, "조선시대의 간척", 『한국의 갯벌』(서울대학교 출판부, 2001).

王双恢, "중국 고대 수리시설의 특징과 변천양상", 『중원문화연구』14 (2010).

王双恢, "중국 고대 수리공사의 건축법식 및 관련 기술—鄭國渠 관개공사를 중심으로—", 『고대 동북아시아의 水利와 祭祀』(학연문화사, 2014).

尹武炳, "金堤 碧骨堤 發掘報告", 『百濟研究』7 (1976).

윤무병, "벽골제의 제방과 수문", 『김제 벽골제수리민속유물전시관 개관기념 국제학술토론회 발표논문집』 (1998).

윤재신, "석불사의 건축원형", 『石窟庵의 新研究』(경주시 신라문화선양회, 2000).

윤호필·장대훈, "석재가공기술을 통해 본 청동기시대 무덤 축조과정 연구", 『한국고고학보』70 (2009).

이경찬, "백제 후기 익산 왕궁리유적의 도성계획사적 의미", 『王宮城: 古代 東亞細亞 都城과 益山 上』(국립부여문화재연구소, 2014).

이근직, "신라 왕경의 형성과정과 사원", 『동악미술사학』11 (2010).

이기동, "한국 고대의 국가권력과 수리시설", 『한중일의 고대수리시설 비교연구』(계명대학교 출판부, 2007).

이기봉, "신라왕경의 범위와 구역에 대한 지리적 연구" (서울대학교 박사학위논문, 2002).

이동주, "밀양 수산제 수문의 발굴조사와 성격", 『석당논총』36 (2002).

이명호, "익산 왕궁성의 대지조성과 성벽 축조방식에 관한 연구", 『익산 왕궁리유적의 조사성과와 의의』(국립부여문화재연구소, 2009).

이보경, "울산 약사동 제방유적", 『고대 동북아시아의 水利와 祭祀』(대한문화유산연구센터, 2011).

이보경, "三國~朝鮮時代 貯水池 堤防의 構造와 築造方法" (부산대학교 석사학위논문, 2014).

이상균, "고창 지석묘군 상석 채굴지의 제문제", 『한국상고사학보』32 (2000).

이상준, "강화 고려왕릉의 피장자 검토", 『중앙고고연구』(중앙문화재연구원, 2017).

이상필, "조선왕릉과 연지", 『조선왕릉 연지의 비밀을 찾아서 —崇陵蓮池를 중심으로—』, (대한문화재연구원개원8주년기념학술대회자료집, 2015).

이성호, "역사도시 연구를 위한 고대 지형복원 —백제 사비도성을 중심으로—" (한양대학교 석사학위논문, 2012).

이영규 외, "풍수지리설", 『학습용어 개념사전』(아울북. 2010).

이은석, "왕경의 성립과 발전", 『통일신라의 고고학』(제28회 고고학대회 발표요지문,

2004).

이은석, "상주 복룡동유적과 경주 왕경", 『영남문화재연구』24 (2011).

이재현, "木槨墓에 대하여", 『金海禮安里古墳群Ⅱ』 (부산대학교박물관, 1993).

이정호, "대형옹관의 제작과 가마에 대한 검토", 『영산강유역 대형옹관 연구성과와 과제』 (국립나주문화재연구소, 2007).

이정희, "백제도로의 축조기술 연구" (충북대학교 석사학위논문, 2015).

이종철, "지석묘 상석운반에 대한 시론", 『한국고고학보』50 (2003).

이충선, "조선전기 관영수공업 체제의 재건과 운영" (한신대학교 석사학위논문, 2011).

李泰鎭, "15·6세기 低平·低濕地 開墾 동향", 『국사관논총』2 (1989).

이판섭, "백제 교통로의 고고학적 연구" (충남대학교 박사학위논문, 2015).

이한상, "청동기시대의 관개시설과 안동 저전리유적", 『한중일의 고대수리시설 비교연구』 (계명대학교 출판부, 2007).

李熙濬, "慶州 月城路 가-13호 積石木槨墓의 연대와 의의", 碩晤尹容鎭教授停年退任紀念論叢刊行委員會 편, 『碩晤尹容鎭教授停年退任紀念論叢』 (新興印刷所, 1996).

임지나, "영암 자라봉고분의 조사방법과 축조 기술", 대한문화재연구원 엮음, 『삼국시대 고총고분 축조기술』 (진인진, 2013).

장철희·김현준·성정용, "地形과 水文學的 分析을 통해 본 古代水利施設의 農業生産力 研究", 『韓國上古史學報』89 (2015).

장호, "벽골제와 그 주변의 지형 및 지리적 변천에 관한 고찰", 『문화역사지리』1 (한국문화역사지리학회, 2008).

전덕재, "통일신라의 수리농법과 영천청제", 『한·중·일의 고대수리시설 비교연구』 (계명대학교 출판부, 2007).

전용호, "영산강유역 대형옹관에 대한 실험고고학적 연구", 『대형옹관 생산과 유통 연구의 현황과 과제』 (국립나주문화재연구소, 2013).

鄭印九, "義林池 築堤에 關한 一考察", 『韓國林學會誌』23 (1974).

鄭印九, "千餘年前의 댐 築堤技術과 龍頭山의 林相 變遷", 『韓國庭苑學會誌』1 (1982).

정재훈, "분묘와 왕릉", 한국방송통신대학교 문화교양학과 편, 『한국문화와 유물유적』 (한국방송통신대학교출판부, 2007).

정종수, "朝鮮初期 喪葬儀禮 硏究" (중앙대학교 박사학위논문, 1994).

정치영, "智異山地 벼농사의 灌漑體系와 물 管理方法", 『대한지리학회지』35-2 (2000).

정해득, "正祖時代 顯隆園 造成과 水原 移邑 硏究" (경기대학교 문학박사학위논문,

2008).

조기정·김윤주, "옹관의 과학적 분석에 의한 제작방법검토", 『영암 내동리 초분골 고분』 (국립광주박물관, 1986).

조성원, "창녕 교동 7호분의 봉토 축조기법 검토", 『삼국시대 고총고분 축조 기술』 (진인진, 2013).

조성원 외, "창녕 교동7호분 발굴조사 개보", 『(2012)연구조사발표회』 (영남지역문화재 조사연구기관협의회, 2013).

조영현, "5世紀代 大加耶 高塚의 築造推移 —池山洞 73·74·75號墳을 중심으로—", 『5 세기대 일본열도의 고분문화』 (제1회 대동문화재연구원 초창강연회 발표문, 2008).

曺永鉉 외, 『高靈 池山洞 第73~75號墳』 (대가야박물관·대동문화재연구원, 2012).

조현정, "진주 무촌유적과 신라의 지방관아", 『우행 이상길 교수 추모 논문집』 (진인진, 2015).

천관우, "마한제국의 위치 시론", 『東洋學』9 (1979).

최병현, "新羅 積石木槨墳 起源 再論", 『崇實史學』12 (1998).

최성락, "영산강유역 고분연구의 검토", 『호남고고학보』33 (2009).

최종규, "鳳凰土城의 特徵에 대한 摸索", 慶南考古學硏究所 편, 『鳳凰土城』 (慶南考古 學硏究所, 2005).

한성백제박물관, "한국고고학 중요유적 —몽촌토성 내 백제시대 도로 확인", 『(2014)한 국고고학저널』 (국립문화재연구소, 2015).

한옥민, "분구 축조에 동원된 노동력의 산출과 그 의미", 『호남고고학보』34 (2010).

한정수, "제1장 고려시대의 농경과 수리시설", 『한국의 흙과 물—고려·조선의 농업과 수 리시설(제Ⅱ편)』 (한국농어촌공사 농어촌연구원, 발행연도).

한창균·구자진·김근완, "대천리 신석기유적 탄화곡물의 연대와 그 의미", 『韓國新石器 硏究』28 (2015).

허의행, "湖西地域 靑銅器時代 灌漑體系와 展開樣相", 『湖南考古學報』41 (2012).

허진아, "성토대지 조성을 통해 본 사비도성의 공간구조 변화와 운용", 『호서고고학』22 (2010).

홍보식, "고총고분의 봉분 조사방법과 축조기술", 대한문화재연구원 엮음, 『삼국시대 고 총고분 축조기술』 (진인진, 2013).

홍보식, "신라 도성의 건설과 구조", 대한문화재연구원 엮음, 『삼국시대 고고학개론 I — 도성과 토목편—』 (진인진, 2014).

홍성우, "통일신라시대 康州(菁州)의 치소연구", 『우행 이상길 교수 추모 논문집』(진인진, 2015).

황보은숙, "신라의 왕경과 지방도시", 중앙문화재 엮음, 『신라고고학개론 上』(진인진, 2014).

3. 해외 자료

1) 중국

劉俊文, 『唐律疏義箋解』(中華書局, 1996).

李誠 著, 鄒其昌 點校, 『營造法式』2 (北京: 人民出版社, 2006).

趙其昌 輯, 『明實錄北京史料』(北京古籍出版社, 1995).

中國科學院自然科學史研究所, 『中國古代建築技術史』(科學出版社, 1985).

中國旅游出版社 編, 『都江堰』(2005).

天一閣博物館, 『天一閣藏明鈔本天聖令校訂』(北京: 中華書局, 2006).

金虎俊, "九章算術·綴術與朝鮮半島古代數學敎育", 『數學史研究論文』第4輯 (1993).

盧茂村, "說話 '七門堰'", 『農業考古』86-1 (1986).

常佩雨, "17世紀科技巨著一天工開物", 『文史知識』3期 (2016).

呂變庭, "營造法式的技術哲學思想探析", 『井岡山大學學報(社會科學版)』6期 (2010).

溫廷寬, "天工開物簡介", 『文物』3期 (1959).

殷滌非, "安徽省壽縣安豊塘發現漢代閘壩工程遺址", 『文物』60-1期 (1960).

李約瑟, "數學", 『中國科學技術史』(科學出版社, 2012).

李華東, "韓國高麗時代木構建築和營造法式的比較", 『建築史論文集』1期 (2000).

陳直, "九章算術著作的年代", 『西北大學學報(自然科學版)』1期 (1957).

2) 일본

權純康·李保京, "密陽水山堤の再檢討", 『大阪府立陜山池博物館研究報告』8 (大阪府立陜山池博物館, 2014).

奈良國立文化財研究所·朝日新聞大阪本社企劃部, 『平城京展』(奈良: 朝日新聞大阪本社企畵部, 1989).

大阪府立近飛鳥博物館, 『修羅!』(平成11年度春季特別展, 1999).

大阪府立狹山地博物館 編,『古代の土木技術: 開館記念特別展』(狹山池博物館, 2001).

米田美代治,『朝鮮上代建築の研究』(秋田屋, 1944).

歷史民俗博物館 外,『東アジア中世海道 ―海商·港·沈沒船―』(毎日新聞社: 2005).

權純康·李保京, "密陽水山堤の再檢討",『大阪府立陜山池博物館研究報告』8 (2014).

梅澤重昭·櫻場一壽, "橫穴式石室構築の技術",『季刊考古學』3 (1983).

小山田宏一, "狹山池の堤の構造",『大阪府立狹山池博物館研究報告』3 (大阪狹山: 大阪
　　府立狹山池博物館, 2006).

曹永鉉, "古墳封土の區劃築造に關する研究",『古墳構築の復元的研究』(東京: 雄山閣,
　　2003).

中野義文, "金銀山開發をめぐる鉛需要ついて",『大航海時代の日本と金屬交易』(思文閣
　　出版, 2014).

八賀晉, "都城造營の技術",『都城の生態』(東京: 中央公論社, 1987).

4. 기타

다음 백과사전, http://100.daum.net/

윤완준, "조선 왕릉엔 '다빈치 코드' 뺨치는 '컬처 코드'가…", 〈동아일보〉, 2009. 6. 29.

이재웅, "도굴막은 조선 왕릉 건축기술", 〈동아일보〉, 2012. 7. 6.

한국등잔박물관, http://www.deungjan.or.kr

한국민족문화대백과사전, http://encykorea.aks.ac.kr

최종택, 2013,『아차산 보루와 고구려 남진경영』, 서경문화사

심광주, 2008, 「고구려 관방체계와 경기도지역의 고구려 성곽」,『경기도 고구려유적 –종
　　합기본계획』,경기문화재단

심광주, 2018,「임진강유역 고구려 성곽의 발굴조사 성과와 축성법」,『高句麗渤海研究』제
　　62집,

이혁희, 2013,「한성백제기 토성의 축조기법과 그 의미」,『한국고고학보』89,한국고고학회

국립문화재연구소, 2014,『풍납토성XVI』

몽촌토성발굴조사단, 2984,『整備·復元을 위한 夢村土城發掘調查報告書』

부여군문화재보존센터, 2013,『부여나성-북나성I』

심광주, 2013,「청주 부모산성과 주변 보루의 축성기법」,『청주부모산성의 종합적 고찰』, 충북대학교박물관

박방용, 2013,『新羅都城』, 학연문화사

동아대학교박물관, 1983,『梁山 蓴池里土城』

중원문화재연구원, 2012,『江華 玉林里 遺蹟』

심광주, 2014,「고구려성곽 발굴조사 성과와 축성기법」,『아차산 일대 보루군의 역사적 가치와 보존 방안』, 한성백제박물관

심광주, 2013,「桂陽山城의 築造方法과 築城時期」,『인천 계양산성의 역사적 가치와 활용)』, 겨레문화유산연구원

육군군사연구소, 2012,『한국군사사 14-성곽』, 육군본부

고용규, 2001,「南韓地域 版築土城의 硏究」, 목포대학교 대학원 석사학위논문

심광주, 2013,「楊州 大母山城의 築造方法과 築城時期」,『楊州 大母山城의 再照明』, 한림대학교출판부

Contents in English

Civil Engineering Civilization in Korea during the Premodern Era

by Kwon, Oh-young

Professor, Seoul National Univ.

Sim, Gwang-zhu

Professional Committee, Land&Housing Museum

Hong, Bo-sik

Professor, Kongju Univ.

Seong, Jeong-yong

Professor, Chungbuk Univ.

Lee, Young-cheol

Chief, Daehan Institute of Cultural Properties

Cho, Yun-jae

Professor, Korea Univ.

Bae, Byung-sun

Director, Ganghwa Research Institute of Cultural Heritage

Kwak, Dong-seok

Professor, Dongyang Univ.

Dynasty